U0789925

沥青路面养护决策理论与方法

张金喜　著

科学出版社
北　京

内 容 简 介

本书是在作者多年开展沥青路面养护决策理论和技术研究的基础上完成的。主要内容包括沥青路面结构工作环境监测与分析、沥青路面及路面结构技术状况调查、沥青路面的性能评价与预测、沥青路面结构材料性能评价、考虑多目标的沥青路面养护决策、在役沥青路面结构状况评价与大修设计、基于寿命周期理论的养护规划编制、沥青路面养护决策规划与优化方法等,具有较强的系统性和实用性。此外,本书还包含实际工程案例,可为相关从业人员提供具体的分析方法。本书在沥青路面寿命分析、考虑交通和环境影响的沥青路面养护方案编制、在役沥青路面工作状态精细化评估等方面具有创新性。

本书可作为交通运输工程领域特别是公路交通领域科研工作者、管理人员、养护工程设计人员的参考资料,也可作为高等院校交通运输工程、土木工程等专业高年级本科生和研究生的参考书。

图书在版编目(CIP)数据

沥青路面养护决策理论与方法 / 张金喜著. —北京:科学出版社,2020.11
ISBN 978-7-03-064286-8

Ⅰ.①沥…　Ⅱ.①张…　Ⅲ.①沥青路面—公路养护　Ⅳ.①U418.6

中国版本图书馆 CIP 数据核字(2020)第 017738 号

责任编辑:周　炜　赵晓廷 / 责任校对:杨　然
责任印制:赵　博 / 封面设计:陈　敬

科学出版社 出版
北京东黄城根北街 16 号
邮政编码:100717
http://www.sciencep.com

三河市骏杰印刷有限公司印刷
科学出版社发行　各地新华书店经销
*
2020 年 11 月第　一　版　开本:720×1000 1/16
2024 年 8 月第二次印刷　印张:18 1/2
字数:369 000

定价:158.00 元

(如有印装质量问题,我社负责调换)

前　言

改革开放40余年来，我国交通基础设施建设取得了重大成就。截至2019年底，我国公路建设里程达到501.25万km，其中高速公路里程达到14.96万km。城市道路建设也取得快速发展，在城市道路里程、道路面积、路网密度、人均道路里程等方面均达到较高水平。与此同时，道路建设技术日新月异，不仅建设了具有世界影响的重大交通基础设施，而且绿色、环保技术在道路建设中逐步得到推广应用，初步形成了绿色、环保、可持续的道路建设技术体系。交通基础设施的建设带动了相关产业的发展，不仅为国民经济建设提供了运输保障，也为广大居民的出行提供了舒适、安全的交通环境。然而，已经建立的庞大交通基础设施的养护管理逐渐成为我国交通建设的重负。目前，我国每年公路养护里程达490多万km，大修养护里程达到50万km左右，用于公路养护的资金达到3300多亿元，且呈逐年增长的趋势。因此，在役道路设施的养护维修和管理将是我国今后交通基础设施建设的核心工作之一，做好道路路面的养护管理具有重要的社会和经济意义。

道路路面的养护维修及其决策并不是一个全新的命题，以路面管理系统的建立为标志，国内外对道路路面养护维修技术及养护决策方法的研究，已经有50多年的历史。在役道路设施的养护或大修改建不同于新设施的建设，涉及在役道路路面性能的调查评价、在役路面性能预测、养护方案设计、养护规划编制、养护方案经济社会效益分析等多个领域的理论和技术问题，不仅涉及范围广、不确定性因素多，而且具有鲜明的地域特点，甚至每条路、每个路段都具有不同的特点。因此，道路路面养护维修及其决策是一个复杂的系统工程，需要运用不同的专业知识来解决这些问题。由于发展时间的局限性，目前我国道路路面养护决策理论与体系尚不完善，特别是在工程实际中仍以经验决策为主导，对在役沥青路面性能和功能的判断尚不够精细化，在路面性能预测方面通用预测模型的适用性问题有待进一步解决，在路面养护决策中对养护维修工作的社会影响方面尚没有完善的定量考核方法。这些问题都需要道路养护维修的研究、设计和管理人员通过共同研究和工程应用予以逐步解决。希望本书的出版能为沥青路面养护维修决策理论和技术的提升起到添砖加瓦的作用。

本书是在作者对沥青路面养护决策理论和方法方面进行长期研究和实践的基础上形成的，主要对沥青路面养护维修决策所涉及的几个关键问题的研究和应用情况进行介绍。

本书共9章，张金喜撰写第1～6章和第8章，宋波撰写第7章并参与撰写第3章，魏建军撰写第9章，敬超参与撰写第2章。研究生孔祥杰、姜凡、赵帅、丁立亚、张倩等为本书提供了部分基础研究数据。郭旺达完成了书稿的校核工作。

本书是在国家自然科学基金面上项目“考虑全寿命周期内多目标需求的沥青路面养护决策理论和方法”(51478021)、北京市自然科学基金重点项目(B类)暨北京市教育委员会科技计划重点项目“面向耐久性设计和养护维修决策的沥青路面性能衰变机理及模型研究”(KZ201510005002)的资助下完成的。在项目研究过程中得到北京市道路工程质量监督站、北京市首都公路发展集团有限公司、北京市交通委员会路政局等单位的大力支持。在此表示衷心的感谢。

限于作者水平，书中难免存在疏漏和不足之处，敬请读者批评指正。

作　者

2020年8月

目　　录

第1章　绪　　论

1.1　我国道路建设的历史和现状

改革开放40余年来，我国在公路建设中取得了举世瞩目的成绩。图1.1和图1.2为2001～2017年我国公路和高速公路建设里程的变化情况。我国已经建成布局基本合理、干支衔接、四通八达的公路交通网络，对国民经济和社会发展起到重要的保障和促进作用。

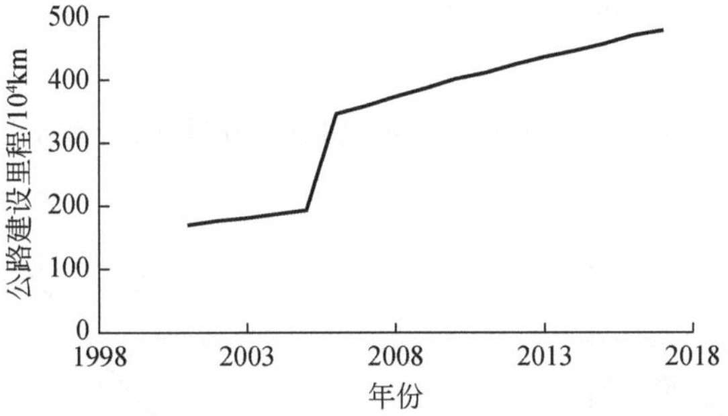

图1.1　2001～2017年我国公路建设里程变化曲线(自2005年起，统计数字中包含乡村道路)

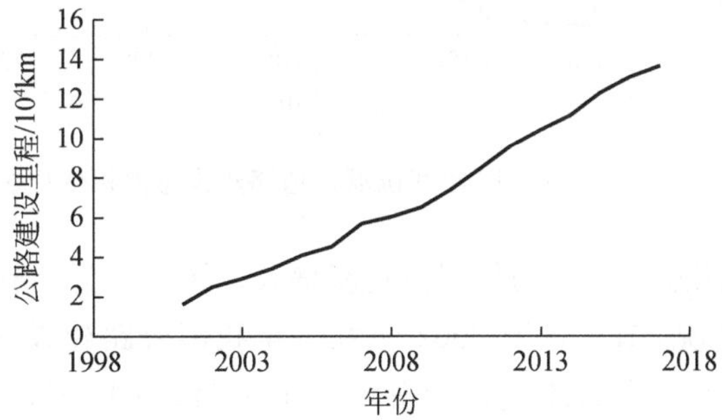

图1.2　2001～2017年我国高速公路建设里程变化曲线

在公路建设取得巨大成就的同时，伴随着城市化进程的发展，作为城市基础设施之一的城市道路建设也取得了令人瞩目的成就。图 1.3～图 1.5 分别为 1978～2016 年我国城市道路建设总里程、城市道路建设总面积和人均道路面积的统计结果。从图中可以看出，1978～2016 年，城市道路总里程增长 13.2 倍，城市道路总面积增长 32.5 倍，人均道路总面积增长 4.4 倍。图 1.6 为 2002～2016 年我国城市道路路网密度变化曲线，从 2002 年的 0.41km/km^2，上升到 2016 年的 7.04km/km^2，增长 16 倍多，城市居民的出行更加便利，城市交通更加繁荣。

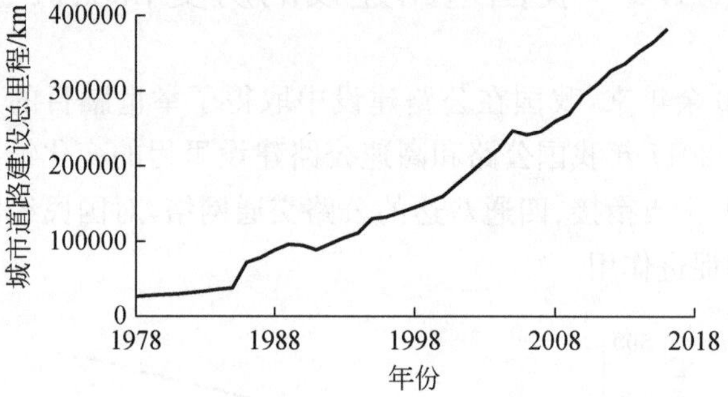

图 1.3　1978～2016 年我国城市道路建设总里程变化曲线

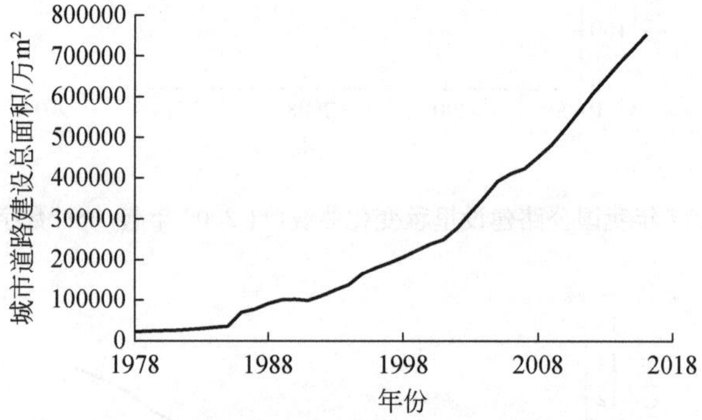

图 1.4　1978～2016 年我国城市道路建设总面积变化曲线

另外，我国公路建设投资历年保持稳步增长。图 1.7 为 2001～2017 年我国公路建设投资变化情况，图 1.8 为 2002～2017 年我国公路建设投资增长率变化情况。2002～2017 年，我国公路建设投资增长了 7 倍，每年均以高于国内生产总值(gross domestic product，GDP)增长的速度增加，2017 年公路建设投资达到 GDP 的 2.5%。城市道路建设也是如此，2016 年我国城市道路桥梁建设投资 7564.3 亿元。2016 年公路和城市道路的总投资占 GDP 的 3.43%。国家对公路建设的投资有力地保障了公路建设的持续发展，也为交通运输行业的现代化发展提供了强力支撑。

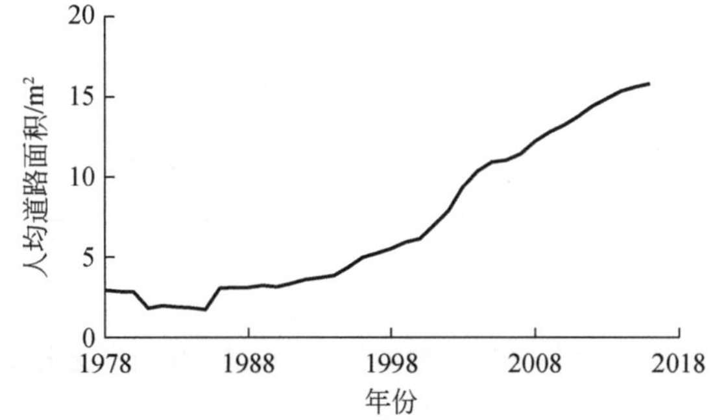

图 1.5　1978～2016 年我国城市道路人均道路面积变化曲线

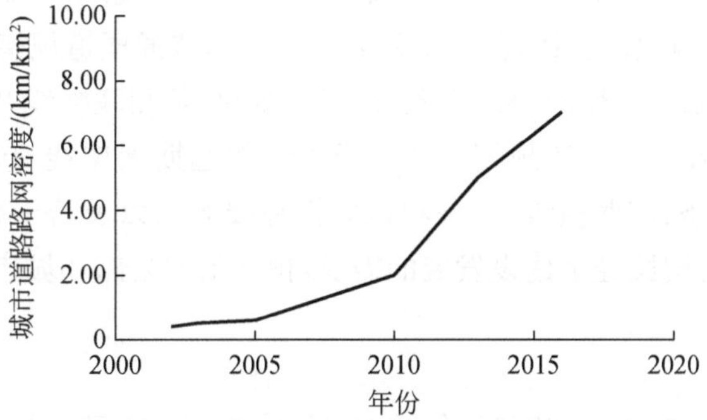

图 1.6　2002～2016 年我国城市道路路网密度变化曲线

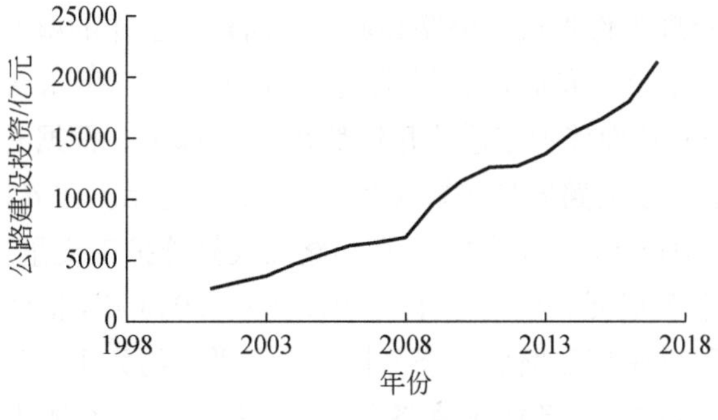

图 1.7　2001～2017 年我国公路建设投资变化曲线

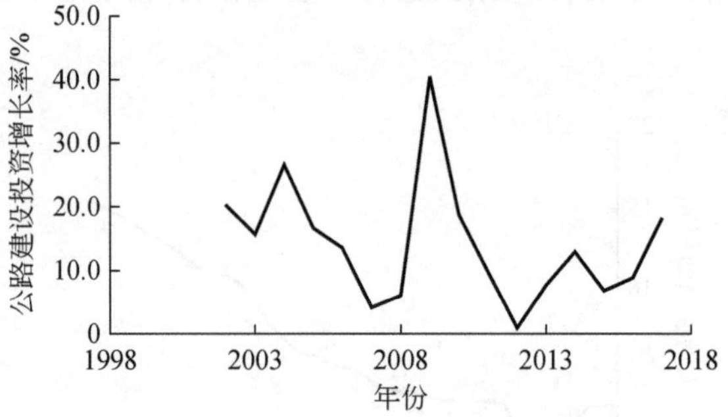

图 1.8　2002～2017 年我国公路建设投资增长率变化曲线

在历次公路建设发展规划的基础上，我国于 2013 年颁布了《国家公路网规划（2013—2030 年）》。根据统计，截至 2012 年底，我国普通国道里程为 10.5 万 km，国家高速公路里程为 6.8 万 km。根据《国家公路网规划（2013—2030 年）》，到 2030 年国家公路网规模将达到 40.1 万 km。其中，普通国道规模达到 26.5 万 km，包括首都放射线 12 条、南北纵线 47 条、东西横线 60 条和联络线 81 条；高速公路规模达到 11.8 万 km，另外还规划了 1.8 万 km 的远期展望线，包括首都放射线 7 条、南北纵线 11 条、东西横线 18 条和地区性环线 6 条以及若干条并行线、联络线等。今后，为满足国民经济建设发展的需要，预计新的公路和城市道路设施建设还将稳步推进。

1.2　路面养护维修决策的重要性

上述数据表明，我国已经建立起庞大、高效的公路和城市道路设施系统，已建成设施的养护和管理工作将成为公路和城市道路建设工作的核心任务。根据交通运输部的统计，截至 2015 年底，全国公路总里程为 457.73 万 km，每年公路养护里程为 446.56 万 km，路面养护率连续几年都在 97%以上。根据有关部门的不完全统计，2015 年我国用于公路养护的资金达到 3389.9 亿元。在养护工作内容方面，国、省干道路面大中修率在 15%以上，每年路面大修养护工程量达到 50 万 km，大修养护费用达到数千亿元。以北京市为例，2006～2013 年，北京市普通公路投资平均约为 60 亿元，其中用于路面大修养护的投资平均约为 10 亿元，且二者均呈逐年增长的趋势。可以看出，已建成道路设施的养护维修已经成为我国道路建设领域的重点工作，具有规模庞大、投资巨大的特点，做好道路设施的维修养护工作，具有重要的经济效益和社会效益。

道路路面是交通车辆的承载结构，在交通荷载的反复作用下，路面将开始出现病害，且由轻微向严重发展。当路面出现轻微病害时，需要通过日常的保养、小修小补或预防性养护来提高路面的抗病害能力，以阻止病害过快地向严重病害发展。当路面出现较大的病害时，需要进行更高层次的养护，通过局部病害的养护维修、加铺罩面等技术措施，使路面性能得到较大程度的恢复，以提高路面使用性能并延长道路的使用寿命。当道路路面达到一定的使用年限后，其结构的力学性能、材料性能等均已发生较大的变化，普通的养护维修已不能从根本上改善和提高道路路面的技术性能，此时需要进行路面的大修改造，即实施矫正性的养护维修措施，使道路路面性能恢复到新建时的初始状态。上述过程可以用图 1.9 来表示。

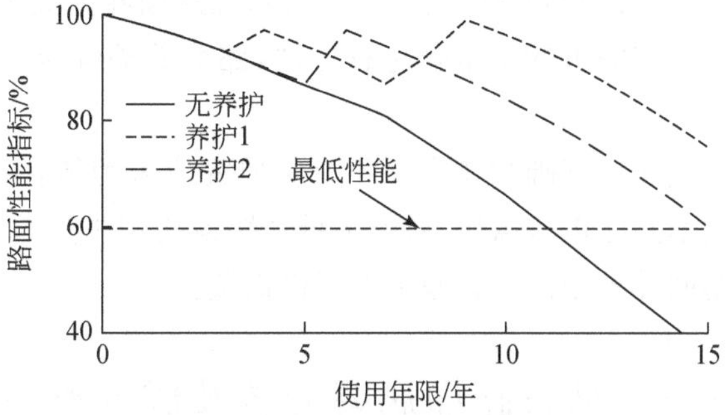

图 1.9 路面养护维修与性能变化示意图

从图 1.9 可以看出，路面养护方案编制是一项不确定性的工作，在路面使用期内，可以有多种不同组合的养护维修方案，从而会产生多个不同的路面性能变化过程和养护资金投入过程，产生了不同的技术和经济效益。以北京市为例，普通公路中修投资平均为 77 元/m^2，而大修投资平均为 230 元/m^2。大修可以从根本上改善道路的结构和材料性能，恢复路面的初始功能，使路面进入一个新的使用周期。中修只能对路面的表面功能进行改善，对结构的改善作用较小，只能一定程度上改善路面的性能并延长路面的使用寿命，路面并不能进入新的使用周期。

在多个养护方案中哪种养护维修方案的效果最好，不同的目的和需求、不同的约束条件，其评价结果是不同的。在资金有限的情况下，进行中修以延长路面使用寿命是一种合理的选择。在路面性能已经不能满足使用要求的情况下，大修可能是必要的、唯一的选择。因此路面养护维修是一个复杂的系统分析过程，需要考虑成本、效益、社会影响等多种因素，路面养护维修的科学决策对于做好已建道路路面的养护维修工作、提高养护维修投资效益具有重要意义。

沥青路面是我国公路和城市道路路面的主要结构形式，在高速公路路面中占97.3%，在国道省道路面中占90%以上。在使用过程中，沥青路面的性能变化是一个连续、缓慢的过程，存在不同的养护维修方案、方法和模式，其养护维修决策具有很大的不确定性和挑战性。盲目的养护维修、周期性重建或结构性大修，不仅会造成资金浪费、交通拥堵，甚至发生交通安全事故，还会造成环境污染、垃圾占地和资源消耗等。由于发展时间的局限性，我国目前的公路养护管理工作尚未形成科学完善的路面养护决策理论与体系，仍以经验型决策为主导，养护方式也主要是传统的反应性养护，在一定程度上仍处于"坏了才修，哪坏修哪，随意性强，计划性弱"的被动养护状态。在养护工作中，缺乏对沥青路面性能和功能的准确与精细化判断，对于路面性能的评价和预测缺乏科学的手段，在路面养护决策中对养护维修工作的社会化影响尚没有完善的定量化考核方法，路面养护维修设计方法也还未制定统一的标准。

本书以现有行业研究基础和作者多年相关研究成果为依托，对沥青路面养护维修决策的关键技术问题进行探讨，对养护维修决策的相关技术和方法进行介绍，以期为我国沥青路面养护维修和管理工作提供借鉴。

1.3　沥青路面病害分类及成因概述

1.3.1　沥青路面病害分类

根据我国JTG 5210—2007《公路技术状况评定标准》[1]，沥青路面损坏分为11类21项，也有学者将龟裂、块状裂缝、纵向裂缝、横向裂缝定义为裂缝类病害，将坑槽、沉陷、车辙、波浪拥包定义为变形类病害，将松散、泛油、修补定义为其他类病害。

1）裂缝类损坏

(1) 龟裂。

轻：初期裂缝，裂区无变形、无散落，缝细，主要裂缝宽度在2mm以下，主要裂缝块度为0.2～0.5m，损坏按面积计算。

中：龟裂的发展期，龟裂状态明显，裂缝区有轻度散落或轻度变形，主要裂缝宽度为2～5mm，部分裂缝块度小于0.2m，损坏按面积计算。

重：龟裂特征显著，裂块较小，裂缝区变形明显、散落严重，主要裂缝宽度大于5mm，大部分裂缝块度小于0.2m，损坏按面积计算。

(2) 块状裂缝。

轻:缝细、裂缝区无散落,裂缝宽度在3mm以内,大部分裂缝块度大于1.0m,损坏按面积计算。

重:缝宽、裂缝区有散落,裂缝宽度在3mm以上,主要裂缝块度为0.5～1.0m,损坏按面积计算。

(3) 纵向裂缝。

纵向裂缝是与行车方向基本平行的裂缝。

轻:缝细、裂缝壁无散落或有轻微散落,无支缝或有少量支缝,裂缝宽度在3mm以内,损坏按长度计算,检测结果要用影响宽度(0.2m)换算成面积。

重:缝宽、裂缝壁有散落、有支缝,主要裂缝宽度大于3mm,损坏按长度计算,检测结果要用影响宽度(0.2m)换算成面积。

(4) 横向裂缝。

横向裂缝是与行车方向基本垂直的裂缝。

轻:缝细、裂缝壁无散落或有轻微散落,裂缝宽度在3mm以内,损坏按长度计算,检测结果要用影响宽度(0.2m)换算成面积。

重:缝宽、裂缝贯通整个路面、裂缝壁有散落并伴有少量支缝,主要裂缝宽度大于3mm,损坏按长度计算,检测结果要用影响宽度(0.2m)换算成面积。

2) 变形类损坏

(1) 坑槽。

轻:坑浅,有效坑槽面积在0.1m^{2}以内(约0.3m×0.3m),损坏按面积计算。

重:坑深,有效坑槽面积大于0.1m^2(约0.3m×0.3m),损坏按面积计算。

(2) 沉陷。

沉陷是指大于10mm的路面局部下沉。

轻:深度为10～25mm,正常行车无明显感觉,损坏按面积计算。

重:深度大于25mm,正常行车有明显感觉,损坏按面积计算。

(3) 车辙。

车辙是指轮迹处深度大于10mm的纵向带状凹槽。

轻:辙槽浅,深度为10～15mm,损坏按长度计算,检测结果要用车辙影响宽度(0.4m)换算成面积。

重:辙槽深,深度在15mm以上,损坏按长度计算,检测结果要用车辙影响宽度(0.4m)换算成面积。

(4) 波浪拥包。

轻:波峰波谷高差小,高差为10～25mm,损坏按面积计算。

重:波峰波谷高差大,高差大于 25mm,损坏按面积计算。

3) 其他类损坏

(1) 松散。

轻:路面细集料散失、脱皮、麻面等,损坏按面积计算。

重:路面粗集料散失、脱皮、麻面、露骨,表面剥落,伴有小坑洞,损坏按面积计算。

(2) 泛油。

路面沥青被挤出或表面被沥青膜覆盖形成光亮的薄油层,损坏按面积计算。

(3) 修补。

龟裂、坑槽、松散、沉陷、车辙等损坏修补,修补按面积计算,裂缝修补按长度乘以 0.2m 影响宽度计算。

1.3.2 沥青路面病害成因

1) 重载损坏

运输业的发展对繁荣经济起到了重要作用,然而随着重载车辆的急剧增多,路面损坏更为严重。超载车辆为保证其载重量,往往采用高压轮胎,其接地压强远超过路面设计时采用的标准轴载,对路面结构的损坏十分严重。同时,重载车辆的行车速度相对缓慢,尤其是在上坡路段,车载的作用时间较长,根据时间-温度的等效原理,上坡路段的车辙现象将大大超过其他路段。此外,重载车辆较多路段的裂缝类损坏也较为常见。

重载引起的路面损坏类型包括以下几种。

(1) 车辙。

通常认为车辙的发生与高温、交通渠化、重载车辆较多、沥青含量高和沥青混合料内细集料含量过高有关。同时,车辙处由于底部的压实挤密,空隙率较小,容易形成水流的汇集,最终导致其他路面病害的发生。

(2) 横缝。

裂缝宽度由基层向面层逐渐变小,中、下面层间纵、横裂缝交错,面层与基层层间黏结较差,基层底部松散严重。半刚性基层材料的抗压强度越高,其与底基层材料的模量比也越大,从而增大行车荷载作用下基层底部的拉应变或拉应力,重载作用下易出现基层的弯拉开裂,进而引起沥青面层产生反射裂缝。

(3) 纵缝。

基层材料强度较低,基层结构承载力不足,在重载车轮碾压时沿行车道出现纵向裂缝。

(4) 龟裂。

重载车辆对路面结构造成严重破坏,基层顶面在重载下松散破碎后,面层由于失去足够支承力而在底部开裂,在重复荷载作用下,裂缝向上方发展并连通形成龟裂。

(5) 网裂、块裂。

裂缝贯穿整个路面结构层,并且由下至上裂缝宽度由大变小。半刚性基层强度不足,在荷载作用下基层底部大面积弯拉破坏,松散和破碎严重,导致沥青面层失去支承而出现网裂、块裂破坏。与水分进入路面结构相比,重载造成的路面行车道轮迹带处轻微车辙和一般裂缝类损坏只在一定程度上影响行车舒适性,对行车安全和路面结构性能影响不大。

2) 高温损坏

夏季温度较高且持续时间较长,沥青路面出现泛油、车辙、推移、波浪、拥包等路面损坏现象,严重影响沥青路面的行车舒适性及行车安全。在重载车辆较多及爬坡路段,车辙现象更为严重。

高温引起的路面损坏类型包括以下几种。

(1) 泛油。

在高温及荷载的共同作用下,矿料颗粒间的富余沥青被压挤流动,并且矿料结构也会重组,颗粒间空隙重分布。由于下层沥青混合料的阻挡作用,富余的自由沥青更容易沿空隙向上流动,从而在路表面形成油膜。

(2) 车辙、推移、波浪、拥包。

沥青是一种黏弹性材料,具有较强的温度敏感性。沥青混合料的强度和模量都随温度变化而出现明显变化。在高温季节,沥青混合料的强度降低明显,大量重车作用下轮迹带处混合料产生剪切变形和侧向流动,出现车辙、拥包等损坏,降低路面的使用性能。

3) 低温损坏

冬季气温较低地区的公路,其沥青路面常出现间隔一定距离排列的横向裂缝,网状裂缝也有出现,在路基排水不畅的地区还会产生冻胀等损坏。

低温引起的路面损坏类型包括以下几种。

(1) 横向裂缝。

第一种情况,横向裂缝是由沥青面层温度收缩引起横向开裂导致的。该情况下产生的横向裂缝贯穿面层,其宽度由上而下逐渐减小。沥青混合料具有温度敏感性,夏季时有良好的应力松弛能力,从而避免车辆荷载作用下的路面应力集中。而在气温较低时,沥青混合料的劲度模量很大,且会出现一定的低温收缩,此时由于沥青混合料的温度变化慢于外部气温，且在不同深度的路面内部由于气温变化和温度传递速度的影响也存在温度差，使得路面结构层之间温差较大且抗变形能力不同，故极易在面层层底产生应力集中而出现开裂。

第二种情况，横向裂缝是由基层顶面温度收缩引起横向开裂导致的。外部温度骤降时，基层容易出现拉应力急剧增大并超过其极限抗拉强度的情况，此时基层就会出现开裂。半刚性基层多在气温较高时施工，养生期里由于昼夜温差变化，在基层内部容易出现温度应变并产生较大的温度应力，诱发基层开裂。基层由于温度收缩出现裂缝后，在裂缝尖端产生应力集中，引起面层对应处出现剪切变形，造成基层裂缝的向上扩展，荷载和温度变化则加剧了裂缝的传递。

(2) 网状裂缝。

半刚性基层在温差变化较大的情况下出现收缩开裂，裂缝反射到沥青面层，引起面层横向开裂，在荷载作用下横向裂缝向纵向扩展，最终形成纵横交错的网状裂缝。

(3) 冻胀。

冻胀产生的原因主要是路基中所含水在冬季受低温影响，温度较高的水向温度较低的土层方向迁移，水分迅速聚集并逐渐形成聚冰层。地下毛细作用引起路基表层水分不断增加，结冰后土体膨胀增大，形成冻胀。

4) 水损坏

沥青路面的水损坏是指水分进入路面结构后，在荷载和温度的共同作用下，沥青结合料与石料之间的黏附性降低，沥青膜剥落而发生的路面破坏。

水引起的路面损坏类型包括以下几种。

(1) 坑洞。

沥青路面表面层多采用密实型沥青混凝土，然而多种原因造成的混凝土不均匀，使沥青混凝土内部的空隙率分布也不均匀。空隙率较大处成为水分滞留和进入沥青混凝土结构内部的便利通道。坑洞几乎在每条半刚性基层沥青公路均有出现，只是坑洞出现的频率及坑洞面积有所差别。

(2) 唧浆、网裂。

车辆高速通过时，滞留在沥青混凝土内部以及面层和基层结合部的水分由于受到挤压，会产生较大的动水压力，高压水冲刷空隙周围的混合料形成泥浆，造成混合料内部出现空洞，泥浆则沿空隙唧出路表形成唧浆。唧浆会导致基层混合料和面层混合料的松散与强度降低，从而造成沥青面层出现网裂或变形类损坏。

(3) 面层下陷和辙槽。

动水压力的产生会引起基层混合料的松散，在泥浆被唧出路表后，基层与面层黏结处出现的空洞会使面层失去有效支撑，荷载作用下面层会在基层顶面空洞对应处产生下陷，并伴有剪切破坏发生，出现严重的辙槽。

水损坏的成因如下。

(1) 水是产生水损坏的先决条件。干燥条件下沥青充分裹覆在集料的表面，沥青混合料通过沥青的黏结作用以及集料间的骨架作用形成强度。一旦水分通过沥青混合料空隙或路面裂缝等途径进入并滞留在路面结构内部，将会引起沥青和集料间黏结力的下降，最终导致水损坏。

(2) 交通荷载是产生水损坏的重要条件。一方面在交通荷载的反复作用下，沥青与矿料间、矿料颗粒之间会发生剪切作用，出现剪切破坏后，水分很快浸入使得沥青黏结力丧失而产生水损坏；另一方面在高速重载的行车作用下，面层内的水极易形成较大的动水压力促使沥青混合料松散，使路面出现唧浆、松散、麻面、坑槽等病害。

(3) 水损坏的内因包括沥青混合料空隙率大、路表开裂、路面排水系统不完善等。这几种情况均为水分进入沥青路面结构层内部提供了途径，水分进入沥青路面结构层内部后，在荷载和温度的反复作用下，路面将逐渐出现松散、坑洞、唧浆等病害。

(4) 水损坏的外因包括降水量、交通量、重车比例和车辆行驶速度。高降水量及较多的降水次数为自由水进入沥青路面提供了更多的机会，特别在降水持续时间长时水分更易入侵，通常降水量较大地区公路发生的水损坏多于干旱、半干旱地区的公路。交通量大、重载车辆多、行车速度高均对由沥青路面结构层内部的自由水形成的局部动水压力起到了增强作用。

5) 土基引起的损坏

填方路堤在工程完工后，由于填土自身沉降或车辆荷载的重复作用，在局部路段出现路堤沉陷，并进一步引起路面的整体沉陷或局部沉陷。在路堤与挡土墙、桥台等刚性结构物的连接处，由于连接处两侧的材料特性差异，也常会出现差异沉降，引起竖向位移差，影响行车舒适性和行车安全。

土基引起的路面损坏类型包括以下几种。

(1) 路桥连接处的跳车现象。

桥涵为刚性结构物，除结构自身用材的刚度、强度较高外，其下部的地基也经过严格处理而具有较高的承载力，这些都降低了桥涵的沉降速度和沉降量。路堤填土用材的强度和刚度相对较低，且地基处理也没有桥涵处地基的处理严格。在同样的荷载作用下，路堤填土的沉降速度远大于桥涵填土，从而造成路桥连接处两侧的竖向位移差。

(2) 路面沉陷。

大面积的路面沉陷多由填方路基不均匀沉降或局部滑移引起。路堤的不均匀沉降引起路面结构的整体性破坏,使其承载能力大幅下降,在荷载及路面自重的共同作用下路面出现沉陷。

(3) 桥头沉陷及沥青面层搭接处开裂。

路桥连接处出现差异沉降时,常引起沥青面层出现横向贯通裂缝。影响桥头差异沉降的因素众多,如路堤填土的材料特性、施工工艺、地基处理方式、交通荷载及排水等。其中,交通荷载及填土自身的固结沉降是主要影响因素。

6) 施工引起的损坏

施工质量控制不好常造成沥青路面结构层层间出现分离、层内存在薄弱面、基层整体强度不足、纵向裂缝等损坏。

施工不当引起的路面损坏类型包括以下几种。

(1) 面层层间及面层与基层之间分离。

施工不当引起结构层层间黏结力不足,在荷载和水分作用下各结构层间很快分离,路面结构失去整体性,层间分离的早期路表不呈现任何损坏现象,但荷载和水分的持续作用将使路面结构出现龟裂、松散等不同类型的损坏现象。

(2) 面层或基层层内存在薄弱面。

施工质量控制不足使沥青路面结构层内混合料分布不均匀,造成混合料内部出现不规则的强度薄弱面,结构层承受荷载能力较差,可能在荷载作用下沿着薄弱面发生断裂。面层层内存在薄弱面将引起面层的开裂、松散等损坏,基层层内存在薄弱面将引起基层承载力不足从而在面层出现裂缝类损坏。

(3) 基层整体强度不足。

基层混合料施工时拌和不均匀而发生离析,骨料间未能形成骨架作用,使基层整体强度低于设计强度,车辆荷载尤其是重载作用于路面时,基层易出现整体松散、顶面破碎、底部受弯拉断裂松散等损坏,进而造成面层由于失去支撑而发生纵向开裂、龟裂等损坏。

(4) 纵向裂缝。

道路拓宽改建时新旧路面材料不一致或施工搭接不当常引起路面结构内部承载力不均匀,容易沿新旧路面连接处出现纵向裂缝。

1.4　沥青路面养护决策的基本内容和方法

1.4.1　路面养护决策的基本内容

从通常意义上讲,决策是一种系统的方法或过程,它通过对系统当前所处状态的评估和未来发展的分析、判断，选择恰当的系统对策，最大限度地满足系统的要求。一个系统往往是为实现一个或几个目标而建立的。路面养护决策问题本质上是一个投入与收益的问题。路面养护决策的内容与路面管理系统中对路面管理的划分有关系。路面管理一般分为网级管理和项目级管理，两者在路面养护决策方面有不同的要求。

网级路面养护决策的内容分为项目规划和财政规划两种情况。

项目规划可以简单地描述为"何时何地采用何种养护措施"，其主要考虑两方面：①明年或今后若干年(规划期)内，路网内需要采取养护措施的路段或项目；②这些养护措施应安排的时间，以及这些需养护的路段或项目宜采取的对策等内容。

财政规划包括路面养护政策和资金分配的优化，其决策包括两方面：①为保持路网内路面的使用性能在某一要求的水平上所需的投资水平；②不同的资金预算水平对路网服务水平的影响。财政规划分析的是资金预算水平和路网服务水平之间的关系。

项目级路面养护决策的内容是：在网级路面养护决策的结果上，对需改建的路段应采取的改建策略。项目级路面养护决策可按经验或在经济分析和使用性能指标评价的基础上进行。项目级路面养护决策相对于网级路面养护决策较为简单。当然，如果与日常养护结合起来，需考虑不同养护水平和改建对策的相互影响，如选择在分析期内最经济有效的养护和改建对策序列等，则需要采用优化技术。

1.4.2　路面养护决策的历史

路面养护决策的发展可以追溯到 20 世纪 60 年代的美国州际公路协会(American Association of State Highways Officials, AASHO)试验路[2]。AASHO 试验路提出了路面服务性能指数(present serviceability index, PSI)的概念，这是第一次将路面在一定时间范围的性能进行系统的量化，建立了路面破损与路面使用性能指数之间的回归关系。现时服务能力指数的提出为路面性能的评价和预测奠定了基础。

20 世纪 70 年代初，北美开始研究应用现代化的路面管理技术对道路养护进行管理。那时路面管理系统中需要进行的决策内容主要是项目级的。随着工程经济分析方法在道路养护分析决策中的应用，一些公路机构开始采用寿命周期费用分析(life-cycle cost analysis, LCCA)的方法来评价大中修措施，并努力将大中修所需要的费用和产生的用户效益定量化，通过比较不同路段采取不同措施的经济分析结果来进行系统决策。在这一阶段，路面养护决策的方法主要是决策树和排序。由于这两种方法能很好地与工程师的经验判断相结合，所以在 70 年代的路面养护决策中得到了广泛应用。但是，如果要解决路网级水平的养护决策问题，即使是以一年为周期的一个资金水平分析，采用这些模型也需要大量的计算时间和磁盘存储空间，进行多年规划则需要在大型计算机上不断地重复这一过程，才能得到最终结果。

因此一些公路机构逐渐开始在决策过程中使用数学规划方法。数学规划方法在理论上能同时考虑路网内每个项目、所有可行对策和实施时间的所有可能组合。利用一定的方法对所有组合进行搜索，能够求得规划期内的最佳养护策略。但是，在实际应用中发现，由于路面管理系统所面临的是大规模的优化决策问题，纯数学的规划工具不一定可行，这种模型还是没有满足公路机构提出的要求。因此一些公路机构逐渐开始考虑各种近似优化方法。

目前国际上采用的近似优化方法集中在两个方向：集成和启发。集成是将一个较大的路网，根据路面状况、交通量、道路等级等特征，合并成较少的项目（路段）。然后，对这些归并后的项目进行优化决策。这样大大降低了模型的计算量，方便了计算机实现。但是，这种方法由于是把一些相近的项目合并成一个大项目，从而忽略了这些小项目之间的差异。启发类优化则是根据求解的优化问题，按照一定的方法，逐步逼近最优解，最后获得一个近似最优解。通过这两类近似优化方法进行决策虽然不能获得理论最优解，但能在较短的时间内求出具有一定精度的近似最优解以满足公路机构的需要。

1.4.3 路面养护决策的方法

目前从最简单的决策树、排序法到比较复杂的数学规划方法都已广泛地应用在路面管理系统中。

1）决策树

决策树实际上是通过一定的形式（主要是树结构），将决策过程中所有能够考虑到的各种因素按照一定的顺序和层次在决策节点处不断地进行分枝和细化，综合各种可能的组合条件，最后在各个分枝的枝末形成需要进行决策的内容的方法。决策树在路面养护决策中主要用于建立路面状态与路面养护改建措施之间的关系。通常路面养护决策中确定路面状态需要考虑的因素有道路等级、路面类型、交通量，以及反映路面性能的评价指标，如路面承载力、路况指数等。在实际应用中，养护工程师和专家按路面结构类型、交通量、路面状况等因素的若干组合，以及每一组合形成的若干的破损类型和程度，以决策树的形式给出相应的养护措施。

决策树模型建立的过程是：首先确定路面需要进行养护和改建的触发阈值（也可以称为养护标准、养护的最低可接受水平），然后根据设置的不同标准，按路面结构类型、交通量、路面状况等因素进行组合，在决策节点处形成分支，依次进行下去直至路面的某一个状态，最后对路面的状态确定出可能采取的养护和改建措施，从而形成决策树模型。应用时，当某一路段的路面状况达到设置标准中的任何一个分支时，决策者可以按决策树的不同分支采用相应的养护措施。利用这种基于经验的决策工具所得出的结论与工程师的经验判断相符，并易于理解。同时，在确定各种组合条件的可能对策时，能够通过专家调查等方法，综合考虑地区工程师的经验，很好地与人们的主观经验相结合。因此决策树在路面管理系统中得到了广泛应用。

图 1.10 为某省高速公路沥青路面状态与养护措施关系的决策树模型。图 1.11 为某高速公路沥青路面网级养护管理决策树模型。

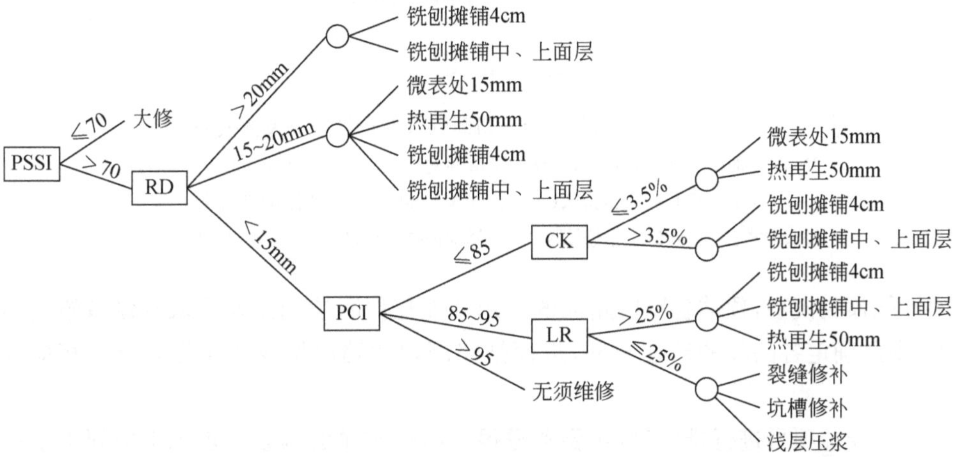

图 1.10　某省高速公路沥青路面状态与养护措施关系的决策树模型

PSSI. 路面结构强度指数(pavement structure strength index)；RD. 车辙深度(rutting depth)
PCI. 路面状况指数(pavement condition index)；CK. 裂缝率；LR. 修补率

2）排序法

排序法用于路面养护决策中可以解决的决策问题有路网规划期内单年度或多年度的养护需求问题。对于网级路面养护，常会面临年度养护预算或总养护预算不足的情况。尽管通过养护标准可以确定出路网中需要进行养护的路段(项目)，但由于预算资金等条件的限制，往往无法将所有达到养护标准的路段同时进行养护。这时需要将该年度所有需要进行养护的项目按一定的规则进行排序，再根据预算资金的多少选择排序靠前的项目进行养护。对于单年度养护需求计划，利用当年的排序影响因素筛选出路网内下一年度采取改建措施的路段，没有被筛选上的养护项目则成为以后采取养护措施的路段。如果是多年规划，还要根据路面使

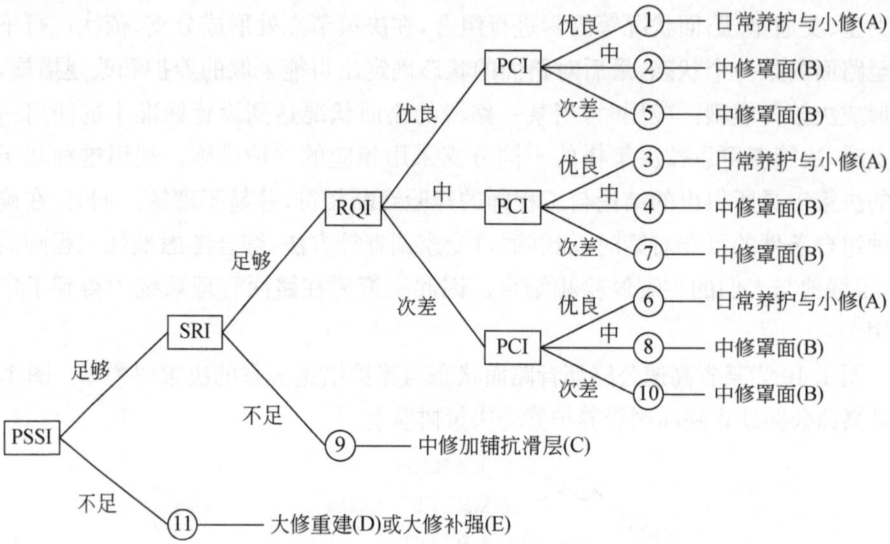

图 1.11　某高速公路沥青路面网级养护管理决策树模型

PSSI. 路面结构强度指数；SRI. 路面抗滑性能指数(skidding resistance index)；
RQI. 路面行驶质量指数(riding quality index)；PCI. 路面状况指数；
A. 日常养护与小修；B. 中修罩面；C. 中修加铺抗滑层；D. 大修重建；E. 大修补强

用性能预测模型，预估各路段路面的使用性能在何时达到需要采取改建措施的标准，由此确定各路段的改建时间，进而把路网内的路段按改建年份划分为相应的类组。

对养护项目进行排序时，需要考虑很多影响排序的因素。表 1.1 中列出了排序时需考虑的主要因素。目前用于路面养护决策的排序法主要有按使用性能评价指数排序、按经济分析参数排序和结合经验的综合性排序三种。

表 1.1　排序时需考虑的主要因素

影响排序因素	描述
路面病害	路面状况指数等能反映路面破损状况的综合指标
行驶质量	路面行驶质量指数或路面平整度
交通量	一般采用年平均日交通量(annual average daily traffic，AADT)或等效轴载
经济因素	净现值(net present value，NPV)、效益-费用比或费用-效益比
道路等级	反映了道路在路网中的等级
事故	考虑能提高行车安全的处治措施
抗滑系数	安全的主导因素

续表

影响排序因素	描述
几何线形	窄构造物的个数、路肩宽度、标准以下的停车视距数量、车道宽度和标准以下的曲线数目
结构强度	结构强度的完好与否是路面是否需要大修的评判标准之一
工程判断	也是一种排序法，目前应用较普遍
路龄	间接反映路面的总体状况
位置	视该路段所处位置的重要程度决定

(1) 按路面使用性能评价指数排序。

按路面使用性能评价指数进行排序的方法是以反映路面使用性能的指标作为养护项目排序的主要参考因素。这些反映路面使用性能的排序指标有路面破损状况、平整度、结构强度、抗滑系数等，其次还可以考虑的因素有道路等级和交通量。图 1.12 为某省高速公路确定养护项目需求时按路面使用性能评价指数排序时所考虑的排序影响因素。由图 1.12 可知，该地区公路养护排序的影响因素除了抗滑性能、行驶质量、破损状况、车辙指数等路面使用性能因素外，还考虑了包括路龄、交通量、道路在路网中的等级、年均降水量、气温年较差等其他影响因素。

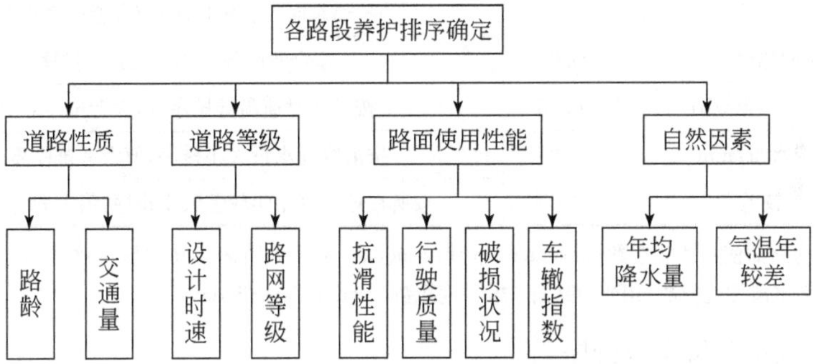

图 1.12　某省高速公路排序时考虑的影响因素

在影响因素较多时，可以通过建立养护项目的优先排序表(表 1.2)或优先排序与各个排序影响因素之间的线性回归关系式等方式来分析和处理这些影响因素的排序。还可以依据当地工程经验先分析它们对排序结果影响的相对重要性，确定各个影响因素权重，然后进行排序。在确定这些影响因素对排序结果的重要程度(权重)时，可以利用群决策理论，采用普通加权法、加权偏差平方和最小化法等方法。表 1.3 为某省公路沥青路面养护管理的排序规则，权重系数是按普通加权法确定的。在实际操作时，将每项影响因素按相应权重进行线性叠加，形成综合系数。最后按综合系数的大小进行排序。

表 1.2　美国加利福尼亚州路面管理系统中用于改建项目排序的参数

年平均日交通量/(pcu/d)		＞5000	5000～1000	＜1000
平整度差	严重结构性损害	(1)	(2)	(11)
	中等结构性损坏	(3)	(4)	(12)
	轻度结构性损坏	(5)	(6)	—
平整度好	严重结构性损害	(7)	(8)	(13)
	中等结构性损坏	(9)	(10)	(14)

表 1.3　某省公路沥青路面养护管理的排序规则

影响因素		权重系数	排序规则
PQI	RQI	0.55	按各路段路面技术状况平均值排序，值越小者排序越靠前
	PCI		
	SRI		
	RDI		
交通量/pcu		0.15	按交通量大小排序，值大者排序靠前
路龄/年		0.1	按通车时间长短排序，值大者排序靠前
路网等级		0.05	综合考虑各种相关因素后排序
设计时速/(km/h)		0.05	按设计时速高低排序，值大者排序靠前
年均降水量/mm		0.05	按沿线降水量大小排序，值大者排序靠前
气温年较差/℃		0.05	按所在地区气温年较差大小排序，值大者排序靠前

注：PQI 为路面使用性能指数(pavement quality index)；RQI 为路面行驶质量指数；PCI 为路面状况指数；SRI 为路面抗滑性能指数；RDI 为路面车辙深度指数(rutting depth index)。

(2)按经济分析参数排序。

通过使用性能变量和交通量排序，虽然能反映出各项目需采取改建措施的迫切程度，但并不能保证得到的是最优结果，因为该方法并没有对其经济效益进行具体的定量分析。对需要进行改建的项目，包括项目内的各个方案(即对策选择)，进行寿命周期费用分析，按各项目和方案的初期修建费、净现值或效益费用比等经济指标进行排序，可以明显地对比出各项目和方案在经济效益上的区别。

虽然按路面使用性能评价指数和按经济分析参数排序得到的不一定是最优结果，但是其作为一种简便易行的优化方法，已被较多路面管理系统所采用。在路网规模较小时，采用复杂的数学规划方法并不合适，而此时按路面使用性能评价指数排序是十分有效的;反过来说,当路网规模较大以至于在现有计算条件下采用追求全面优化的数学规划方法无力求解时,按经济分析参数排序也是得到近似优化结果的有效途径。排序方法的主要缺点是其在选择项目时没有考虑项目实施时间的影响。

1.4.4 路面养护决策的优化方法

排序方法用于网级项目规划时,其决策过程实质是一组项目决策的总和。该方法首先为单个项目确定对策,然后按某种排序原则将路网内需要改建的项目排定优先次序,进而依次选出一组能耗尽预算的项目纳入计划或规划。在决策过程中,排序法没有在选择对策时考虑项目的折中,也没有考虑改建实施时间在规划期内的统筹。

随着数学优化方法的改进,数学优化方法能在优化过程中同时考虑路网内每个项目、项目内每个可行对策方案和项目实施时序的所有可能组合,从而得到分析期内可使路网获得最大效益的最佳养护和改建策略。目前常用的数学优化方法有线性规划、整数规划、动态规划、马尔可夫决策等。

1.5 沥青路面养护决策的国内外现状简述

20世纪60年代初,随着世界各国公路和高速公路建设的快速发展,公路路面的养护管理成为公路管理机构的重要工作内容,随之而兴起的路面管理系统在世界各地得到推广应用。在路面管理系统中,路面养护决策方法一直是世界各国研究人员关注的核心问题,世界各国研究人员和公路管理部门都建立了不同的养护决策方法。

在养护方案决策方面,1978年,日本根据美国AASHO的方法和理论,建立了适用于PSI的计算模型,并根据PSI的评价结果,制定了路面养护处置标准,见表1.4。

表1.4 日本路面养护处置标准

PSI	处置方法
0~1	重建
1.1~2	罩面
2.1~3	表面处理

1）国外的研究现状

在路面养护决策方法方面，Chootinan 等[3]研究了遗传算法在制定沥青路面养护规划中的应用问题；Fwa 等[4]、Bosurgi 等[5]、Alsugair 等[6]研究了人工神经网络技术在沥青路面养护决策和管理中的应用问题；Sundin 等[7]研究了路面管理中的人工智能决策技术；Farhan 等[8]研究了层次分析法在沥青路面养护排序中的应用方法。

在沥青路面耐久性设计方面，Santos 等[9]研究了考虑造价和预防性养护的沥青路面优化设计问题；Priya 等[10]研究了项目级水平上，设计参数对沥青路面最佳养护方案的敏感性；Chou 等[11]则研究了面向路面养护优化的基于可靠性的沥青路面性能模拟方法。此外，Mandapaka 等[12]还研究了力学经验分析法和寿命周期理论在沥青路面养护维修方案优化中的应用问题；Labi 等[13]和 Collings 等[14]研究了沥青路面预防性养护的寿命评价问题；Huang 等[15]利用寿命周期理论和微观仿真模拟方法研究了道路养护工作的能耗对交通的干扰问题；Horvath[16]提出了用再生材料代替天然材料的寿命周期分析和决策方法；Carpenter 等[17]研究了考虑使用再生材料风险的道路建设寿命周期问题。

2）国内的研究现状

在养护方案决策方面，JTG H10—2009《公路养护技术规范》[18]吸收了公路养护工作中各地已经应用成熟的技术和经验，明确提出了适用于全国一般水平的公路养护标准。JTG H10—2009《公路养护技术规范》规定路面中修的养护标准为：在满足强度要求的前提下，高速公路及一级公路的 PCI＝80 或 RQI＝80，二级及二级以下公路的 PCI＝70 或 RQI＝70，低于此标准即需要进行罩面工程或采取个别板块处治措施；同时要求在强度不满足标准要求的条件下，应采取大修补强措施以提高其承载能力。

在路面养护决策方法方面，研究人员开展了道路基础设施的养护决策方法研究[19-35]，包括沥青路面预防性养护决策及其绿色评价问题、基于寿命周期分析或费用分析的路面养护决策问题，将道路使用者的成本纳入路面养护决策考查范围问题等。还有学者研究了沥青路面养护维修的不同决策方法和模型。近年来，由于节能减排和环境保护意识的逐渐增强，道路工程领域的节能减排需求日益增大，如何在道路运营和养护管理中实现节能减排，成为国内学者研究的主要方向之一，有的学者研究了沥青路面运营期间的能耗和排放问题，提出了相关的评价体系，为沥青路面养护维修决策提供了新的评价指标。

综上所述，在建立了庞大的道路基础设施后，道路路面养护今后将是道路建设领域的重要工作，而养护决策理论和方法是道路养护和管理工作的核心。因此有必要根据不同地区、不同使用条件、不同养护目标等，对道路路面养护决策的关键技术问题进行理论探讨，并通过工程实践的检验建立科学的路面养护决策体系。

1.6 沥青路面养护决策的关键理论与技术

沥青路面养护决策是一个系统工程,需要从技术、经济、社会等各个方面综合考虑。养护决策过程既需要养护决策的数学优化方法,也需要道路路面技术状况评价、养护工程大修设计、养护工程施工技术等具体的技术方案,还需要路面结构状况衰变机理、路面性能衰变预测等理论依据。沥青路面养护决策的关键理论和技术主要包括以下方面。

(1) 路面结构工作环境的评估。不同地区路面结构不同、气候不同、交通状况不同,养护决策应密切结合公路所在地区的具体情况,对路面结构所处的工作环境进行准确的把握。

(2) 路面技术状况调查与评价。路面技术状况的评价是科学决策的基础,只有准确地把握路面技术现状,才能做好路面性能和路面结构状况的预测。目前国内外均建立了基于不同指标的路面性能评价指标和体系,应结合先进检测技术对路面开展全方位的检测和评价,以期全面掌握路面技术状态,提高路面养护决策的科学性。

(3) 路面性能衰变预测。路面性能衰变预测是路面养护决策的核心,没有准确的预测就不可能做出科学的决策。路面性能衰变预测是一个具有挑战性的科学问题,其受到气候、地理、交通、养护技术、投资水平等多种因素的影响。国内外学者在此方面进行了长期深入的研究,应在过去40年公路建设和养护管理经验的基础上,凝练出更可靠的预测方法。

(4) 养护决策目标。公路养护决策的目标是以最小的养护投资取得最大的效益,即实现效益-费用比的最大化。过去的养护决策更多地关注养护工作本身的成本,对养护工作带来的社会成本有所考虑,如用户成本,但对养护工作带来的其他成本,如交通影响成本、环境影响成本等,尚未纳入定量的评价。

(5) 养护维修规划编制和养护维修设计方法。路面养护维修规划编制和养护维修设计是路面养护决策成果的具体落实和实现。做好养护维修规划编制和养护维修设计才能实现路面养护决策的目标。目前寿命周期理论等在养护维修规划编制过程中得到了一定的应用,但我国尚未颁布沥青路面养护维修设计的技术标准或规范,因此亟须在总结历史经验、理论研究成果的基础上,做好沥青路面养护维修设计工作。

(6) 路面养护决策及其优化方法。养护决策包括从路面建设和使用到养护维修的全过程,涵盖工程成本、用户成本、社会成本等不同的主体,需要采用科学的方法,通过对不同过程的优化,最终得到满足养护需求的最优决策。

第 2 章　沥青路面结构工作环境监测与分析

沥青路面在使用过程中经受环境因素和交通荷载的反复作用，路面结构内部承受干湿变化、温度变化、应力和应变变化的交互作用。路面病害的发生和路面性能的衰变与路面结构的这些工作环境状况具有紧密关系。为此，本章通过修建高速公路沥青路面结构工作环境状态监测试验路，利用试验路监测数据，对路面病害的发生机理进行探讨，并对沥青路面工作环境的预测方法进行研究。

2.1　沥青路面监测试验路建设

路面结构直接暴露于自然环境之中，经受着车辆荷载的循环作用，这些因素直接影响着路面病害的发生、发展以及路面表面状况的变化。对路面结构内部环境状况、荷载状况以及路面表面状况进行监测和分析，可以深入了解路面结构的破坏过程，为路面病害预防、路面早期病害治理及路面养护维修决策提供可靠的理论支撑，同时通过掌握路面表面的实时状况，可以为道路交通的顺畅运行提供科学依据。

本章在上述原则的指导下修建了高速公路沥青路面结构工作环境状况监测试验路，通过收集路面力学和环境参数，为了解路面结构状况变化特点、分析路面结构病害发生机理和制定预防对策提供理论数据和技术支持。

2.1.1　试验路概况

试验路位于北京市南六环外环 K84＋000～K104＋000。2012 年试验路原路面技术状况调查结果见表 2.1。PCI、RQI、RDI 和 SRI 评定等级分别为良、优、差、良。综合评定，该沥青路面病害主要以路面车辙和裂缝为主。病害的主要原因：南六环车流量较大，且多为大型超载货车，在荷载以及环境气候等因素的长期共同作用下，路面性能已经发生明显的衰变，路面产生裂缝和车辙等严重病害，影响行车舒适性和安全性。同时，通过钻芯取样和探地雷达检测，确定该路段基层状态良好。

鉴于上述情况，于 2012 年 9 月对该路段进行了养护维修。养护方案为将中、上面层铣刨后，回铺相同层厚的中、上面层，路面材料及结构见表 2.2。

表 2.1　2012 年试验路原路面技术状况调查结果

起止桩号	DR	PCI	RD	RDI	IRI	RQI	SRI
K88＋000～K90＋000	0.772	86.52	25.45	38.2	1.12	94.89	89.62

注：DR 为破损率；IRI 为国际平整度指数(international roughness index)。

表 2.2　试验路养护方案

方案	上面层材料	厚度/cm	中面层材料	厚度/cm	下面层材料	厚度/cm
原路面结构	改性沥青 SMA-16	5	中粒式沥青混凝土 AC-20	7	粗粒式沥青混凝土 AC-25	7
养护方案	壳牌 SBS SMA-16	5	壳牌 SBS AC-25	7	维持原路面结构	—

为了解高速公路路面结构内部实际的力学和环境工作状况，在上述养护工程路段的南六环外环 K89＋330 处埋设了用于测量路面结构层内部应变、基层顶面压力和结构层温度的传感器，对该路段的工作环境状况进行长期、连续监测。试验路路面结构内部工作环境状况监测具体实施情况见表 2.3。

表 2.3　试验路路面结构内部工作环境状况监测具体实施情况

实施日期	实施工作内容
2012 年 9 月 10 日	路面养护施工，各传感器的埋设
2012 年 9 月 21 日	各传感器的标定
2012 年 9 月 27 日	试验段定点、定速测量试验
2012 年 10 月 1 日～2018 年 5 月 30 日	连续实时监测，传感器数据采集频率为 1 次/2s

2.1.2　传感器埋设方案

试验路数据采集采用静态测试方法，数据采集频率为 1 次/2s。监测内容包括上面层底部的纵横向应变、温度，下面层底部的纵横向应变、温度，基层顶面压力，以及基层顶面 5cm 下的温度等相关参数。

试验路使用的应变传感器、压力传感器和温度传感器如图 2.1～图 2.3 所示，各传感器技术参数见表 2.4。

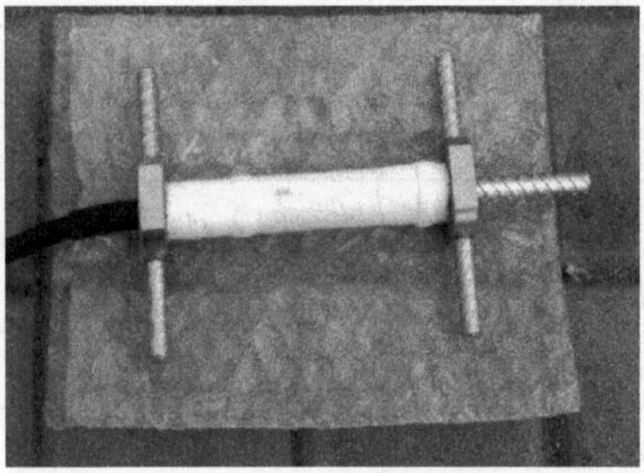

图 2.1 应变传感器

图 2.2 压力传感器

图 2.3 温度传感器

表 2.4 各传感器技术参数

监测项目	设备型号或类型	设备量程	表面弹性模量	设备尺寸
应变	进口 KM-100HAS	±5000με	40MPa	147mm×84mm×24mm
压力	国产双油腔结构式	0.3MPa	—	ϕ180mm×22mm
温度	PT100 铂电阻式	−200～650℃	—	—

为保证监测工作的顺利进行，在两个断面上埋设了传感器，平面布置如图 2.4 所示。传感器埋设在外侧车道的轮迹带上，两个断面相距 12m，传感器距路缘石垂直距离为 3.90m，距外侧车道线 1.10m。

图 2.5 为东侧断面传感器埋设纵断面示意图。传感器埋设时，以前述位置为中心开挖 100cm×100cm 的坑，按图 2.5 所示方法，将传感器埋设在不同的层位上。压力传感器处于中心位置，左侧为横向应变传感器，右侧为纵向应变传感器，温度传感器埋设在横向应变传感器和压力传感器的中间。横向应变传感器、压力传感器、纵向应变传感器之间的距离各为 25～30cm。

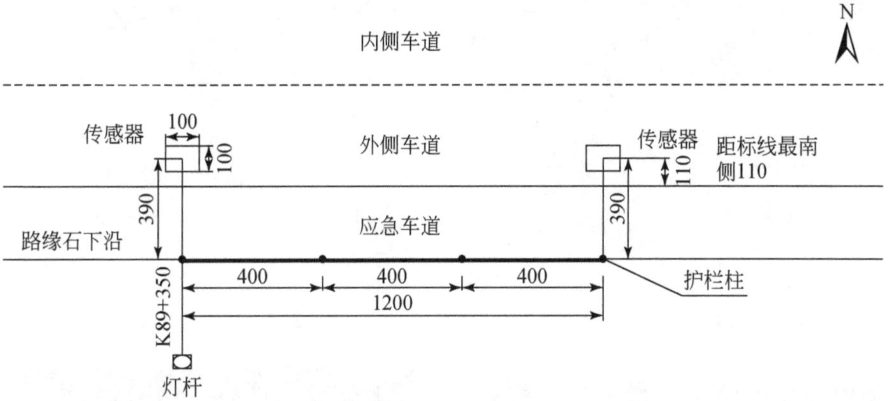

图 2.4　传感器埋设平面图(单位:cm)

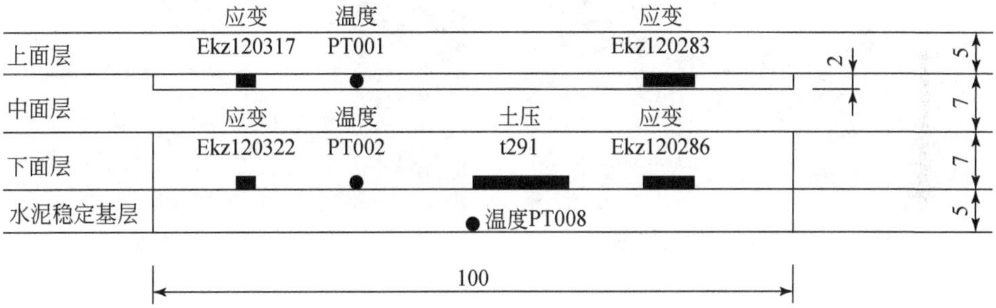

图 2.5　东侧断面传感器埋设纵断面示意图(单位:cm)

2.1.3　传感器埋设方法及过程

路面结构状况监测传感器埋设与该路养护维修工程相结合,根据养护工程进度,确定传感器埋设日程。该处路面养护采用铣刨中上面层再回铺中上面层的养护方法,与养护工程施工相结合,传感器埋设方法及过程如下。

1) 下面层底部传感器埋设

养护工程预先将该路段的中上面层进行铣刨并清扫干净,然后利用小型铣刨机将下面层铣刨出 100cm×100cm 的坑,如图 2.6～图 2.8 所示。再用人工方法下挖基层混合料 5cm,将基层内的温度传感器埋设在基层内,用人工方法回填并压实。

按图 2.9 所示的埋设方法,将四种传感器埋设于开挖的坑内,并立即用热拌沥青混合料填埋,用小型振动夯对沥青混合料进行压实。在此过程中,为保证压力传

图 2.6　确定传感器预埋区

图 2.7　铣刨传感器预埋区

图 2.8　传感器预埋区修整

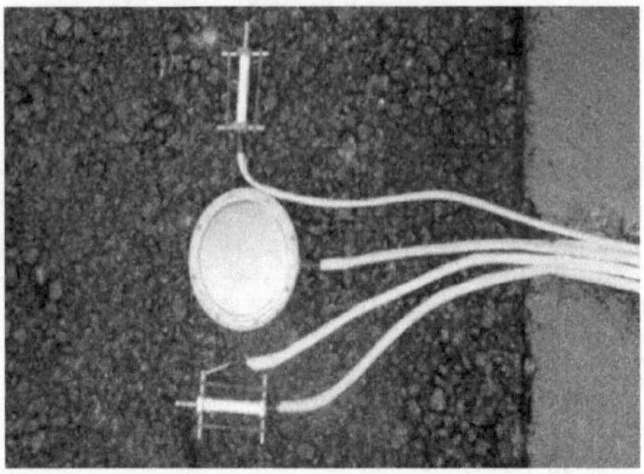

图 2.9　传感器埋设

感器与沥青混合料紧密接触，在其周围撒布少量的细砂。在施工过程中，对于应变传感器和压力传感器，在回填沥青混合料前撒布一定的黏层油，采用人工方法对传感器周边进行沥青混合料的填埋和初步压实，保证传感器能完好地埋设于沥青混凝土中，并与沥青混凝土紧密结合。施工过程如图 2.10～图 2.13 所示。

图 2.10　传感器定位图

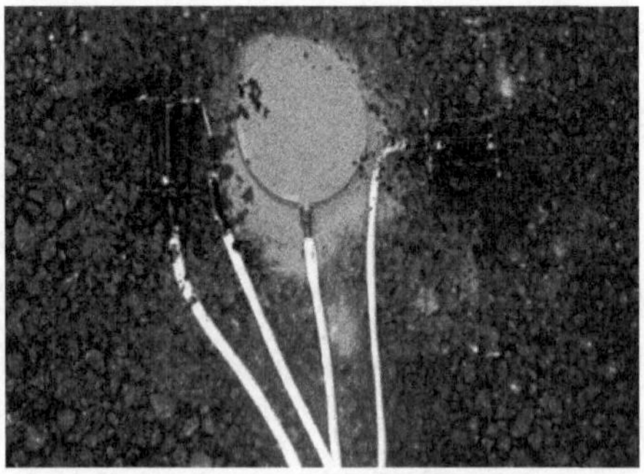

图 2.11　撒布细砂和黏层油

图 2.12　铺沥青混合料

图 2.13　小型振动夯压实

2）上面层底部传感器埋设

下面层底部传感器埋设后进行中面层沥青混合料的摊铺和压实作业，如图 2.14 和图 2.15 所示。施工完毕且路面温度下降到要求温度时，按图 2.9 所示的埋设方法，将上面层底部的传感器准确埋设于中面层上，此处没有埋设压力传感器，温度传感器和纵横向应变传感器处于下面层底部传感器的正上面。

传感器埋设后，撒布少量黏层油，人工铲取沥青混合料填充在传感器周围，保证沥青混合料与传感器紧密结合。此时，尽量选择较细的混合料以保证混合料能均匀包裹传感器。之后，在传感器四周摊铺沥青混合料，并用小型振动夯初步压实。最后利用摊铺机对该段路面进行摊铺和压实作业，完成上面层的铺筑工作。

在施工过程中，应充分注意各施工过程不能导致传感器发生移动和损坏，以保证传感器的成功监测。

图 2.14　撒布黏层油

图 2.15　试验路机械摊铺

3）测试线的布设

通过在路面上开挖沟槽方式，将各传感器测试线引到路面外的便道上，如图 2.16～图 2.18 所示。对开挖的测试线外引沟槽，用密封胶进行全面密封，防止雨水等由沟槽渗入路面或传感器部位，以避免由此导致路面损坏或传感器失效。

图 2.16　测试线外引沟槽

图 2.17　测试线外引位置

图 2.18　测试线外引至路边

4）数据采集

采用 DTMCU80G-20 远程监测单元及自动测量集线箱进行数据采集，全部采集器放置在一个密闭的金属箱内，避免被盗、雨淋等，如图 2.19 和图 2.20 所示。通过初步测试，当采样间隔小于 2s 时，采集数据量非常大，在数据采集和传输中容易发生故障。经反复验证，采取了 1 次/2s 的数据采集频率。由于试验路处于野外，没有供电条件，所以采用太阳能供电方式，如图 2.21 所示。

图 2.19　电缆与采集器连接

图 2.20　采集器安装完毕

图 2.21　太阳能板安装

2.2　路面结构内部温度

沥青路面的沥青混合料是一种感温性材料，温度的变化会导致其性能有较大的差异。不同温度条件下路面会产生不同的损坏形式，如低温开裂、高温车辙和拥包等，其疲劳寿命也受温度影响。因此，脱离温度而分析沥青混合料的性能或进行沥青路面设计是毫无意义的。

本章通过在实体工程路面结构内部埋设温度传感器，实时监测路面内部温度变化及其规律。监测位置为路面上面层底部、下面层底部和基层内部，具体埋设情况见 2.1 节。

2.2.1　路面结构内部温度日变化规律

路面结构内部温度随季节、时间而变化。图 2.22 为 2012 年 9 月 28 日路面结构内部各层温度传感器的测试数据。图中，W_{T1}为上面层层底温度，W_{T2}为基层内部温度，W_{T3}为下面层层底温度。

由图 2.22 可以得出以下结论。

(1) 温度测试数据具有较好的规律性，通过测试可以得到不同时间和不同路面深度的温度值，还可以得到不同时间路面结构内部的温度梯度数据。

(2) 一天内各层温度传感器的变化规律基本相同，只是最高温度、最低温度和温度变化速率不同。

(3) 2012 年 9 月 28 日，上面层层底、基层内部、下面层层底温度传感器最低温度分别出现在 7:00、9:00、8:00 左右；最高温度分别出现在 15:00、19:00、17:00 左右。随着深度的增加，路面温度变化呈现滞后现象，且变化幅度趋于缓和。一般认

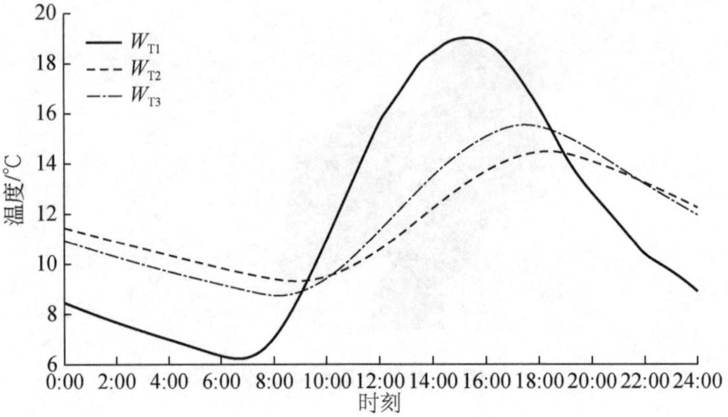

图 2.22　2012 年 9 月 28 日路面结构内部各层的温度变化

为，当结构层深度大于 30cm 时，沿深度方向的温度分布可以近似视为线性变化；当结构层厚度达到 1m 时，温度的日变化已经很小，仅为 0.2℃左右，此深度的年温度变化占主导地位，另外，随着深度的增加，季节温差也呈减小趋势。

(4) 对于沥青路面，温度变化速率会显著影响沥青混合料的使用性能。降温是沥青路面产生温缩裂缝的最直接原因，降温速率及降温持续时间都将明显影响沥青路面的温度裂缝。越靠近沥青表面，温度变化速率越大，2012 年 9 月 28 日在 8:00～12:00 时温度上升速率最快，在 16:00～19:00 时温度下降速率最快。随着深度的增加，温度变化速率逐渐减小，在基层内部温度变化速率已经变得很小，最高温度和最低温度的差值仅为 4℃左右。

2.2.2　路面结构内部温度年变化规律

2012 年 10 月 1 日～2013 年 9 月 30 日，路面结构内部各层温度传感器测定的最低温度和最高温度如图 2.23 和图 2.24 所示。

由图 2.23 和图 2.24 可得到以下结论。

(1) 路面结构内部各层温度全年均呈波浪形变化，冬季的最低温度和最高温度均较低，而夏季的最低温度和最高温度均较高；各层传感器最低温度相差不大，而且随时间的变化规律一致。

(2) 全年中，上面层底部(路表下 5cm)的最高温度为 33.8℃，最低温度为 −16.8℃；基层内部(路表下 24cm)的最高温度为 25.2℃，最低温度为 −15.1℃；下面层底部(路表下 19cm)的最高温度为 27.5℃，最低温度为 −15.1℃。最高温度出现在 8 月，最低温度出现在 1 月。

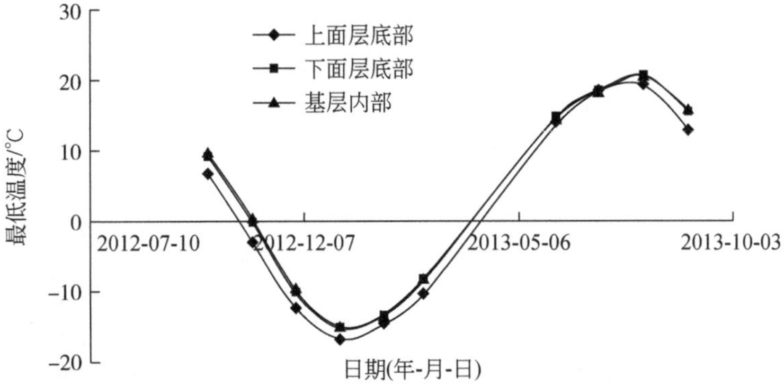

图 2.23　每月 1 日各层温度传感器最低温度变化

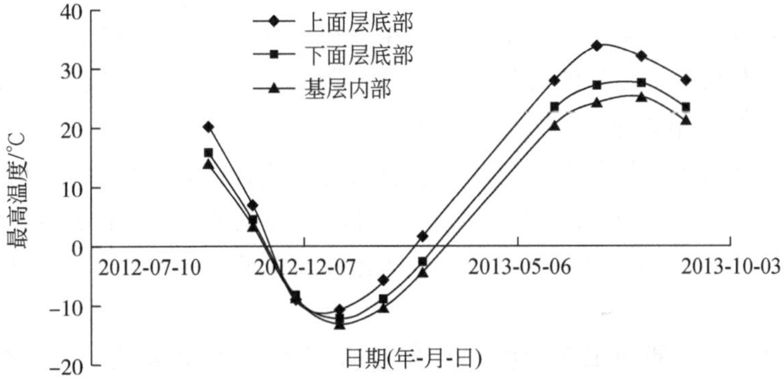

图 2.24　每月 1 日各层温度传感器最高温度变化

(3) 由以上数据可以得到北京市高速公路路面结构的内部温度梯度，如图 2.25 所示。由图可以看出，夏季路面结构的内部温度梯度为 0.45℃/cm；冬季路面结构的内部温度梯度为 0.10℃/cm。

在气象学中，将全年气温划分为高温期、低温期和常温期三个时期，划分的具体技术指标如下。

(1) 高温期。高温期代表性季节为夏季，代表性月份为 7 月，为连续三天日最高气温在 35℃以上的时间阶段。高温期的气温特征为昼夜温差较小，日平均气温高。

(2) 低温期。低温期代表性季节为冬季，代表性月份为 1 月，为连续三天日最低气温在 0℃以下的时间阶段。低温期的气温特征为昼夜温差较小，日平均气温低。

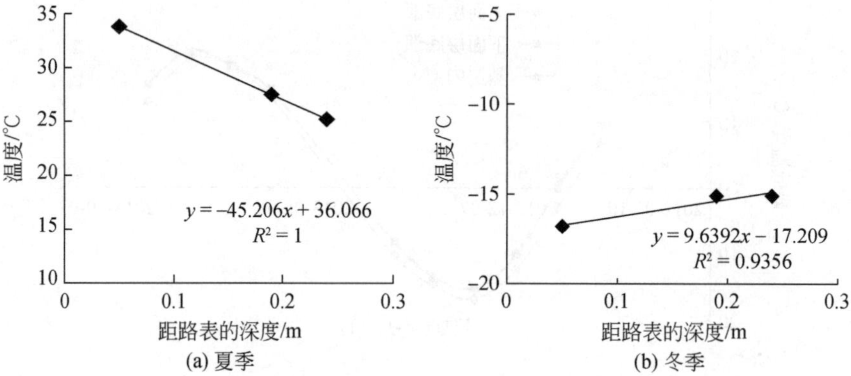

图 2.25　北京市高速公路路面结构的内部温度梯度

(3) 常温期。常温期代表性季节为春季和秋季,代表性月份为 4 月和 10 月,是除高温期与低温期以外的天气情况。常温期的气温特征为昼夜温差较大,白天气温较高,夜晚气温较低,日平均气温适中。

参照上述气象学划分方法和沥青混合料的性能特征,把沥青路面结构内部温度按照小于 0℃、0～20℃、大于 20℃的区间划分为低温期、中温期和高温期。因此,2012 年 10 月 1 日～2013 年 9 月 30 日北京市高速公路路面结构内部各层所处的温度状况如下。

(1) 上面层底部的工作温度处于高温期、中温期和低温期的天数分别为 45 天、188 天和 132 天;在一年内(按 365 天计算)分别约占 12%、52%和 36%。

(2) 下面层底部的工作温度处于高温期、中温期和低温期的天数分别为 46 天、179 天和 140 天;在一年内(按 365 天计算)分别约占 13%、49%和 38%。

(3) 基层内部的工作温度处于高温期、中温期和低温期的天数分别为 37 天、181 天和 147 天;在一年内(按 365 天计算)分别约占 10%、50%和 40%。

由以上统计可以看出,沥青面层的中下面层处于高温期的时间也较长,单独考虑上面层的抗车辙问题而不考虑中下面层的抗车辙问题是不全面的。同时,路面处于高温期的时间约为 45 天,这个时间是沥青路面高温流动性车辙发生的关键时间,应在养护维修和交通管理中予以重视。

2.2.3　特殊天气路面温度的变化规律

沥青混凝土路面除承受周期性温度变化作用外,特殊天气情况下,路面内部温度发生剧烈变化,也会对路面结构产生不良影响。研究表明,温度的骤然下降同样可以导致沥青路面的开裂。因此,本节选择降雨、降雪、大风三种典型特殊天气进行研究，得到这三种典型特殊天气下路面结构内部温度场的变化规律，如图 2.26～图 2.28 所示。

图 2.26 为监测到的某日降雨对路面结构内部温度的影响。由图可以看出，出现降雨天气后，上面层底部温度短时间内骤降 3.22℃，这期间的降温速率达到 2.15℃/h，是年最大平均降温速率的 2 倍以上。上面层底部温度骤降后降温速率趋缓，温度发生持续性、缓慢的下降。下面层底部温度和基层内部温度没有出现因为降雨而发生温度突变的现象，而是随时间呈小幅增长，即降雨对下面层底部温度和基层内部温度没有明显影响。

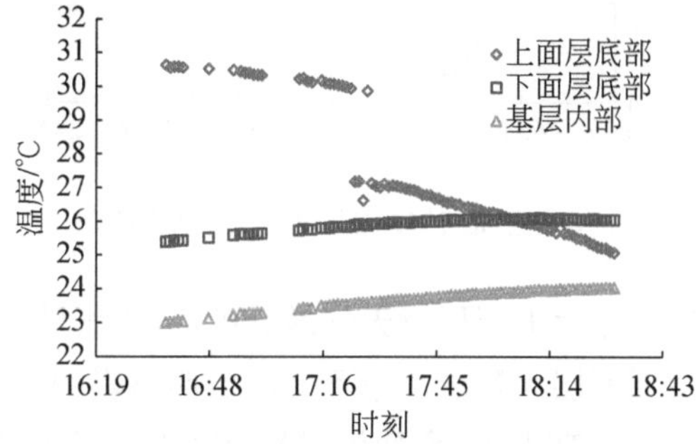

图 2.26　某日降雨路面结构内部温度场变化规律

图 2.27 为监测到的某日降雪对路面结构内部温度的影响。由图可以看出，降雪对上面层底部温度产生了一个先下降、再上升的影响。降雪使路面温度下降，当降雪一定时间后，由于积雪对路面产生温度保护的作用或降雪停止等可能因素的影响，之后上面层温度出现上升。降雪引起的路面降温速率约为 0.4℃/h，与冬季沥青路面平均降温速率基本相同。结果表明，降雪对下面层底部温度和基层内部温度没有产生明显影响。

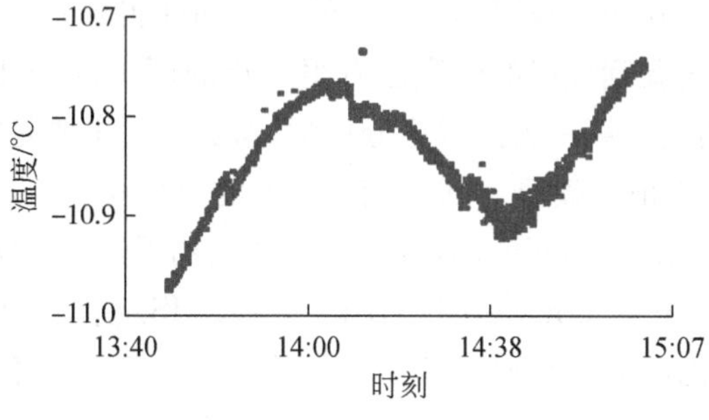

图 2.27　某日降雪路面结构内部温度场变化规律(上面层底部)

图 2.28 为监测到的某日大风对路面结构内部温度的影响。由图可以看出，大风会对路面升温速率产生抑制作用，而对路面降温速率产生加强作用，但不会造成路面结构内部温度的骤降。

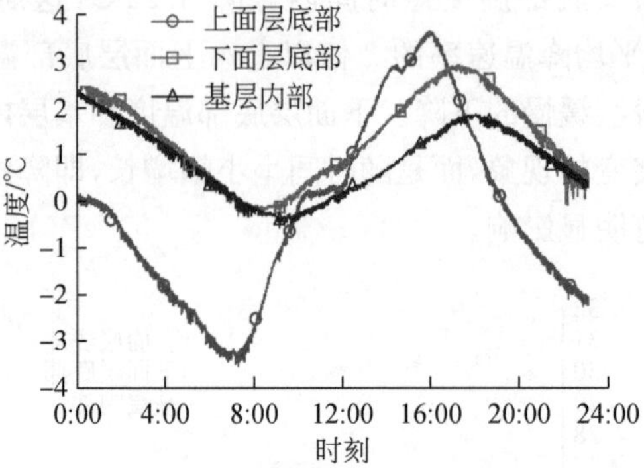

图 2.28 某日大风路面结构内部温度场变化规律(4～5 级北风)

以上分析表明，沥青路面上面层对天气敏感度高，天气的变化可使上面层产生较大的温度波动，而对下面层和基层一般不会产生明显影响。分析结果还表明，夏季降雨，特别是炎热天气的雷阵雨，会使沥青路面产生温度骤降，降温速率达到一般天气的 2 倍以上。这种温度的骤降必然会造成沥青路面温度应力的增加，并可能导致温度收缩裂缝或疲劳裂缝的产生。

2.2.4 高温季节路面结构内部温度预测方法

路面结构处于自然环境中，经受着持续变化的各种环境因素的综合作用，而这种作用使路面结构内部温度场的分布变得十分复杂。沥青路面温度敏感性很高，温度对沥青路面的承载能力和使用性能都有显著影响。沥青路面的各种常见损坏也直接或间接地与路面结构内部的温度状况有关。因此分析预测沥青路面结构内部温度场的分布特性和变化规律具有重要的理论和现实意义。

国内外对于路面温度规律的研究已有很多年的历史，综合国内外学者的研究方法，大致可分为两类。第一类是理论分析法，这类方法主要是根据传热学基本原理建立路面温度场的预估模型。2004 年，美国的力学-经验设计法(mechanistic-empirical pavement design guide，MEPDG)继续沿用了这类方法的基本原理，其中的气候-材料-结构(climatic-materials-structural，CMS)模型采用一维有限差分法来确定路面结构的温度分布状况。Huber[36]基于热平衡方程建立了路面最高温度的确定性公式。Christison 等[37]基于一维热传导方程建立了预测沥青路面温度状况的模型。Qin 等[38]提出了一种改进的一维热传导模型预测路面温度分布规律。

第二类是统计分析法，即利用统计学的相关方法分析路面温度、外界环境等实测数据之间的内在规律。这类方法于 1987 年在美国公路战略研究计划(Strategic Highway Research Program，SHRP)中得到首次大规模应用。Mohseni 等[39]提出了预测沥青路面低温和高温的模型，这是一种典型的统计方法。该研究中最有价值的结论是路面结构内部不同深度处的最高温度和最低温度是随着路面温度和空气温度线性变化的。后来，Mati 等提出了用空气温度预测路面最低温度和最高温度的回归模型，并验证了模型的有效性。Diefenderfer 等[40]和 Wang 等[41]针对不同地区，提出以月平均温度作为校正系数，扩展了模型的适用范围，提高了模型的精度。近年来，我国也有很多研究采用了此类方法。对比上述两类研究方法可以发现，尽管理论分析法具有较强的普适性，但由于此类方法建立的分析模型形式复杂，求解过程烦琐，输入参数多且难以准确获得，因此其预测精度和推广应用都受到了一定限制。而随着信息获取技术的发展和传感器技术的日益成熟，越来越多的研究使用统计分析法探寻路面温度场的分布规律。

本书通过埋设于路面结构内部的温度传感器得到了路面内部不同层位的温度变化规律。同时根据监测得到的数据，结合当地气象站的同步气象实测数据进行回归分析，建立具有较高预测精度的沥青路面温度场预估模型，以期完整、全面地揭示环境因素对沥青路面结构内部温度的影响及其内部温度场的分布规律。

1. 数据获取

1) 路面结构内部温度数据获取

路面结构内部温度数据通过试验路上的温度传感器实测获得，具体见 2.2 节。

2) 气象要素数据获取

气象要素包括气温 T、云量 N、空气湿度 U、风速 F_f、降水量 RRR，其可以通过中国气象局 54511(北京)观测站获得。该站位于北京市内，北纬 39.8°，东经 116.47°，海拔 31.3m，类别为基本站。其中，T 为地面以上 2m 处的气温(℃)，N 为云量(%)，U 为地面高度 2m 处的空气湿度(%)，F_f 为观测前 10min 内地面高度 10～12m 处的风速(m/s)，RRR 为降水量(mm)。

2. 气象要素及路面结构内部温度分析

1) 气象要素的影响

沥青路面暴露在自然环境中，路基路面结构与外界环境间发生多种复杂的热交换过程，因此其内部温度受环境因素的影响，并且这种影响很显著，如图 2.29 所示。这里的环境因素主要是指当地的气象要素(如气温、云量、空气湿度、风速、降水量等)。图中,T_5 为距路表 5cm 处(上面层底部)的温度(℃),T_{19} 为距路表 19cm 处(下面层底部)的温度(℃),T_{24} 为距路表 24cm 处(基层以下 5cm)的温度(℃)。图 2.29(a)表明,气温、云量、空气湿度、风速、降水量都可能影响路面结构内部温度,不同的气象要素组合呈现不同的气象特征,也对路面结构内部温度产生不同的影响,即使在相同的气温下,由于其他气象要素不同,路面结构内部温度也会有巨大的差异。图 2.29(b)为 2013 年 7 月 25 日 5:00 和 17:00 路面结构内部温度及气象要素的情况。由图可以看出,路面结构内部温度在 24h 内可发生很大的变化,距路表越远,变化幅度越小,在一些气象要素的综合作用下,距路表 5cm 处的温度变化幅度有时可以超过气温的变化幅度,且路面结构内部温度并不是总低于气温,距路表 5cm 处可以达到和气温一样高的温度。也就是说,北京地区沥青路面距路表 5cm 处在夏季的温度可以达到 35℃以上,数据再次表明,高温稳定性的问题绝不只限于路表。

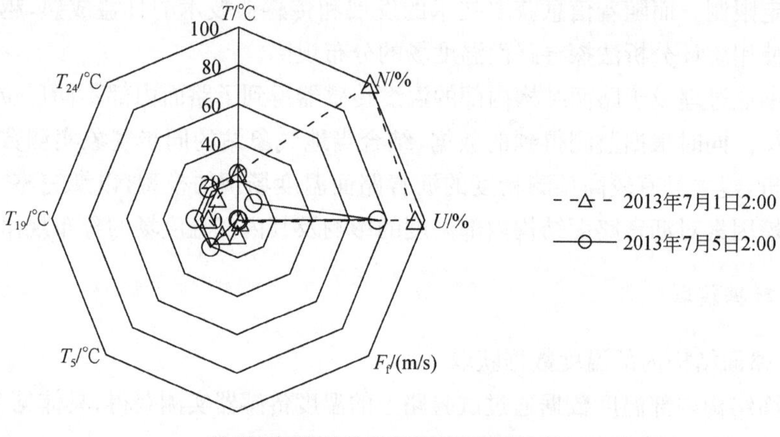

(a) 2013年7月1日2:00和2013年7月5日2:00

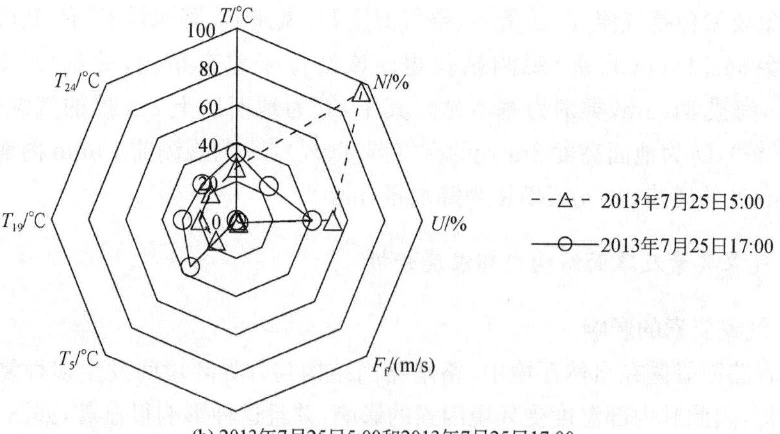

(b) 2013年7月25日5:00和2013年7月25日17:00

图 2.29 路面结构内部温度受当地气象要素的影响

2）路面结构内部温度变化

图 2.30 为 2013 年 7 月路面结构内部温度的变化情况。从图 2.30 中可以看出，虽然路面结构内部温度随距路表深度的增加而降低，但整体看来，夏季北京市沥青路面结构内部温度较高，距路表 5cm 处，最高温度经常达到 35℃，每天的温度都近似呈周期性波动状态，距路表越远，波动越小，但气象要素的影响，使每天的温度状况差异很大。图 2.31 为 2013 年 7 月任意连续 72h 路面结构内部温度的变化情况。由图 2.31 可以看出，路面结构内部每 24h 都会经历两个阶段，即升温阶段和降温阶段，其中升温阶段为 5:00～14:00，降温阶段为 15:00～4:00。

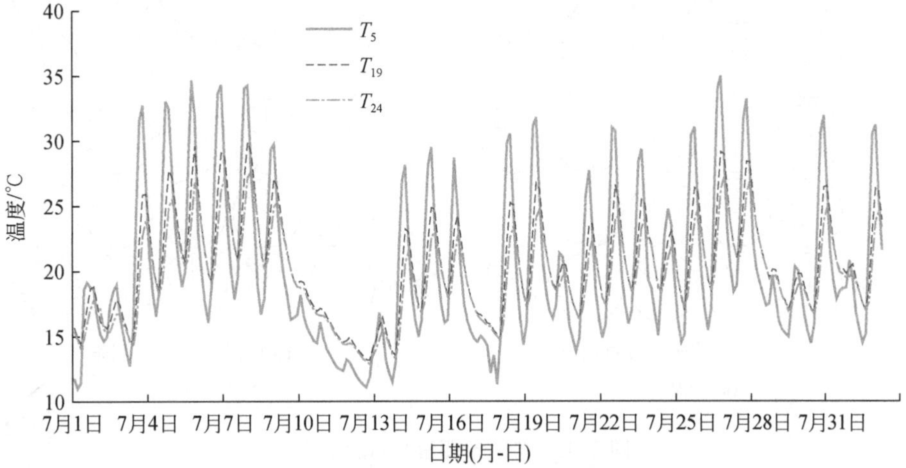

图 2.30　2013 年 7 月路面结构内部温度的变化情况

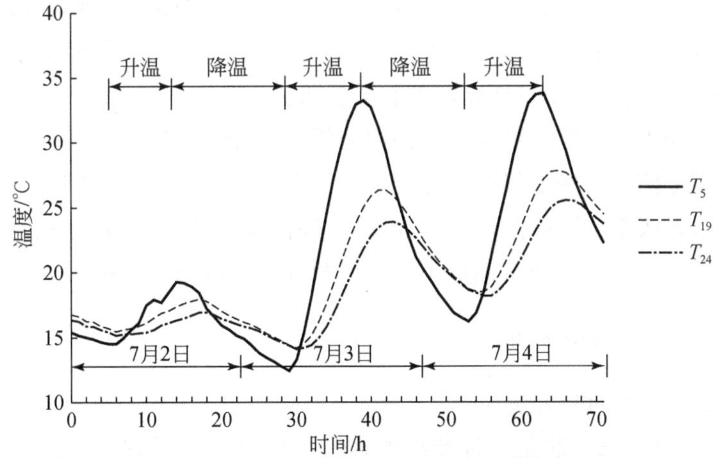

图 2.31　2013 年 7 月任意连续 72h 路面结构内部温度的变化情况

3）气象要素相关性分析

气象要素是指用于描述与天气有关的物理状态和现象的物理量，主要包括气温、云量、空气湿度、风速、降水量等。这些要素都能从观测站直接获得，并随着时间变化，彼此之间相互影响和制约。不同的气象要素组合呈现不同的气象特征，为了定量分析各气象要素之间的相关性，选取 2013 年 7 月的气象要素数据，分别按照升温阶段和降温阶段进行相关性分析，结果如图 2.32 所示。

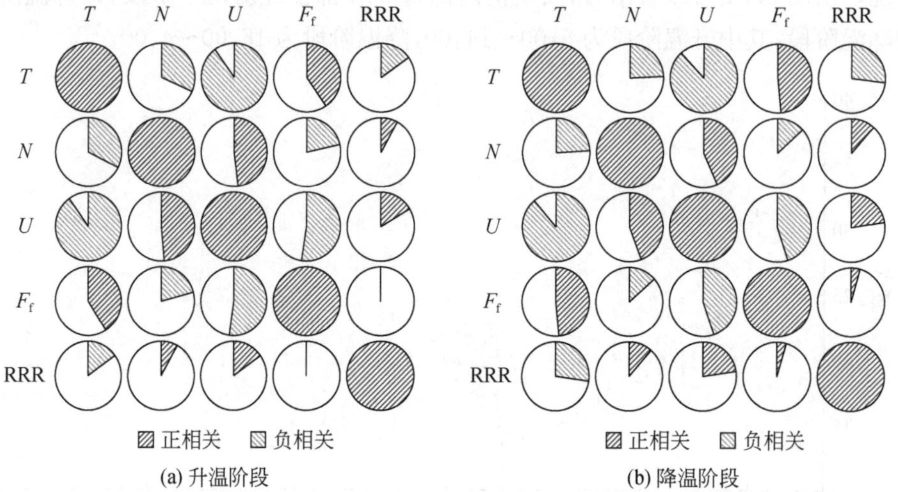

图 2.32　各气象要素之间的相关图

图 2.32 表明，气温、云量、空气湿度、风速、降水量这五个气象要素间存在一定的相关性，其中，气温与云量、空气湿度、降水量负相关，与风速正相关；云量与空气湿度和降水量正相关，与风速负相关；空气湿度与风速负相关，与降水量正相关；风速与降水量正相关。大部分要素间的相关性很强。

因此，在利用气象实测数据进行回归分析，建立沥青路面结构内部温度预估模型时，如果直接使用这些变量进行传统最小二乘回归，那么回归模型中必然会存在多重共线性，无法获得影响温度的解释变量，即传统的多元回归无法解决此预估模型的建模问题，所以需要使用偏最小二乘回归方法进行回归分析。

3. 偏最小二乘回归方法

1）偏最小二乘回归方法简介

偏最小二乘回归方法是一种新型的多元统计数据分析方法。近二十年来，其在理论、方法和应用方面都得到了迅速的发展。偏最小二乘回归方法在统计应用中的重要性主要体现在三个方面:①偏最小二乘回归方法是一种多因变量对多自变量的回归建模方法。②偏最小二乘回归方法可以较好地解决许多以往用普通多元回归无法解决的问题,如自变量之间的多重相关性。偏最小二乘回归方法开辟了一种有效的技术途径,它利用对系统中的数据信息进行分解和筛选的方式,提取对因变量的解释性最强的综合变量,辨识系统中的信息与噪声,从而更好地克服了变量多重相关性在系统建模中的不良作用。③偏最小二乘回归方法在建模的同时实现了数据结构的简化,因此可以在二维平面图上对多维数据的特性进行观察,即实现数据的降维。

2) 偏最小二乘回归方法的建模过程

设有 p 个被解释变量,分别记为 $Y_1,Y_2,\cdots,Y_p$,解释变量个数为 m,记为 X_1,$X_2,\cdots,X_m$,假设每组变量选取 n 个观测。在进行偏最小二乘回归之前一般需要对各个变量进行标准化处理,即各个变量减去其均值再除以标准差,处理后的被解释变量和解释变量用矩阵表示为

$$X_0=\begin{bmatrix} x_{11} & x_{12} & \cdots & x_{1m} \\ x_{21} & x_{22} & \cdots & x_{2m} \\ \vdots & \vdots & & \vdots \\ x_{n1} & x_{n2} & \cdots & x_{nm} \end{bmatrix},\quad Y_0=\begin{bmatrix} y_{11} & y_{12} & \cdots & y_{1p} \\ y_{21} & y_{22} & \cdots & y_{2p} \\ \vdots & \vdots & & \vdots \\ y_{n1} & y_{n2} & \cdots & y_{np} \end{bmatrix}$$

偏最小二乘回归方法按照以下步骤进行分析。

(1) 分别提取解释变量组和被解释变量组的第一对主成分,并使这对主成分的相关性达到最大。

记从 $X=(X_1,X_2,\cdots,X_m)$ 中提取的第一主成分为 T_1,从 $Y=(Y_1,Y_2,\cdots,Y_p)$ 中提取的第一主成分为 U_1,即有

$$T_1=w_1'X_0=w_{11}X_1+w_{12}X_2+\cdots+w_{1m}X_m$$
$$U_1=v_1'Y_0=v_{11}Y_1+v_{12}Y_2+\cdots+v_{1p}Y_p$$

式中,T_1、U_1 要尽可能多提取各自所在组的信息,同时要求 T_1、U_1 的相关程度最高。为实现这个要求,可以通过主成分回归和典型相关分析来得到两组权重向量 w_1 和 v_1,且满足 $w_1'w_1=1$,$v_1'v_1=1$,记由此得到 T_1 的实现值为 t_1。

(2) 分别建立 $Y_1,Y_2,\cdots,Y_p$ 和 $X_1,X_2,\cdots,X_m$ 对 T_1 的回归。

设回归模型分别记为

$$X_0=t_1\alpha_1'+E_1$$
$$Y_0=t_1\beta_1'+F_1$$

式中,$\alpha'=(\alpha_{11},\alpha_{12},\cdots,\alpha_{1m})$ 和 $\beta'=(\beta_{11},\beta_{12},\cdots,\beta_{1p})$ 分别为多个因变量对一个解释变量的回归系数向量;E_1、F_1 分别为对应的残差矩阵。

根据最小二乘得到参数估计为

$$\hat{\alpha}_1'=(t_1't_1)^{-1}t_1'X_0$$

$$\hat{\beta}_1'=(t_1't_1)^{-1}t_1'Y_0$$

从而得到残差矩阵 E_1、F_1 的估计为

$$\hat{E}_1=X_0-t_1\hat{\alpha}_1'$$

$$\hat{F}_1=Y_0-t_1\hat{\beta}_1'$$

利用 $\hat{E}_1$、$\hat{F}_1$ 替代 X_0、Y_0 重复步骤(1)，抽取第二对主成分 T_2、U_2 及其权重向量 w_2 和 v_2，且满足 $w_2'w_2=1$，$v_2'v_2=1$，记由此得到 T_2 的实现值为 t_2，再进行回归。这个过程一直进行下去，直到第 r 对主成分，其中 $r=\min(n-1,m)$。此时可以得到：

$$X_0=t_1\hat{\alpha}_1'+t_2\hat{\alpha}_2'+\cdots+t_r\hat{\alpha}_r'+E_r$$

$$Y_0=t_1\hat{\beta}_1'+t_2\hat{\beta}_2'+\cdots+t_r\hat{\beta}_r'+F_r$$

代入 $t_k=w_k'X_0(k=1,2,\cdots,r)$，可以得到某个标准化因变量 Y_j^* 的回归模型，即

$$Y_j^*=a_{j1}X_1^*+a_{j2}X_2^*+\cdots+a_{jm}X_m^*,\quad j=1,2,\cdots,p$$

式中，"*"表示变量是经过中心化处理后的变量，代入中心化变量后可以得到原始变量的回归模型。

(3) 确定提取主成分的个数。

一般而言，分析时不会提取所有的主成分，常采取一定的方法来确定提取主成分的个数。常用的有舍一交叉验证方法、分批交叉验证方法、分裂样本交叉验证方法和随机样本交叉验证方法。其中舍一交叉验证方法使用较为普遍。该方法的原理是每次舍掉一个观测，如第 i 个观测，利用剩下的 $n-1$ 个观测完成主成分提取，并得到估计模型，利用该估计模型估计第 i 个观测。记当使用 k 个主成分时，y_{ij} 的预测值为 $\hat{y}_{j(i)}(k)$，得到舍掉第 i 个观测时第 j 个因变量的预测残差为

$$y_{ij}-\hat{y}_{j(i)}(k)$$

从而得到所有观测和所有因变量预测的残差平方和为

$$\text{PRESS}(k)=\sum_{j=1}^{p}\sum_{i=1}^{n}(y_{ij}-\hat{y}_{j(i)}(k))^2$$

选取这样的主成分个数，使得 $l=\min\limits_{1\leqslant k\leqslant r}(\text{PRESS}(k))$ 结果最小。

4. 路面结构内部温度预估模型

1) 数据准备

由于北京地区夏季最高气温出现在初伏，即 7 月，为研究气温、云量、空气湿

度、风速、降水量等环境因素对沥青路面结构内部温度的定量影响，预估高温天气路面结构内部的温度状况，特选取实测的 2013 年 7 月和 2014 年 7 月的路面结构内部温度数据和气象要素数据，数据对应的时刻为每日的 2：00、5：00、8：00、11：00、14：00、17：00、20：00、23：00，即每天 8 组数据，共 496 个样本，升温阶段和降温阶段分别建立路面结构内部温度的预估模型，其中升温阶段和降温阶段各 248 个样本。下面以降温阶段为例详细阐述。

T、N、U、F_f、RRR 分别表示自变量气温、云量、空气湿度、风速、降水量。T_5、T_{19} 和 T_{24} 分别表示因变量距路表 5cm、19cm、24cm 处的温度(℃)。自变量的观测数据矩阵记为 $A=(a_{ij})_{248\times5}$，因变量的观测数据矩阵记为 $B=(b_{ij})_{248\times3}$。将各观测值 $a_{ij}b_{ij}$ 转换成标准化值。

2）相关系数矩阵

所有变量的相关系数矩阵见表 2.5。

表 2.5　所有变量的相关系数矩阵

变量	T	N	U	F_f	RRR	T_5	T_{19}	T_{24}
T	1	−0.237	−0.887	0.484	−0.272	0.615	0.468	0.380
N	−0.237	1	0.431	−0.130	0.112	0.053	0.068	0.066
U	−0.887	0.431	1	−0.447	0.225	−0.509	−0.393	−0.325
F_f	0.484	−0.130	−0.447	1	0.039	0.329	0.204	0.149
RRR	−0.272	0.112	0.225	0.039	1	−0.163	−0.179	−0.149
T_5	0.615	0.053	−0.509	0.329	−0.163	1	0.913	0.833
T_{19}	0.468	0.068	−0.393	0.204	−0.179	0.913	1	0.985
T_{24}	0.380	0.066	−0.325	0.149	−0.149	0.083	0.985	1

表 2.5 表明，不仅自变量(气温、云量、空气湿度、风速、降水量)间存在较强的相关性，因变量(T_5、T_{19}、T_{24})间及因变量与自变量间都存在较强的相关性，再次证实了选择偏最小二乘回归方法进行建模的必要性。

3）主成分个数的确定

采用舍一交叉验证方法确定主成分个数。偏最小二乘因子引起的偏差百分比见表 2.6。从表中可以看出，第二个主成分可解释模型效应的偏差为 18.41%，可解释因变量的偏差仅为 4.84%，可见第二个主成分对因变量的解释较弱，所以抽取主成分个数为 2 个。

表 2.6 偏最小二乘因子引起的偏差百分比 （单位：%）

提取因子数	模型效应		因变量	
	当前	合计	当前	合计
1	47.30	47.30	23.20	23.20
2	18.41	65.71	4.84	28.04

4）回归模型的确定

由 SAS/STAT 软件编程得到降温阶段路面结构内部不同深度处温度的预估模型为

$$T_5=4.48+0.63T+4.93N-0.08U+0.52F_f-0.15\mathrm{RRR}$$

$$T_{19}=12.25+0.36T+3.17N-0.04U+0.24F_f-0.08\mathrm{RRR}$$

$$T_{24}=13.96+0.26T+2.39N-0.03U+0.16F_f-0.06\mathrm{RRR}$$

同理，升温阶段路面结构内部不同深度处温度的预估模型为

$$T_5=-26.21+1.47T+1.70N+0.07U-0.26F_f+0.04\mathrm{RRR}$$

$$T_{19}=-0.55+0.58T-0.42N+0.06U+0.02F_f+0.03\mathrm{RRR}$$

$$T_{24}=5.32+0.36T-0.87N+0.05U+0.10F_f+0.03\mathrm{RRR}$$

5）模型的分析与检验

(1) 模型分析。

由标准化指标变量绘制的回归系数如图 2.33 所示。图 2.33(a)表明，T、N、U 三个变量在解释三个回归方程时起到了重要作用，而 F_f 和 RRR 的解释作用较弱，即 T、N、U 在降温阶段对路面结构内部温度的影响较大，而 F_f 和 RRR 的影响较小，且这五个变量的影响都是随距路表深度的增加而减弱。图 2.33(b)表明，T、U 两个变量在解释三个回归方程时起到了重要作用，而 N、F_f 和 RRR 的解释作用较弱，即 T、U 在升温阶段对路面结构内部温度的影响较大，而 N、F_f 和 RRR 的影响较小，且 T 对路面结构内部温度的影响随距路表深度的增加而减弱。从降温阶段与升温阶段的对比来看，N 在降温阶段起的作用大于升温阶段，T 在升温阶段起的作用大于降温阶段。

(2) 模型检验。

由于气象数据是实时公布的，所以可以利用气象数据随时预估路面结构内部的温度状况。应用该预估模型对 2015 年 7 月（共 31 天，每天的 2:00、5:00、8:00、11:00、14:00、17:00、20:00、23:00）的路面结构内部温度进行预测，其预测值与实测值的对比如图 2.34 所示。图 2.34 表明，无论是升温阶段的预测模型还是降温阶段的预测模型，T_5、T_{19} 和 T_{24} 的预测值与实测值相比，预测精度均较高，误差都

在可接受范围内。

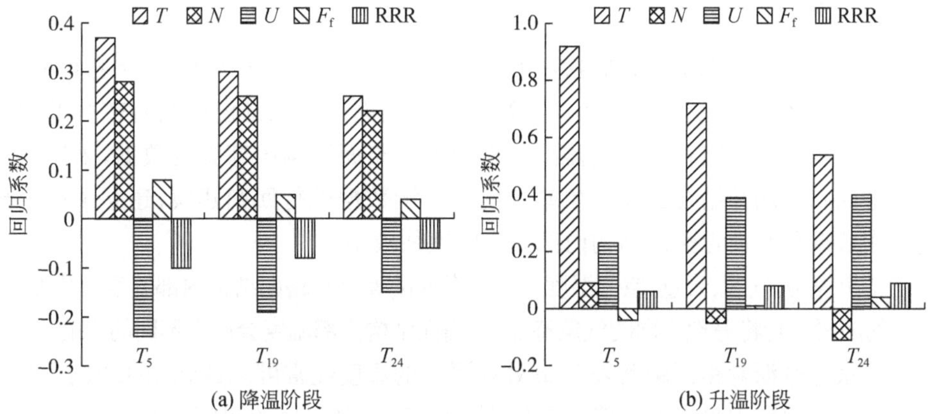

图 2.33　回归系数直方图

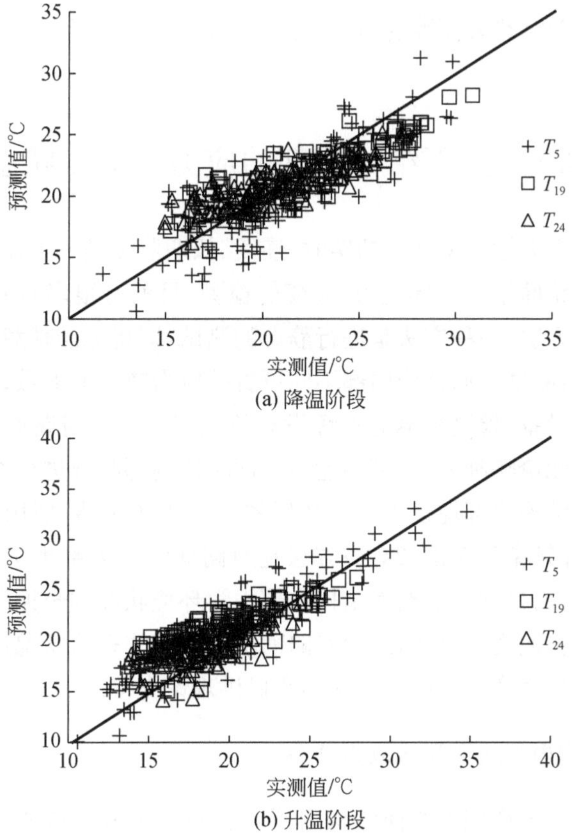

图 2.34　降温阶段和升温阶段的预测值与实测值

5. 小结

气温、云量、空气湿度、风速、降水量等气象数据是一种公开的、易于获得的、具有局部地区特征的数据，用这些气象数据预测路面结构内部温度具有较好的实用性。本节利用试验路长期连续监测获得的大量路面结构内部温度数据，采用偏最小二乘回归方法并结合当地气象站的同步实测数据进行回归建模，建立了利用环境因素数据预测沥青路面结构内部温度的预估模型。

结果表明，气温、云量、空气湿度、风速、降水量等都对路面结构内部温度产生影响，不同的因素组合将呈现不同的气象特征，对路面结构内部温度会产生不同的影响。

北京地区沥青路面距路表 5cm 处在夏季的温度经常可以达到 35℃以上，而这个位置又是剪应力最大的位置，所以沥青路面高温稳定性的问题绝不只限于路表。

气温 T 和空气湿度 U 在升温阶段对路面结构内部温度的影响较大，而云量 N、风速 F_f 和降水量 RRR 对路面结构内部温度的影响较小。气温 T 对路面结构内部温度的影响随距路表深度的增加而减弱。这与 2.2.3 节中分析得到的结论是一致的。

2.3　路面结构内部的应力和应变状态

路面结构内部力学环境状况的实时、连续、长期监测是一个比较复杂和困难的技术问题。关于路面结构内部应力、应变的检测，目前有很多研究者进行了探讨。综合起来有两种方法：一种方法是进行静态的测试，即将标准轴载车辆停放在埋设传感器的路面上，测试路面结构内部不同位置的应力或应变参数；另一种方法是使用动态数据采集设备，检测车辆通过埋设有传感器的路面时路面结构内部的应力或应变情况。但无论哪种方法，都不能对路面结构内部状况进行长期的实时监测。

本章在路面结构内部埋设了应变传感器和压力传感器，使用静态采集设备进行数据采集，采样频率为 1 次/2s，该方法是对路面结构内部力学环境状况监测方法的一次创新，目的是通过对路面结构内部力学环境状况的长期监测，了解路面内部应变和压力的长期变化过程，进而对路面材料和结构行为状况进行分析和评价，为路面性能耐久性衰变机理的研究和预测提供理论支持。

2.3.1　路面结构内部应变和压应力分布

为获得车辆荷载作用下路面结构内部应变和压应力分布情况，本节在试验路上进行了定点静载测试试验。

在行车轮迹带上通过传感器埋设点中心，沿行车方向画一条长直线，并标注出下面传感器埋设的准确位置。驾驶轴载 10t 的单轴、双轮组载重车沿行车方向逐步行进，轮隙处正对已经画出的直线，载重车在传感器前后不同位置处停止，测试各传感器的读数，同时测定标准轴停车位置与传感器中心点的距离。其中，东侧断面的测点位置如图 2.35 所示，测得的数据见表 2.7。

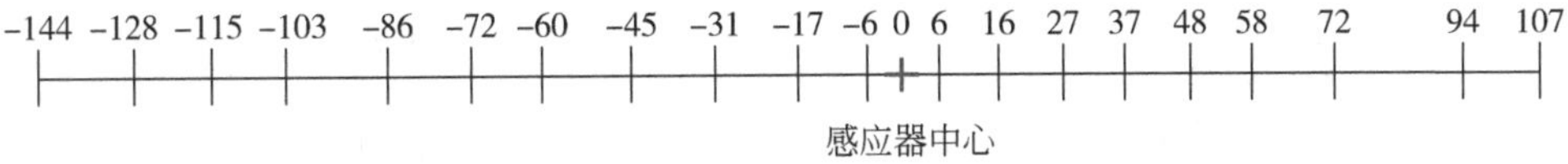

图 2.35　东侧断面测试的测点位置示意图(单位:cm)

表 2.7　东侧断面测试数据

与传感器的距离/cm	上面层底部横向应变/με	上面层底部纵向应变/με	下面层底部横向应变/με	下面层底部纵向应变/με	基层顶面压应力/kPa
−144	203.8	111.0	−96.6	12.9	5.7
−128	198.0	111.0	−94.3	15.1	5.5
−115	193.4	112.6	−94.3	15.8	5.2
−103	192.1	113.3	−92.0	15.8	5.5
−86	189.5	113.6	−91.7	15.1	5.9
−72	180.7	110.6	−98.0	13.9	4.4
−60	177.8	111.0	−100.3	13.6	3.6
−45	177.1	112.3	−98.3	15.5	3.1
−31	207.4	117.3	−84.2	17.8	7.1
−17	440.7	127.9	−63.4	30.5	49.9
−6	495.4	141.2	−69.7	41.9	119.6
6	431.9	166.9	−75.9	28.9	117.1
16	370.3	91.3	−77.6	−24.6	46.0
27	336.4	−31.2	−75.9	−48.4	18.3
37	316.8	−31.6	−73.6	−28.5	9.8
48	297.3	40.0	−77.2	−11.2	5.4
58	288.8	61.0	−76.3	−3.7	4.8
72	282.3	76.4	−74.6	−1.4	4.3
94	273.8	82.0	−74.6	−2.1	3.8
107	268.9	81.0	−73.3	−6.3	3.2

表 2.7 为标准荷载作用在距离传感器不同位置时，传感器检测得到的各向力学参数，根据对应关系，可以得到当标准荷载作用在传感器位置时，各向力学参数沿行车方

向(纵向)的分布。试验中,分别对东侧断面和西侧断面进行定点测试,每个断面均再进行三次重复测试。结果表明,该方法得到的监测数据重复性好,具有较高的精度。

综合各次检测结果,得到在标准荷载作用下路面结构内部力学参数分布规律,如图 2.36～图 2.40 所示。图中,横坐标为与荷载作用位置的距离(cm),纵坐标为应变或压应力等参数。

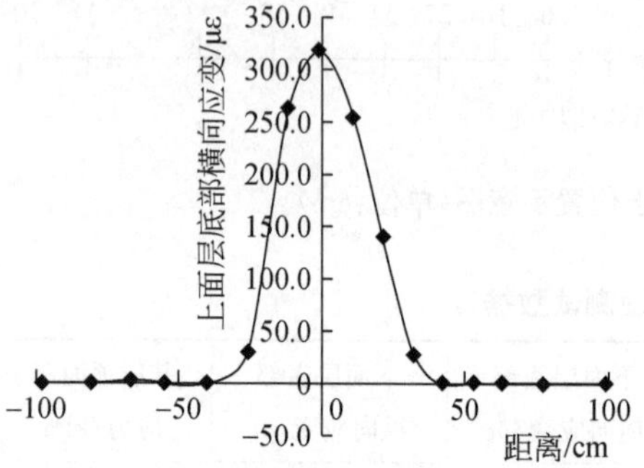

图 2.36　上面层底部横向应变曲线

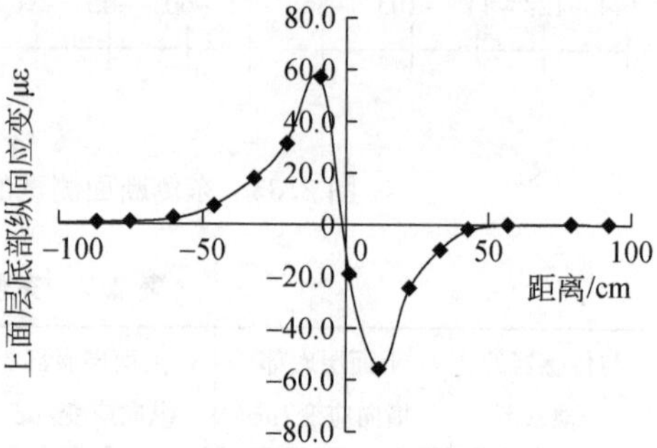

图 2.37　上面层底部纵向应变曲线

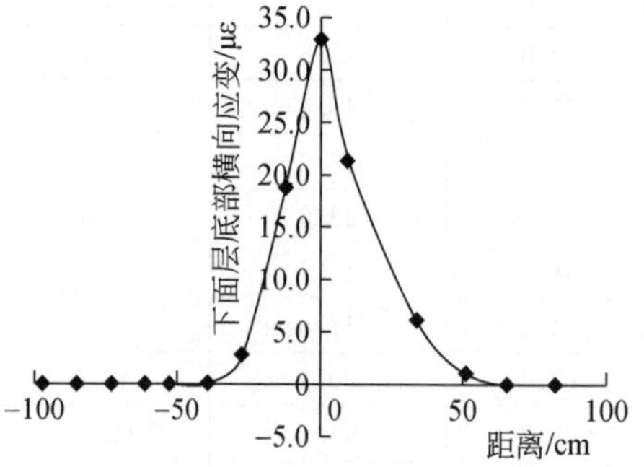

图 2.38　下面层底部横向应变曲线

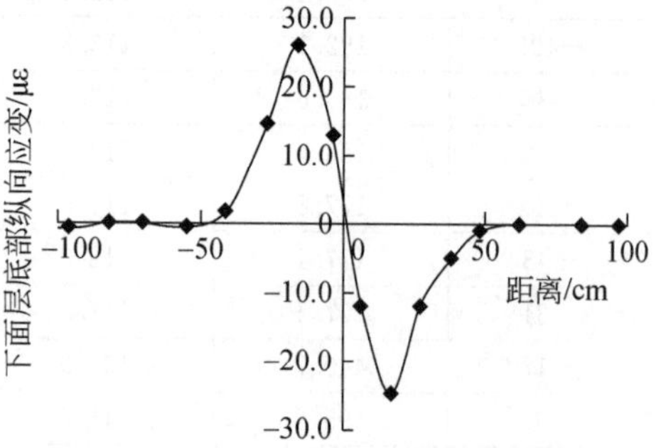

图 2.39　下面层底部纵向应变曲线

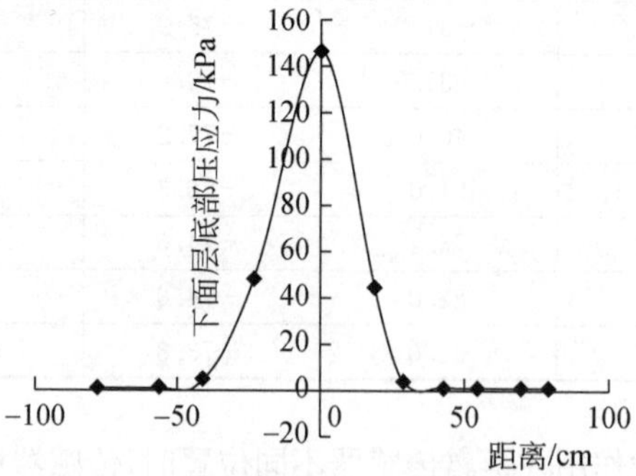

图 2.40　下面层底部压应力曲线

由图 2.36～图 2.40 可以得到以下结论：

(1) 上、下面层底部横向应变基本呈标准正态分布，上面层底部最大横向应变为 317.7με，下面层底部最大横向应变为 32.9με。

(2) 上、下面层底部纵向应变以原点为中心对称，上面层底部纵向应变最大值和最小值分别为 56.7με 和－56.7με，下面层底部纵向应变最大值和最小值分别为 25.9με 和－25.9με。

(3) 上、下面层在标准 10t 轴载作用下产生的应变影响区约为±50cm。

(4) 下面层底部(基层顶面)在标准 10t 轴载作用下产生的压应力基本符合标准正态分布，压应力影响区约为±50cm，下面层底部产生的最大压应力为 145.8kPa。

将上述结果汇总，见表 2.8。

表 2.8　标准轴载作用下路面结构内部应变和压应力极值

参数	位置/cm	极值
上面层底部横向应变	0	最大值 317.7με
上面层底部纵向应变	－15	最大值 56.7με
	15	最小值－56.7με
下面层底部横向应变	0	最大值 32.9με
下面层底部纵向应变	－15	最大值 25.9με
	15	最小值－25.9με
下面层底部压应力	0	最大值 145.8kPa

注：表中位置代表最大值或最小值距荷载作用位置的距离。

2.3.2　沥青路面结构内部力学参数变化规律

本节对试验路沥青路面结构内部的力学环境状况进行连续监测，通过对连续监测得到的数据进行分析，分别得到不同日期和全年的路面结构内部力学参数变化等数据。

1) 典型日路面结构内部应力和应变变化

以监测数据比较完善的夏季和冬季两个典型日期的检测结果为例，对该路段路面结构内部应力和应变状况进行分析。通过残留应变校正后，2013 年 3 月 13 日和 9 月 13 日的上、下面层底部的横向和纵向压应变、基层顶面的压应力分布如图 2.41～图 2.46 所示。

从图 2.41～图 2.46 可以看出，路面结构内部的应变和压应力处于变化过程，有些地方发生突变，这些特点与本书的监测方法是相互关联的。六环路试验路段交通量比较大，日交通量约为 21820pcu/d，平均为 0.06pcu/(s · ln)，即平均每秒钟有 0.13pcu 车通过监测区域，而监测设备每 2s 采集 1 次数据，考虑车辆通过时引起的应变和应力的延后影响，路面结构始终处于应变和应力的作用环境中，因此，路面结构应力和应变监测结果能够较好地反映路面结构的力学工作环境状态。

可以看出，路面结构内部横向应变大于纵向应变，上面层底部的应变大于下面层底部的应变，夏季应变和应力大于冬季。根据上述结果，试验路路面结构内部应变和应力分布见表 2.9。

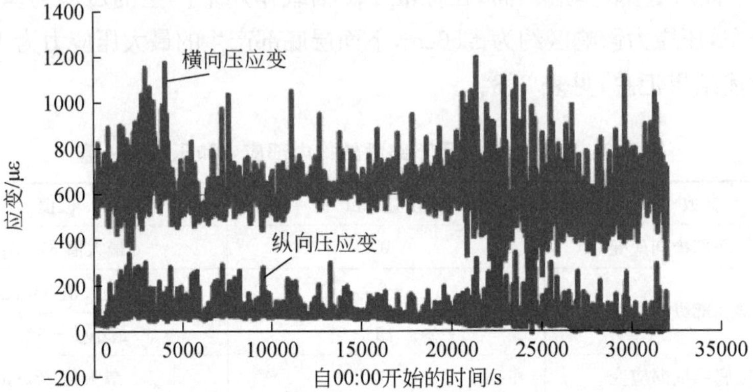

图 2.41　2013 年 3 月 13 日上面层底部纵横向压应变分布

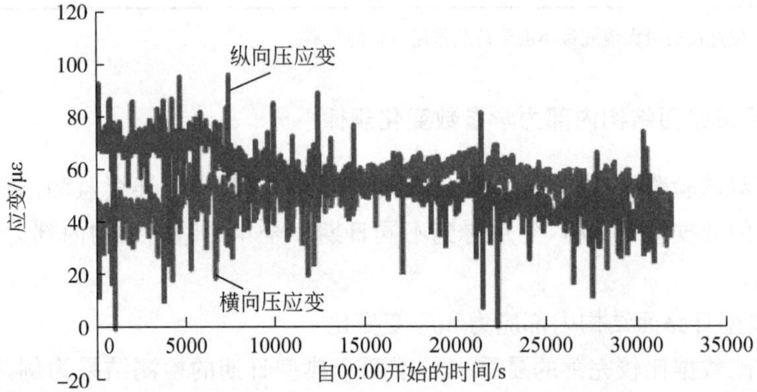

图 2.42　2013 年 3 月 13 日下面层底部纵横向压应变分布

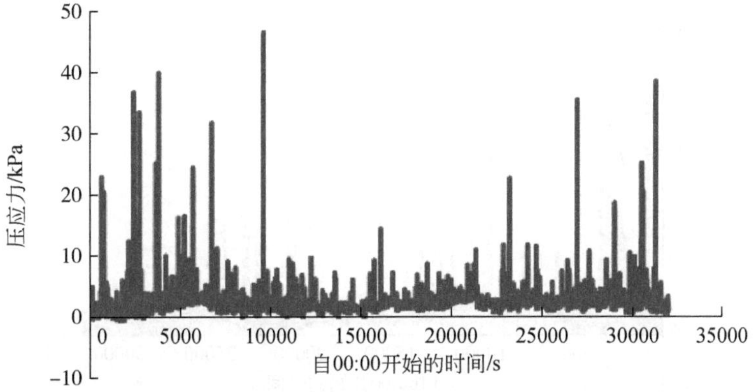

图 2.43　2013 年 3 月 13 日基层顶面压应力分布

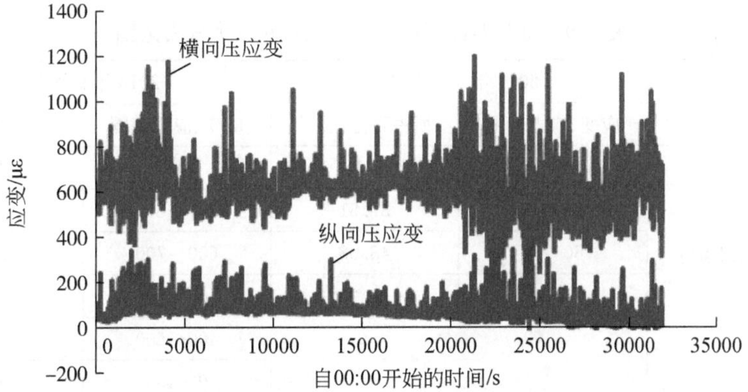

图 2.44　2013 年 9 月 13 日上面层底部纵横向压应变分布

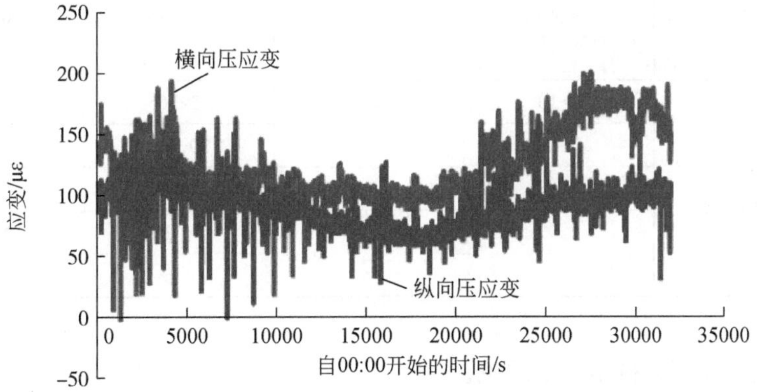

图 2.45　2013 年 9 月 13 日下面层底部纵横向压应变分布

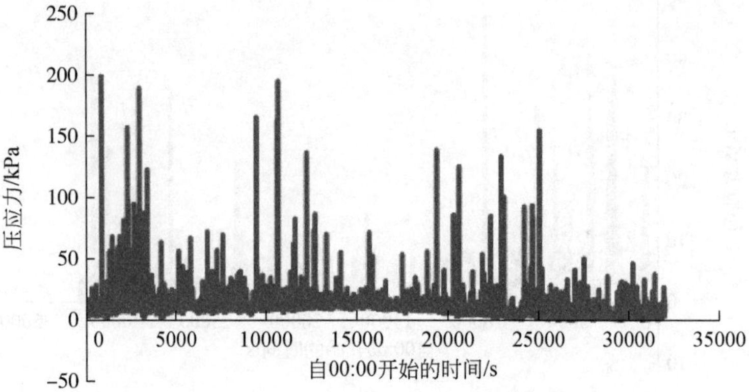

图 2.46　2013 年 9 月 13 日基层顶面压应力分布

表 2.9　试验路路面结构内部应变和应力分布范围

位置	2013 年 3 月 13 日		2013 年 9 月 13 日	
	应变、应力范围	所占百分比/%	应变、应力范围	所占百分比/%
上面层底部横向压应变/με	>100	2.16	>800	1.76
	80～100	37.51	700～800	7.80
	60～80	48.08	600～700	40.08
	<60	12.25	500～600	37.63
	—		400～500	10.77
			0～400	1.96
下面层底部横向压应变/με	>60	14.31	>200	0.28
	40～60	85.25	150～200	20.00
	<40	0.44	100～150	65.40
	—		50～100	14.32
基层顶面压应力/kPa	>10	0.15	>50	0.19
	5～10	0.45	30～50	0.27
	<5	99.4	10～30	39.24
	—		5～10	43.47
			<5	16.83

由表 2.9 可以得出以下结论。

(1) 冬季，路面结构内部上面层底部横向压应变主要在 60～100με，约占

85.59%；下面层底部横向压应变主要在 40～60με，约占 85.25%；基层顶面压应力小于 5kPa，占 99.4%。

(2) 夏季，路面结构内部上面层底部横向压应变主要在 400～800με，占 96.28%；下面层底部横向压应变主要在 50～200με，占 99.72%；基层顶面压应力在 5～30kPa，占 82.71%。因此，由于典型的黏弹塑性材料沥青混凝土受温度等因素的影响，夏季路面内部各层的应力和应变值明显大于冬季。

2) 全年路面结构内部应力和应变分布

2012 年 9 月 28 日～2013 年 9 月 24 日路面结构工作状况监测数据中，上面层底部和下面层底部的纵横向应变代表值(最大值与最小值之差)及基层顶面的压应力代表值(最大值与最小值之差)的逐日变化图如图 2.47～图 2.49 所示。这里的代表值为最大值与最小值之差，反映了路面结构材料承受的最大应变变化范围(存在压应变和拉应变瞬间转变的情况)。

由图 2.47～图 2.49 可以得出以下结论。

(1) 沥青路面面层底部承受的横向应变大于纵向应变。

(2) 上面层底部承受的应变大于下面层底部承受的应变。

(3) 6～9 月路面承受的应变远高于其他月份承受的应变，特别是上面层底部在夏季承受的应变非常大。

(4) 夏季(6～9 月)基层顶面承受的压应力大于其他月份。

(5) 从路面结构内部应变和压应力分布来看，冬季(11 月～次年 3 月)监测到的路面结构内部应变和压应力较小。上面层底部应变代表值大部分分布于 300με 以下，下面层底部应变代表值大部分分布于 100με 以下，基层顶面压应力代表值大部分分布于 100kPa 以下。

(6) 夏季(6～9 月)监测到的路面结构内部应变和压应力较大。上面层底部应变代表值大部分分布于 300με 以上，最高值超过 7000με；下面层底部应变代表值大部分分布于 60με 以上，最高值超过 900με；基层顶面压应力代表值大部分分布于 100kPa 以上。

(7) 从全年平均来看，监测到的应变和压应力位于正常范围区域的分布较大，但在高于正常范围的区域也有一定的分布，特别是上面层底部应变有较大比例的监测值大于 800με，说明由于环境或重载交通的影响，路面结构内部产生了较大的应变和压应力。

2012 年 9 月～2013 年 9 月，每月 13 日和 28 日监测到的当日应变绝对值最大值以及压应力最大值如图 2.50 所示。

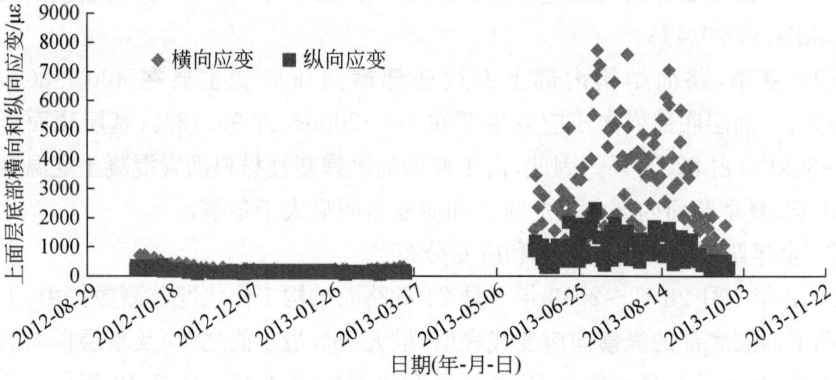

图 2.47　上面层底部纵横向应变代表值逐日变化图

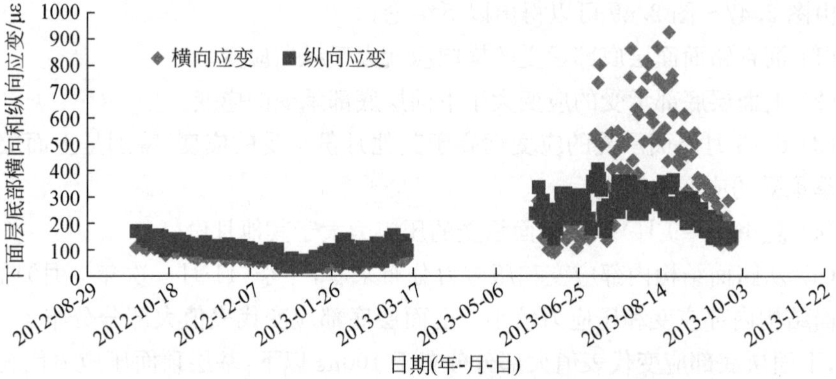

图 2.48　下面层底部纵横向应变代表值逐日变化图

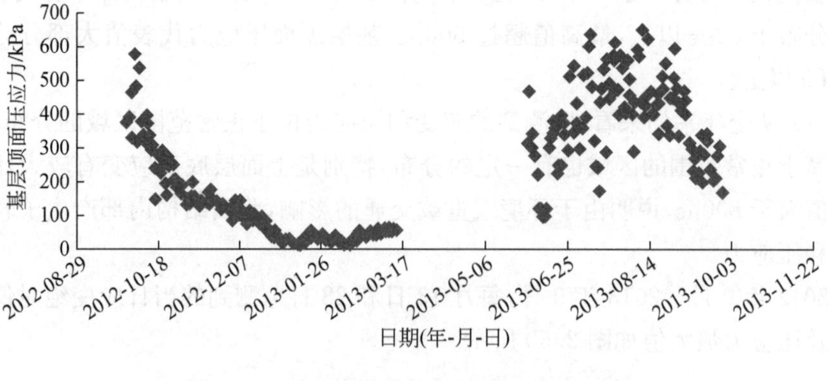

图 2.49　基层顶面压应力代表值逐日变化图

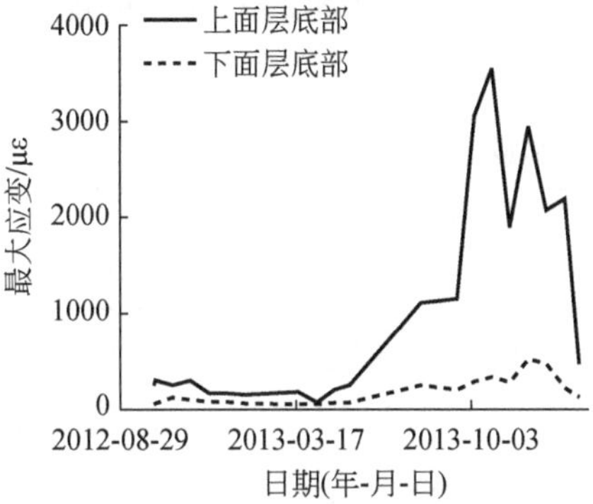

(a) 横向最大应变

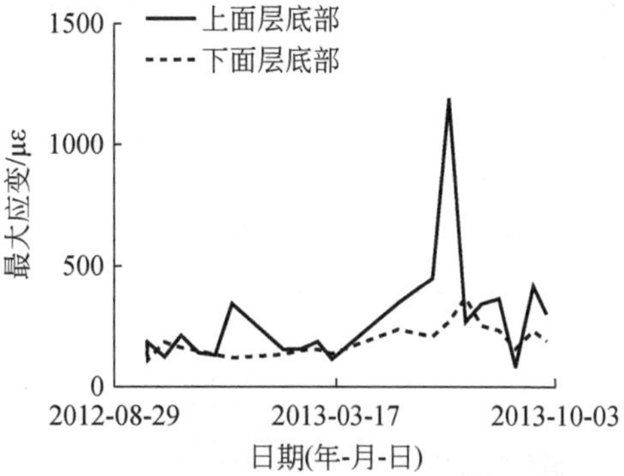

(b) 纵向最大应变

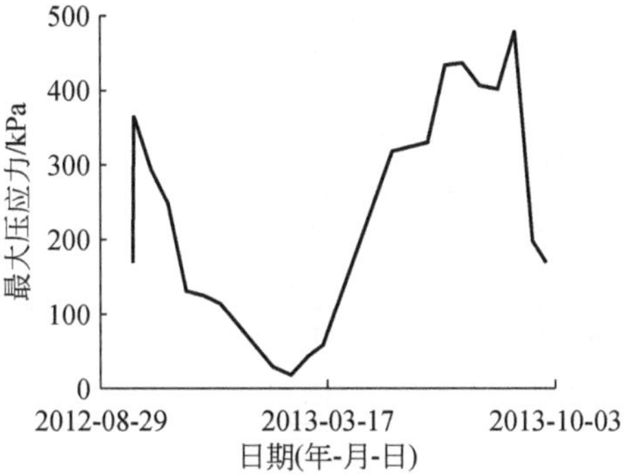

(c) 基层顶面最大压应力

图 2.50 典型日期日应变绝对值最大值以及压应力最大值年度变化曲线

由图 2.50 可以得到以下结论。

(1) 夏季路面内部的应变和压应力水平高于冬季。夏季温度高，沥青路面呈现塑性性质，沥青混合料的回弹模量降低，扩散能力差，路面内部的应变和压应力增大，这也正是夏季路面易出现车辙、拥包等变形类病害的主要原因。

(2) 在上述典型日，路面上面层底部监测到的横向最大应变和纵向最大应变分别为 3548με 和 1150με，路面下面层底部监测到的横向最大应变和纵向最大应变分别为 520με 和 328με，基层顶面监测到的最大压应力为 480kPa。可以看出，监测到的最大应变和最大压应力远高于标准轴载定点测试得到的 317με 和 145kPa，说明路面承受了超载车辆，其轴载远大于标准轴载，超载车辆在该道路上的行驶比较普遍。

2012 年 9 月 28 日～2013 年 9 月 24 日近一年的时间，有效监测日共计 285 天，每个传感器每天监测的数据为 43200 个，将横向应变绝对值和压应力作为对象，统计每天应变绝对值和压应力监测结果分布于不同区间的个数，得到的结果见表2.10。

表2.10　试验路结构内部应力和应变分布状况

项目	绝对值范围	所占比例/%		
		11月～次年3月	5～10月	全年
上面层底部横向应变/με	>800	0	46.8	25.2
	600～800	0	9.2	4.9
	400～600	0	9.2	4.9
	200～400	0	14.2	7.6
	100～200	1.0	16.8	9.5
	60～100	14.2	3.5	8.5
	<60	84.8	0.3	39.4
下面层底部横向应变/με	>200	0	27.2	14.1
	100～200	0	35.0	18.3
	60～100	15.3	35.6	25.6
	40～60	41.9	1.8	22.0
	<40	42.8	0.4	20.0
基层顶面压应力/kPa	>50	0.3	0.3	0.3
	30～50	0	0.5	0.3
	10～30	7.3	47.1	28.7
	5～10	25.1	38.4	32.3
	<5	67.3	13.7	38.4

由表2.10可以得出以下结论。

(1) 冬季(11月～次年3月)，路面结构内部上面层底部横向应变主要在60με以下，占84.8%；下面层底部横向应变也主要在60με以下，占84.7%，其中小于40με的部分达到42.8%；基层顶面压应力10kPa以下的部分占92.4%。夏季(5～10月)，路面结构内部上面层底部横向应变主要在100με以上，占96.2%，其中大于800με的部分占46.8%；下面层底部横向应变主要在60με以上，占97.8%，其中200με以上的部分占27.2%；基层顶面压应力10kPa以下部分占52.1%，10～30kPa部分占47.1%。上述结果表明，由于沥青混凝土在不同温度下的黏、弹、塑性性能变化，路面结构内部夏季的应变和压应力水平高于冬季，夏季为对沥青路面结构不利的力学工作状态，应予以特别关注。

(2) 从全年平均来看,监测到的应变和压应力处于正常范围区域的分布较大,但在高于正常范围的区域也有一定的分布,特别是上面层底部的应变,有较大比例的监测值大于 800$\mu\varepsilon$,说明此时由于环境或重载交通的影响,路面结构内部处于高应变的工作状态。

上述监测结果和分析表明,沥青路面结构始终处于复杂的工作状态。沥青材料为温度敏感性材料,在不同的温度区域处于不同的黏、弹、塑性状态。在冬季,环境温度低,沥青混合料处于弹性状态,沥青面层呈板体状结构,结构层扩散能力强,路面结构内部局部区域的应变和应力水平低。相反,在夏季高温季节,沥青混合料呈弹、塑性状态,沥青路面结构工作状态已经与我国柔性路面设计方法所建立的多层弹性连续体系模型有了较大差异,此时路面结构层的荷载扩散能力降低,路面结构内部局部区域的应变和应力水平大幅增加。

路面破坏与路面结构工作状态紧密相关。夏季高温季节,路面结构内部处于高应变水平状态,但此时路面材料的抗变形能力也同步提高,路面一般不会发生由于应变达到极限应变的断裂破坏,而是发生高应变导致的流动性变形破坏,即夏季高温季节容易发生车辙、推移、拥包等破坏。冬季,沥青材料处于弹性状态,监测表明路面结构内部的应变和应力水平较低,因此路面结构一般不会发生流动性变形破坏。虽然应变水平低,但由于沥青混合料的抗变形能力也低,加上沥青混合料的低温收缩作用,沥青路面结构层容易发生断裂破坏,即容易发生裂缝破坏。

上述结果定性地解释了沥青路面夏季易发生车辙等变形病害,冬季易发生裂缝等断裂破坏的原因。所得到的路面结构内部应变分布规律和数据,可以为开展沥青路面结构力学分析、沥青路面结构破坏机理研究和沥青路面结构性能衰变预测研究等提供参考。

2.3.3　在役沥青路面结构内部残余应变预测

应变是表征沥青路面结构的力学指标之一,也是用于评价沥青路面疲劳损伤的标志性指标,而残余应变是动应力作用停止后,残留在路面结构内部的应变值。随着使用时间的延长,沥青路面结构内部残余应变不断增大,当其达到一定数值后,路面就会出现车辙病害,并且残余应变将长期存在于路面结构内部,对路面服役行为和长期性能发展及路面剩余寿命都将产生深远影响。因此,对沥青路面结构内部残余应变更应引起重视。

以往有部分学者针对水泥混凝土路面残余应力展开过数值模拟研究,而更多学者则是对路面性能,如弯沉、平整度等,提出了力学的、经验的和力学-经验的路面性能预测方法。但很少有学者对沥青路面残余应变展开研究,沥青路面结构内部残余应变状况对路面使用寿命和使用性能具有十分重要的影响。但由于其无法直接获取，仅通过有限元软件进行数值模拟又缺乏现实依据。另外，沥青路面温度敏感性很高，不同月份及同一天的不同时段，温度差别很大，这也将导致沥青路面结构内部残余应变在不同月份及同一天的不同时段，数值相差很大，所以预测某年或某月的残余应变模型，其意义有限，故建立精细化的动态沥青路面结构内部残余应变预测模型意义重大，以往的研究还没有考虑到这些问题。

本节通过试验路路面结构内部埋设的应变传感器连续监测路面结构内部应变，对获取的高密度采样数据利用编制的程序进行分析处理，得到残余应变数据，并充分考虑数据的各种趋势特征和动态特征，采用时间序列方法建立能对沥青路面结构内部残余应变进行精细化描述的动态预测模型。

1. 路面结构内部残余应变的获取及变化特征

1）路面结构内部残余应变的获取

路面结构内部残余应变不能直接采集，本试验路传感器采集的是路面结构内部的瞬时应变，包括荷载产生的应变，要将其转换成残余应变首先要对原始数据进行降噪处理，包括异常值的处理及缺损值的补足，在此基础上，设在时间间隔 Δt 内，监测系统连续获得 m 个应变值，路面结构内部应变 $x'^{(i)}$ 这个时间序列共接受动应力作用 $n^{(i)}$ 次，每次动应力作用引起的应变增加量为 $\Delta p_k^{(i)}$，$k=1,2,\cdots,n$，则时间间隔 Δt 内，路面结构内部残余应变的近似值 $x_i=\frac{1}{a}\left(\sum_{m=1}^{a}x_m'^{(i)}-\sum_{k=1}^{n^{(i)}}\Delta p_k^{(i)}\right)$，即有多少个时间间隔 Δt，就获得多少个路面结构内部残余应变值。沥青路面下面层底部的横向应变测试数据主要是压应变，有时所采数据并非轮胎正压传感器时的应变数值，即偶尔会测到拉应变。下面层底部的横向应变及对应的横向残余应变如图 2.51 所示，其中图 2.51(a)和(b)为 2013 年 1 月 1 日采集的数据，图 2.51(c)和(d)为 2013 年 7 月 1 日采集的数据。

2）路面结构内部残余应变的变化特征

沥青路面温度敏感性很高，不同季节、月份及同一天的不同时段，温度差别很大，这将导致沥青路面结构内部残余应变在不同季节、月份及同一天的不同时段，数值相差很大。

图 2.51(b)和(d)分别是 2013 年 1 月 1 日和 2013 年 7 月 1 日下面层底部横向残余应变的变化。由图 2.51(b)和(d)可知，残余应变的数据均为正值，且随温度的升高而变大，不同月份残余应变的数值相差很大，2013 年 1 月 1 日和 2013 年 7 月 1 日同一位置的横向残余应变相差很多倍，甚至同一天不同时段的残余应变数

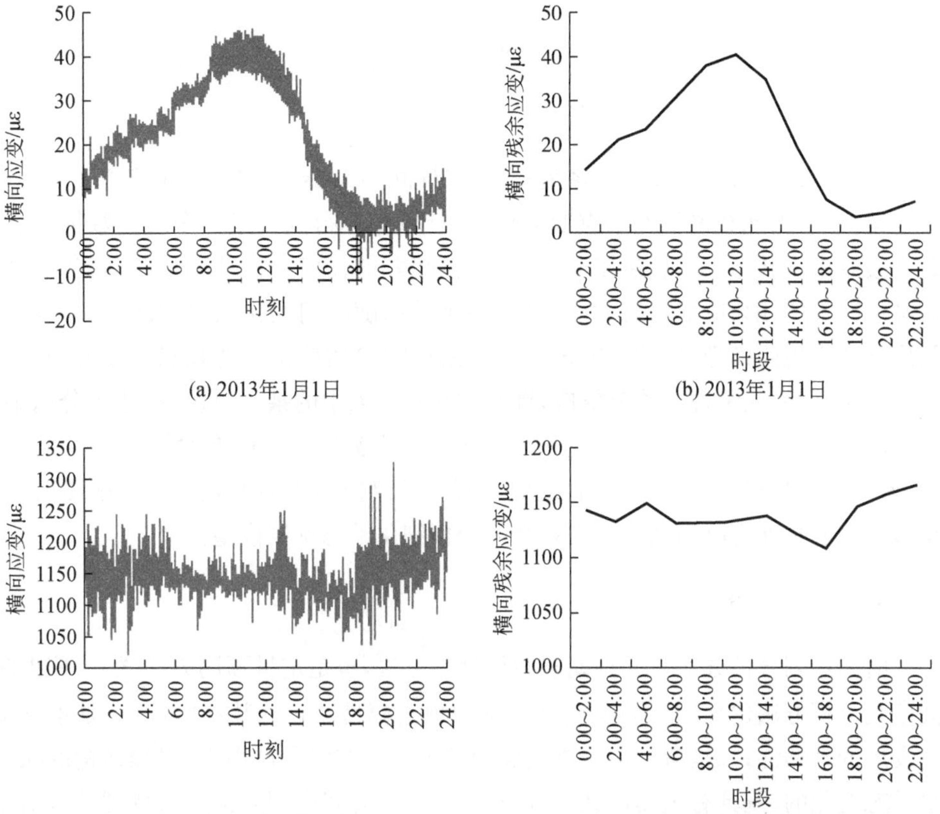

(a) 2013年1月1日　(b) 2013年1月1日

(c) 2013年7月1日　(d) 2013年7月1日

图 2.51　下面层底部的横向应变及对应的横向残余应变

值也会有显著的变化，这反映了残余应变的累积性、滞后性、温度敏感性和季节效应。因此，在建立路面结构内部残余应变预测模型时，不仅要考虑残余应变的长期变化和季度变化(月变化)，还要考虑残余应变的时段变化，本节提出的预测模型可以预测任何一天(一期)任何时段的残余应变，即沥青路面结构内部残余应变精细化动态预测模型。

2. 路面结构内部残余应变状态矩阵的构建

由于路面结构内部残余应变在一天中不同时刻的数值差别都很大，为了精细化描述路面结构内部残余应变的状态，将每一天划分为 m 个时段。描述 n 期(n 个月或季度)、m 个时段的路面结构内部残余应变状态，可以用一个 $m\times n$ 的矩阵表示，即

$$\begin{bmatrix} a_{11} & a_{12} & \cdots & a_{1n} \\ a_{12} & a_{22} & \cdots & a_{2n} \\ \vdots & \vdots & & \vdots \\ a_{m1} & a_{m2} & \cdots & a_{mn} \end{bmatrix}$$

由于本试验采用等间隔高密度采样，采样间隔为 2s，并已进行了将近 4 年的长期连续监测，因此获得了大量应变数据，经计算整理得到大量残余应变数据，这为建立残余应变状态矩阵提供了必要条件，该矩阵的任何一行都表征各期(各月)针对某一时段的残余应变状态，并且都是一个状态随时间变化的时间序列。对此时间序列建立预测模型，预测该时段未来各期(各月)的残余应变状态。该模型既考虑了长期趋势，又考虑了季节效应，针对的又是一天中的某一时段，描述十分精细。若对状态矩阵的所有行都执行这种建模操作，就实现了对所有时段未来各期(各月)残余应变状态的精细化预测，进而实现了预测能力在时间轴的无盲区覆盖，即本节建立的是沥青路面结构内部残余应变精细化动态预测模型。

3. 时间序列分析方法

时间序列分析方法是一种动态数据处理方法，也是定量预测方法之一，依据时间序列分析方法建立的预测模型是动态的预测模型。它的基本原理：一是承认事物发展的延续性；二是考虑了事物发展的随机性。在使用过程中，工程结构的状态是动态变化的，既具有延续性又具有随机性，因此时间序列分析方法特别适合对工程结构参数状态进行实时有效预测。

1) 时间序列的分解

路面结构内部残余应变是随时间显著变化的一个时间序列，既有长期增长趋势，又有季节性变化趋势，既有过去状态的延续，又会受到随机因素的影响，也同样是一个非平稳序列。可应用 Gramer 分解定理分解为两部分的叠加，即

$$x_t = \mu_t + \varepsilon_t = \sum_{j=0}^{d} \beta_j t^j + \psi(B) a_t$$

式中，$\beta_0, \beta_1, \beta_2, \cdots, \beta_d$ 为常数系数；$\{a_t\}$为一零均值白噪声序列；B 为延迟算子。

因为

$$E(\varepsilon_t) = \psi(B) E(a_t) = 0$$

所以有

$$E(x_t) = E(\mu_t) = \sum_{j=0}^{d} \beta_j t^j$$

即均值序列 $\left\{\sum_{j=0}^{d}\beta_j t^j\right\}$ 反映了 $\{x_t\}$ 受到的确定性影响，而 $\{\psi(B)a_t\}$ 反映了 $\{x_t\}$ 受到的随机性影响。Gramer 分解定理说明任何一个序列的波动都可以视为同时受到确定性影响和随机性影响。对于任何一个观察值序列，要充分提取其蕴含的确定性信息，这样才能建立高效准确的预测模型。差分运算具有强大的确定性信息提取能力，许多非平稳序列差分后会显示出平稳序列的性质，对差分平稳序列可以使用自回归移动平均(autoregressive integrated moving average，ARIMA)模型进行拟合[42-45]。

2) ARIMA 模型对序列建模

ARIMA 模型可以对具有季节效应的序列建模。简单季节模型中的各种趋势效应间是累加关系，即

$$x_t = S_t + T_t + I_t$$

式中，T_t 为长期趋势项，反映时间序列的长期变化趋势；S_t 为季节趋势项，指观测数据随季节的变化呈季节性的周期波动，反映了时间序列的季节变化；I_t 为随机项，指各种随机因素对序列的影响，反映了时间序列的随机变化[46,47]。

简单季节模型的结构通常为

$$\nabla_D \nabla^d x_t = \frac{\Theta(B)}{\Phi(B)}\varepsilon_t$$

式中，D 为周期步长；d 为提取趋势信息所用的差分阶数；ε_t 为白噪声序列，且 $E(\varepsilon_t)=0$，$\mathrm{Var}(\varepsilon_t)=\sigma_\varepsilon^2$；$\Theta(B)$ 为 q 阶移动平均系数多项式，$\Theta(B)=1-\theta_1 B-\cdots-\theta_q B^q$；$\Phi(B)$ 为 p 阶自回归系数多项式，$\Phi(B)=1-\varphi_1 B-\cdots-\varphi_p B^p$。

路面结构内部残余应变既有长期趋势，也有季节效应，符合简单季节模型特征，经适当阶数差分运算后，充分提取季节信息和趋势信息后的残差序列就是一个平稳序列，可显示出平稳序列性质，因此很适合采用 ARIMA 模型拟合。

3) 时间序列分析流程

建立任一时段沥青路面结构内部残余应变预测模型，就是对沥青路面结构内部残余应变状态矩阵此时段所对应的行执行如图 2.52 所示的操作。

4. 实例分析及验证

1) 数据准备

试验路沥青路面工作状况监测自 2012 年 9 月 27 日开始，至今已连续监测多年，获得了大量的温度及应力、应变数据。这里用 2012 年 10 月～2015 年 9 月共

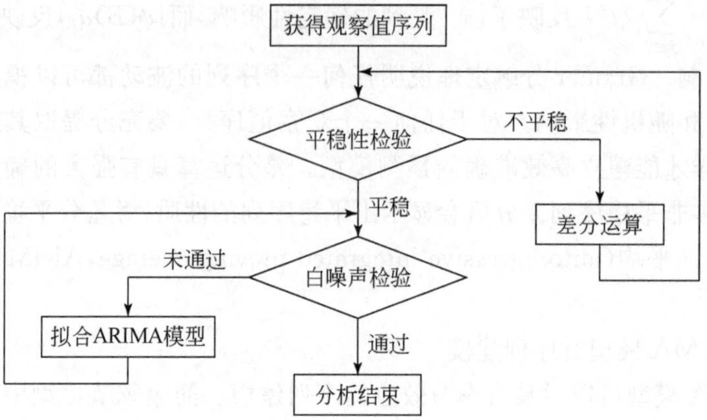

图 2.52　时间序列分析流程

36 个月的下面层底部的横向残余应变数据进行建模分析。将每月的 1 日作为该月代表日，每天从 00:00 开始，2h 为一个时段，即每天的 00:00～2:00 为第一时段，依次类推共划分 12 个时段，形成一个 36×12 的矩阵，对矩阵的各行应用上述时间序列分析方法进行建模分析及预测。下面以该矩阵的第一行数据为例进行介绍。

2）平稳性检验及差分运算

平稳时间序列是均值、方差为常数的时间序列，本例取 36 个月的代表日的第一时段历史数据做出时序图，如图 2.53(a)所示。从图 2.53(a)可以看出，此序列既有明显的长期上升趋势，又有一定的季节性周期波动趋势，每年夏季残余应变增长的速度加快，周期长度为 1 年。因此，此序列不是平稳时间序列。另外，利用 SAS 软件做出自相关图，如图 2.54～图 2.56 所示。

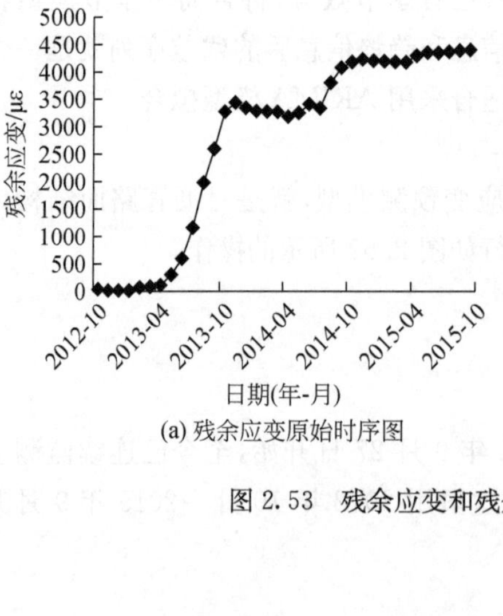

(a) 残余应变原始时序图

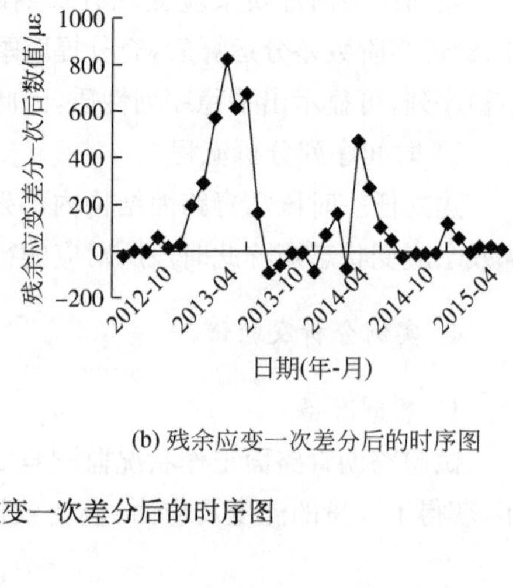

(b) 残余应变一次差分后的时序图

图 2.53　残余应变和残余应变一次差分后的时序图

由图 2.54 可知，自相关系数衰减到 0 的速度很慢，呈现拖尾特征，显示此序列具有趋势特征，因此进一步判定此序列是非平稳时间序列，需要进行一次差分，差分后的序列如图 2.53(b)所示。差分后的自相关图如图 2.55 所示，偏自相关图如图 2.56 所示。图 2.53(b)显示，差分后序列已无显著趋势，随机波动相对平稳。由图 2.55 可知，差分后的自相关系数迅速收尾，序列平稳。图 2.56 也同样证实了差分后的序列已经平稳。

```
                                   Autocorrelations

 Lag    Covariance    Correlation    -1 9 8 7 6 5 4 3 2 1 0 1 2 3 4 5 6 7 8 9 1      Std Error

   0       2711912        1.00000    |                    |********************|              0
   1       2550265        0.94039    |             .      |******************* |       0.166667
   2       2330456        0.85934    |         .          |*****************   |       0.277323
   3       2069820        0.76323    |      .             |***************     |       0.343415
   4       1783645        0.65771    |    .               |*************  .    |       0.387681
   5       1493537        0.55073    |   .                |***********     .   |       0.417526
   6       1204866        0.44429    |   .                |*********       .   |       0.437240
   7        923751        0.34063    |  .                 |*******          .  |       0.449605
   8        656319        0.24201    |  .                 |*****            .  |       0.456717
   9        407988        0.15044    |  .                 |***              .  |       0.460266
  10        199441        0.07354    |  .                 |*                .  |       0.461630
```

图 2.54　原始序列自相关图

```
                                   Autocorrelations

 Lag    Covariance    Correlation    -1 9 8 7 6 5 4 3 2 1 0 1 2 3 4 5 6 7 8 9 1      Std Error

   0     54613.484        1.00000    |                    |********************|              0
   1     38226.364        0.69994    |             .      |**************      |       0.169031
   2     24496.307        0.44854    |          .         |*********.          |       0.237838
   3      9234.024        0.16908    |          .         |***      .          |       0.260890
   4     -7527.854        -.13784    |         .       ***|          .         |       0.264002
   5    -14220.468        -.26038    |         .     *****|          .         |       0.266050
   6    -17007.475        -.31142    |         .    ******|          .         |       0.273234
   7    -15164.605        -.27767    |         .    ******|          .         |       0.283194
   8    -12763.134        -.23370    |        .      *****|           .        |       0.290868
   9    -10935.136        -.20023    |        .       ****|           .        |       0.296185
```

图 2.55　差分后序列自相关图

```
                         Partial Autocorrelations

            Lag    Correlation    -1 9 8 7 6 5 4 3 2 1 0 1 2 3 4 5 6 7 8 9 1

              1        0.69994    |             .      |**************      |
              2       -0.08113    |             .    **|      .             |
              3       -0.22410    |             .  ****|      .             |
              4       -0.30238    |             .******|      .             |
              5        0.05625    |             .      |*     .             |
              6       -0.00466    |             .      |      .             |
              7       -0.00184    |             .      |      .             |
              8       -0.14538    |             .   ***|      .             |
              9       -0.10670    |             .    **|      .             |
             10        0.36026    |             .      |*******             |
```

图 2.56　差分后序列偏自相关图

3）白噪声检验

白噪声检验也称为纯随机性检验，如果一个序列是纯随机性序列，那么它的序列值之间没有任何相关关系，也就没有分析预测的价值了。因此，白噪声检验十分重要。差分后序列的白噪声检验结果见表 2.11。表 2.11 显示差分后的序列不是白噪声序列，可以建立模型。

表 2.11 差分后序列的白噪声检验结果

延迟阶数	χ^2 统计量值	自由度	统计量的 P 值	样本自相关系数					
6	35.76	6	<0.0001	0.700	0.449	0.169	−0.138	−0.260	−0.311

4）拟合 ARIMA 模型

本序列有一定的季节性效应，即每年的 6～10 月，残余应变增长的速度加快，其他月份增长缓慢，但由于其周期波动效应弱且样本数量有限，无法进行季节差分，故引入虚拟变量 d，设 6～10 月时 $d=1$，其他月份时 $d=0$。根据自相关和偏自相关函数的变化趋势，对此序列建立 ARIMA 中的 MA(3)模型，估计值见表 2.12。

表 2.12 条件最小二乘估计

参数名称	估计值	标准差	t 值	t 统计量的 P 值	延迟阶数	变量
MU	118.17292	68.54094	1.72	0.0950	0	x
MA(1,1)	−0.78625	0.14497	−5.42	<0.0001	1	x
MA(1,2)	−0.63954	0.15338	−4.17	0.0002	2	x
MA(1,3)	−0.85329	0.16536	−5.16	<0.0001	3	x
NUM1	129.82938	19.47374	6.67	<0.0001	0	d

表 2.12 显示所有参数均显著，因此 MA(3)模型是该序列的有效拟合模型。模型形式为

$$(1-B)X_t=118.17292+129.82938d+\varepsilon_t-0.78625\varepsilon_{t-1}-0.63954\varepsilon_{t-2}-0.85329\varepsilon_{t-3}$$

5）模型检验

拟合模型后，必须要对残差进行白噪声检验。残差的白噪声检验结果见表 2.13。

残差的白噪声检验显示延迟 6 阶、12 阶、18 阶及 24 阶的检验统计量的 P 值均显著大于 0.05，表明残差已是白噪声序列，说明该样本构成的序列中蕴含的信息已被充分挖掘，即模型建立成功。

表 2.13　残差的白噪声检验结果

延迟阶数	χ^2 统计量值	自由度	统计量的 P 值	样本自相关系数					
6	2.83	3	0.4182	0.148	−0.116	0.080	−0.074	−0.144	−0.044
12	5.65	9	0.7747	−0.060	−0.093	−0.145	−0.006	0.031	0.142
18	8.27	15	0.9126	0.133	0.001	0.022	−0.133	0.002	0.067
24	12.94	21	0.9106	−0.051	−0.096	0.078	−0.086	−0.133	−0.063

应用该模型对第 37～42 期(2015 年 10 月～2016 年 3 月)代表日的第一时段(00:00～2:00)进行预测，其预测结果如表 2.14 和图 2.57 所示。模型预测值与经处理后的实测值相比，预测精度较高，误差都在可接受范围内，但随着预测期的延长，误差呈现增大的趋势，这也符合时间序列方法短期预测精度较高的特点。

表 2.14　2015 年 10 月～2016 年 3 月代表日的第一时段模型的预测结果

观测期数	预测值/με	实测值/με	相对误差/%
37	4185.0148	4229.976	−1.06
38	4184.5213	4262.925	−1.84
39	4252.1085	4259.673	−0.18
40	4370.2815	4266.116	2.44
41	4388.4544	4284.102	2.44
42	4400.6273	4237.070	3.86

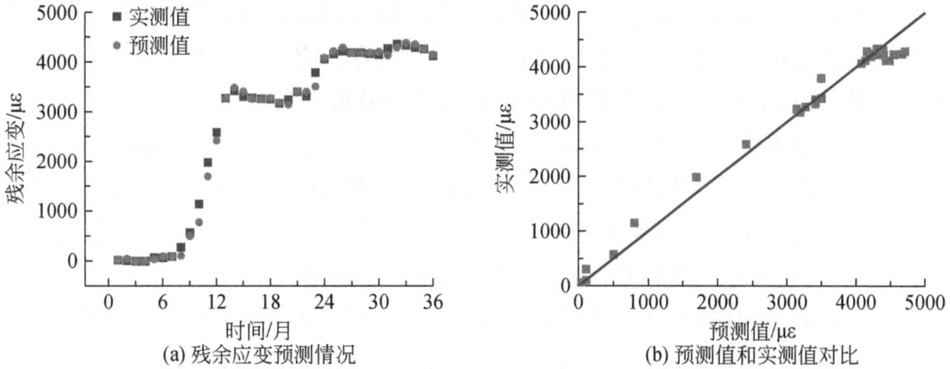

图 2.57　2015 年 10 月～2016 年 3 月代表日的第一时段预测值和实测值的对比

5. 小结

本节通过在试验路上埋设传感器，进行长期连续监测，并通过等间隔高密度采样获得大量应变数据，对原始数据进行降噪处理并编制程序获得残余应变数据，充分考虑数据的各种趋势特征和动态特征，建立了基于时间序列方法且能对沥青路面结构内部残余应变进行精细化描述的动态预测模型，可以得到以下结论。

(1) 下面层底部的残余应变有长期趋势，试验路建成的第一年增长很快，之后增长速度变慢，最后趋于稳定；同时也有季节效应，每年的 6～10 月残余应变增长很快，这是由夏季高温沥青路面变软所致。

(2) 本节模型既考虑了长期趋势，又考虑了季节效应，针对的又是一天中的某一时段，描述十分精细。若对状态矩阵的所有行都执行这种建模操作，就实现了对所有时段的未来各期(各月)残余应变状态的精细化预测，进而实现预测能力在时间轴的无盲区覆盖。因此，所建立的模型具有较好的实用性。

(3) 采用经处理后的实测数据对本节提出的预测模型进行验证可知，模型的预测结果稳定可靠，预测精度较高。

2.4 本章小结

沥青路面结构在使用期内不仅承担各种交通荷载的作用，还要承受环境因素的影响，使得路面结构始终处于复杂的工作环境中，虽然过去有多种模拟方法，但这些模拟方法与路面实际情况相比还有较大的距离。

本章修建了路面结构内部工作环境监测试验路，基本实现了对路面结构内部工作环境的连续、实时、长期监测。试验路建设至今已有 7 年多的时间，部分传感器已失效，还有部分传感器仍在数据采集中，有望获取更长时间的监测数据。

本章获取的数据反映了路面结构服役期间工作环境(力学、温度、湿度等)的真实情况，不仅进一步定性地揭示了沥青路面车辙、裂缝的发生机理，同时获取了路面结构不同沥青层位的应变和基层顶面压应力的分布规律，为进行路面结构和材料的力学分析、疲劳性能研究、路面结构设计提供了重要参考。

对于路面结构内部工作环境状况，特别是力学参数的连续、实时、长期监测，国内外开展的相关研究还比较少，本书介绍了作者等的研究成果，但在路面结构实时监测的准确性、监测层位和数量、监测数据的深度挖掘和应用等方面，尚需开展进一步的研究。

第 3 章　沥青路面及路面结构技术状况调查

沥青路面经过多年使用后，各项技术性能均发生衰变，对不同时期沥青路面性能进行科学的调查和评价是开展养护决策的基础。目前，我国已经建立了比较完善的沥青路面技术状况调查方法和评价指标体系，为开展规范、统一、科学的路面养护决策提供了条件。近年来，随着检测技术的进步以及道路养护实际工作需求的提高，已有的检测方法和检测指标不能全面反映沥青路面结构的服役性能，新的沥青路面技术状况调查方法、评价指标等也被广泛研究，使沥青路面技术状况的评价更加全面、科学。本章对沥青路面结构技术状况的调查方法和评价指标进行介绍。

3.1　沥青路面技术状况调查方法和评价指标

3.1.1　调查方法

目前，我国进行公路路面性能检测评定的主要依据是 JTG 5210—2007《公路技术状况评定标准》，检测项目主要包括路面破损、路面车辙深度、路面平整度及路面抗滑能力。按照 JTG 5210—2007《公路技术状况评定标准》的要求，每个检测方向至少检测一个主要行车道，主要行车道指四车道双向分道行驶的外侧行车道、六车道双向分道行驶的中间车道、八车道以上双向分道行驶的中间两个或者多个车道。

路面破损、路面车辙深度、路面平整度一般采用车载式智能检测车检测，某公司生产的路面智能检测车如图 3.1 所示。路面智能检测车从功能上可分为路面病害破损检测、车辙检测和平整度检测三大系统功能。

(1) 路面病害破损检测。检测车上装配了全球定位系统(global positioning system，GPS)、图像采集系统(利用 CCD 相机)、里程计(odometer)等先进的传感器和设备，当车辆以正常速度行驶时，通过高速、高精度图像采集传感器和高性能并行图像处理卡采集、在线处理、分析和存储路面图像，路面破损定位通过车载 GPS 与里程计实现。通过车载 GPS 与里程计实时获取车辆的绝对位置，从而实现检测到的破损位置的定位。其中 GPS 提供绝对定位，而里程计实现辅助的相对定位。

(2) 车辙检测。根据规则结构光在不同结构表面会产生不同调制结果的原理，投影单条激光线状的结构光在路面上，用摄像机采集经路面调制后的结构光信息，采用高性能并行计算机对路面的影像进行处理与分析，定位出变形后的结构光条纹的位置并计算其变形，再运用三角测量原理计算出路面的断面信息，即车辙深度和宽度信息。

(3) 平整度检测。通过激光传感器、加速度传感器和距离传感器，分别测量激光传感器到断面的垂直距离、激光传感器的垂直加速度和沿断面纵向行驶的距离，然后用相应的公式可计算得到断面的高程，从而计算出路面平整度。

图 3.1　多功能路面智能检测车

关于路面抗滑性能，我国规定了多项评价指标，包括构造深度、动态摩擦系数、摆式仪摆值(BPN)、横向力系数(SFC)等。对于大规模的路面性能检测，目前主要采用横向力系数。横向力系数由 SCRIM 系统进行测试，测试速度为 50km/h。检测中连续采样，每 20m 输出一次横向力系数值，依据 JTG 5210—2007《公路技术状况评定标准》进行评定计算。横向力系数检测车如图 3.2 所示。

承载力也是沥青路面的主要性能，是指路面承受交通荷载的能力。目前，常用的路面承载力检测方法主要有贝克曼梁法、自动弯沉仪法等。贝克曼梁法是一种人工检测方法，检测过程如图 3.3 所示。由于其检测速度较慢，对交通通行有重大影响，检测时需要中断交通或采取交通管制措施，目前一般采用自动弯沉仪进行检测，检测设备如图 3.4 所示。

图 3.2　横向力系数检测车

图 3.3　贝克曼梁法

图 3.4　自动弯沉仪

除上述检测方法及设备外，用于承载力检测的设备还有落锤式弯沉仪(falling weight deflectometer，FWD)、动力弯沉仪等，在此不再赘述。

3.1.2　评价指标

我国于 2007 年颁布 JTG H20—2007《公路技术状况评定标准》，并于 2018 年颁布 JTG 5210—2018《公路技术状况评定标准》，由于新标准尚缺乏系统的检测资料，因此本书仍沿用 JTG H20—2007《公路技术状况评定标准》。该标准对不同类型的路面规定了不同的技术指标。同时，将路面性能指标分为单项指标和综合指标来分别评价。沥青路面技术状况评定包括路面损坏、路面平整度、路面车辙、路面抗滑性能和路面结构强度五项技术内容，其中路面结构强度单独评价，不参与路面技术状况的计算。水泥混凝土路面技术状况评定包括路面损坏、路面平整度、路面抗滑性能三项技术内容。砂石路面使用性能评价只包括路面损坏一项技术内容。

1) 综合评价指标

路面使用性能综合评价是为了使各路段的路面状况具有可比性而建立的对路面使用性能的一种总体评价。JTG H20—2007《公路技术状况评定标准》将车辙从道路破损中分离，提出了路面使用性能指数（PQI），它是各单项评价指标的加权函数：

$$\mathrm{PQI}=w_{\mathrm{PCI}}\mathrm{PCI}+w_{\mathrm{RQI}}\mathrm{RQI}+w_{\mathrm{RDI}}\mathrm{RDI}+w_{\mathrm{SRI}}\mathrm{SRI} \tag{3.1}$$

式中，w_{PCI}、w_{RQI}、w_{RDI}、w_{SRI}为各分项指标的权重系数（按表 3.1 取值）。

表 3.1 PQI 分项指标计算权重

PQI 权重系数	高速公路、一级公路		二、三、四级公路	
	沥青路面	水泥路面	沥青路面	水泥路面
w_{PCI}	0.35	0.50	0.60	0.60
w_{RQI}	0.40	0.40	0.40	0.40
w_{RDI}	0.15	—	—	—
w_{SRI}	0.10	0.10	—	—

2）路面状况指数

路面损坏状况采用路面状况指数（PCI）进行评价，PCI 被定义为路面破损率（DR）的函数，计算方法如式（3.2）和式（3.3）所示：

$$\mathrm{PCI}=100-a_0\mathrm{DR}^{a_1} \tag{3.2}$$

$$\mathrm{DR}=\frac{D}{A}\times 100=\frac{\sum\sum A_{ij}w_{ij}}{A}\times 100 \tag{3.3}$$

式中，DR 为路面破损率（%）；D 为路面折合破损面积之和（m^2）；A 为路面实际调查的总面积（m^2）；A_{ij} 为第 i 类损坏、第 j 类严重程度的实际破损面积（m^2）；w_{ij} 为第 i 类损坏、第 j 类严重程度的破损权重系数，按标准取值；a_0 为模型参数，沥青路面 a_0 取 15.00，水泥路面 a_0 取 10.66；a_1 为模型参数，沥青路面 a_1 取 0.412，水泥路面 a_1 取 0.461。DR 与 PCI 的关系如图 3.5 所示。

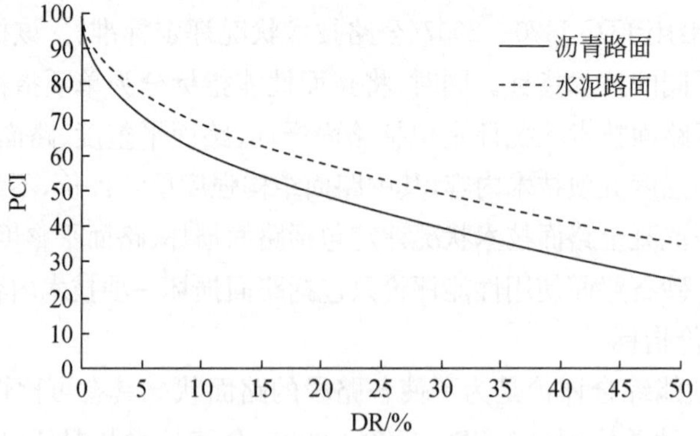

图 3.5 DR 与 PCI 的关系

3）路面行驶质量指数

路面行驶质量采用路面行驶质量指数(RQI)进行评价，路面平整度是影响行驶质量的一项重要因素，因此 RQI 被定义为路面平整度的函数，计算方法如式(3.4)所示：

$$RQI=\frac{100}{1+a_0 e^{a_1 IRI}} \tag{3.4}$$

式中，IRI 为国际平整度指数(m/km)；a_0 为模型参数，高速公路和一级公路采用 0.026，其他等级公路采用 0.0185；a_1 为模型参数，高速公路和一级公路采用 0.65，其他等级公路采用 0.58。IRI 与 RQI 的关系如图 3.6 所示。

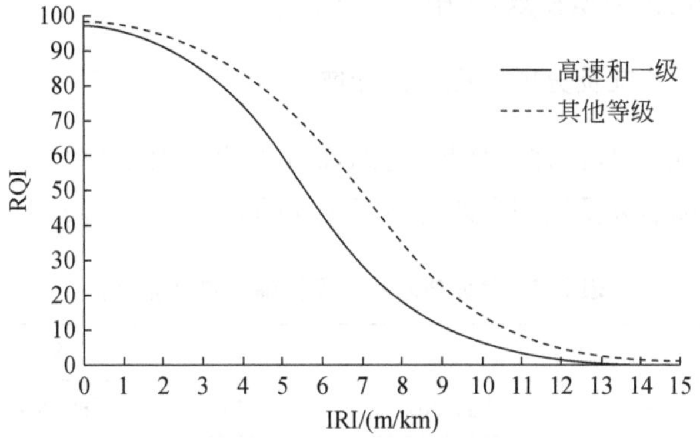

图 3.6　IRI 与 RQI 的关系

4）路面车辙深度指数

路面车辙用路面车辙深度指数(RDI)评价，按式(3.5)计算：

$$RDI=\begin{cases}100-a_0 RD, & RD\leqslant RD_a\\ 60-a_1(RD-RD_a), & RD_a<RD\leqslant RD_b\\ 0, & RD>RD_b\end{cases} \tag{3.5}$$

式中，RD 为车辙深度(mm)；RD_a 为车辙深度参数，采用 20mm；RD_b 为车辙深度限值，采用 35mm；a_0 为模型参数，采用 2.0；a_1 为模型参数，采用 4.0。

5）路面抗滑性能指数

路面抗滑性能用路面抗滑性能指数(SRI)评价，按式(3.6)计算：

$$SRI=\frac{100-SRI_{min}}{1+a_0 e^{a_1 SFC}}+SRI_{min} \tag{3.6}$$

式中，SRI_{min} 为标定参数，采用 35.0；a_0 为模型参数，采用 28.6；a_1 为模型参数，采用

−0.105;SFC 为横向力系数。

6）路面结构强度指数

路面结构强度用路面结构强度指数(PSSI)评价，按式(3.7)和式(3.8)计算：

$$\mathrm{PSSI}=\frac{100}{1+a_0 e^{a_1 \mathrm{SSI}}} \tag{3.7}$$

$$\mathrm{SSI}=\frac{l_d}{l_0} \tag{3.8}$$

式中，SSI(structure strength index)为路面结构强度系数，为路面设计弯沉与实测代表弯沉之比；l_d 为路面设计弯沉(mm)；l_0 为实测代表弯沉(mm)；a_0 为模型参数，采用 15.71；a_1 为模型参数，采用−5.19。

3.1.3 路面技术状况及分项指标评价标准

根据上述各项指标的评定结果，将路面技术状况划分为优、良、中、次、差五个等级，相关评价标准以及检测和评价指标之间的对应关系见表 3.2。

表 3.2 路面技术状况评价等级和评价标准

评价标准	优	良	中	次	差
PQI	≥90	[80,90)	[70,80)	[60,70)	<60
PCI	≥90	[80,90)	[70,80)	[60,70)	<60
$DR_{沥青路面}$	≤0.4	(0.4,2.0]	(2.0,5.5]	(5.5,11.0]	>11.0
$DR_{水泥路面}$	≤0.8	(0.8,4.0]	(4.0,9.5]	(9.5,18.0]	>18.0
$DR_{砂石路面}$	≤1.0	(1.0,4.0]	(4.0,9.5]	(9.5,17.0]	>17.0
RQI	≥90	[80,90)	[70,80)	[60,70)	<60
$IRI_{高速、一级公路}$	≤2.3	(2.3,3.5]	(3.5,4.3]	(4.3,5.0]	>5.0
$IRI_{其他等级公路}$	≤3.0	(3.0,4.5]	(4.5,5.4]	(5.4,6.2]	>6.2
RDI	≥90	[80,90)	[70,80)	[60,70)	<60
RD	≤5	(5,10]	(10,15]	(15,20]	>20
SRI	≥90	[80,90)	[70,80)	[60,70)	<60
SFC	≥48	[40,48)	[33.5,40)	[27.5,33.5)	<27.5
PSSI	≥90	[80,90)	[70,80)	[60,70)	<60
SSI	≥0.95	[0.80,0.95)	[0.69,0.80)	[0.61,0.69)	<0.61

3.2　落锤式弯沉仪调查方法

3.2.1　基本原理

落锤式弯沉仪是检测路基路面结构承载力的设备。在一定质量重锤落下一定高度时发生的冲击荷载作用下，路基或路面表面会产生瞬时变形，即在动态荷载作用下产生动态弯沉及弯沉盆，通过检测弯沉盆的大小、形状，可以间接了解路面或路基的承载能力及其他表征性指标。

落锤式弯沉仪由荷载发生装置、弯沉检测装置、运算及控制装置与车辆牵引系统等组成。其工作原理如图 3.7 所示。

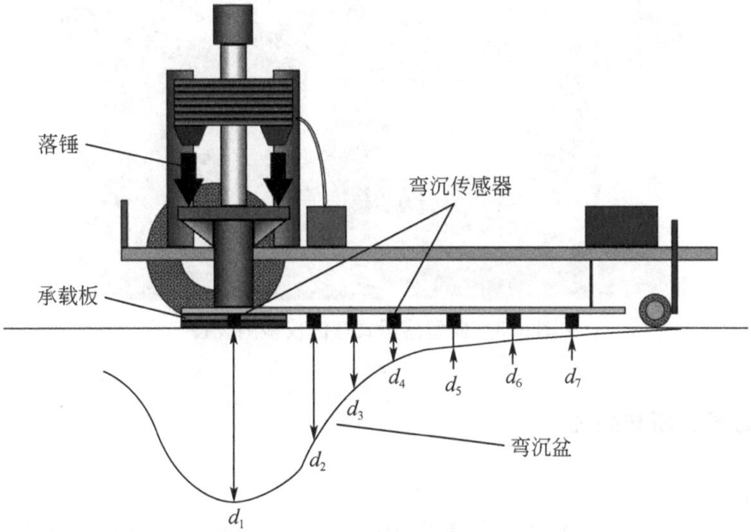

图 3.7　落锤式弯沉仪的工作原理

(1) 荷载发生装置。通过一定质量的重锤落向承载板上的弹性阻尼系统(橡胶缓冲器)产生冲击荷载，荷载由传感器测定，承载板宜十字对称分开成四部分且底部固定有橡胶片。承载板的直径一般为 300mm。

(2) 弯沉检测装置。由一组高精度位移传感器组成，传感器可为差动变压器式位移计(linear variable differential transformer，LVDT)或地震检波器。自承载板中心开始，沿道路纵向隔开一定距离布设一组传感器(表 3.3)。

(3) 运算及控制装置。能在冲击荷载作用的瞬间，记录冲击荷载及各个传感器所在位置测点的动态变形。

表 3.3　推荐的弯沉传感器位置

项目	弯沉传感器编号								
	d_1	d_2	d_3	d_4	d_5	d_6	d_7	d_8	d_9
与承载板的距离（由内到外）/cm	0	20	30	60	90	120	150	180	210

(4) 工作平台。装载落锤式弯沉仪并安装运算及控制装置的车辆。

典型落锤式弯沉仪检测设备如图 3.8 所示。

图 3.8　典型落锤式弯沉仪检测设备

3.2.2　数据分析与处理

1) 温度修正

落锤式弯沉仪的工作温度通常为 10～40℃。而沥青混合料属于温度敏感性材料，夏季高温时沥青混合料的模量、强度下降，测得的结构弯沉较大；反之，冬季低温时测得的结构弯沉减小。因此，在采用落锤式弯沉仪的弯沉盆数据对路面结构层状况进行评价时，应对实测弯沉值进行温度修正。

中心点弯沉修正系数 K 计算如下：

$$K=10^{(0.0006H_{AC}-0.0013)(20-T)},\quad 20℃以上 \tag{3.9}$$

$$K=10^{(0.0003H_{AC}-0.0004)(20-T)},\quad 20℃以下 \tag{3.10}$$

式中，H_{AC}为沥青面层厚度(cm)；T 为沥青层内平均温度(℃)，按 JTG D50—2017《公路沥青路面设计规范》中公式计算。

弯沉差修正系数 K_1、K_2 计算如下：

$$K_1=10^{(0.0885\lg H_{AC}-0.1784)(20-T)},\quad d_1\sim d_2 \tag{3.11}$$

$$K_2=10^{(0.0271\lg H_{AC}-0.0649)(20-T)},\quad d_2\sim d_4 \tag{3.12}$$

2）荷载修正

将非标准轴载作用下的路表弯沉盆转换为标准荷载（50kN）作用下的标准弯沉盆，换算公式如下：

$$d=d_P\left(\frac{50}{P}\right)^{0.93} \tag{3.13}$$

式中，P 为落锤式弯沉仪作用下的实际荷载（kN）；d 为标准荷载（50kN）作用下的路表弯沉值（μm）；d_P为落锤式弯沉仪实际荷载作用下的路表弯沉值（μm）。

3）路面结构模量反算

沥青路面各结构层模量主要通过使用软件反算来取得，进行结构层模量反演分析的方法主要为迭代方法与数据库搜索法，可通过落锤式弯沉仪的自带软件进行反算，也可采用主流软件如 SIDMOD、Modulus、ModComp、WESDEF 等进行计算。

3.3　雷达图谱调查

探地雷达（也称地质雷达）是近年来广泛应用于工程检测的一种物探仪器。相对于其他物探仪器，其具有精度高、影像直观、检测效率高、现场工作灵活、使用方便等优点，因此，在浅层、超浅层工程检测中应用广泛。探地雷达如图 3.9 所示。

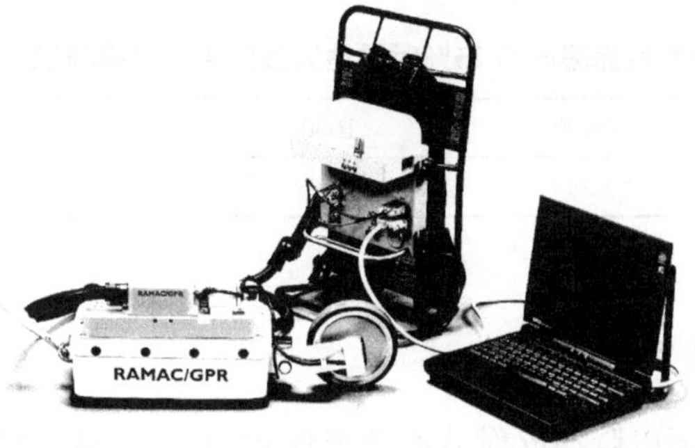

图 3.9　探地雷达

3.3.1　基本原理

在检测过程中，由雷达信号发生器产生固定频率的电磁波，通过雷达主控制器对信号脉冲宽度、相位、衰减度、指数增益等一系列技术参数进行调谐调频，并进行信号样点数字化、信号叠加处理，然后由主控制器通过信号高保真电缆和屏蔽天线将信号以 60°的方向角向路面内发射，电磁波遇到有电性差异的层面后即发生反射，被天线再次接收，并原路返回到雷达的信号接收处理器内，经简单处理后的雷达信号分两路传送：一路直接传送给雷达显示器，通过四色原理将雷达信号以彩色形式直接显示在视频显示器上，其显示速度与天线运行速度保持同步；另一路进入数据存储器中，将所有技术参数连同雷达信号资料进行保存，以便进行回放和更深一步的处理。所有雷达的专业处理、反演解释软件均可安装在通用计算机上，雷达主控制器、数据存储器可直接与通用计算机进行数据通信，将雷达数据传到计算机中进行更高级的处理和解释。

探地雷达的探测性能一般包括最大探测深度和最小分辨率。

任何一种探地雷达都必须根据地下介质的特性确定所设计的探测深度并选择它的工作频率。探地雷达天线的中心频率越高，地下介质的相对介电常数和磁导率越大，探地雷达所能探测的最大深度越浅。

最小分辨率可分为最小垂直分辨率和最小水平分辨率。垂直分辨率与雷达天线的中心频率成反比，雷达天线的中心频率越低，垂直分辨率越高。水平分辨率除了与雷达本身性能和目标深度有关外，还与目标周围介质的特性有关。

选择无载波探地雷达天线的中心频率时，要兼顾其最大探测深度和最小分辨率，同时还要考虑天线的尺寸是否符合测试地点的需要。一般来说，在满足分辨率和测试地点的需要后，应尽量降低雷达天线的中心频率，见表 3.4。

表 3.4　分辨率为目标深度的 25%时雷达天线的中心频率与探测深度对应参考值

中心频率/MHz	15000	1000	500	200
深度/m	0.3	0.6	1.0	2.0

3.3.2　图像的处理与识别

探测的雷达图形以脉冲反射波的波形形式记录，以波形或灰度显示探地雷达垂直剖面图。探地雷达探测资料的解释包括两部分内容：一部分为数据处理；另一部分为图像解释。地下介质相当于一个复杂的滤波器，介质对波不同程度的吸收以及介质的不均匀性，使得脉冲到达接收天线时，波幅减小，波形变得与原始发射波形有较大的差异。另外，不同程度的各种随机噪声和干扰，也影响实测数据。因此，必须对接收信号实施适当的处理，以改善资料的信噪比，为进一步解释提供清晰可辨的图像。

图像处理包括消除随机噪声、压制干扰、改善背景；进行自动时变增益或控制增益以补偿介质吸收和抑制杂波；进行滤波处理除去高频，突出目标体，降低背景噪声和余振影响。

图像解释和识别异常是一个经验积累的过程，一方面基于探地雷达图像的正演结果，另一方面由工程实践成果获得。只有获得高质量的探地雷达图像并能正确判别异常，才能获得可靠、准确的探测解释结果。

识别干扰波及目标体的探地雷达图像特征是进行探地雷达图像解释的核心内容。探地雷达在接收有效信号的同时，也不可避免地接收到各种干扰信号，产生干扰信号的原因很多，干扰波一般都有特殊形状，在分析中要加以辨别和确认。例如，不同情况下的探地雷达图谱具有以下特征。

(1) 密实。电磁波反射信号幅值较弱，波形均匀，甚至没有界面反射信号。

(2) 不密实或破碎。电磁波反射信号幅值较强，同相轴不连续、错断、杂乱，一般呈区域化分布。

(3) 孔洞。电磁波反射信号幅值较强，呈典型的孤立体相位特征，通常为规整或非规整的双曲线波形，三振相明显，在其下部仍有强反射界面信号。

(4) 脱空。电磁波反射信号幅值较强，多呈近似水平的带状分布，通常有多次反射信号。

(5) 高含水。电磁波反射信号幅值较强，一般以低频为主，多数伴随有较明显的振荡现象。

(6) 裂缝。电磁波信号同相轴断开呈尖波状或斜向带状发育，信号幅值较强。

(7) 管线。典型的管线反射信号为抛物线形(或称单支双曲线)，如果管径较小或者埋藏较深，可能看不到抛物线形状；但一般仍有较明显的异常存在。

图 3.10～图 3.12 为几种典型的路面结构病害的探地雷达图谱识别示例。

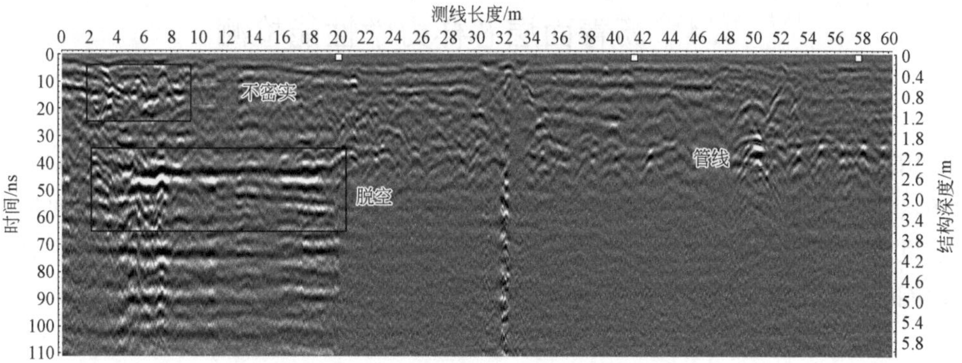

图 3.10　探地雷达图谱识别示例 1

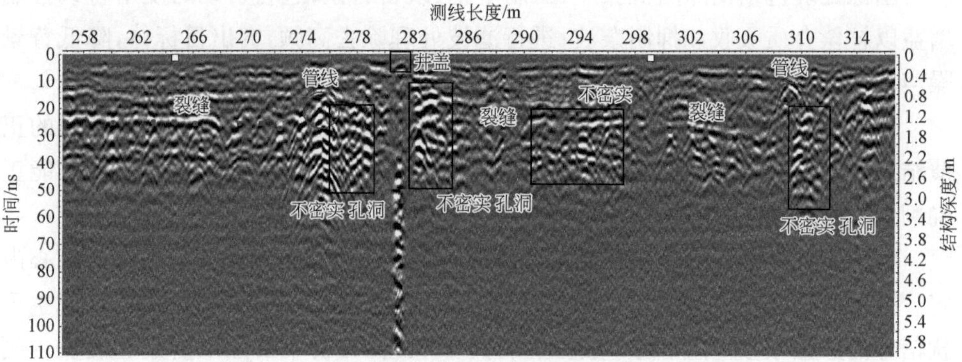

图 3.11　探地雷达图谱识别示例 2

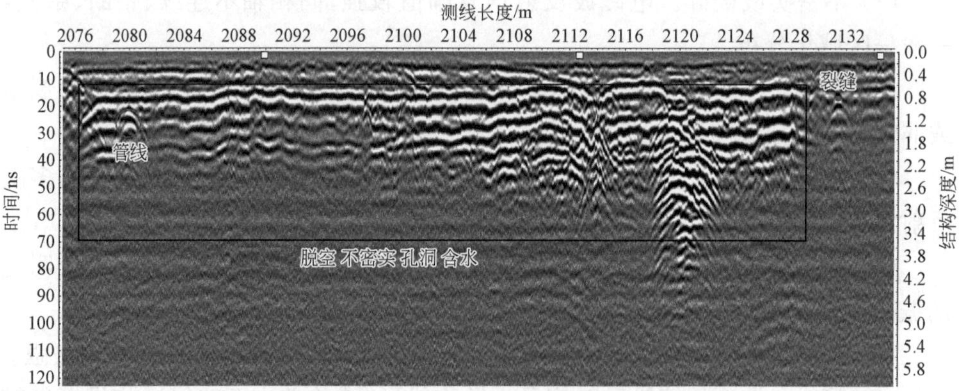

图 3.12　探地雷达图谱识别示例 3

3.4　沥青面层芯样力学性能检测

沥青混合料在运输、拌和、摊铺过程中存在短期老化效应，而在建成通车后的使用过程中存在长期及超长期老化效应。老化程度的加深，加剧了沥青路面的破坏，也影响沥青路面的使用寿命。因此，对在役沥青路面沥青混合料力学性能的评价也是沥青路面技术性能评价的主要内容之一。目前，国内外研究沥青材料力学性能的试验主要包括动态模量试验、回弹模量试验等。

对在役路面各面层材料的力学性能进行检测时，由于受路面结构层厚度的限制，采集到的路面芯样厚度往往达不到试验规范中轴向加载试验所要求的高度，无法按现有规范的试验方法开展在役沥青路面材料力学性能评价。间接拉伸模式下的试验方法所需的试件尺寸要小得多，并且基于间接拉伸模式可以测定一系列沥青混合料力学参数，同时可以以室外芯样试样为基准，进行室内不同老化程度试样的试验，达到通过室内试验来评价实际路面性能的目的。

为此，通过大量试验研究，本书建立了在役沥青路面材料力学性能评价的试验方法。

3.4.1　试样制备

从在役路面钻取的原始路面芯样直径通常为 150mm，为控制良好的垂直度和平整度，先将其取芯为直径 100mm 的圆柱体，再将上下表面切除约 5mm 厚度，保留平整的切割面以便粘贴传感器，最后根据结构层切割，得到不同厚度的沥青混合料试样，如图 3.13 所示。

3.4.2　试验设备

可采用动态疲劳试验系统（如 UTM-100 伺服液压动态试验系统）进行试验。试验设备应能够通过压缩、拉伸及动态波形等加载方式，对沥青混合料等材料试样进行力学性能试验，加载能力可以达到 100kN。试验设备应具备控温系统，可进行不同温度下的沥青混合料力学性能试验。试验数据可以通过设备自带的数据系统自动采集。下面以 UTM-100 伺服液压动态试验系统为例进行说明，设备如图 3.14 所示。

图 3.13　沥青混合料试样

图 3.14　UTM-100 伺服液压动态试验系统

圆柱(圆片)形试件上下端面分别用环氧树脂对称粘贴固定测头,将 LVDT 应变传感器安装到固定测头上,然后将安装传感器的试件放置于间接拉伸试验组件中,如图 3.15(a)所示。安装完成的横向应变传感器和竖向应变传感器呈十字交叉形,用于记录试验过程中的横向应变和竖向应变,传感器的测量标距为 50.8mm,如图 3.15(b)所示。试验加载和数据采集由集成多轴控制系统自动完成。

(a) 试验设备

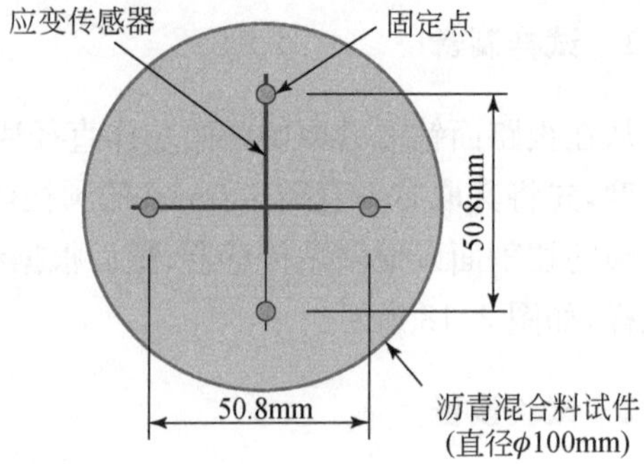

(b) 传感器安装示意图

图 3.15　间接拉伸试验设备及传感器安装示意图

设备自带的 UTS 试验软件有不同的软件界面,可以操作不同的试验,操作者可以根据不同试件尺寸和试验方法自行进行调整。此外,UTS 试验软件可以保存试验过程中的初始设置、参数调整、应力和应变数值、传感器的动态变化数值等,以便操作者详细了解试验过程中的变化。

3.4.3　试验方法

由于试件尺寸的特殊性,为了保证室内外试件试验结果具有可比性,一般采用间接拉伸试验方法,试验顺序依次为动态模量试验、蠕变试验、回弹模量试验和强度试验,即从无损的模量试验到有损的断裂试验。

1. 间接拉伸动态模量试验

对于直径为 100mm 的试件,传感器间距分别选取 25.4mm 和 50.8mm,试验结果表明,传感器间距为 50.8mm 的试件读数比 25.4mm 更稳定,所以采用的传感器间距为 50.8mm。为了获得较稳定的读数,本节采用的泊松比相关系数分别为 $\beta_1=-0.0215$、$\beta_2=-0.0062$、$\gamma_1=0.0047$、$\gamma_2=0.0157$。

1）试验温度和频率

由于沥青混合料动态模量表征的是沥青材料力学特性与温度和时间的关系，所以需要在不同温度和不同加载频率下进行试验。AASHTO TP62-03 中规定动态模量试验温度为－10℃、4.4℃、21.1℃、37.8℃和 54.4℃；加载频率为 25Hz、10Hz、5Hz、1Hz、0.5Hz 和 0.1Hz。国外相关研究表明，由于试件尺寸的特殊性，在高温环境中试件在自身重力作用下会产生较明显的蠕变变形，而且在较小的应力作用下就会产生明显变形，所以间接拉伸试验不适用于高温条件。Kim 等通过分析研究，提出了合适的试验温度，分别为－10℃、10℃和 35℃，同时为了能够更多地采集数据建立动态模量主曲线，将频率个数增加至 8 个，分别为 25Hz、10Hz、5Hz、1Hz、0.5Hz、0.1Hz、0.05Hz 和 0.01Hz。

2）荷载水平和循环次数

间接拉伸动态模量试验采用应力控制模式。在选择荷载水平和循环次数上主要考虑两方面因素：一是在低温高频时能采集到稳定的读数；二是在高温低频时不至于产生过多的损伤变形。因此，在确定合适的荷载水平和循环次数前，需要进行预备试验。结果表明，在较低温度时，可以适当增加荷载水平和循环次数，保证采集到的数据真实稳定；在较高温度时，适当减小荷载水平和循环次数，从而降低试件的累积变形损伤，保证采集到更多的数据。根据研究结果，最大微应变可设置为 4000$\mu\varepsilon$，不同温度时的荷载水平和循环次数的建议值见表 3.5 和表 3.6。

表 3.5　－10℃和 10℃时荷载水平和循环次数的建议值

频率/Hz	荷载/kPa	循环次数/次
25	1700	200
10	1700	200
5	1700	100
1	1700	50
0.5	1700	20
0.1	1700	20
0.05	1700	10
0.01	1700	10

表 3.6　35℃时荷载水平和循环次数的建议值

频率/Hz	荷载/kPa	循环次数/次
25	350	100

续表

频率/Hz	荷载/kPa	循环次数/次
10	350	100
5	350	50
1	350	20
0.5	350	15
0.1	350	15
0.05	350	10
0.01	350	10

3）试验步骤

将环境箱中保温好的试件取出，在圆柱体试件上下底面安装位移传感器，并且保证两侧的水平传感器和竖直传感器相对应。将试件连同传感器放置于夹具上，确保试件处于夹具中心位置且固定后不能移动。这个过程不宜太久，以免室温对环境箱温度产生影响。试件放回环境箱后，需要静置一定时间，因为安装传感器时会导致试件内外部产生一定的温度差，为了减小试验误差需要继续保温一段时间，待温度传感器读数稳定后再继续试验。－10℃和10℃时建议等待30min左右，35℃时建议等待15min以内。温度传感器显示试件温度稳定并和环境箱温度保持一致时，在软件控制界面输入试件尺寸、泊松比相关系数等参数，开始手动加载，当主轴接触夹具时，观察位移传感器读数的变化，稳定后将位移传感器读数清零，开始试验。试验顺序为从高频到低频，从低温到高温。在－10℃和10℃时，试件累积微应变较小，可以反复测试，但需要等待10min以上以保证试件恢复变形。在35℃时，当试件累积变形超过4000$\mu\varepsilon$时，该试件应予以废弃。在相同试验条件下进行三组平行试验。

4）试验数据处理

间接拉伸试验中，试件处于二轴应力状态，无法仅通过水平方向的拉应力σ_x和拉应变ε_x得到模量，需要通过水平方向的拉应变ε_x及材料的泊松比μ划分二轴方向的应力$\sigma_x-\mu\sigma_y$来获得，即

$$E=\frac{1}{\varepsilon_x}(\sigma_x-\mu\sigma_y) \tag{3.14}$$

Kim等在之前的研究基础上，对间接拉伸动态模量泊松比相关系数进行了探讨。对不同直径、不同传感器间距、不同沥青混合料的试件进行一系列间接拉伸动态模量试验，得出泊松比与相关系数的关系式，如式(3.15)所示：

$$\mu=\frac{\beta_1 U(t)-\gamma_1 V(t)}{-\beta_2 U(t)+\gamma_2 V(t)} \tag{3.15}$$

式中，β_1、β_2、γ_1、γ_2为泊松比相关系数；$U(t)$、$V(t)$分别为水平方向和竖直方向应变的正弦函数，即

$$U(t)=U_0\sin(\omega t-\varphi) \tag{3.16}$$

$$V(t)=V_0\sin(\omega t-\varphi) \tag{3.17}$$

所以，可以将泊松比的简单表达式写成如下形式：

$$\mu=\frac{\beta_1 U_0-\gamma_1 V_0}{-\beta_2 U_0+\gamma_2 V_0} \tag{3.18}$$

2. 间接拉伸蠕变试验

不同于单轴压缩蠕变试验，间接拉伸模式下的蠕变试验中，试件处于二轴应力状态，不能只通过竖向的应力和应变求得材料的泊松比和中心应变，在 Hondros 提出的间接拉伸试验二维平面应力解的基础上，Wen 等通过黏弹性原理求解出材料的泊松比和中心应变，并给出不同尺寸沥青混合料试件蠕变柔量的计算方法。沥青混合料间接拉伸蠕变的泊松比、蠕变柔量和中心应变的计算如式(3.19)～式(3.21)所示。

$$\mu=-\frac{\alpha_1 U(t)+V(t)}{\alpha_2 U(t)+\alpha_3 V(t)} \tag{3.19}$$

$$D(t)=-\frac{d}{F}[\beta_1 H(t)+\beta_2 V(t)] \tag{3.20}$$

$$\varepsilon_{x=0}=U(t)\frac{\gamma_1+\gamma_2\mu}{\gamma_3+\gamma_4\mu} \tag{3.21}$$

式中，$D(t)$为 t 时刻的蠕变柔量(1/GPa)；d 为试件厚度(mm)；F 为荷载均值(N)；$H(t)$、$V(t)$分别为不同时刻 t 的横向应变与竖向应变。

参数α_1、α_2、α_3、β_1、β_2、γ_1、γ_2、γ_3、γ_4均为常数，通过对不同尺寸不同传感器间距的试件进行大量试验，给出了各参数的取值，见表 3.7。

表 3.7　试验各参数取值

试件直径/mm	传感器间距/mm	α_1	α_2	α_3	β_1	β_2	γ_1	γ_2	γ_3	γ_4
100	25.4	3.385	1.081	3.122	0.787	2.278	12.40	37.7	0.291	0.908
	50.8	4.580	1.316	3.341	0.403	1.024	12.40	37.7	0.471	1.570
150	25.4	3.172	1.039	3.060	1.199	3.533	8.48	25.6	0.207	0.634
	50.8	3.673	1.154	3.192	0.611	1.685	8.48	25.6	0.373	1.180
	76.2	4.559	1.330	3.311	0.415	1.034	8.48	25.6	0.478	1.590

间接拉伸蠕变试验的步骤如下：

(1) 试验温度为10℃，每次试验前，将试件放在环境箱中保温4h以上。

(2) 将试件从环境箱中取出，在两个切割面上安装水平方向传感器和竖直方向传感器，并保证两面的传感器相对应。安装传感器的过程尽量快速，以减小温度差，安装完后将试样放回环境箱继续保温30min左右，保证试件内外温度一致。

(3) 试验模式为控制应力模式，施加的应力为500N。在软件控制界面输入试件尺寸等参数，本试验的传感器间距为50.8mm，试件直径为100mm，所以$\beta_1=0.403$，$\beta_2=1.024$。试验时间为100s，到100s后试验自动停止。

(4) 试验结束后通过软件导出数据。

3. 间接拉伸回弹模量试验

沥青混合料的回弹模量是反映沥青路面力学性能的重要指标，同时也是路面结构设计中进行力学验算或厚度计算的一个重要参数。

间接拉伸回弹模量试验是对圆柱体试件竖直方向施加半正弦荷载，通过水平方向的位移来获得模量等参数，该试验为无损试验。通过间接拉伸回弹模量试验，具体可以获得如下参数：

(1) 回弹模量。沥青混合料在荷载作用下产生的应力与其相应的回弹应变的比值。

(2) 可恢复变形。弹性变形和黏弹性变形的总和。

间接拉伸回弹模量试验由美国公路战略研究计划提出，根据美国AASHTO TP31的操作方法，试验温度为10℃，泊松比为0.35，每组试验需要3个平行试件。

间接拉伸回弹模量试验的步骤如下：

(1) 将试件在环境箱中保温4h以上，从环境箱中取出试件，放在夹具中固定好，并保证试件位于夹具中心位置。安装水平方向的传感器，并将传感器读数清零。将试件放回环境箱中继续保温15min左右再进行试验。

(2) 确定荷载大小，荷载大小为各沥青混合料试件最大破坏荷载的20%，并保证试件的水平变形在规范要求的变形范围内，若超出需进行调整。

(3) 试验中先预压30s后，再进行加载。对试样施加半正弦的间歇纵向荷载，加载时间为0.1s，间歇时间为0.9s。系统自动采集最后5个波形的荷载及变化曲线，并对结果进行平均，得到竖直方向可恢复变形。

沥青混合料间接拉伸回弹模量按式(3.22)计算：

$$M_R=\frac{P(\mu+0.27)}{dt} \tag{3.22}$$

式中，M_R为间接拉伸回弹模量(MPa)；P 为重复荷载(N)；μ 为泊松比；d 为水平方向变形(mm)；t 为试件厚度(mm)。

4. 间接拉伸强度试验

间接拉伸强度试验是对圆柱体沥青混合料试件，通过垂直方向施加荷载，使试件水平方向产生拉应力，将试件劈裂直至破坏。试验模式为应力控制模式，该试验为破坏性试验。

目前国外采用间接拉伸强度试验主要有两个目的：一是采用动载或冲击法求取设计参数回弹模量；二是通过静载试验评价沥青混合料的性质。我国则将间接拉伸强度试验用于测定沥青混合料破坏时的间接抗拉强度、极限拉伸应变、破坏劲度模量，也用于求取弹性阶段劲度模量来作为设计参数使用。

间接拉伸强度试验步骤参照 JTG E20—2011《公路工程沥青及沥青混合料试验规程》中沥青混合料劈裂试验，试验温度为 10℃，加载速度为 12.5mm/min，泊松比取 0.25。

间接拉伸强度试验测得的荷载峰值为试件破坏荷载，然后根据试件的几何尺寸确定试件的抗拉强度 R_T、破坏拉伸应变 ε_T、破坏劲度模量 S_T，按式(3.23)～式(3.26)计算：

$$R_T=\frac{0.006287P_T}{h} \tag{3.23}$$

$$X_T=Y_T\frac{0.135+0.5\mu}{1.794-0.0314\mu} \tag{3.24}$$

$$\varepsilon_T=X_T\frac{0.0307+0.0936\mu}{1.35+5\mu} \tag{3.25}$$

$$S_T=P_T\frac{0.27+0.1\mu}{hX_T} \tag{3.26}$$

式中，R_T 为抗拉强度(MPa)；X_T 为最大破坏荷载对应的水平方向总变形(mm)；Y_T 为最大破坏荷载对应的垂直方向总变形(mm)；ε_T 为破坏拉伸应变(10^{-6})；S_T 为破坏劲度模量(MPa)；P_T 为试验荷载最大值(kN)；μ 为泊松比。

3.5　半刚性基层芯样力学性能评价试验方法

基于历史发展的特点，我国的沥青路面绝大多数为半刚性基层沥青路面，在对路面结构技术状况进行评价时，对半刚性基层材料的力学性能进行评价是做好沥青路面养护维修决策的重要方面。本节介绍对在役半刚性基层钻芯取样获得的较完整芯样进行抗压强度和抗压回弹模量试验的试验方法。

3.5.1 试验设备及试样

1) 试验设备

(1) 路面取芯钻机。牵引式或车载式,钻机由发动机驱动,宜选用 ϕ150mm 钻头直径,并配备淋水冷却装置;根据路面结构层厚度选取钻头长度。

(2) 电子天平。量程 15kg,感量 0.1g。

(3) 盛样器或铁盘等。

(4) 试样标签。

(5) 压力机或万能试验机。压力机应符合现行 GB/T 3159—2008《液压式万能试验机》及 GB/T 2611—2007《试验机通用技术要求》中的要求,其测量精度为±1%,同时具有加载速率指示装置或加载速率控制装置。上下压板平整并有足够刚度,可以均匀地连续加载、卸载,可以保持固定荷载;压力机的开机、停机均灵活自如,能够满足芯样吨位要求,且压力机加载速率可以有效控制在 1mm/min。

(6) 测形变装置。圆形金属平面加载顶板和圆形金属平面加载底板,底板的直径应大于试件的直径,底板直径线两侧有立柱,立柱上装有千分表夹,也可以直接利用直径为 152mm 的击实筒底座。

(7) 千分表(1/1000mm)。2 只(或相同精度的位移传感器 2 个),也可采用数据采集系统,包括荷载传感器(1 个)、位移传感器(2 个)、荷载计数器及数据采集仪。

(8) 对开模和垫块。包括第一半圆模、第二半圆模和底板,第一半圆模和第二半圆模组成试模,试模设置于底板上,第一半圆模、第二半圆模、底板之间均为可拆卸的连接。第一半圆模和第二半圆模组成的试模内径为 152mm、高为 150mm、壁厚为 10mm,固定螺杆的直径为 10mm,底板的长为 250mm、宽为 250mm,筒内垫块的直径为 151mm、厚为 5mm,单排固定螺杆的数量为 3 个(图 3.16)。

(9) 球形支座。

(10) 钢尺和游标卡尺。

(11) 标准养护室。标准养护室温度为(20±2)℃,相对湿度为 95%以上。

(12) 水槽。深度应大于芯样高度 25mm。

(13) 机油。若干。

(14) 其他。量尺、毛刷、硬纸等。

2) 芯样的钻取、制备和养护

(1) 钻芯位置。在单车道纵向上的每个取芯点,沿单车道横向断面方向在左

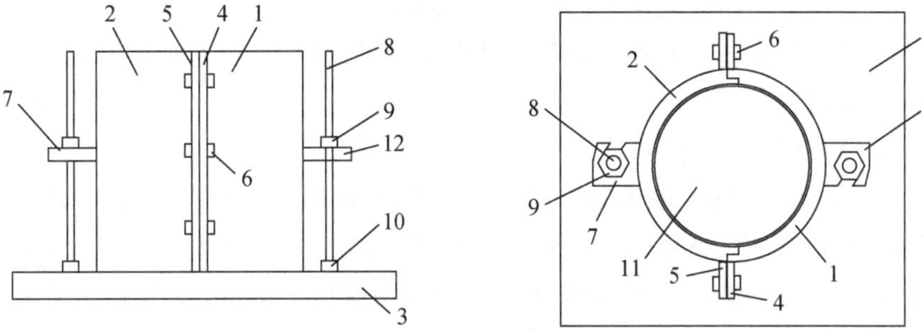

图 3.16　对开模结构图

1. 第一半圆模；2. 第二半圆模；3. 底板；4. 第一耳板；5. 第二耳板；6. 固定螺母；7. 第二压板；8. 定位螺杆；9. 定位螺母；10. 限位件；11. 垫板；12. 第一压板

右两侧各选取一个取芯位置，并将同一横向断面位置上的芯样分为一组；选取的钻芯位置包括行车道轮迹带中部、车辙和裂缝部位。钻芯频率：单车道的道路方向上每 100m 距离内至少选取一个取芯点，或每 5 个落锤式弯沉仪测点位置中选择一个取芯点。

虽然路面工程的结构和路面病害在某些段落相似，取芯位置可以在整个路段具有代表性缺陷的地点选择，但是受到时间、成本和交通组织等因素的影响，选择取芯位置时应考虑路面厚度、病害的位置和类型、病害和弯沉的连续性、弯沉值高或低等离异值的位置、行车道的宽度和交通道改措施的安全等因素，同时参考取芯试验的目的。

(2) 钻取芯样。钻芯位置选好后，在路面上用喷漆或粉笔做出标记，在标记位置垂直对准路面放下钻头，固定钻机，使其在运转过程中不得移动，开启冷却水，启动发动机，徐徐压下钻杆，开始钻取芯样，在钻取芯样过程中不得用力下压钻头；待钻头钻透路面结构全厚之后，上抬钻杆，拔出钻头，停止转动，不使芯样损坏，取出芯样；其中，钻头的直径为 150mm，可以钻取出的芯样直径为 150mm。

JTG E60—2008《公路路基路面现场测试规程》中规定了两种可选用的钻头，经实践经验表明，直径为 150mm 的钻头相对于直径为 100mm 的钻头，其钻取的芯样可以为室内试验提供足够的材料，而且在路面存在裂缝和车辙等病害位置成功钻取的概率更大。同时，我国普遍使用的半刚性基层最大粒径为 20～40mm，通常认为芯样直径应为混合料所用集料公称最大粒径的 4 倍，较大的芯样直径与粗骨料最大粒径比有利于获得稳定的强度值，因此建议选用直径为 150mm 的钻头。

(3) 检验芯样。对钻取的芯样进行检查筛选，筛选后的芯样分别放入盛样器中，必要时用塑料袋封装，填写样品标签，样品标签上标注路线或工程名称、车道位置、取样位置、取样时间、取样人、路面结构及厚度等信息。

其中，芯样检查包括外观检查和尺寸测量。外观检查需要观察钻取的圆柱形芯样是否有明显的裂缝、破损等缺陷，重点检查路面病害位置钻取的芯样与轮迹带中部芯样是否具有明显差异。

(4) 芯样端面处理。取出盛样器中的芯样，对该芯样进行端面处理，以达到试验要求的端面平整度、高径比。如果需要端面处理的芯样高度大于 150mm 且完整无破损，可以通过机械切割的方法处理其两端的端面平整度；如果芯样高度不足 150mm 但大于 140mm，应采用对开模对芯样进行端面修补；若芯样高度不足 140mm，则不应作为半刚性基层力学性能评判依据。

其中端面修补的方法为：将芯样端面松散物清除干净，再将芯样放入置好垫块的对开模中，用水湿润端面后，将适量水泥净浆装入试模，插捣密实后用镘刀沿试模边缘刮去多余净浆，材料硬化前，用湿布覆盖水泥净浆表面。待硬化 2～4h 后，翻转对开模，使未修补一侧朝上，移走垫块后用同样方法修补端面，待水泥净浆硬化后，连同对开模一起移至标准养护室养护 6 天后拆模。

(5) 芯样湿度调节。端面处理后的芯样不可避免地受到毛细水作用，为了减少湿度梯度对芯样力学试验造成的系统性误差，需要进行湿度调节。

将养护拆模后的修补芯样放入水槽浸水 1 天，浸泡时，水槽水面超过所述芯样顶部 2.5cm。将未进行修补处理的芯样放入水槽中，在(20±2)℃水中浸泡不小于 48h，浸泡时，水槽水面超过所述芯样顶部 2.5cm。

3.5.2 芯样抗压强度试验

1) 抗压强度试验

取出湿度处理后的芯样并吸去其表面水分，将该芯样放在路面材料强度试验仪或压力机上，并在升降台上先放一扁球座进行抗压试验。在试验过程中，应保持加载速度为 1mm/min。试验中记录芯样破坏时的最大压力 P，得到试验数据。

2) 破型状态记录

芯样破型状态能够反映芯样试验过程中的一些问题。不良的破型通常是由于不重视试样的端面修补或试验过程较为随意等造成的，也可能反映出压力机存在故障，应及时排除。试验后记录好的破型状态，较好的芯样破型状态如图 3.17 所示。

3) 计算

对试验数据进行计算可获得芯样抗压强度，计算结果保留一位小数，抗压强度的计算公式为

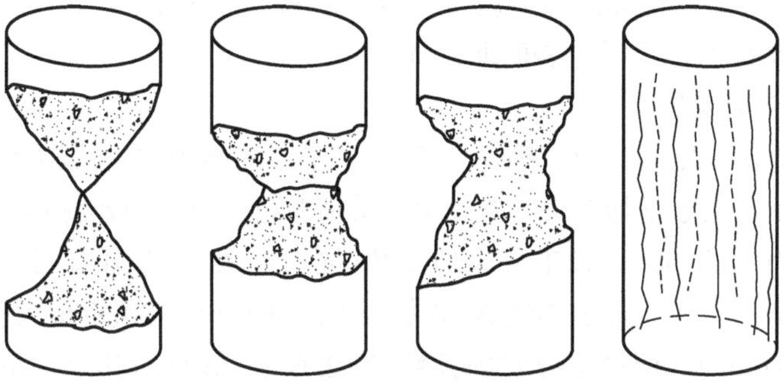

图 3.17　较好的芯样破型状态

$$f_b = \frac{P}{A} \tag{3.27}$$

式中，f_b为芯样的抗压强度；P 为试验所得的最大压力值；A 为芯样的横截面积，其计算公式为 $A=\pi D^2/4$，D 为芯样的直径。

4）结果整理

计算得到所在路段的全部抗压强度结果后，对数据进行整理，得到该路段芯样的抗压强度值。

抗压强度值的整理方法为：当该组中抗压强度结果的最大值或最小值中有一个与中间值的差值超过中间值的 15％时，把最大值和最小值一并舍弃，取其余值的算术平均值作为该组芯样的抗压强度值；当该组中抗压强度结果的最大值或最小值与中间值的差值均超过中间值的 15％时，将该组试验结果从计算数据中剔除，并记录和分析试验取样位置、端面处理和芯样湿度情况；其他情况下，每组数据以全部抗压强度结果的算术平均值作为其抗压强度值。

3.5.3　芯样抗压回弹模量试验

1）试验前准备

取出湿度处理后的芯样并吸去其表面水分，将该芯样放在路面材料强度试验仪或压力机上，并在升降台上先放一扁球座。安置千分表，使千分表的脚支在加载顶板直径线的两侧并离试件中心距离大致相等。将带有试件的测变形装置放到路面材料强度试验仪的升降台上（也可以先将测变形装置放在升降台上再安置试件和千分表），调整升降台的高度，使测力环下端的压头中心与加载板的中心接触。

2）试验预压

先用拟施加最大荷载的一半进行两次加载卸载预压试验，使加载顶板与试件表面紧密接触。每两次卸载后等待 1min,然后将千分表的短指针调到中间位置,并将长指针调到 0,记录千分表的原始读数。

3) 回弹变形测量

将预定的单位压力分为 5 等份或 6 等份,作为每次施加的压力值。实际施加的荷载应比预定级数增加 1 级。施加第 1 级荷载(如为预定最大荷载的 1/5),待荷载作用时间为 1min 时,记录千分表的读数,同时卸去荷载,让试件的弹性变形恢复,到 0.5min 时记录千分表的读数;施加第 2 级荷载(如为预定最大荷载的 2/5),待荷载作用 1min 时,记录千分表的读数,卸去荷载,卸载后达 0.5min 时,再记录千分表的读数;施加第 3 级荷载,如此逐级进行,直至记录完最后一级荷载时的回弹变形。

4) 计算

(1) 按式(3.28)计算每级荷载下的回弹变形 l,即

$$l=\text{加载时读数}-\text{卸载时读数} \tag{3.28}$$

(2) 以单位压力 p 为横坐标,回弹变形 l 为纵坐标,绘制 p 与 l 的关系曲线,使之与坐标轴相交得到修正原点。根据此修正原点坐标轴读取各单位压力下的回弹变形修正值 L,如图 3.18 所示。

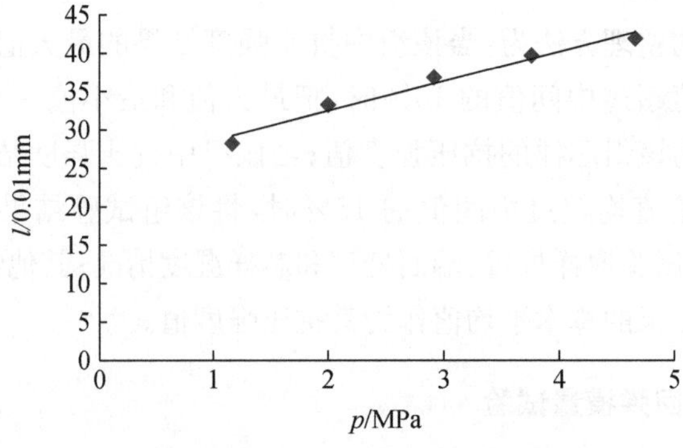

图 3.18 p 与 l 的关系曲线

(3) 用加载板上的计算单位压力 p 及相应的回弹变形修正值 L 按式(3.29)计算抗压回弹模量,即

$$E_c=\frac{ph}{L} \tag{3.29}$$

式中,E_c 为抗压回弹模量(MPa);p 为单位压力(MPa);h 为试件高度(mm);L 为试件回弹变形修正值(mm)。

(4) 结果整理。芯样抗压回弹模量值用整数表示。

抗压回弹模量试验后的芯样不得再用于抗压强度试验,抗压回弹模量试验后的芯样若用于观察基层材料长期性能变化,则需带标签放置于室内,不得随意码放在室外。

3.6　路面结构检测流程

路面养护管理的检测通常分为路网检测和项目检测。

路网检测是通过路网检测数据来决定路面状况是否已经衰减到可能需要在未来几年内采取养护措施。路网检测数据通常包括路面综合检测系统得到的路表破损、车辙和平整度数据,还包括横向力系数测试系统得到的 SFC 指标数值。通过对路网检测数据发展变化的分析和评价,来确定路网中部分路段可能存在的面层破坏或结构破损,为下一步的项目检测和评价及养护维修提供信息。

项目检测的目标是确定路面损坏类型,并为加铺、补强或结构重建提供数据支撑。根据路面结构检测方法的适用条件和技术特点,项目检测包括沥青路面内业资料调研、探地雷达检测、落锤式弯沉仪弯沉检测、芯样力学性能检测等。下面简单介绍具体的检测流程和主要工作内容。

(1) 沥青路面内业资料调研。全面调查在役公路历年的交通流变化情况、天气状况、设计资料、交/竣工检测资料、历年养护质量检测和评定数据及大修资料,系统掌握沥青路面技术状况的发展变化规律和内外部影响因素,为实地检测和技术状况评价提供准确资料。沥青路面内业调查的重点参数见表 3.8。

表 3.8　沥青路面内业调查的重点参数

序号	需调研的资料	重点收集的数据与参数
1	荷载环境状况	历年交通量变化与轴载分布、车道不均衡系数、交通量时间分布
		历年天气变化情况(高温、低温持续时间,高低温度数,降水量分布状况)
2	结构参数	路面结构、面层厚度、各结构层回弹模量
3	施工资料	各结构层厚度、强度、弯沉、压实度等,交/竣工检测资料
4	检测养护资料	路面历年技术状况,病害类型及数量、处治措施,大修前的路面状况检测资料
5	维修资料	维修历史、处理部位、维修方案、面层持续使用时间、基层持续使用时间

(2) 代表性检测路段选择。根据历年维修养护资料、路面损坏情况,按千米分析路面破损、强度、平整度、车辙和抗滑状况,历年养护次数较多的路段结构层损坏

可能较为严重，应辅以人工调查，重点记录路面开裂、松散、沉陷、车辙等病害，并对路面病害和成因进行初步分析。在此基础上，选择优、良、中、差代表性路段作为全路剩余价值分析的基础。

(3) 探地雷达检测。对代表性路段进行探地雷达检测。在每车道两侧轮迹带和轮迹带中部共布置三条测线，连续检测路段厚度变化和结构层内部损伤。通过对雷达输出波形图像的判读，计算出道路结构层厚度，对结构层内部脱空、不密实等损伤进行识别，初步判断路面结构总体完整性。

(4) 落锤式弯沉仪弯沉检测。对代表性路段进行落锤式弯沉仪弯沉检测。在每车道外侧轮迹带和轮迹带中部布置测点，完好路面每 20m 布置一对测点，当裂缝离荷载中心大于 2m 时，该检测区域可视为完好路面；在对路面开裂处检测时，裂缝前、中、后各布置一处测点；在对松散处检测时，落锤式弯沉仪承载板位于松散区域中心。

(5) 落锤式弯沉仪弯沉盆温度、荷载修正。根据检测时的大气温度、路表温度、面层平均温度和沥青厚度，计算沥青层的有效温度，对弯沉盆进行温度修正。根据落锤式弯沉仪实际作用荷载，对弯沉盆进行荷载修正。

(6) 路面各结构层模量分析。通过落锤式弯沉仪弯沉盆实测数据和路面结构层厚数据，反算路面各层材料的弹性模量，对比分析完好路面与破损路面结构层模量的变异性。

(7) 破损层位和破损程度识别。利用弯沉盆指标，对破损路面落锤式弯沉仪实测弯沉数据进行分析，判别开裂结构层位和破损程度。

(8) 路面钻芯取样和试验分析。根据雷达探伤结果和落锤式弯沉仪弯沉盆分析结果，选择路面取芯位置，完好路面每五个落锤式弯沉仪测点选择一个钻芯取样位置，而面层裂缝、基层裂缝、网裂、松散等不同病害类型路面选择两个钻芯取样位置，以提高检测可靠度。对获得的完整沥青面层混合料芯样，进行间接拉伸模量等试验；对获得的完整半刚性基层芯样，进行抗压强度试验和基层抗压弹性模量试验。

(9) 根据上述检测结果，综合分析和确定在役路面结构技术状况，为维修养护分段设计提供技术指导，并根据结构层破损程度和层位制定相应的处治对策。

沥青路面结构检测流程如图 3.19 所示。

3.7 本章小结

沥青路面在使用过程中经受了不同的荷载、环境因素的作用，因此，即使结构、

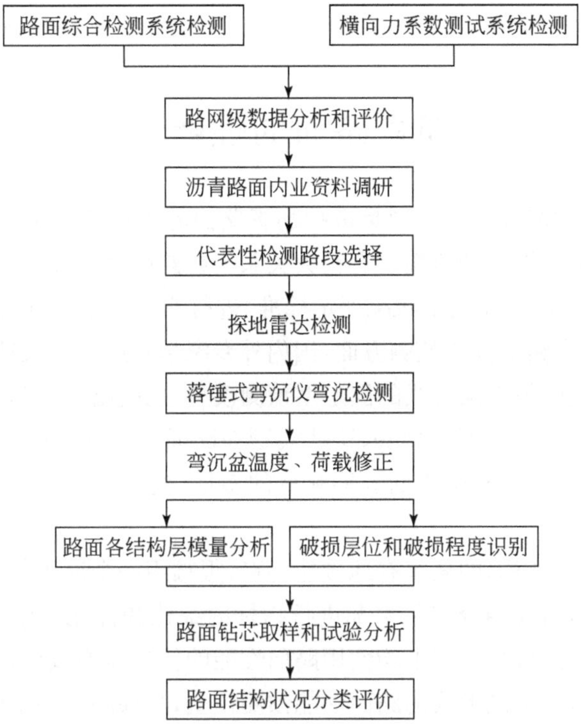

图 3.19　沥青路面结构检测流程

材料、施工工艺相同的沥青路面，使用一定年限后也会出现不同的病害，很难用一个通用的标准来评价不同的在役沥青路面结构。

对于沥青路面表面功能评价，我国已经制定了比较完善的评价方法和评价标准，为公路网级评价和养护规划提供了科学的手段。但是，对于项目级的沥青路面评价，其主要目的是进行沥青路面的养护决策和养护设计，仅有表面功能评价结果，尚不足以为项目级的养护决策和养护设计提供完善和必要的资料。因此，精细化全面检测，对于在役沥青路面技术状况的评价是非常必要的。

本章在国家相关标准的基础上，主要探讨了探地雷达和落锤式弯沉仪在沥青路面结构技术状况检测中的应用问题，介绍了在役沥青路面沥青混合料和半刚性基层材料力学性能评价的试验方法，提出了沥青路面结构技术状况检测的流程，可为从事相关工作的人员提供借鉴。

第 4 章　沥青路面的性能评价与预测

沥青路面的性能评价和预测是进行沥青路面养护决策的依据，决策的科学性和合理性，与路面性能的预测精度有很大关系。在路面性能评价方面，目前主要依据 JTG H20—2007《公路技术状况评定标准》进行路面技术状况的评价，本书前面章节已有介绍。在路面性能预测方面，国内外专家学者进行了长期研究，提出了力学、经验、力学-经验等不同形式的固定型预测模型，也提出了马尔可夫概率型预测模型、神经网络智能型预测模型等，这些模型在路面养护管理中得到了广泛应用。我国的道路研究人员则根据路面性能衰变的特征，提出了沥青路面性能的通用型预测模型。

综合来讲，沥青路面的病害有地域性特点，很难用一个通用的标准对路面性能进行全面的评价，需要结合实际情况进行指标的细化和优化。路面性能预测则更加复杂，目前的预测模型基本上均使用路面性能的历史检测数据，对各种模型参数进行标定，从而得到不同形式的路面性能预测模型，其预测结果不能解释沥青路面在不养护或不同强度养护情况下的路面性能变化规律，在路面养护决策中的应用还存在诸多问题。

本章结合作者开展的北京市路面性能相关研究，就路面性能评价和预测方法进行介绍。

4.1　北京市沥青路面建设历史

北京市半刚性基层沥青路面建设由于起步早、应用范围广、使用时间长等特点，在全国半刚性基层路面建设和研究中极具代表性和典型性。20 世纪 50～60 年代，我国的公路主要是砂石路面，砂石料和黏土是最基本的路用材料。当时，除了在某些城镇道路和干线公路上铺筑少量沥青路面外，一般公路基本没有沥青路面。60 年代，随着大庆油田的开发，道路渣油沥青材料登上了历史舞台，同时石灰土材料也得到了广泛的研究和应用。这一阶段，渣油表处加石灰土基层成为最主要的路面结构形式。1962 年 6 月，北京市公路管理处在交通部有关科研单位的指导下，在门(头沟)潭(柘寺)公路河滩至大峪段进行 1km 渣油表面处治试验，并取得成功。到 1966 年，北京郊区公路共铺筑渣油路面 10 条，总长 163.3km。

20 世纪 70～80 年代，胜利油田和孤岛油田的开发，使胜利炼油厂开始生产符合一定规格要求的沥青。胜利沥青铺到天安门广场四周道路上，并获得了国家优质产品银质奖。与此同时，沥青碎石结构、贯入式路面或上拌下贯式路面得到了发展，基层的石灰土已经考虑掺加碎石，成为公路干线的主要路面材料和结构。在这以前的相当一段时间内，沥青撒布车是主要的施工设备。沥青路面主要以表面处治、贯入式路面及沥青碎石路面为主要形式。80 年代中期，以京津塘高速公路建设为契机，我国进入了高等级公路建设的新时代，开始进口国外高质量沥青，攻关研制出了符合要求的重交通道路沥青。同时，沥青路面的基层材料开始对水稳定性差的黏土作出限制，水泥和石灰、粉煤灰的无机结合料稳定粒料基层开始登上历史舞台。

以前北京西部的石景山等地区建设有多处火力发电厂，可产生大量的粉煤灰工业废物，石灰粉煤灰砂砾基层的开发和应用促进了这些废物的有效再生利用，同时试验和施工表明该基层材料强度高、稳定性好，具有很好的应用前景。20 世纪 80 年代起，北京开始大规模推广使用石灰土、石灰粉煤灰砂砾等半刚性基层，并修建了现代意义上的沥青混凝土路面，1987 年京石高速公路（一、二期）通车，1990 年京津塘高速公路通车。1994 年首都机场高速公路首次使用改性沥青，1997 年八达岭高速公路使用沥青玛蹄脂碎石混合料（stone mastic asphalt，SMA）作为沥青表面层，从此半刚性基层沥青路面成为北京城市道路路面的主体格局，等级以上道路均采用该路面结构形式。

表 4.1 列举了不同建设时期北京市主要高速公路的典型结构和材料。从表中可以看出，北京市道路路面结构比较单一，近三十年来一直采用沥青混凝土面层、石灰粉煤灰稳定砂砾基层和石灰稳定土底基层的典型路面结构，部分高速公路上基层采用水泥稳定碎石材料。20 世纪 80 年代和 90 年代前期，北京市沥青面层采用沥青混凝土、沥青碎石（沥青贯入式、沥青稳定碎石、厂拌沥青碎石）的结构形式，面层相对较薄。90 年代中后期，路面根据不同的结构层次采用了不同的沥青混凝土类型，路面表层采用了耐磨性能和防水性能更好的沥青混合料。2000 年以后，采用了重交通沥青混凝土等新型路面结构，使北京市道路建设工艺和技术更加先进、路面结构更加合理。

表 4.1　不同建设时期北京市主要高速公路的典型结构和材料

路线名称	通车时间	面层	基层	底基层
京港澳一期 京港澳二期	1987 年	2cm 沥青混凝土磨耗层 4cm 粗级配中粒式沥青混凝土 6cm 沥青碎石下面层	35cm 石灰粉煤灰稳定砂砾基层	—

续表

路线名称	通车时间	面层	基层	底基层
京港澳三期	1991 年	3.5cm 中粒式沥青混凝土 4.5cm 粗粒式沥青混凝土 7cm 沥青碎石下面层	20cm 水泥稳定砂砾 20cm 石灰粉煤灰稳定砂砾	20cm 路拌石灰稳定砂砾底基层
京港澳四期	1993 年			
京沪	1990 年	5cm 中粒式沥青混凝土 6cm 粗粒式沥青混凝土 7cm 沥青碎石	20～32cm 水泥稳定砂砾	28～43cm 石灰土
通燕	1990 年	2cm 沥青石屑层 4cm 中粒式沥青混凝土 5cm 沥青碎石层	36cm 石灰粉煤灰稳定碎石	32cm 石灰土
机场	1993 年	4cm 中粒式沥青混凝土(玄武岩碎石) 6cm 粗粒式沥青混凝土(石灰岩碎石) 8cm 沥青碎石(石灰岩碎石)	18cm 水泥稳定砂砾 16cm 石灰粉煤灰稳定砂砾	15cm 石灰土
八达岭一期	1996 年	4cm 密级配中粒式沥青混凝土 7cm 粗粒式沥青混凝土 8cm 厂拌沥青碎石	36cm、40cm 石灰粉煤灰稳定砂砾	20cm 石灰土
八达岭二期	1998 年	4cm 密级配中粒式沥青混凝土 6cm 粗粒式沥青混凝土 8cm 厂拌沥青碎石	40cm 石灰粉煤灰稳定砂砾	—
八达岭三期(进京)	2001 年	4cm 沥青玛蹄脂碎石混合料 6cm 粗粒式沥青混凝土 8cm 粗粒式沥青混凝土	40cm 石灰粉煤灰稳定砂砾	40cm 天然砂砾
八达岭三期(出京)	2001 年	4cm 沥青玛蹄脂碎石混合料 5cm 粗粒式沥青混凝土 7cm 粗粒式沥青混凝土	36cm 石灰粉煤灰稳定砂砾	36cm 天然砂砾
五环一期	2001 年	5cm 沥青玛蹄脂碎石混合料 5cm 密级配中粒式沥青混凝土 7cm 粗粒式沥青混凝土	34cm 石灰粉煤灰稳定砂砾 1 型	20cm 石灰粉煤灰稳定砂砾 2 型
五环二期	2003 年	5cm 沥青混凝土表面层 6cm 密级配粗粒式沥青混凝土 7cm 粗粒式沥青混凝土	36cm 石灰粉煤灰砂砾	18cm 石灰粉煤灰砂砾

续表

路线名称	通车时间	面层	基层	底基层
五环三期	2002 年	5cm 沥青玛蹄脂碎石混合料 6cm 密级配中粒式沥青混凝土 7cm 粗粒式沥青混凝土	54cm 石灰粉煤灰稳定砂砾	—
五环四期	2003 年	5cm 沥青玛蹄脂碎石混合料 6cm 密级配中粒式沥青混凝土 7cm 粗粒式沥青混凝土	54cm 石灰粉煤灰稳定砂砾	—
六环通马段一期	1999 年	4cm 沥青玛蹄脂碎石混合料 5cm 密级配粗粒式沥青混凝土 6cm 粗粒式沥青混凝土	40cm 石灰粉煤灰稳定砂砾	35cm 天然级配砂砾
六环通马段二期	2000 年	4cm 沥青玛蹄脂碎石混合料 5cm 密级配粗粒式沥青混凝土 6cm 粗粒式沥青混凝土	18cm 石灰粉煤灰稳定砂砾 18cm 石灰粉煤灰稳定砂砾	16cm 石灰粉煤灰稳定砂砾
六环通黄段一期	2000 年	4cm 改性沥青玛蹄脂碎石混合料 5cm 密级配粗粒式沥青混凝土 6cm 粗粒式沥青混凝土	36cm 石灰粉煤灰砂砾	10cm 石灰粉煤灰砂砾
六环通黄段二期	2001 年	4cm 改性沥青玛蹄脂碎石混合料 5cm 密级配粗粒式沥青混凝土 6cm 粗粒式沥青混凝土	40cm 石灰粉煤灰砂砾	35cm 天然砂砾
六环通昌段一期	2002 年	4cm 改性沥青玛蹄脂碎石混合料 5cm 密级配粗粒式沥青混凝土 7cm 粗粒式沥青混凝土	38cm 石灰粉煤灰砂砾	16cm 石灰粉煤灰砂砾
六环通昌段二期	2002 年	4cm 改性沥青玛蹄脂碎石混合料 5cm 密级配粗粒式沥青混凝土 7cm 粗粒式沥青混凝土	38cm 石灰粉煤灰砂砾	16cm 石灰粉煤灰砂砾
六环黄良段	2004 年	5cm 改性沥青玛蹄脂碎石混合料 6cm 密级配中粒式沥青混凝土 7cm 密级配粗粒式沥青混凝土	18cm 水泥稳定碎石 18cm 石灰粉煤灰碎石	18cm 石灰粉煤灰碎石
六环西寨段	2006 年	5cm 改性沥青玛蹄脂碎石混合料 6cm 密级配中粒式沥青混凝土 7cm 密级配粗粒式沥青混凝土	18cm 水泥稳定碎石 18cm 石灰粉煤灰砂砾	20cm 石灰粉煤灰砂砾

续表

路线名称	通车时间	面层	基层	底基层
西六环	2009年	5cm改性沥青玛蹄脂碎石混合料 6cm密级配中粒式沥青混凝土 9cm密级配粗粒式沥青碎石	18cm水泥稳定碎石 18cm石灰粉煤灰砂砾	20cm石灰粉煤灰砂砾
京承一期	2002年	5cm沥青玛蹄脂碎石混合料 6cm中粒式沥青混凝土 7cm粗粒式沥青混凝土	18cm水泥稳定碎石 18cm石灰粉煤灰稳定碎石	18cm石灰粉煤灰稳定碎石

4.2 高速公路路面性能分布特征及指标细化

4.2.1 路面性能分布特征

2011年，高速公路管理单位完成的部分高速公路技术状况的监测评定结果见表4.2，相应的各条高速公路技术等级分布情况见表4.3。

表4.2 2011年部分高速公路技术状况监测评定结果

编号	高速公路名称	PQI	PCI	RQI	RDI	SRI
1	通燕高速公路	90.95	94.47	92.86	83.83	81.70
2	京港澳高速公路	92.78	94.92	93.96	88.57	86.85
3	京藏高速公路	91.57	92.11	94.00	86.52	87.52
4	京哈高速公路	93.81	97.67	94.54	87.29	87.16
5	京开高速公路	91.35	94.38	94.48	79.09	86.66
6	京承(一期)高速公路	94.88	98.17	94.88	86.95	95.30
7	五环高速公路	88.38	92.23	93.80	73.54	75.46
8	六环高速公路	93.45	98.14	94.43	80.62	92.40
9	机场北线高速公路	93.58	95.98	94.84	85.99	91.58
10	京新高速公路	94.49	99.68	94.78	79.50	97.63
11	机场南线高速公路	96.00	99.14	95.37	91.26	94.62
12	机场第二高速公路	94.17	99.40	95.15	82.13	90.00
13	京津高速公路	95.61	99.56	94.69	89.46	94.76
14	大广高速公路	96.39	100.00	95.39	90.86	96.04

表 4.3　2011 年部分高速公路技术等级分布情况　　(单位:%)

编号	高速公路名称	等级	PQI	PCI	RQI	RDI	SRI
1	通燕高速公路	优	73.30	100.00	100.00	0.00	0.00
		良	26.70	0.00	0.00	80.00	66.60
		中	0.00	0.00	0.00	20.00	26.70
		次	0.00	0.00	0.00	0.00	6.70
		差	0.00	0.00	0.00	0.00	0.00
2	京港澳高速公路	优	91.30	89.10	97.80	19.60	67.40
		良	8.70	10.90	2.20	78.20	17.40
		中	0.00	0.00	0.00	2.20	0.00
		次	0.00	0.00	0.00	0.00	6.50
		差	0.00	0.00	0.00	0.00	8.70
3	京藏高速公路	优	72.50	69.60	97.10	23.20	52.20
		良	27.50	23.20	2.90	75.40	34.80
		中	0.00	7.20	0.00	1.40	4.30
		次	0.00	0.00	0.00	0.00	1.50
		差	0.00	0.00	0.00	0.00	7.20
4	京哈高速公路	优	100.00	100.00	100.00	32.50	32.50
		良	0.00	0.00	0.00	55.00	55.00
		中	0.00	0.00	0.00	12.50	5.00
		次	0.00	0.00	0.00	0.00	5.00
		差	0.00	0.00	0.00	0.00	2.50
5	京开高速公路	优	72.20	94.40	100.00	0.00	77.80
		良	27.80	5.60	0.00	52.70	0.00
		中	0.00	0.00	0.00	30.60	0.00
		次	0.00	0.00	0.00	16.70	11.10
		差	0.00	0.00	0.00	0.00	11.10
6	京承(一期)高速公路	优	98.80	100.00	98.80	12.90	87.10
		良	1.20	0.00	1.20	87.10	8.20
		中	0.00	0.00	0.00	0.00	0.00
		次	0.00	0.00	0.00	0.00	4.70
		差	0.00	0.00	0.00	0.00	0.00

续表

编号	高速公路名称	等级	PQI	PCI	RQI	RDI	SRI
7	五环高速公路	优	20.20	82.80	100.00	0.00	0.00
		良	79.80	17.20	0.00	0.00	20.20
		中	0.00	0.00	0.00	87.90	64.60
		次	0.00	0.00	0.00	12.10	15.20
		差	0.00	0.00	0.00	0.00	0.00
8	六环高速公路	优	85.70	97.90	100.00	1.10	72.00
		良	14.30	2.10	0.00	72.50	28.00
		中	0.00	0.00	0.00	21.60	0.00
		次	0.00	0.00	0.00	3.20	0.00
		差	0.00	0.00	0.00	1.60	0.00
9	机场北线高速公路	优	100.00	100.00	100.00	8.30	75.00
		良	0.00	0.00	0.00	91.70	25.00
		中	0.00	0.00	0.00	0.00	0.00
		次	0.00	0.00	0.00	0.00	0.00
		差	0.00	0.00	0.00	0.00	0.00
10	京新高速公路	优	100.00	100.00	100.00	0.00	100.00
		良	0.00	0.00	0.00	45.00	0.00
		中	0.00	0.00	0.00	55.00	0.00
		次	0.00	0.00	0.00	0.00	0.00
		差	0.00	0.00	0.00	0.00	0.00
11	机场南线高速公路	优	100.00	100.00	100.00	94.40	94.40
		良	0.00	0.00	0.00	5.60	5.60
		中	0.00	0.00	0.00	0.00	0.00
		次	0.00	0.00	0.00	0.00	0.00
		差	0.00	0.00	0.00	0.00	0.00
12	机场第二高速公路	优	100.00	100.00	100.00	0.00	58.30
		良	0.00	0.00	0.00	83.30	41.70
		中	0.00	0.00	0.00	16.70	0.00
		次	0.00	0.00	0.00	0.00	0.00
		差	0.00	0.00	0.00	0.00	0.00

续表

编号	高速公路名称	等级	PQI	PCI	RQI	RDI	SRI
13	京津高速公路	优	100.00	100.00	100.00	40.00	100.00
		良	0.00	0.00	0.00	60.00	0.00
		中	0.00	0.00	0.00	0.00	0.00
		次	0.00	0.00	0.00	0.00	0.00
		差	0.00	0.00	0.00	0.00	0.00
14	大广高速公路	优	100.00	100.00	100.00	90.00	100.00
		良	0.00	0.00	0.00	10.00	0.00
		中	0.00	0.00	0.00	0.00	0.00
		次	0.00	0.00	0.00	0.00	0.00
		差	0.00	0.00	0.00	0.00	0.00

利用表 4.2 所列数据得到 2011 年各高速公路技术状况，如图 4.1 所示。图 4.1中，横坐标为高速公路编号，该编号越小表示建设的年份越早，使用的年限越长。从图 4.1 可以得到以下结论。

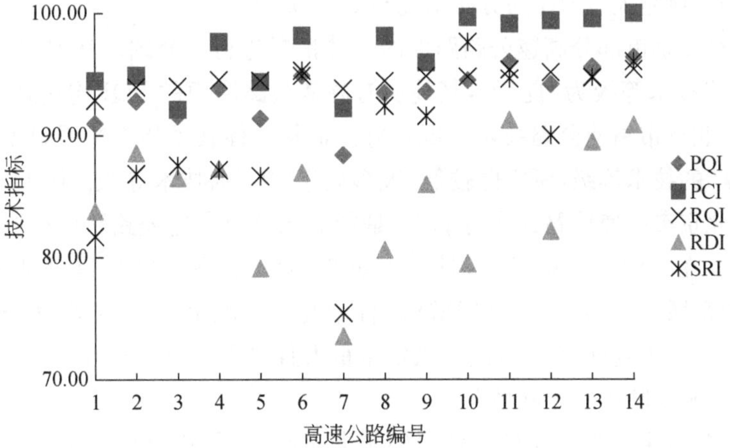

图 4.1　2011 年部分高速公路技术状况

(1) 根据 2011 年检测结果，北京市高速公路路面技术状况良好，除个别高速公路的个别指标外，均达到优良的等级。

(2) 早期修建的高速公路技术状况总体上劣于近期修建的高速公路，即高速公路路面技术状况随使用年限的增加而下降，使用年限是高速公路技术状况的主要影响因素。

(3) 与其他高速公路相比,五环高速公路的技术状况较差,特别是 RDI 和 SRI 两项指标,平均处于“中”的技术等级。

(4) 全部高速公路,特别是早期修建的高速公路,SRI 技术等级均较低,处于“良”和“中”的道路较多。

(5) 其他技术指标,包括 PQI、PCI 和 RQI,除五环高速公路外均处于“优”的技术等级,说明路面破损病害情况和路面平整度情况良好。

(6) 总体来讲,在所有单项技术指标和综合指标中,RDI 的评价最低,大部分处于“良”的等级,部分近几年修建的高速公路 RDI 处于“优”的技术等级,也有高速公路 RDI 处于“中”的技术等级。

另外,从表 4.3 可以得出以下结论。

(1) 所调查的高速公路,其 PQI、PCI 和 RQI 的优良率达到 100%,如京哈高速公路、机场北线高速公路、京新高速公路、机场南线高速公路、机场第二高速公路、京津高速公路、大广高速公路等近几年修建的高速公路技术等级均为“优”。

(2) 对于 RDI,早期修建的高速公路评价等级大部分为“良”和“中”,部分路段为“次”,个别路段为“差”,修建的年份越早,“优”和“良”的比例越低,修建的年份越晚,“优”的比例越大。SRI 的分布情况与 RDI 类似。

上面对北京市部分高速公路路面的总体情况进行了介绍。从 PQI 来看,除五环高速公路技术等级为“良”外,其他所有高速公路路面的 PQI 均达到“优”,从这一点来看,北京市高速公路技术状况良好。但从具体技术指标来看,RDI 较低,平均处于“良”的技术等级,SRI 也较低,大多处于“良”的技术等级。因此,车辙病害已经成为北京市高速公路的头等病害,是影响北京市高速公路路面行驶质量的主要因素。但在我国技术标准中,计算 PQI 时 RDI 和 SRI 的权重分别为 0.15 和 0.10,导致车辙严重病害不能在 PQI 指标中充分反映出来,有的高速公路路面其他病害很少,PCI 接近 100%,但车辙发生量大且严重,RDI 非常低,PQI 评价结果不能完全正确反映道路实际情况。

另外,各高速公路 PCI 指标评价结果非常高,总平均值均处于“优”的技术等级。但是实际调查发现,北京市高速公路,特别是使用时间较长的高速公路,路面经过了多年的使用,且进行了不同程度、不同类型、不同频率的维修,不仅外观很差,修补痕迹过多,而且实际使用性能较差,影响行车质量。出现这种情况,主要是标准中修补病害的权重较低,以致在 PCI 的计算中将修补病害的危害性降低了,使得高速公路路面经过反复修补,虽然测得的 PCI 很高,但实际上路面已经老化,内部破坏严重,不仅寿命急剧下降,而且影响路面行驶质量。

（3）我国每年均对高速公路路面技术状况进行检测和评定，并据此编制中长期养护规划，制订年度养护计划。但由于路面建设时期、养护历史和使用状况不同，使得路面技术状况在全路的分布具有较大的不均匀性，在制订养护计划时如何根据这个特点准确选择和确定养护对象，也是一个值得研究的问题。

综上所述，由于交通、环境等因素，北京市高速公路有其自身的特点，有必要在进行路面评价和养护维修决策时考虑这些特殊性。因此，在进行北京市高速公路路面技术状况评价和养护维修决策时，应在遵循我国相关技术标准规定的基础上，对评价方法和评价指标有针对性地进行补充和细化，使评价和决策更符合实际情况。

4.2.2　路面技术状况评价指标细化

为探讨高速公路路面性能评价指标在路面养护决策中的适用性问题，本节针对北京市高速公路自身的特点，结合道路路面大修养护工程实例，选取典型道路路面进行了进一步的研究。

共选取 89 条要进行大修养护的高速公路（路段），对大修前沥青路面的病害特征、路面性能指标等进行详细调查，并分析路面存在的主要问题。下面以北京市五环路大修为例，对路面调查和评价过程进行介绍。

北京市五环路全长 98.775km，设计行车速度为 100km/h，双向 6 车道加连续停车带，于 2000 年 11 月开工，2003 年 10 月底完工。工程分四期实施：一期工程全长 14.275km，始建于 2000 年 11 月，于 2001 年 9 月建成通车；二期工程全长 23.00km，始建于 2001 年 11 月，于 2003 年 10 月底建成通车；三期工程全长 23.00km，始建于 2001 年 11 月，于 2002 年 11 月建成通车；四期工程全长 38.50km，始建于 2003 年 2 月，于 2003 年 10 月底建成通车。该路路面设计使用寿命为 15 年。

截至 2012 年，北京市五环路已经经过了 10 年左右的使用，逐渐进入大修期，局部路面破损和车辙病害严重，路面行车质量下降。图 4.2 为北京市五环路沥青路面典型病害。

2011 年对北京市五环路路面技术状况进行了全面的检测和调查。表 4.4 和图 4.3 为路面各技术指标评定结果，北京市五环路上行方向和下行方向的病害分布分别如图 4.4 和图 4.5 所示。为了避免车辙病害的重复统计，在图 4.4 和图 4.5 中的破损类型病害中没有统计车辙病害，下面各条高速公路的饼状破损类型病害统计图中也是如此。

图 4.2　北京市五环路沥青路面典型病害

表 4.4　北京市五环路路面技术状况指数分布

评定指数	上行方向		下行方向		上、下行方向平均值	等级
	中间车道	等级	中间车道	等级		
PQI	88.38	良	88.26	良	88.32	良
PCI	92.23	优	90.50	优	91.36	优
RQI	93.80	优	93.61	优	93.70	优
RDI	73.54	中	74.56	中	74.05	中
SRI	75.46	中	79.61	中	77.54	中

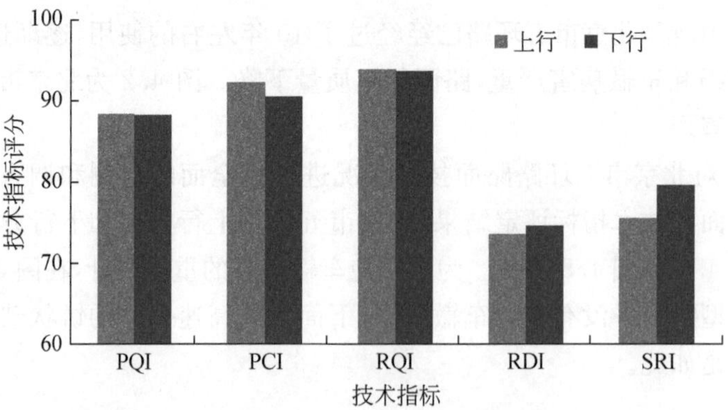

图 4.3　北京市五环路路面技术状况指数分布图

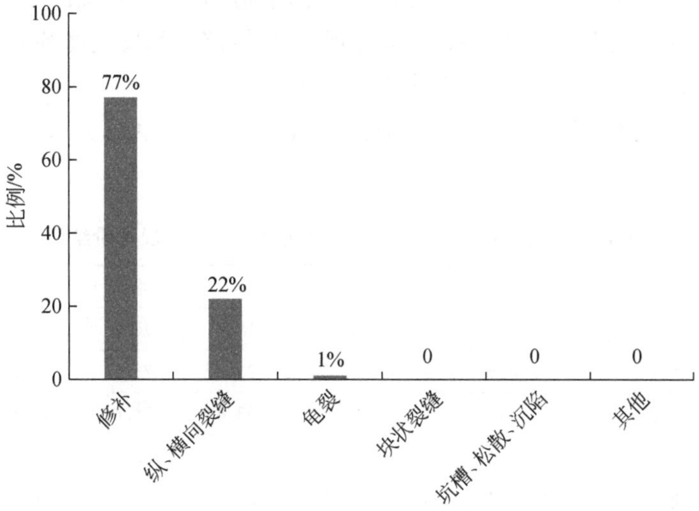

图 4.4　北京市五环路上行方向路面破损类型病害分布图(车辙除外)

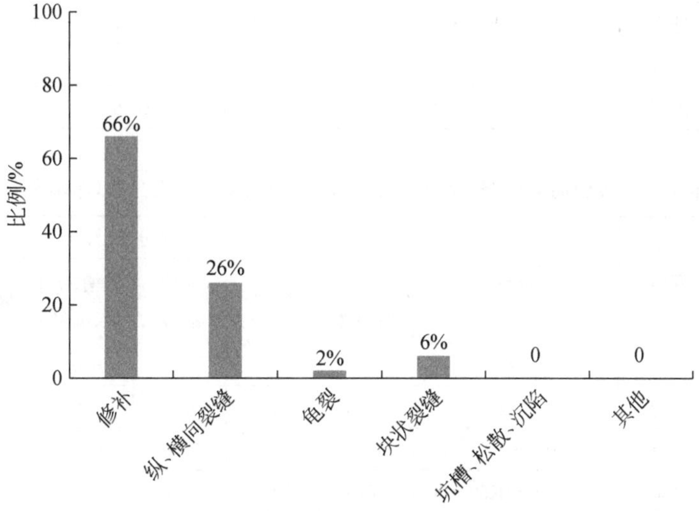

图 4.5　北京市五环路下行方向路面破损类型病害分布图(车辙除外)

由图 4.3 和表 4.4 可以看出，根据我国现行标准检测和评价方法，五环路的 PCI 和 RQI 为“优”或接近“优”，PQI 为“良”，但 RDI 和 SRI 均较低，特别是 RDI 较低，部分路段车辙深度接近 20mm，RDI 为“次”。因此，车辙病害的维修应该成为该路大修养护的重点病害。

从图 4.4 和图 4.5 可以看出，北京市五环路路面病害中，修补病害占绝大部分，上、下行分别占 77%和 66%。修补病害是路面经过维修后又出现的病害，既造成路面使用性能的下降，又影响路面的外观。另外，路面的反复修补并不能解决原有路面沥青老化问题，路面结构性能急剧下降。

这里汇总 9 条大修养护高速公路(路段)路面性能和病害分布，结果见表 4.5 和表 4.6。

表 4.5　典型高速公路(路段)路面大修前技术状况评价结果

路名	方向	桩号	技术指标				
			PCI	RQI	RDI	SRI	PQI
五环路	上行	全线	92.2	93.8	73.5	75.5	88.4
五环路	下行	全线	90.5	93.6	74.6	79.6	88.3
六环路	上行	K37+000～K64+000	86.2	90.6	55.8	85.9	83.4
京港澳	进京	K40+000～K30+000	86.9	90.5	83.2	90.9	88.2
京沈	进京	K0+000～K40+000	91.6	94.4	87.6	92.4	92.2
通燕	进京	K24+000～K19+000	97.0	93.0	86.0	75.0	91.6
京新	进京	K32+00～K33+000	100.0	91.2	81.7	97.9	93.5
京藏	进京	K0+000～K15+000	85.9	92.4	83.8	78.0	87.4
京港澳	出京	K20+000～K35+000	97.3	93.3	87.6	94.1	93.9

表 4.6　典型高速公路(路段)路面大修前破损类型病害分布(车辙除外)

路名	方向	桩号	病害分布/%					
			纵横向裂缝	龟裂	块状裂缝	坑槽、松散、沉陷	修补	其他
五环路	上行	全线	22.0	1.0	0.0	0.0	77.0	0.0
五环路	下行	全线	26.0	2.0	6.0	0.0	66.0	0.0
六环路	上行	K37+000～K64+000	44.4	0.0	33.3	0.0	16.7	5.6
京港澳	进京	K40+000～K30+000	50.5	10.8	0.7	0.0	38.0	0.0
京沈	进京	K0+000～K40+000	64.0	5.0	1.0	2.0	28.0	0.0
通燕	进京	K24+000～K19+000	13.0	0.0	0.0	0.0	87.0	0.0
京新	进京	K32+00～K33+000	100.0	0.0	0.0	0.0	0.0	0.0
京藏	进京	K0+000～K15+000	28.0	16.0	2.0	0.0	54.0	0.0
京港澳	出京	K20+000～K35+000	36.0	14.0	2.0	0.0	48.0	0.0

高速公路养护时机和标准问题涉及路面技术状况、养护资金、路面使用情况等多方面因素，很难做出强制性规定。如果路面技术状况较好，在养护资金充足的情

况下可以通过养护进一步提高路面技术状况等级，使路面行车质量更好，道路使用者的社会成本更低。同样，即使路面状况技术水平较差，但如果缺乏养护资金，也无法进行路面的养护维修，只能通过日常养护维持使用，很难安排中修、大修。

目前，在我国现有规范体系中，JTG H10—2009《公路养护技术规范》对公路路面养护维修工作给出了建议。综合来讲，对于高速公路，当强度不足时应进行大修；当 PCI 处于“优”、“良”等级时进行日常养护、局部小修；当 PCI 处于“中及以下”等级时进行罩面维修；当 SRI 处于“中及以下”等级时应进行加铺罩面维修；当 RQI 处于“优”、“良”等级时应进行日常养护、局部小修；当 RQI 处于“中及以下”等级时应进行罩面维修。

按上述原则，本书选择的 9 条高速公路（路段）的养护维修建议见表 4.7。从表 4.7 可以看出，这 9 条高速公路按规范规定的方法进行调查和评价，路面状况均较好，PCI 均为“优”或“良”，RQI 均为“优”，PQI 均为“优”或“良”，只有 RDI 和 SRI 分布在优、良、中三个等级范围内，因此，大部分路面只需进行日常养护，部分路面可采取罩面处理措施，无须进行中修或大修养护措施。

表 4.7　基于 2011 年检测评定结果和当前养护决策方法的路面维修建议

路名	方向	桩号	依据规范的养护维修建议
五环路	上行	全线	PQI 为良，PCI 和 RQI 为优，抗滑能力低，车辙严重，采取罩面处理
五环路	下行	全线	PQI 为良，PCI 和 RQI 为优，抗滑能力低，车辙严重，采取罩面处理
六环路	上行	K37+000～K64+000	PQI、PCI 和 SRI 为良，RQI 为优，RDI 较差，日常养护为主
京港澳	进京	K40+000～K30+000	各技术指标优良，日常养护为主
京沈	进京	K0+000～K40+000	各技术指标优良，日常养护为主
通燕	进京	K24+000～K19+000	PQI、PCI 和 RQI 为优，RDI 为良，抗滑能力较低，采取罩面处理
京新	进京	K32+00～K33+000	各技术指标为优良，日常养护为主
京藏	进京	K0+000～K15+000	PQI 为良，RQI 为优，RDI 和 PCI 为良，抗滑能力低，采取罩面处理
京港澳	出京	K20+000～K35+000	各技术指标优良，日常养护为主

而实际上，通过现场调查发现，北京市五环路路面破损较严重，特别是车辙病害严重，抗滑性能下降，对行车舒适性和安全性有一定影响。因此，2012 年对北京市五环路进行了大修养护规划的编制工作，并于 2015 年上半年完成大修工作。上面所述六环路路段、通燕高速路段、京藏高速路段、京港澳高速进京路段等，路面破损及

车辙病害严重，已经严重影响路面行车质量，均在 2011～2012 年完成了中修或大修工作。京新高速公路使用时间短，路面状况总体良好，但 K32＋000～K32＋500 局部路段由于使用问题出现大量坑槽病害，也在 2012 年进行了维修。其他高速路段情况良好，主要进行了日常养护。可以看出，路面技术状况评价结果与实际路面状况存在一定差异，根据路面技术状况评价结果进行养护决策存在较大的误差。

产生上述问题主要是因为北京市高速公路路面具有其自身特点，完全按现有规范的技术指标进行评价不能完全反映实际情况。为此，在面向养护决策的路面技术状况评价中，对北京市高速公路路面技术状况评定提出以下细化指标。

(1) RDI。

大量调查发现，由于施工工艺、施工质量等方面的影响，一般新建路面的车辙量并不为 0，而是有一个初始值，为 1～3mm。规范中把轮迹处深度大于 10mm 的辙槽称为车辙，按此定义和规范给出的公式进行计算，RDI“初始状态”为 80，而不是 100。因此，一般高速公路 RDI 均处于“中及以下”等级，按规范评价的 RDI 偏低。

在计算 RDI 时，可以以实测车辙减去车辙初始值 3mm（新建路面的横向不平整度平均值，或可以通过实际调查确定该值）作为计算 RDI 的车辙深度。

为提高车辙病害的影响程度，建议当路面车辙破损面积达到总破损面积的 50%或 RDI 低于 80 时，调整 PQI 计算中 RDI 的权重至 0.30。当 RDI 大于 80 时，仍按规范给定的权重计算。

(2) PCI。

在路面破损率计算中，如果修补病害比例在 40%以上，则将 JTG H20—2007《公路技术状况评定标准》中规定的权重修改为 0.6，与其他类病害的轻度病害的权重相同。当 PCI 小于 90 时，适当提高计算 PQI 时 PCI 的权重。

对于修补病害和网裂龟裂严重的路面，应配合采用钻芯调查的方法，对路面老化程度和破损情况进行定量分析。

(3) RQI。

调查发现，北京市高速公路 RQI 基本全为“优”，不仅不符合实际道路路况，也失去了该指标的指导意义。

建议当 RQI 大于 90 时，降低其在 PQI 计算中的权重，取值 0.15～0.35。当 RQI 小于 90 时，其权重保持不变。

(4) SRI。

调查发现，北京市高速公路 SRI 评价较差，但其在 PQI 计算中的权重仅为 0.1，不能反映该指标的影响。

建议当 SRI 小于 80 时，增加该指标权重至 0.2，当 SRI 大于 80 时，仍按规范给定的权重计算。

(5) PQI。

PQI 是一个综合反映路面技术状况的指标，该指标应该能够准确反映路面出现的各种问题，而不能是一个永远良好的指标，应能够具体指导高速公路路面的养护维修决策工作。

建议结合上述四项技术指标的调整，对综合指数计算中各指标的权重进行适当调整。

汇总上述细化指标，结果见表 4.8，在 PQI 计算中各分项技术指标的权重见表 4.9。

表 4.8　路面技术状况评价指标细化表

指标	建议调整方案
PCI	在路面破损率计算中，如果修补病害比例在 40%以上，则修补病害的权重修改为 0.6
	当 PCI<90 时，适当提高计算 PQI 时 PCI 的相对权重
RQI	当 RQI≥90 时，在 PQI 计算中的权重取值为 0.15～0.35； 当 RQI<90 时，RQI 的权重保持基本不变
RDI	在计算 RDI 时，以实测车辙减去 3mm 作为计算 RDI 的车辙深度
	当路面车辙破损面积达到总破损面积的 50%或 RDI 低于 80 时，调整 PQI 计算中 RDI 的权重至 0.30； 当 RDI>80 时，仍按规范给定的权重计算
SRI	当 SRI<80 时，增加该指标权重至 0.20； 当 SRI≥80 时，仍按规范给定的权重计算

表 4.9　各分项技术指标的权重

适用条件				计算 PQI 的权重				
RQI	PCI	RDI	SRI	PCI	RQI	RDI	SRI	合计
<90	≥90	≥80	≥80	0.35	0.40	0.15	0.10	1.00
			<80	0.30	0.35	0.15	0.20	1.00
		<80	≥80	0.25	0.35	0.30	0.10	1.00
			<80	0.25	0.25	0.30	0.20	1.00
	<90	≥80	≥80	0.40	0.35	0.15	0.10	1.00
			<80	0.40	0.25	0.15	0.20	1.00
		<80	≥80	0.35	0.25	0.30	0.10	1.00
			<80	0.25	0.25	0.30	0.20	1.00

续表

适用条件				计算 PQI 的权重				
RQI	PCI	RDI	SRI	PCI	RQI	RDI	SRI	合计
≥90	≥90	≥80	≥80	0.40	0.35	0.15	0.10	1.00
			<80	0.40	0.25	0.15	0.20	1.00
		<80	≥80	0.35	0.25	0.30	0.10	1.00
			<80	0.30	0.20	0.30	0.20	1.00
	<90	≥80	≥80	0.45	0.30	0.15	0.10	1.00
			<80	0.45	0.20	0.15	0.20	1.00
		<80	≥80	0.40	0.20	0.30	0.10	1.00
			<80	0.35	0.15	0.30	0.20	1.00

根据上述评价指标细化方法，对表 4.5 所列高速公路或高速公路路段进行重新评价，结果见表 4.10。从表 4.10 可以看出，五环路路面技术状况评价结果为“中”等级，与路面实际状况相符，需要安排路面大修养护。六环路路段、通燕高速路段、京藏高速路段、京港澳高速进京路段等，路面技术状况评价结果为“中”或“良”，与表 4.5 的结果相比更加符合路面实际情况，其他路段评价结果与表 4.5 一致。

表 4.10　应用细化指标的高速公路路面技术状况评价结果

路名	方向	桩号	技术指标				
			PCI	RQI	RDI	SRI	PQI
五环路	上行	全线	72.1	93.8	73.5	75.5	76.5
五环路	下行	全线	71.2	93.6	74.6	79.6	77.2
六环路	上行	K37+000～K64+000	77.1	90.6	55.8	85.9	74.3
京港澳	进京	K40+000～K30+000	86.9	90.5	83.2	90.9	87.8
京沈	进京	K0+000～K40+000	91.6	94.4	87.6	92.4	92.1
通燕	进京	K24+000～K19+000	86.1	93.0	86.0	75.0	85.2
京新	进京	K32+00～K33+000	100.0	91.2	81.7	97.9	94.0
京藏	进京	K0+000～K15+000	65.6	92.4	83.8	78.0	76.2
京港澳	出京	K20+000～K35+000	92.1	93.3	87.6	94.1	92.0

根据新的细化指标评价结果，9 条高速公路（路段）的养护维修决策建议汇总见表 4.11。

表 4.11　基于 2011 年检测评定结果和应用细化指标的养护维修决策建议

路名	方向	桩号	调整后的养护维修建议
五环路	上行	全线	PQI 为中，PCI 为中，RQI 为优，抗滑能力低，车辙严重，需安排大修养护
五环路	下行	全线	PQI 为中，PCI 为中，RQI 为优，抗滑能力低，车辙严重，需安排大修养护
六环路	上行	K37＋000～K64＋000	PQI、PCI 为中，SRI 为良，RQI 为优，RDI 较差，需安排大修或中修养护
京港澳	进京	K40＋000～K30＋000	各技术指标优良，日常养护为主
京沈	进京	K0＋000～K40＋000	各技术指标优良，日常养护为主
通燕	进京	K24＋000～K19＋000	PQI、PCI 为良，RQI 为优，RDI 为良，抗滑能力较低，采取罩面处理或对局部破损进行小修
京新	进京	K32＋00～K33＋000	各技术指标为优良，日常养护为主
京藏	进京	K0＋000～K15＋000	PQI 为中，PCI 为次，RQI 为优，RDI 为良，抗滑能力低，应采取中修罩面处理
京港澳	出京	K20＋000～K35＋000	各技术指标优良，日常养护为主

将表 4.11 与表 4.7 对比可知，在应用细化后的高速公路路面技术状况评价指标后，五环路、六环路、通燕高速公路和京藏高速公路的 PCI 和 PQI 指标均变化较大，且通过实际路面检测分析可知，应用细化后的指标来评价路面技术状况更加符合路面实际情况。而在相关维修养护部门的实际养护决策中，也于 2011～2012 年对六环路路段、通燕高速路段、京藏高速路段、京港澳高速进京路段等进行了不同程度的中修或大修。实践证明，应用细化后的高速公路路面技术状况评价指标更有利于根据路面的实际情况做出适当的养护维修决策。

4.3　普通公路沥青路面病害特征

为了解北京市普通公路沥青路面病害的发生机理和分布特征，在路面大修前进行了病害分布特征的调查。调查的典型路段包括京沈路、顺沙路等 7 条一级公路和二级公路，以及怀长路、琉辛路等 5 条其他等级公路。

4.3.1 调查路段概况

1. 一、二级公路

1) 京沈路

京沈路(G101)是北京通往承德、沈阳的干线公路，是北京通往东北方向的国家级重要干线公路，起点位于东直门，途径顺义、怀柔、密云、滦平、承德、阜新，终点为辽宁沈阳。北京段全长 123km。京沈路于 1989 年竣工，1995 年加铺沥青面层。

路面结构总厚度为 46cm，路面结构为 1.5cm 沥青石屑＋2.5cm 中粒式沥青碎石＋4cm 中粒式沥青混凝土＋18cm 石灰稳定砂砾＋20cm 天然砂砾。

2) 京昆线

京昆线是北京通往昆明的国道主干线，位于北京市西南方向，经石景山区、门头沟区、房山区。2012 年大修工程设计起点位于门头沟区京昆线 K32＋200 处，终点在 K40＋300 与房山分界处相接。

京昆线 K32＋200～K34＋963 和 K36＋820～K40＋180 段路面结构：面层 2.5cm 的沥青表面处治，下面路床是 6～30cm 厚度不等的泥结碎石＋河床卵石砾料。

3) 110 国道

110 国道 K82＋000～K98＋581 路段，全长 16.58km。进京方向由于重载车较多，表面层采用特立尼达湖沥青混凝土，出京方向为普通沥青混凝土。K93＋520～K98＋520 路段于 2001 年大修，路面结构为旧路加铺 5cm 沥青混凝土面层＋3cm 沥青混凝土面层；K87＋500～K93＋500 路段于 2002 年大修，路面结构为旧路加铺 4cm 沥青混凝土面层＋4cm 沥青混凝土面层；K82＋500～K87＋500 路段于 2004 年大修，路面结构为旧路加铺 4cm AC-16＋4cm AC-13 沥青混合料。

4) 顺沙路顺义段

顺沙路位于顺义区西部，起点为顺义卧龙环岛，终点为昌平区沙河镇，是连接顺义、昌平两区的市级干道。2010 年大修工程起终点桩号为 K3＋890～K14＋645.7，全长 10.76km。该大修路段于 1999 年进行过一次改建加宽，现况道路路基分单幅路和三幅路两种，单幅路路基宽 14m，三幅路路基宽 32.1m、32.6m 不等。

加宽部分的路面结构为(4＋6)cm 沥青混凝土＋30cm 二灰稳定砂砾＋15cm 石灰土，旧路加铺部分的路面结构为(4＋6)cm 沥青混凝土＋15cm 二灰稳定砂砾，非机动车道结构为 5cm 沥青混凝土＋15cm 二灰稳定砂砾＋15cm 石灰土。

5）顺沙路昌平段

顺沙路根据其功能及定位可分为两部分。八达岭高速公路以西段主要承担沿线村镇之间的联系作用，此外还是阳坊与沙河的联络通道之一。八达岭高速公路以东段主要承担辅助六环路的功能，同时穿越昌平新城，还承担着沿线各地点之间的联系功能。调查发现在 K27＋700～K35＋100 路段的沥青路面病害主要表现为龟裂、补丁、车辙、泛油等；在 K35＋100～K36＋000 路段的沥青路面病害主要表现为车辙和局部裂缝。沥青路面的裂缝大部分已经贯通整个沥青层，路面的裂缝是反射裂缝和疲劳裂缝，温度裂缝相对较少；K38＋800～K40＋000 路段的沥青路面病害主要表现为大面积的裂缝和车辙。

顺沙路路面结构如下。K23＋800～K35＋100 路段：3cm AC-13＋5cm AC-25＋30cm 石灰粉煤灰稳定砂砾＋15cm 石灰土（含灰量 12%）；K35＋100～K40＋000 路段：2.5cm 拌和式表处＋4cm 碎石整平＋15cm 石灰稳定砂砾＋15cm 石灰土（含灰量 12%）。

6）松曹路

松曹路（K0＋000～K25＋000 路段），于 2002 年进行了中修罩面，并对严重病害进行挖补处理。随着京承高速的全线通车，松曹路行驶车辆可在京承高速太师屯站及司马台站驶入京承高速。但旅游产业的发展，对道路安全性、行车舒适性提出了较高要求。

现况挖方路段路面结构为 9cm 沥青混凝土＋18cm 碎石土＋现状土路床。局部路段结构为 6～8cm 沥青混凝土＋10～18cm 天然砂砾。病害处理路段的路面结构为 4cm 沥青混凝土＋18cm 二灰碎石＋30cm 天然砂砾。

7）京银路

京银路于 2011 年进行大修，起点为 K76＋500，终点为 K82＋000，长 5.5km。进京方向机动车道的路面结构为 4cm 多巴哥湖沥青混凝土表面层 AC-13＋4cm 多巴哥湖沥青混凝土底面层 AC-16＋旧路；出京方向机动车道的路面结构为 4cm 沥青混凝土表面层 AC-13＋4cm 沥青混凝土底面层 AC-16＋旧路。

2. 其他公路

1）怀长路

怀长路是连接昌平明十三陵和怀柔区各自然风景旅游区的通道，其中昌平区 17.1km；怀柔区 25.2km。现状为山区三级公路，标准路段路基宽 7.5m，路面宽 6m，路肩宽各 0.75m。旧路的路面结构为沥青表处面层 2.5～3cm＋沥青贯入式 10cm＋土基。

2）琉辛路

琉辛路建成于1971年，是北京市连接怀柔与密云的干线公路。琉辛路全长76.6km，怀柔区段长8.023km，为山岭重丘区三级公路，路基宽7.5m，路面宽6.0m。K0＋000～K0＋600路段在2005年地方修建旅游标志建筑时进行中修罩面，病害类型主要是不规则裂缝、松散和沉陷，其次是龟裂和泛油，再次是坑槽和车辙。

旧路结构为2.5～3cm沥青碎石＋10cm大渣＋土基；2005年中修路面结构为3cm细粒式沥青混凝土AC-13＋18cm石灰粉煤灰稳定碎石＋旧路。

3）怀昌路

怀昌路全长44km，于1969年建成，是怀柔、顺义通往昌平的主要干线公路之一，为平原三级公路。路面结构为1.5～2.5cm沥青贯入式＋30cm 12%石灰土。1993年进行一次大修，路面结构为2.5cm沥青碎石＋15cm天然砂砾＋15cm石灰土。2004年进行一次大修，路面结构为4cm细粒式沥青混凝土＋18cm石灰粉煤灰稳定碎石＋旧路豁松掺灰（8%石灰）。

4）京加路

京加路（河防口—汤河口）修建于1976年，全长约45.4km，为山区三级公路。路面结构是2cm沥青石屑＋2.5cm渣油拌和碎石表面处理面层＋18cm石灰稳定砂砾＋15cm石灰土。2003年，K64＋170～K74＋170路段罩面结构为2cm AC-13＋4cm AC-20＋旧路；K74＋170～K84＋170路段罩面结构为3cm AC-13＋4cm AC-20＋旧路。2005年，K84＋170～K107＋829.5路段罩面结构为4cm AC-13沥青混合料。

5）110国道辅线

110国道辅线是旧京张公路（北京—张家口）的一部分，是北京通向张北地区的一条交通要道。110国道辅线修建时的路面结构为2cm沥青表处＋12cm级配砂砾；1989年，第一次大修后路面结构为1.5cm沥青石屑＋2.5cm中粒式沥青碎石＋15cm石灰稳定砂砾，总厚度为33cm；2003年，该路K47＋850～K50＋250路段进行了大修，加铺5cm沥青层；2005年，该路K41＋950～K53＋263路段进行了大修，路面结构为4cm AC-13细粒式沥青混凝土上面层＋5cm AC-16中粒式沥青混凝土下面层。

4.3.2 路面大修前病害类型分析

4.3.1节所述的12条路（路段）在2011～2012年进行了大修养护，大修养护前开展了路面病害调查，调查结果如图4.6～图4.16所示。

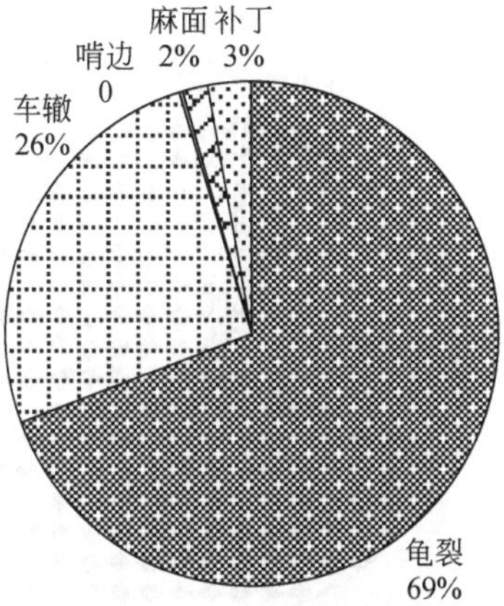

图 4.6　京沈路病害分布

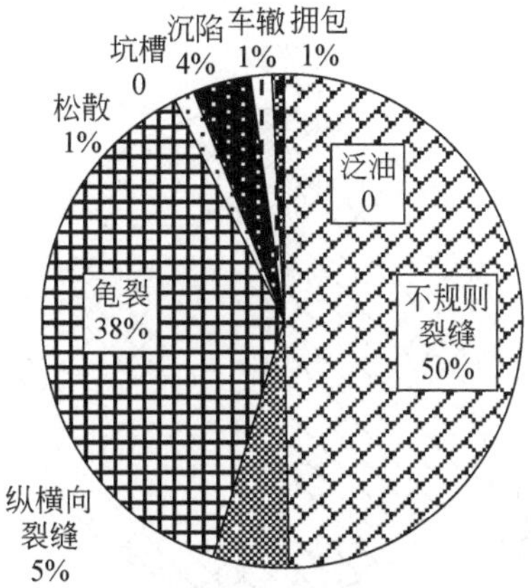

图 4.7　京昆线病害分布

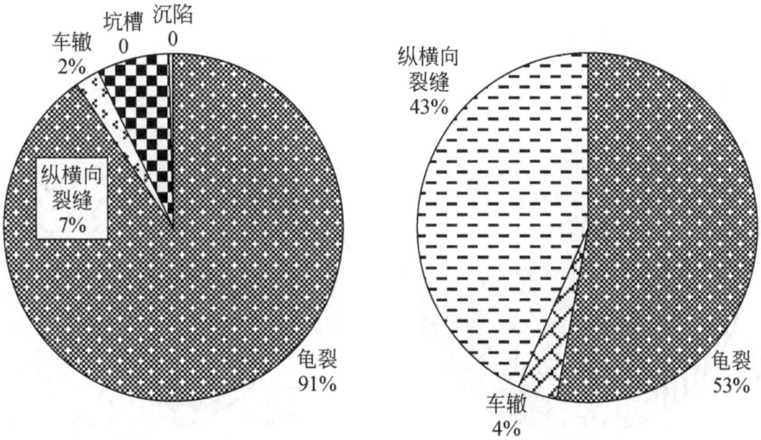

(a) 110国道进京侧病害分布　　(b) 110国道出京侧病害分布

图 4.8　110 国道辅线病害分布

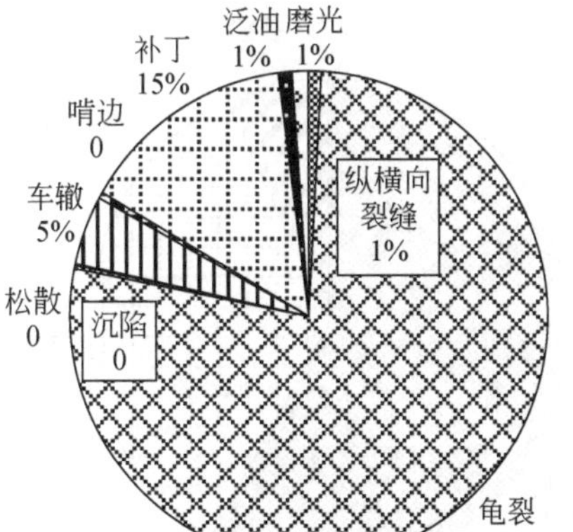

图 4.9　顺沙路病害分布

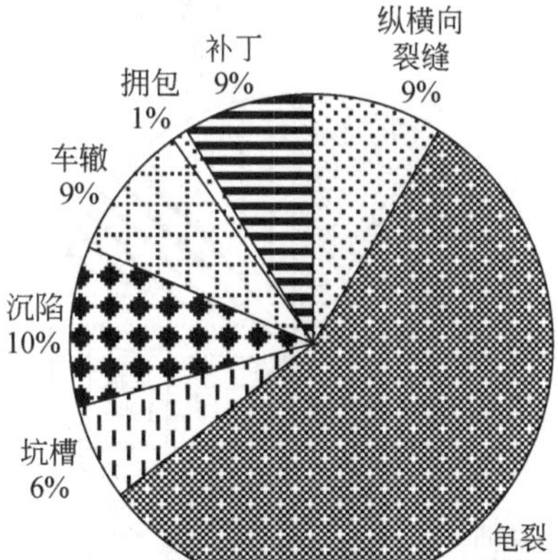

图 4.10　松曹路病害分布

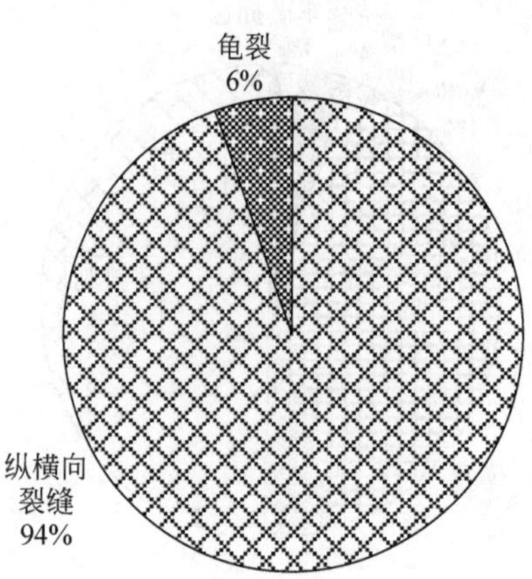

图 4.11　京银路病害分布

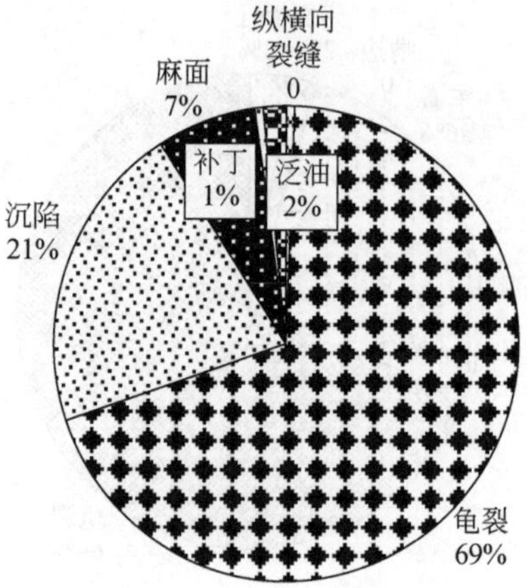

图 4.12　怀长路病害分布

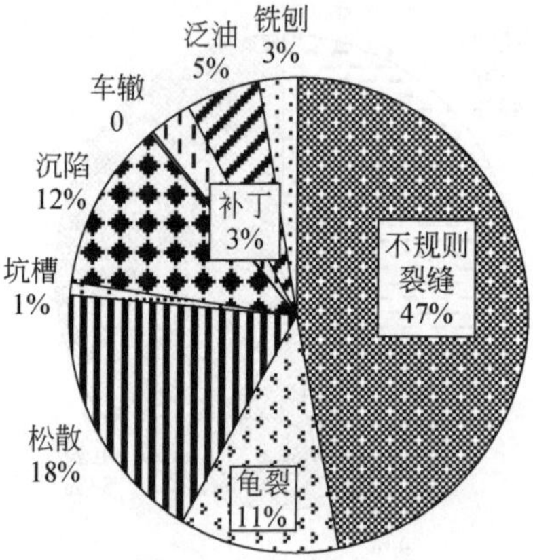

图 4.13　琉辛路病害分布

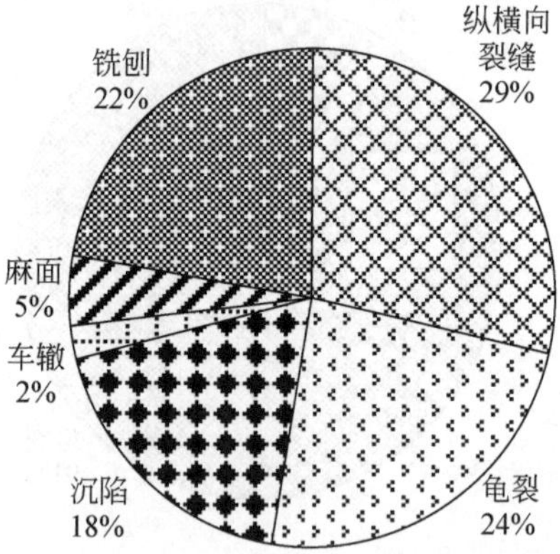

图 4.14　怀昌路病害分布

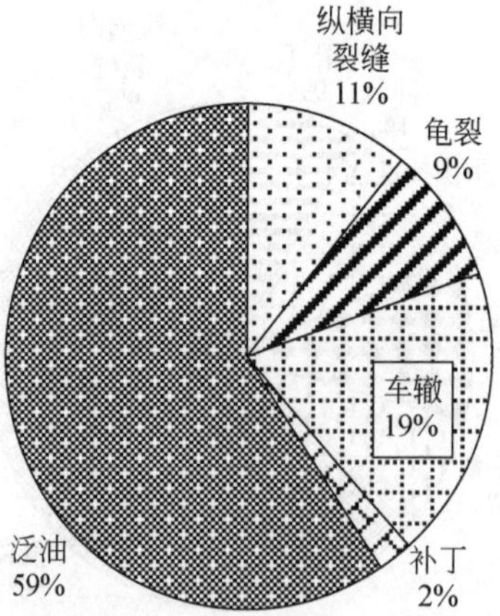

图 4.15　京加路病害分布

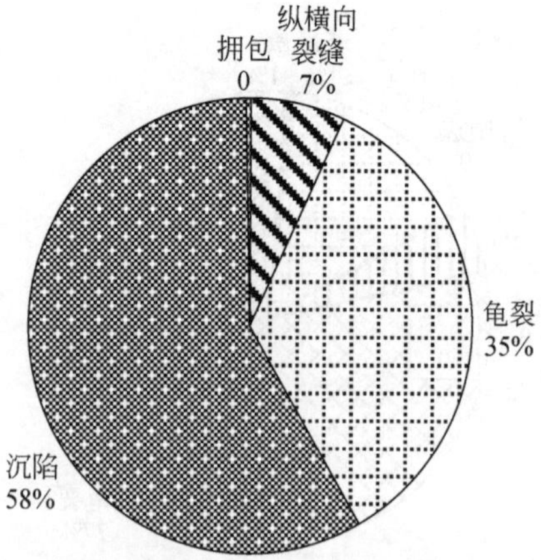

图 4.16　110 国道辅线病害分布

由上述调查结果可以看出，不同公路路面的病害虽然呈现不同的分布特征，但龟裂是占比较大的病害，车辙、纵横向裂缝、沉陷等也占有较大的比例。

对上述调查病害数据进行汇总分析，北京市普通公路病害类型总体分布如图 4.17 所示。北京市高速公路沥青路面病害类型总体分布如图 4.18 所示。

图 4.17 表明，普通公路的主要病害为龟裂，其次为纵横向裂缝、沉陷等。目前，普通公路的养护和大修经费偏低，很多路面在达到使用寿命后仍在继续使用，由长期使用造成的龟裂成为路面主要病害。同时长期使用导致的疲劳开裂等病害也有较大发生率。图 4.18 表明，高速公路沥青路面的修补病害占绝大部分，其次为裂缝类病害。这主要是因为路面出现一定的病害后，养护部门进行了修补，但普通的日常养护并不能彻底改善路面的表面状况，修补和修补引起的次生病害成为高速公路的主要病害。

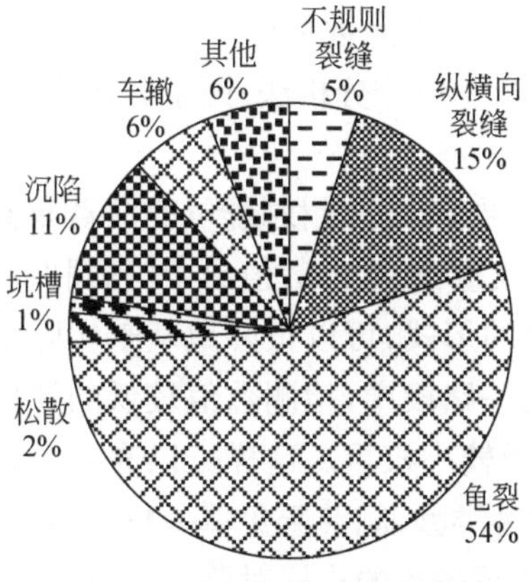

图 4.17　北京市普通公路病害类型总体分布

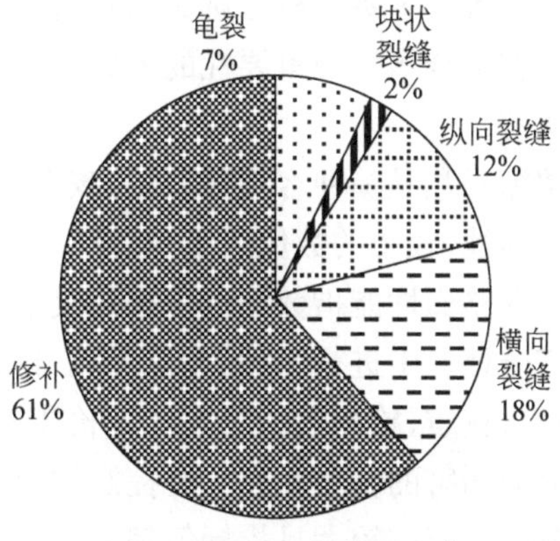

图 4.18　北京市高速公路病害类型总体分布

4.4　基于动态权重的路面使用性能指数评价方法

4.3 节的介绍表明，北京市高速公路沥青路面的病害以路面损坏和车辙病害为主。在实际养护维修工作中，路面使用性能指数（PQI）评价结果较好，但并不能作为路面养护维修的主要参考指标，而路面损坏和车辙是北京市高速公路沥青路面养护维修决策的控制性指标。根据 JTG H20—2007《公路技术状况评定标准》，沥青路面性能评价指标分为路面状况指数（PCI）、路面行驶质量指数（也称为平整度指数）（RQI）、路面车辙深度指数（RDI）、路面抗滑性能指数（SRI）

和路面结构强度指数(PSSI),对这四项按固定权重求和,得到路面使用性能指数(PQI)。在路面使用性能状况主要影响因素发生变化的情况下,采用固定权重人为区分不同指标的重要性,不能反映不同地区道路建设和养护的实际情况。尤其在交通量大、舒适性和路况服务性能要求高的客观情况下,每个指标均有可能成为影响路面性能状况的主要因素。因此,探讨更科学的权重赋值方法具有重要意义。

4.4.1 客观赋权法

多指标的综合评价中,权重的地位举足轻重,权重的合理计算直接影响综合评价结果的准确性,确定各指标权重的方法主要有主观赋权法和客观赋权法两大类。主观赋权法是主观上根据路面评价的实践经验和专家指导对各分项指标的重要程度进行确认,确定权重值,如层次分析法(analytic hierarchy process,AHP)法、Delphi 法等。客观赋权法则是根据各分项指标的实际数据确定,但不能反映各分项指标在综合指标中重要性的差异,如熵值法、主成分分析法、因子分析法、复相关系数法等。

奖惩函数是一种客观赋权法,该方法基于数值大小赋权,能够充分尊重数据的客观实际性,较小的数值给予"奖励"、赋予大权重,较大的数值给予"惩罚"、赋予小权重。在路面性能指数评价中采用奖惩函数的形式,可以很好地基于实际检测数值在综合评价中进行"奖励和惩罚"。即在同一路段中,检测数值较低的评价指标赋予较大权重,检测数值较高的评价指标赋予较小权重。这样可以充分反映不同道路路面病害的特点和起主要控制作用的病害类型,能够避免单一权重情况下,由于部分指标权重较大且指标值偏大,而忽视权重较小的指标对路面性能的影响,造成路面性能综合评价不合理。

利用奖惩函数求解路面性能各分项指标权重(以下称为奖惩权重)的步骤如下。

(1) 求奖惩函数。

$$d_i = \frac{1}{x_i} \tag{4.1}$$

式中,x_i 为各分项指标评价值,$i=1,2,3,4$,即代表四个分型指标。

(2) 求和。

$$l = \sum_{i=1}^{4} x_i \tag{4.2}$$

式中,l 为各路段奖惩函数的和。

(3) 求权重。

$$\beta_i = \frac{d_i}{l} \tag{4.3}$$

式中，β_i 为各分项指标客观权重。

4.4.2　主客观结合的加权平均赋权法

主观赋权法能够反映不同路面性能分项指标对路面综合性能评价不同的重要性，但是客观性较差，不适用于所有的路段。客观赋权法基于路面性能的实际检测数据能够反映每一个路段各分项指标值对路面性能综合评价的影响程度，但是不能反映各分项指标本身对路面性能综合评价重要程度的差异性。基于不同重要程度分项指标和路面实际病害状态指标，将主观赋权法所得权重和客观赋权法所得权重结合起来，可得到主客观结合的加权平均赋权法。

主客观结合的加权平均赋权法计算综合权重的公式如下：

$$w_i = \lambda\alpha_i + (1-\lambda)\beta_i \tag{4.4}$$

式中，w_i为各分项指标权重，$i=1,2,3,4$，即代表四个分项指标；$\lambda=0.5$；α_i为各分项指标主观权重，取值见第 3 章；β_i为各分项指标客观权重，取值见式(4.3)。显然，有 $0 \leqslant w_i \leqslant 1$ 且 $\sum_{i=1}^{4} w_i = 1$。

式(4.4)中，λ 为主观权重比例系数，用于调节综合权重中主观赋权和客观赋权之间的比例，其取值直接影响 PQI 的评价结果。对于使用年限较小的高速公路路面，其服务水平主要取决于 RQI 等指标，λ 建议取高值，PQI 的评价结果主要用于路面的常规技术评价。对于使用年限较长、接近使用寿命末期的高速公路路面，其服务水平主要取决于路面的各种严重病害，λ 建议取低值。

路面养护维修决策以 1km 为单位，主客观结合的加权平均赋权法用于各路段逐公里的 PQI 计算，使路段逐公里的权重处于动态变化，动态权重求得路段逐公里 PQI 能够更加准确地评价路段整体和各公里的路况水平，从而更加科学有效地指导路面养护维修决策。

4.4.3　基于动态权重的路面性能指数评价实例

表 4.12 中，分别以 1km 为单位列出了 2015 年京开高速路面技术状况的分项评价指标和综合评价指标的评价结果。利用本章提出的方法进行计算，各路段分项指标奖惩权重计算结果见表 4.13。

表 4.12 2015 年京开高速上行桩号 K21＋000～K30＋000 路段性能指标汇总

编号	桩号	PCI	RQI	RDI	SRI	PQI
1	K21＋000	75.39	92.43	73.32	83.10	82.70
2	K22＋000	82.87	94.80	73.48	86.74	86.60
3	K23＋000	78.51	93.68	74.76	86.74	84.80
4	K24＋000	69.77	93.51	67.92	86.06	80.60
5	K25＋000	73.04	90.72	62.94	85.47	79.80
6	K26＋000	74.16	93.21	67.74	86.96	82.10
7	K27＋000	82.70	93.11	64.83	84.38	84.30
8	K28＋000	78.66	93.95	69.08	86.29	84.10
9	K29＋000	76.82	93.79	64.53	86.29	82.70
10	K30＋000	86.59	94.88	50.76	83.36	84.20
均值		77.85	93.41	66.94	85.54	83.19

表 4.13 2015 年京开高速上行桩号 K21＋000～K30＋000 路段分项指标奖惩权重

编号	桩号	β_{PCI}	β_{RQI}	β_{RDI}	β_{SRI}
1	K21＋000	0.27	0.22	0.27	0.24
2	K22＋000	0.25	0.22	0.28	0.24
3	K23＋000	0.26	0.22	0.28	0.24
4	K24＋000	0.28	0.21	0.29	0.23
5	K25＋000	0.26	0.21	0.30	0.22
6	K26＋000	0.27	0.21	0.29	0.23
7	K27＋000	0.24	0.21	0.31	0.24
8	K28＋000	0.26	0.22	0.29	0.23
9	K29＋000	0.26	0.21	0.31	0.23
10	K30＋000	0.21	0.20	0.37	0.22

结合现行固定权重和表 4.13 的奖惩权重计算结果，取 $\lambda=0.5$，利用式(4.4)计算得到不同路段的动态权重，见表 4.14。基于目前现行固定权重和本书动态权重，2015 年京开高速上行桩号 K21＋000～K30＋000 路段路面性能指数评价结果见表 4.15。

表 4.14　2015 年京开高速上行桩号 K21＋000～K30＋000 路段动态权重计算结果

编号	桩号	w_{PCI}	w_{RQI}	w_{RDI}	w_{SRI}
1	K21＋000	0.31	0.31	0.21	0.17
2	K22＋000	0.30	0.31	0.22	0.17
3	K23＋000	0.31	0.31	0.21	0.17
4	K24＋000	0.31	0.30	0.22	0.16
5	K25＋000	0.31	0.31	0.23	0.16
6	K26＋000	0.31	0.31	0.22	0.16
7	K27＋000	0.30	0.31	0.23	0.17
8	K28＋000	0.30	0.31	0.22	0.17
9	K29＋000	0.30	0.31	0.23	0.16
10	K30＋000	0.28	0.30	0.26	0.16

表 4.15　2015 年京开高速上行桩号 K21＋000～K30＋000 路段路面性能指数评价结果

编号	桩号	PCI	RQI	RDI	SRI	PQI	PQI′
1	K21＋000	75.39	92.43	73.32	83.10	82.70	81.53
2	K22＋000	82.87	94.80	73.48	86.74	86.60	85.19
3	K23＋000	78.51	93.68	74.76	86.74	84.80	83.81
4	K24＋000	69.77	93.51	67.92	86.06	80.60	79.24
5	K25＋000	73.04	90.72	62.94	85.47	79.80	78.16
6	K26＋000	74.16	93.21	67.74	86.96	82.10	80.67
7	K27＋000	82.70	93.11	64.83	84.38	84.30	82.09
8	K28＋000	78.66	93.95	69.08	86.29	84.10	82.52
9	K29＋000	76.82	93.79	64.53	86.29	82.70	80.75
10	K30＋000	86.59	94.88	50.76	83.36	84.20	79.29
均值		77.85	93.41	66.94	85.54	83.19	81.33

利用同样方法，计算了 2015 年北京市 22 条高速公路各桩号基于动态权重计算的 PQI 值，在此不再赘述。总体上看，本书提出的基于动态权重的路面使用性能指数评价结果（PQI′）低于目前基于固定权重的路面使用性能指数评价结果（PQI），特别是在路面损坏、车辙严重以及抗滑性能比较差的情况下，影响路面性能的主要因素发生变化，两者的差异更大。该评价结果更能反映路面实际技术状况特点，使评价结果回归到路面综合技术状况的属性，从而更好地指导路面养护宏观决策。

4.5　不同养护状态的沥青路面性能预测

前面对北京市高速公路路面性能指标分布特点进行了介绍，本节就高速公路路面性能衰变预测方法进行研究。

4.5.1　北京市高速公路路面性能变化特点

1）路面车辙深度指数研究

路面车辙深度指数(RDI)作为路面评价指标在 JTG H20—2007《公路技术状况评定标准》中首次被提出，2008 年开始按其规定的检测与调查方法展开数据采集。北京市京承一期、京承二期、通燕、京藏一期、京石、京哈、京开等 7 条典型高速公路上下行两个方向 2008～2012 年 RDI 如图 4.19 所示。

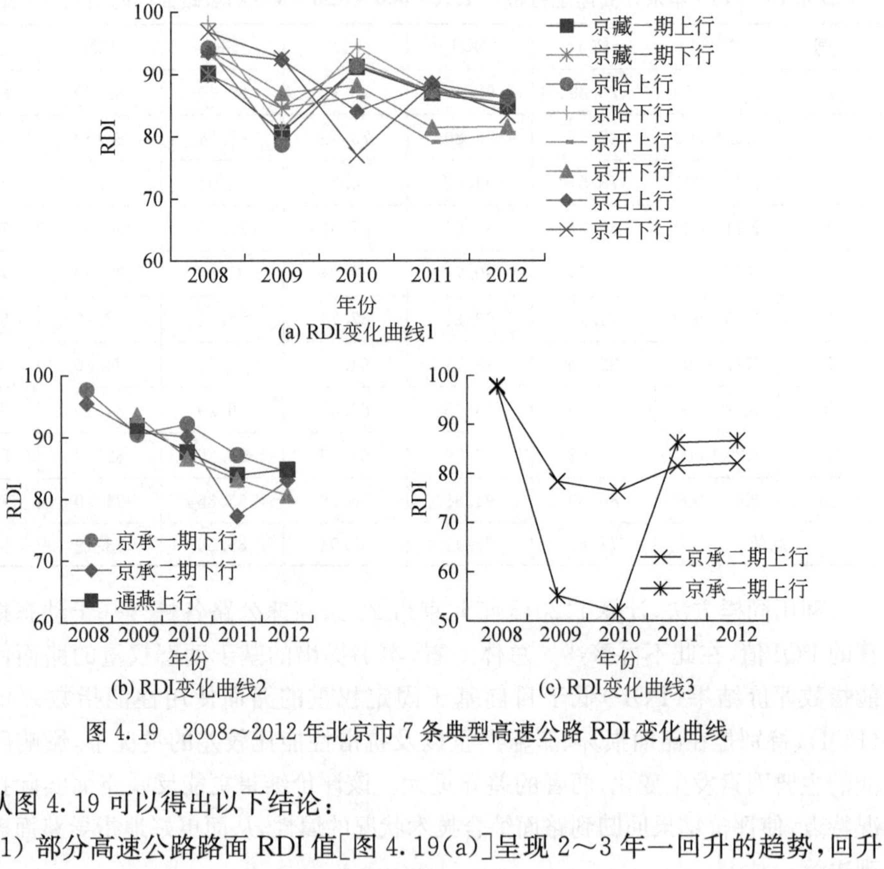

(a) RDI变化曲线1

(b) RDI变化曲线2　　(c) RDI变化曲线3

图 4.19　2008～2012 年北京市 7 条典型高速公路 RDI 变化曲线

从图 4.19 可以得出以下结论：

(1) 部分高速公路路面 RDI 值[图 4.19(a)]呈现 2～3 年一回升的趋势，回升的临界点为 RDI 等级为良、中之间时，但回升后的 RDI 将较上一次回升值低，改善程度不如从前。

(2) 部分高速公路路面 RDI 值[图 4.19(b)]呈长期递减趋势，但趋势较缓。参考 4.4 节各高速公路养护维修情况可知，可能与此类高速公路此前或进行过大修或新建不久有关，近年养护维修措施较少；或与路面结构、交通量和交通组成有关。

(3) 京承一期上行路段 RDI 值[图 4.19(c)]出现了非常差的情况，可能与此路段交通量及交通组成有密切关系，或与此路段路面结构类型有关。

图 4.19(a)、(b)中 RDI 波动情况不同，说明两类高速公路养护维修时间频率不同。但综合考虑其养护维修时机又类似，二者均在 RDI 等级处于良、中之间时，即 RDI 为 80 左右时。只不过图 4.19(a)中高速公路年均衰变较快，RDI 降为 80 左右较早，而图 4.19(b)中高速公路年均衰变则较慢，RDI 值为 80 出现得较晚。此种情况的产生可能与路面结构、交通量、交通组成以及此前大修历史、建设年限等有关。

综上所述，高速公路 RDI 的变化非常复杂，大致上有的高速公路 RDI 持续呈低程度衰减趋势，可能的原因是路面新建或新大修，使用年限较短；有的高速公路 RDI 呈波浪形衰减趋势，在下降过程中由于日常维护或小、中修使 RDI 出现一定程度回升，但之后又会出现较快的衰减，总体上仍呈衰减趋势。

2) 路面状况指数研究

2006～2012 年北京市典型高速公路(路段)路面状况指数(PCI)变化情况如图 4.20 所示。

从图 4.20 可以得出以下结论：

(1) 从图 4.20(a)可以看出，有些高速公路路段 PCI 值呈 2～3 年一回升的趋势，且回升后的值较上次回升值低，表现出明显的 2～3 年小修保养养护周期的现状。

(2) 从图 4.20(b)可以看出，有些高速公路路段 PCI 值近 7 年均在 93 以上，路面状况很好。

(3) 从图 4.20(c)可以看出，有些高速公路路段 PCI 值较差，有的高速公路路段的 PCI 处于中、次等级。

综上所述，北京市高速公路 PCI 的变化情况与 RDI 近似，部分路面定期性的日常养护和小修使路面 PCI 出现阶段性恢复和衰减，而部分路面的 PCI 呈持续性的低强度衰变趋势，这些变化均反映了 2006～2012 年北京市高速公路路面养护维修的情况和特点。

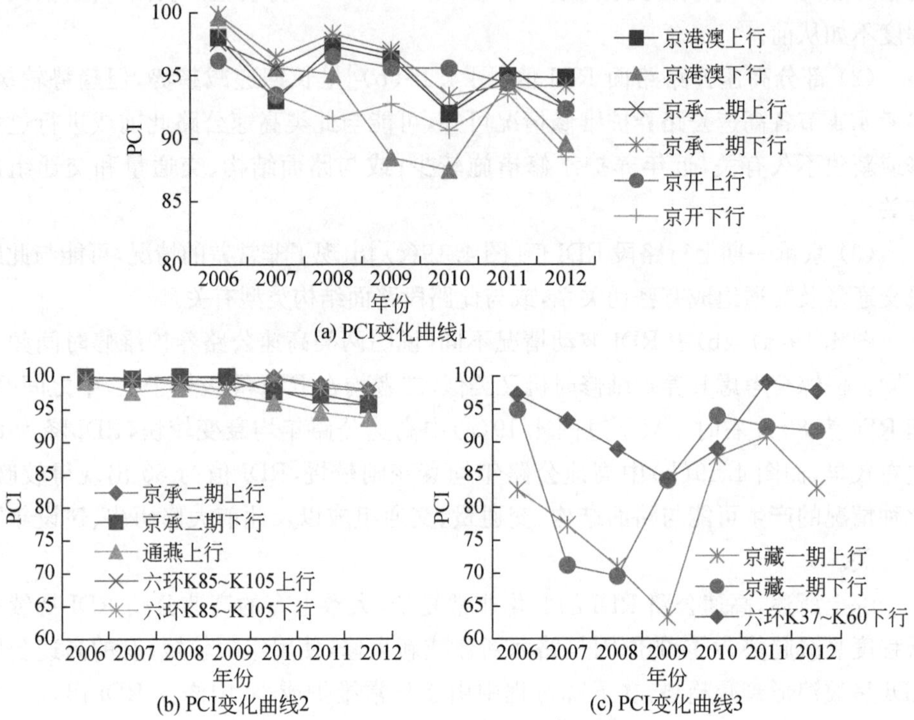

图 4.20　2006～2012 年北京市典型高速公路(路段)PCI 变化曲线

3) 路面抗滑性能指数研究

图 4.21 为北京市典型高速公路(路段)路面抗滑性能指数(SRI)的变化情况。从图中可以得出以下结论：

(1) 北京市高速公路路面 SRI 值普遍低于其他指标值，且年均衰变率也较其他指标值大，说明当前北京市高速公路路面的抗滑能力值得关注。

(2) 养护维修能够提高路面的 SRI 值，但并不能使其恢复到原有水平，总体上仍呈持续下降趋势。

路面的破损、车辙等病害比较直观，容易发现，而路面抗滑能力不足在表观上不易察觉，不利于养护部门及时发现治理。但抗滑能力涉及路面行车安全性，因此 4.2 节对抗滑性能评价指标进行细化是非常必要的。

4) 国际平整度指数研究

图 4.22 为 2002～2009 年北京市典型高速公路(路段)IRI 变化情况，图 4.23 为 IRI 分布情况。

从图 4.22 和图 4.23 可以得出以下结论。

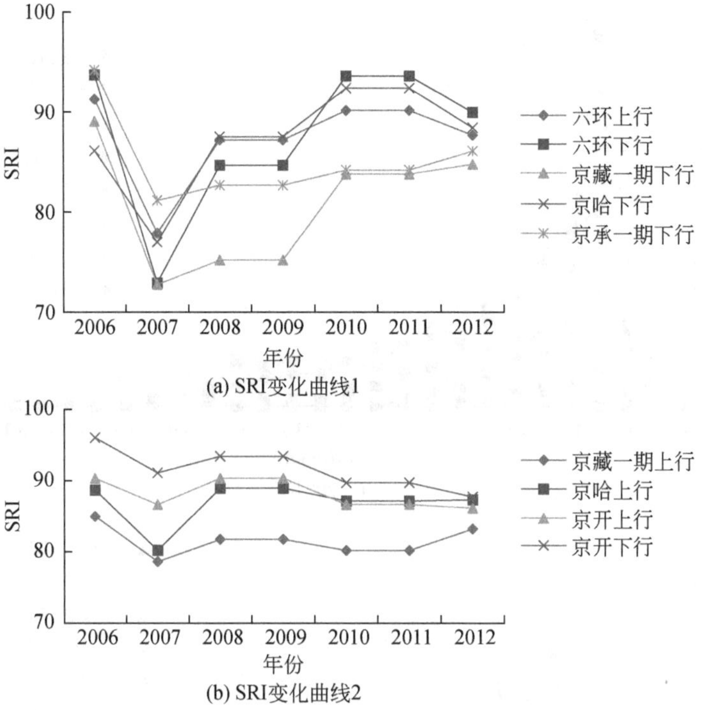

图 4.21　2006～2012 年北京市典型高速公路(路段)SRI 变化曲线

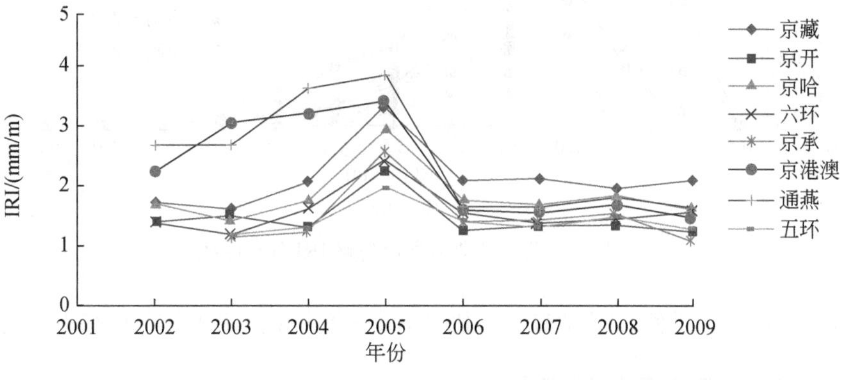

图 4.22　2002～2009 年北京市 8 条典型高速公路 IRI 变化曲线

(1) 北京市典型高速公路(路段)IRI 的变化具有非常明显的规律，表现为 IRI 值呈衰减趋势，经过维修后情况变好，但之后仍出现衰减。说明随着路面使用时间的增加，IRI 变差是客观规律。

(2) 从一条道路路面的 IRI 分布规律来讲，随着使用时间的增加，IRI 分布范围变广，即随着路面的使用，部分路面 IRI 值增长幅度较大，而部分路面 IRI 衰减

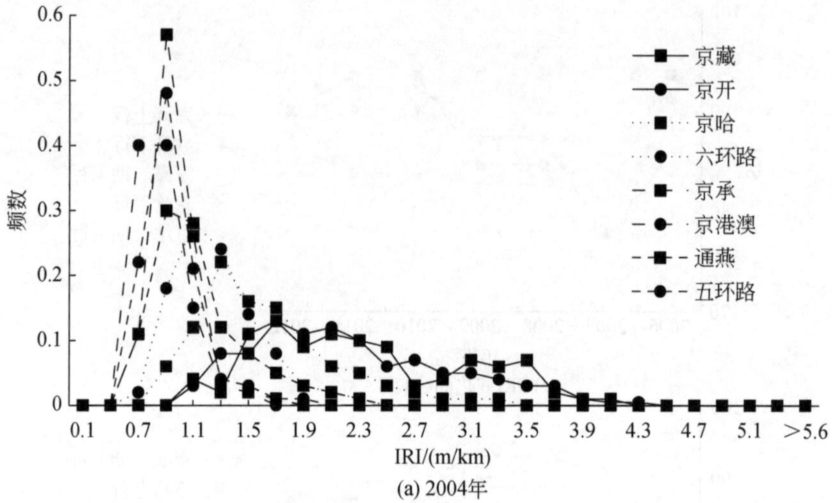

图 4.23　北京市典型高速公路 IRI 分布曲线

较慢,或经过养护维修,IRI 值较小。因此,同一条道路上 IRI 分布具有不均匀性。

4.5.2　高速公路路面性能预测模型

前面对沥青路面性能变化特点的分析表明,PCI、RDI 的变化具有很明显的特点和规律,可以进行准确预测。下面结合具体数据,对高速公路路面主要技术指标的预测方法进行介绍,并提出相应主要技术指标的预测模型。

1. PCI 预测模型

针对 4.5.1 节中得出的变化曲线图，PCI 的发展有以下两种形式：一是新建路面或新大修的路面，由于在早期的几年中没有系统养护，路面破损发展缓慢但呈低强度衰变趋势；二是路面使用后期，维修养护力度加大，路面破损呈现波浪形的衰变趋势。

根据对前述几条高速公路的 PCI 进行分析，PCI 典型变化趋势如图 4.24 所示。图 4.24(a)为持续性低强度衰变趋势，图 4.24(b)则为波浪形衰变趋势，反映了定期养护维修的 PCI 恢复和之后的 PCI 再次衰变，但总体上路面 PCI 呈下降趋势。

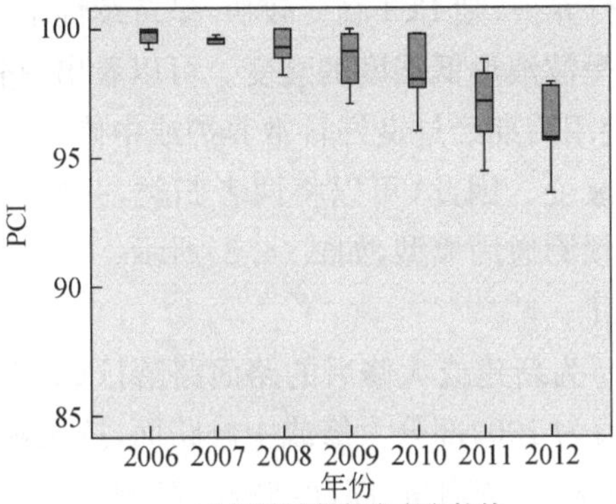

(a) 持续性低强度衰变趋势

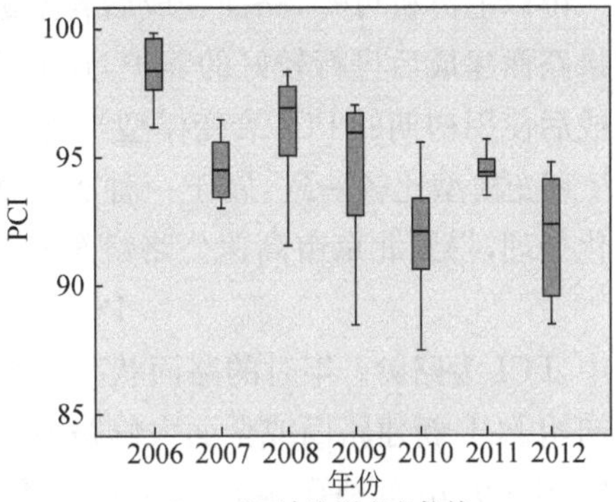

(b) 波浪形衰变趋势

图 4.24　PCI 典型变化趋势

1) 持续性低强度衰变模型

利用统计方法，对图 4.24(a)所示的数据进行拟合，得到持续性低强度衰变模型，公式为

$$PCI_t = 99.8e^{-0.007t} \tag{4.5}$$

式中，PCI_t 为路龄 t 年时的路面状况指数；t 为自路面新建完工或大修完工开始计算的路龄。

式(4.5)反映了新修路面使用初期的 PCI 衰变情况，因此式(4.5)适用于高速公路路面第一次定期日常养护或中修之前的 PCI 的预测。

2) 波浪形衰变模型

图 4.24(b)为道路路面在进行定期日常养护、小修情况下的 PCI 变化情况。从图中可以看出，在路面使用后期，经过定期、良好的日常养护和小修，PCI 总体上呈波浪形低强度衰减。对这种情况下的 PCI 总体衰变趋势进行预测，预测模型如式(4.6)所示：

$$PCI = 97.4e^{-0.009t} \tag{4.6}$$

式中，PCI为第一次中修后路龄 t 年时的路面状况指数；t 为第一次中修后开始计算的路龄。

3) 不考虑路面养护情况下的 PCI 预测模型

从图 4.24(b)可以看出，路面经过养护后 PCI 产生一定的恢复，但之后再次发生衰变，如果不考虑养护所产生的 PCI 恢复，则 PCI 预测模型如式(4.7)所示：

$$\mathrm{PCI}=98.0\mathrm{e}^{-0.035t} \tag{4.7}$$

式中，PCI为第一次中修后路龄 t 年时的路面状况指数；t 为第一次中修后开始计算的路龄。

由以上分析可知，路面建成后若不进行养护，则 PCI 衰变较快，呈持续性下降。如果路面建成后进行较好的养护，则 PCI 呈波浪形低强度的衰变。可以看出，路面建成后使用初期的 PCI 衰变模型与路面使用后期经过良好日常养护或中修养护的 PCI 衰变模型比较一致，属于一种类型的衰变。因此，可以将两者归类，并通过统一化处理，得到北京市高速公路路面 PCI 预测通用模型，如式(4.8)所示：

$$\mathrm{PCI}_t=\mathrm{PCI}_0\cdot\mathrm{e}^{-at} \tag{4.8}$$

式中，PCI_t 为路龄 t 年时的路面状况指数；t 为新建或大修后的路面路龄；PCI_0 为路面初始 PCI，新建路面或全面大修路面取值为 100，部分大修或中修路面，按实际情况取 97～99；a 为路面参数，反映的是养护状况、交通量、路面结构的影响。一般情况下，当对目前高速公路 PCI 实际情况进行估算时，a 的取值为 0.008。而当在进行路面大修养护规划时，由于对今后的养护情况尚不了解，该种情况下 a 的取值为 0.035，即不考虑养护情况下 PCI 的可能衰变趋势。当路面结构不同，交通量有较大变化，或路面养护情况有重大变化时，a 的取值可在 0.008～0.035 变化，必要时应利用实际数据进行标定。

表 4.16 为北京市京承高速公路一期路面 PCI 的预测结果和实测结果对比。图 4.25 为北京市京承高速公路一期路面 PCI 实测结果和衰变趋势预测结果。京承高速公路一期于 2002 年完工，2012 年时尚未进行全面大修，其使用条件、路面结构和养护状况与式(4.8)所指的标准情况相同。因此，预测公式(4.8)中，PCI_0 取值为 100，在进行实际路面 PCI 估算时 a 取值为 0.008，在进行不考虑养护情况下的 PCI 预测时 a 取值为 0.035。

表 4.16　北京市京承高速公路一期路面 PCI 的预测结果和实测结果对比

项目	2006 年	2007 年	2008 年	2009 年	2010 年	2011 年	2012 年
路龄 t/年	4	5	6	7	8	9	10
实测结果	97.64	95.58	97.76	96.71	92.21	95.70	92.45
	99.85	96.47	98.33	97.03	93.37	94.25	94.14

续表

项目	2006 年	2007 年	2008 年	2009 年	2010 年	2011 年	2012 年
实测结果平均值	98.75	96.03	98.05	96.87	92.79	94.98	93.30
实际 PCI 预测结果	96.85	96.08	95.31	94.55	93.80	93.05	92.31
相对误差/%	−1.96	0.05	−2.79	−2.39	1.09	−2.03	−1.06
不考虑养护的 PCI 预测结果	86.94	83.95	81.06	78.27	75.58	72.98	70.47

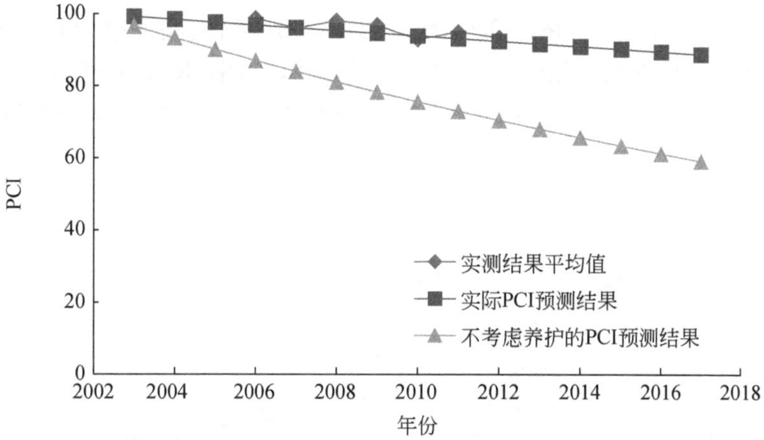

图 4.25　北京市京承高速公路一期路面 PCI 实测结果和衰变趋势预测结果

从表 4.16 可以看出，路面实际 PCI 的估算结果和实测结果具有较好的一致性，误差为−2.79%～1.09%。从图 4.25 可以看出，定期良好的养护使 PCI 得到了较好的维持，开通 10 年来该高速公路 PCI 一直处于“优”的等级。但如果不进行养护，则 PCI 在 2012 年可能下降到 70，到使用寿命末期(2017 年)，路面 PCI 可能下降到 59，路面需要进行大修养护。

本书提出的 PCI 预测模型具有较好的精度，既可以估算目前路面 PCI 的状态，也可以用于路面大修养护规划，指导路面的养护决策。

2. RDI 预测模型

研究发现，RDI 的变化规律与 PCI 具有相似的特点。因此，采用相同的方法建立了高速公路沥青路面 RDI 的预测模型，如式(4.9)所示：

$$\mathrm{RDI}_t=\mathrm{RDI}_0\cdot \mathrm{e}^{-ct} \tag{4.9}$$

式中，RDI_t为路龄 t 年时的路面车辙深度指数；t 为路面路龄；RDI_0为预测起始年的路面车辙深度指数，新建路面取值为 100，全面大修路面取值为 100，部分大修或中修路面，按实际情况取 94～99；c 为路面参数，反映的是养护状况、交通量、路面结构的影响。一般情况下，当对目前高速公路 RDI 实际情况进行估算时，c 的取值为 0.030。而在进行路面大修养护规划时，由于对今后的养护情况尚不了解，这种情况下 c 的取值为 0.092，即不考虑养护情况下 RDI 的可能衰变趋势。当路面结构不同，交通量有较大变化，或养护情况有重大变化时，c 的取值可在 0.030～0.092 变化，必要时应利用实际数据进行标定。

图 4.26 为通燕和京承二期高速公路 RDI 预测趋势图。京承高速公路二期于 2005 年完工，通燕高速公路于 2005 年大修，其使用条件、路面结构和养护状况与式(4.9)所指的标准情况相同。因此，预测公式(4.9)中，RDI_0 取值为 100，在进行实际路面 RDI 估算时 c 取值为 0.030，在进行不考虑养护情况下的 RDI 预测时 c 取值为 0.092。

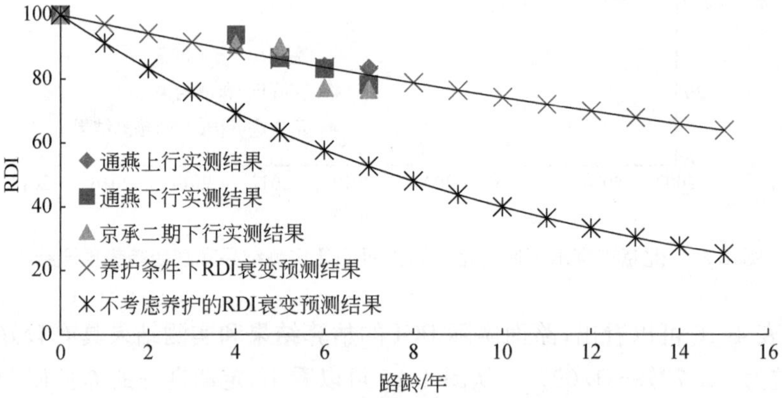

图 4.26 通燕和京承二期高速公路 RDI 预测趋势图

从图 4.26 可以看出，RDI 的估算结果和实测结果具有较好的一致性，误差为 ±5%。同时，预测表明，定期良好的养护使 RDI 得到一定程度的维持，但相比 PCI 而言，RDI 仍处于较快的衰减过程中，通车 6 年左右 RDI 均下降到“中及以下”等级，而不进行养护，RDI 的下降速度更快，使用 6 年后，RDI 下降到“差”等级，很难达到设计的道路使用寿命。这也是北京市高速公路路面性能的主要特点之一。

本书提出的 RDI 预测模型具有较好的精度，既可以估算正常养护和使用状态下的 RDI，也可以用于路面大修养护规划，指导路面的养护决策。

3. RQI 预测模型

RQI 是描述路面行驶舒适性的指标，其可以由 IRI 计算得来，IRI 高则路面行驶质量好,反之则路面行驶质量差。路面平整度的变化受路面结构、路基结构、交通量、建设材料等多种因素的影响,其变化比较缓慢。路面的日常养护、小修等均会起到提高路面平整度,改善行驶质量的作用。近年来检测结果表明,北京市高速公路 RQI 均处于"优"的等级,变化比较微小。但从路面长期使用性能来讲,路面平整度随使用时间的延长逐渐增大,行驶质量逐渐变差。

表 4.17 为北京市 8 条典型高速公路(路段)RQI 的检测结果。图 4.27 为北京市 8 条典型高速公路(路段)RQI 的分布图。可以看出,总体上路面行驶质量随使用年限的增加而下降,由于早期建设的通燕、京哈、京港澳高速公路的使用年限达到或超过了预期寿命,均在 2005 年进行了大修,其他几条高速公路在不同的年限进行了其他类型的养护维修,使衰变的 RQI 重新得到恢复。

表 4.17　北京市 8 条典型高速公路 RQI 的检测结果

路线名称	通车时间	检测时间										
		2002 年	2003 年	2004 年	2005 年	2006 年	2007 年	2008 年	2009 年	2010 年	2011 年	2012 年
通燕高速	1990 年	87.3	87.1	78.4	76.1	93.0	93.0	92.2	93.0	92.3	92.8	92.4
京哈高速	1999 年	92.5	93.9	92.5	85.1	92.7	92.9	92.1	93.3	90.4	94.5	93.8
京港澳高速	1993 年	90.1	84.1	82.6	80.6	93.3	93.4	92.8	93.7	92.3	93.4	91.8
京开高速	2001 年	94.0	93.6	94.4	89.7	94.6	94.2	94.2	94.6	93.7	94.6	94.2
京藏高速	2001 年	92.7	93.2	91.1	81.4	91.0	90.7	91.6	90.9	91.4	93.6	93.1
京承高速	2002 年	95.3	94.9	94.6	87.9	94.0	93.9	93.4	95.1	93.5	94.7	94.3
五环路	2002 年	95.3	94.8	94.3	91.3	93.9	94.4	93.7	94.5	93.3	93.7	93.3
六环路	2003 年	94.1	94.7	93.2	88.9	93.6	94.0	93.8	93.3	92.5	94.3	93.5

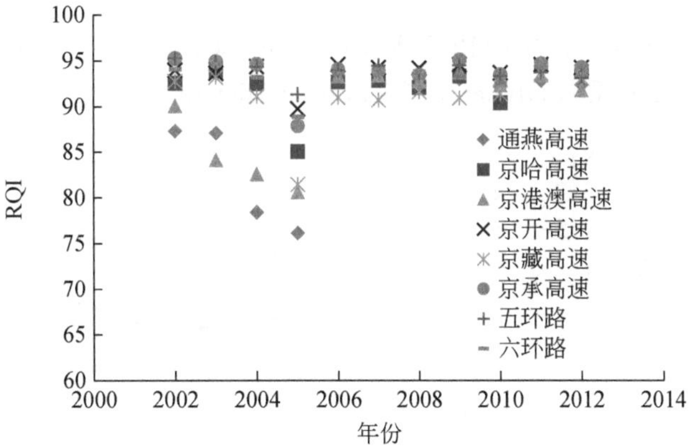

图 4.27　北京市 8 条典型高速公路(路段)RQI 的分布图

对图 4.27 中的数据按路龄进行统计，对相同路龄的 RQI 进行平均，得到 RQI 随使用年限变化的关系图，如图 4.28 所示。

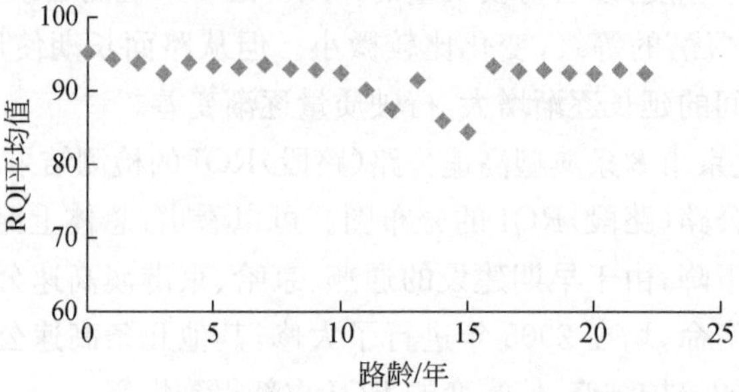

图 4.28　北京市 8 条典型高速公路(路段)路面平均 RQI 随路龄的变化图

对图 4.28 中的数据进行拟合，得到代表总体情况的设计寿命内(此处为 15 年)的 RQI 预测模型，如式(4.10)和式(4.11)所示：

$$\mathrm{RQI}_t=-0.0593t^2+0.3435t+93.699,\quad R^2=0.8312 \tag{4.10}$$

$$\mathrm{RQI}_t=95.884\mathrm{e}^{-0.006t},\quad R^2=0.686 \tag{4.11}$$

式中，t 为新建路面或大修后路面的路龄；RQI_t 为路龄为 t 年时的路面行驶质量指数；R 为相关系数。

可以看出，多项式统计公式的相关系数较高，指数形式统计公式的相关性稍低，但指数关系的衰减系数可以根据养护强度、路面结构、交通量等进行标定，因此建议使用指数关系的 RQI 预测模型，即式(4.11)。

4. SRI 预测问题

图 4.29 为典型沥青路面构造深度(texture depth，TD)、断面平均构造深度(MPD)及动态摩擦系数(dynamic friction coefficient，DFC)与路龄之间的关系。

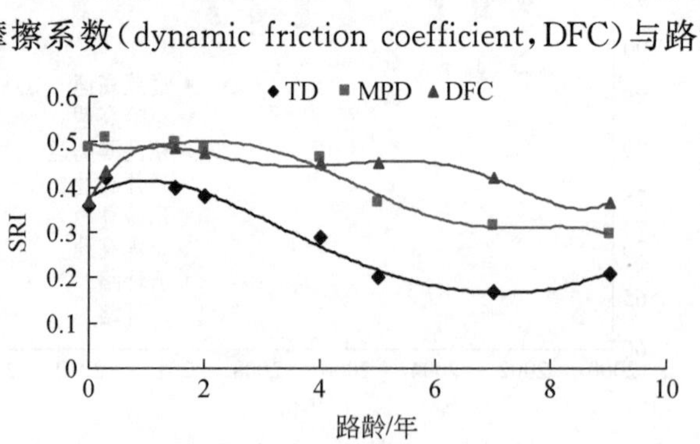

图 4.29　典型沥青路面 SRI 与路龄之间的关系

手工铺砂法测定的路面构造深度在通车的 3 个月内呈上升趋势，这是由于新建的路面表面覆盖沥青薄层，遮掩了部分裸露石料构成的表面粗构造，随着路面加载次数的增加及路面在大气中所承受的物理风化作用，沥青裹覆膜被消磨掉，此时的路表粗构造达到最大。大约 2 年后，路表粗构造进入快速衰减期，5 年以后衰减速度变缓，7 年后由路表面的松散、脱落造成的表面破损形成了路表的粗构造再建，曲线呈微小上升趋势。

利用激光构造深度测试仪法测定 50m 路段上的 MPD 得到的是 50m 线上检测各点构造深度的平均值。其随路龄的变化趋势与点构造深度的变化趋势相似，0～3 个月内，呈上升趋势，3 个月～7 年呈逐年下降趋势，7 年后随路面破损状况加剧，呈微弱回升。

动态摩擦系数测试仪可测定路面点的 DFC 值，其前 7 年的变化趋势与 TD 和 MPD 的变化趋势基本类似。首先是路表沥青膜脱落导致的 DFC 值微小回升，峰值出现在 1.5 年左右。随后由路面材料的后续压实产生的 DFC 值下降，当后续压实到一定程度时 DFC 值趋于稳定。4～6 年由于路表破损，DFC 值略呈上升趋势。6 年后由于路表材料磨光、石料棱角性丢失及路表污染等因素，DFC 值衰减幅度较大。DFC 除与路表粗构造有关，还与细构造、污染物有关。沥青胶浆和集料表面的细构造在车辆作用下逐渐被磨损消耗，构造深度减小。同时，路肩土、路面表面油渍及轮胎上磨削下来的橡胶磨粒等污染物能显著降低轮胎与路面之间的摩擦系数。

由此可知，沥青路面抗滑性能与很多因素有关，既与路面材料、路龄有关，也与养护情况、交通量有关，准确预测抗滑性能存在较大的困难，很难用一个固定的模型进行预测。但前面的研究表明，北京市高速公路路面抗滑性能普遍较低，处于“良”和“中”等级的路面较多。因此，在路面养护决策时应整体考虑路面抗滑性能的现状，将改善路面抗滑性能作为养护维修的主要任务之一，采取合适的路面材料和结构提高北京市高速公路路面整体抗滑性能。

5. PQI 预测问题

PQI 是表征路面适用性能和技术状况的综合指标，是路面状况指数、路面行驶质量指数、车辙深度、路面抗滑性能指数以不同权重相加的和。PQI 把不同技术性能用一个统一的指数表示，具有直观性，可以概括表述路面技术状况，在路面技术状况评比、路面养护维修决策、大修规划方案制定中具有重要作用。

表 4.18 为 2009～2012 年北京市通燕高速、京哈高速、京港澳高速、京开高速、京藏高速、京承高速、五环路、六环路等典型高速公路（路段）的 PQI 评价结果，其中，三车道高速公路的评价对象为中间车道；双车道高速公路的评价对象为外侧车

道(行车道)。利用表 4.18 中所列平均值绘制不同高速公路 PQI 随时间的变化如图 4.30 所示。

表 4.18 2009～2012 年北京市典型高速公路 PQI 评定结果

路线名称	通车时间	2009 年			2010 年			2011 年			2012 年		
		上行	下行	平均	上行	下行	平均	上行	下行	平均	上行	下行	平均
通燕高速	1990 年 11 月	93.5	93.3	93.4	92.0	96.0	94.0	91.0	90.5	90.7	90.8	88.4	89.6
京哈高速	1999 年 9 月	89.3	89.9	89.6	92.5	93.1	92.8	93.8	92.2	93.0	93.1	92.3	92.7
京港澳高速	1993 年 11 月	93.6	90.6	92.1	90.6	89.6	90.1	92.8	92.3	92.5	91.6	89.1	90.3
京开高速	2001 年 6 月	93.2	92.6	92.9	92.6	91.5	92.1	91.4	93.5	92.4	90.6	89.8	90.2
京藏高速	2001 年 1 月	81.9	84.3	83.1	88.9	87.9	88.4	91.6	92.0	91.8	89.4	90.9	90.1
京承高速	2002 年 1 月	92.5	94.5	93.5	93.8	94.9	94.3	94.9	96.3	95.6	93.9	93.8	93.8
五环路	2002 年 1 月	91.6	89.6	90.6	91.0	90.6	90.8	88.4	88.3	88.3	88.6	90.3	89.4
六环路	2002 年 6 月	91.9	88.7	90.3	92.2	93.1	92.6	93.5	93.5	93.5	92.5	92.0	92.2

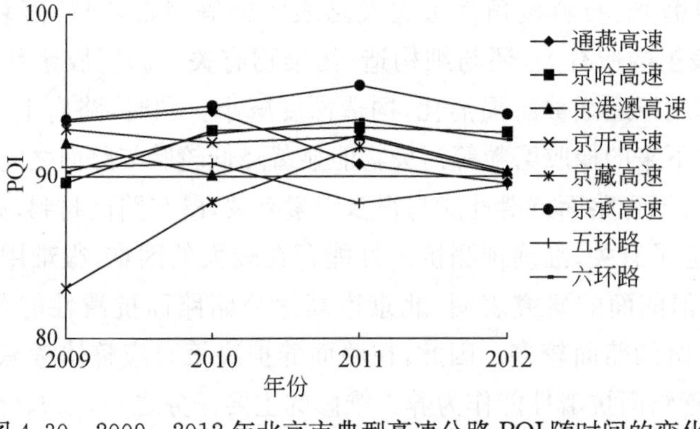

图 4.30 2009～2012 年北京市典型高速公路 PQI 随时间的变化

前面已经详细分析了 2009～2012 年北京市高速公路技术状况的变化情况。从图 4.30 也可以看出,虽然分项技术指标有较大的变化,但 PQI 总是处于“优”“良”等级。PQI 是四个分项指标的加权和,前面分析表明,SRI 变化过程比较复杂,很难用一个固定的模型表示,RQI 的变化也比较复杂,因此作为加权和的 PQI 的变化规律也比较复杂。建议今后对 PQI 的表征方法和预测问题进行进一步研究。

4.6 基于动稳定度的路面车辙预测

沥青路面车辙的产生有很多原因,其中一个主要原因是沥青混合料在高温时产生塑性流动，从而形成竖向累积变形，沥青混合料抗高温性能是影响沥青路面抗车辙性能的主要因素。目前，国内外表征沥青混合料抗高温性能的试验方法是车辙试验，其指标为动稳定度。因此，从理论上讲，可以利用沥青混合料的动稳定度试验结果来预测沥青路面使用过程中产生的塑性流动型车辙。本节将对此进行详细介绍。

4.6.1　基于动稳定度的沥青路面车辙预测模型

基于动稳定度的物理意义，建立沥青路面流动型车辙预测模型，如式(4.12)所示：

$$\mathrm{RD}_n = C_1 C_2 C_3 \sum_{i=1}^{n} \left(\sum_{j=1}^{m} \frac{T_{ij} N_{ij}}{\mathrm{DS}_{ij}} \right) \tag{4.12}$$

式中，RD_n 为沥青路面路龄为 n 年时的累积车辙深度(mm)；i 为沥青路面路龄(年)；n 为沥青路面车辙预测年限(年)；j 为路面温度分区编号；m 为沥青路面温度分区个数(个)；T_{ij} 为第 i 年第 j 温区的小时数(h)；N_{ij} 为第 i 年第 j 温区的当量小时标准轴载轴次(次/h)；DS_{ij} 为第 i 年第 j 温区的沥青混合料动稳定度(次/mm)；C_1、C_2、C_3 分别为基层类型系数、车道分布系数、交通条件影响系数，需根据当地具体情况进行标定。

式(4.12)所示模型是一个累积性模型。在预测年限 n 内，每个年度划分为 m 个温区。根据具体试验结果，查找有关资料或借用有关模型，得到不同老化程度(即不同使用年限)、不同温度情况下的动稳定度 DS_{ij}。根据设计资料，得到预测年限内每个年度、每个温区对应的当量小时标准轴载轴次 N_{ij}。根据式(4.12)就可以预测出预测年限内产生的累积车辙深度。

基于动稳定度的沥青路面车辙预测模型具有如下特点：

(1) 该模型只考虑了较为常见的流动型车辙，其他压密型、磨耗型车辙不在考虑范围之内。

(2) 温度高时沥青混合料动稳定度变小，沥青路面产生的流动型车辙变大。一般而言，当沥青路面温度较高时均可能产生流动型车辙，因此应对使用期内沥青路面温度进行分区计算。

(3) 流动型车辙与车辆轴载密切相关，沥青路面若无荷载通过，则不会产生流动型车辙。因此不同温度分区内的交通轴载情况应分别考虑。

(4) 沥青路面投入使用后逐渐老化，老化后沥青混合料的动稳定度将增大，因此该模型考虑了由于使用年限的增加造成的动稳定度的变化。

(5) 利用该模型进行累积车辙深度预测时，动稳定度应为“全沥青面层”的动稳定度,即沥青面层全厚度情况下测定的动稳定度。

(6) 除上述因素外,基层种类、车辆轮迹的变化、交通预测条件的不确定性等均会影响预测结果,应结合具体情况进行标定。

4.6.2 模型参数的确定

预测模型中包括多个计算参数,而在实际中准确得到这些参数是非常困难的,为此需要给出这些参数可行的预测和计算方法,以满足预测模型应用的需要。下面分别叙述各参数的意义和计算方法。

1) 路面温度预估

对于具体工程,一年中路面温度的变化规律可以由多种方法获得。

(1) 路面温度监测方法。设置固定的温度监测设施,通过一年的检测可以得到一年内路面温度的变化规律。

(2) 路面温度预测方法。利用气象数据预测路面内部温度。

(3) 在上述方法不易实现的情况下,可以通过查找资料或借鉴相关预测模型得到该地区路面的温度分布规律。例如,美国 SHRP 提出的路表温度与大气温度的换算模型,如式(4.13)所示:

$$T_{surf}=T_{air}-0.00618\mathrm{Lat}^2+0.2289\mathrm{Lat}+24.4 \tag{4.13}$$

式中,T_{surf}为沥青路面的表面温度(℃);T_{air}为路面所在地的气温(℃);Lat 为路面所在地的纬度。

2) 当量小时轴次预估

设计年限内交通量是道路设计中一个必需的设计参数,可以通过初始年度交通量、交通量年增长率等来预测将来每个年度的交通量,再换算为当量小时轴次。具体方法可参见有关标准或参考文献。

3) 动稳定度预估

众所周知,沥青混合料的动稳定度与两个因素有重要关系:一是沥青混合料的种类和性能;二是车辙试验的温度。对于沥青混合料,可根据路面设计方案,通过室内标准车辙试验,得到所使用混合料的动稳定度;当沥青路面具有多层沥青混合料时,可以通过多层沥青混凝土车辙试验获得整体的动稳定度,或通过有关模型推算。对于温度,可按前述温区测定每个温区的代表性动稳定度。

随着沥青路面使用时间的增加,沥青混合料逐渐老化,老化后的沥青混合料的动稳定度有一定的增加。预测模型涉及的时间较长,因此应考虑老化的影响。

4) 基层类型调整系数

表 4.19 为不同基层类型沥青路面车辙深度的比较。由表可知,当面层材料、

结构相同时，采用柔性基层时产生的车辙深度为采用刚性基层或半刚性基层时产生的车辙深度的 1.4～1.7 倍。因此，在车辙预测模型公式(4.12)中，对于半刚性基层路面和刚性基层路面，基层类型系数 C_1 取 1.0，对于柔性基层路面，基层类型系数 C_1 取 1.5。

表 4.19　不同基层类型沥青路面车辙深度的比较

项目	柔性基层车辙平均值	刚性基层车辙平均值	半刚性基层车辙平均值	柔性基层与刚性基层车辙比值	柔性基层与半刚性基层车辙比值
左轮迹带车辙/mm	5.37	3.73	3.33	1.44	1.61
右轮迹带车辙/mm	2.87	1.90	1.70	1.51	1.69
左右轮迹带车辙比值	1.87	1.96	1.96	—	—

对于不同地形条件、自然环境条件或交通管制情况等特殊地区，可根据具体情况确定。

5）其他参数

车辙预测模型公式(4.12)中 C_2 和 C_3 分别为车道分布系数和交通条件影响系数，需根据具体情况确定。

车道分布系数 C_2 可根据 JTG D50—2017《公路沥青路面设计规范》的规定取值，如常见的双向四车道公路可取 0.7。

交通条件影响系数 C_3 可根据当地有无长期特殊交通管制情况，取值为0.8～1.2，一般情况下取 1.0。由于特殊的长期交通管理措施，当交通量小于预计交通量时取低值，当交通量高于预计交通量时取高值。

4.6.3　应用实例与模型验证

1. 试验路工程概况

试验路工程位于河北省某市，原为平原区二级公路，路基宽度为 9m，路面宽度为 7m，设计速度为 60km/h。2010 年进行了改扩建，主要方案是在旧路南侧新建一幅二级公路，对于街道化严重的过村路段进行了改建。

改建后，该公路一般路段南半幅为新建二级公路，设计速度为 80km/h，路基宽度为 12m，路面宽度为 11m，路面结构为 9cm 沥青混凝土面层＋20cm 石灰粉煤灰稳定碎石＋32cm 石灰稳定土。北半幅将原有二级公路改建为新建公路的辅道，路基宽度为 9～10m，路面宽度为 7～9m，与主道之间的距离为 3～5m，并设置有底宽

0.6m、深0.8m的土边沟，路面结构为4cm沥青混凝土面层+30cm石灰稳定土。

试验路段位于北半幅，原设计路段的路面结构见表4.20。

表4.20 原设计路段的路面结构

层位	材料	厚度/cm
上面层	中粒式改性沥青混凝土	5
下面层	粗粒式沥青混凝土	7
基层	水泥稳定碎石	18
底基层	原有路面	—

2. 试验路方案

在2010年实施的改扩建工程中，修建了不同路面结构和材料的抗车辙试验路。试验路共5段，每段400m，加上原设计路段，共有6种路面结构，试验路的路面材料和结构见表4.21。

表4.21 试验路的路面材料和结构

试验路段编号	上面层(5cm)	下面层(7cm)	双层动稳定度值/(次/mm)
原设计路段	改性AC-16	基质AC-25	1588
试验路段1	基质AC-16+抗车辙剂	基质AC-25	1386
试验路段2	基质AC-16+抗车辙剂	基质AC-25+抗车辙剂	1784
试验路段3	改性AC-16	基质AC-25+抗车辙剂	1869
试验路段4	改性AC-16	改性AC-25	5207
试验路段5	改性AC-16+抗车辙剂	基质AC-25	3408

在室内分别进行了各种沥青混合料的标准动稳定度试验、不同温度动稳定度试验和室内双层动稳定度试验。

3. 试验路段路面车辙跟踪检测

为了对比不同材料和结构的沥青路面抗车辙性能，试验路段于2010年10月施工完成后，对其路面车辙深度变化进行了连续跟踪检测，共进行了5次检测，时间分别为2011年4月19日、2011年11月9日、2012年4月10日、2012年11月12日和2013年5月15日。

用手工法检测了不同时期路面的车辙深度，采用的是广泛使用的三米直尺法。图4.31为试验路段现场手工车辙深度检测过程，历次检测结果见表4.22，车辙深度变化曲线如图 4.32 所示。

图 4.31　试验路段现场手工车辙深度检测过程

表 4.22　试验路段历次手工车辙深度检测结果　　　（单位：mm）

试验路段编号	2011-04-19	2011-11-09	2012-04-10	2012-11-12	2013-05-15
试验路段 1	2.63	3.13	4.25	5.75	7.75
试验路段 2	1.75	3.50	4.50	4.75	5.50
试验路段 3	2.50	2.75	3.88	5.00	5.75
试验路段 4	2.00	3.25	3.75	4.25	5.25
试验路段 5	1.63	3.00	3.25	3.75	5.00
原设计路段	2.38	4.25	7.25	9.25	11.50

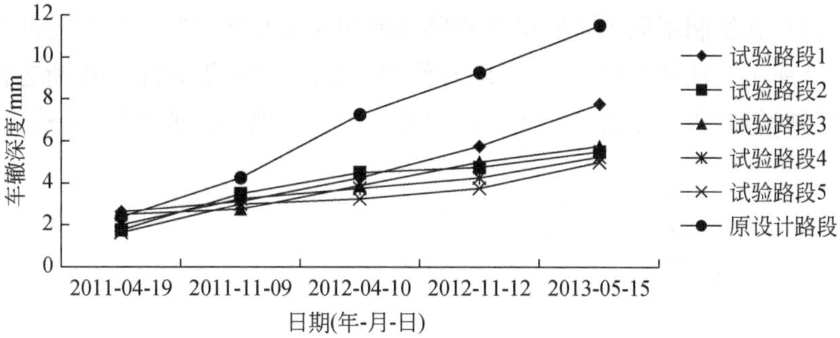

图 4.32　试验路段历次手工法检测的车辙深度变化曲线

4. 模型预测结果验证

应用车辙预测模型对该试验路的车辙深度进行预测，并与实测结果进行对比分析。

1) 模型参数的确定

在模型参数中，通过分析当地的气象资料建立路面温度预测模型，获得每年不同温区的小时数。交通量则根据设计资料，获得设计年限内每年的当量小时轴次。这两个参数在此不再赘述。

模型中的动稳定度，根据有关资料的介绍，基质 AC-13、基质 AC-16 沥青混合料不同温度下的动稳定度试验的试验结果见表 4.23。

表 4.23　不同温度下的动稳定度

温度/℃	AC-13 的动稳定度值/(次/mm)	AC-16 的动稳定度值/(次/mm)	平均值/(次/mm)
30～40(35)	7631	4938	6284.5
40～50(45)	5334	4025	4679.5
50～60(55)	4342	3285	3813.5
60	2091	1526	1808.5

对表 4.23 中的数据进行统计，可得到温度与动稳定度的关系如式(4.14)所示。该关系式是以基质 AC-13、基质 AC-16 沥青混合料车辙试验为例，对于不同混合料，其关系式有一定的差异，需要进行相应的标定。

$$y=-142.9x+10579,\quad R^2=0.9793 \tag{4.14}$$

式中，x 为试验温度(℃)；y 为相应试验温度下的动稳定度(次/mm)。

根据有关资料的结果，将不同老化程度的沥青混合料折算为不同使用年限的沥青混合料，并绘制不同混合料的沥青路面使用年限与混合料动稳定度的关系图，如图 4.33 所示。从图中可以看出，随着使用年限的增加，沥青路面逐渐老化，动稳定度也逐渐增加，当使用寿命达到一定程度且没有出现松散破坏时，动稳定度趋于稳定。

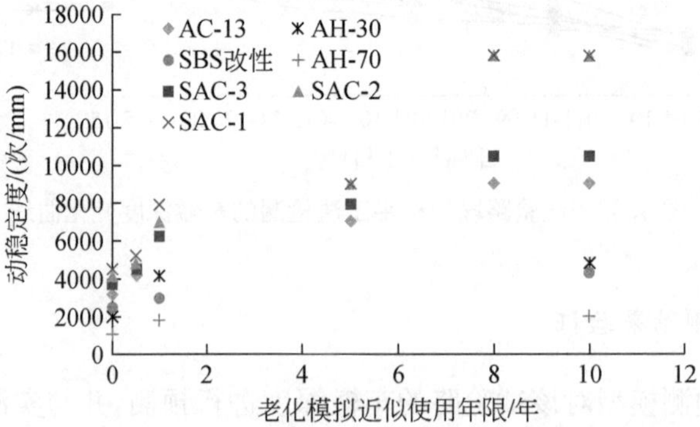

图 4.33　不同混合料的沥青路面使用年限与混合料动稳定度的关系

对图 4.23 中的数据进行统计分析，得到沥青混合料动稳定度与使用年限的关系，如式(4.15)所示：

$$DS_{ij}=DS_{0j}+486i \tag{4.15}$$

式中，DS_{ij} 为第 i 年第 j 温区的沥青混合料动稳定度(次/mm)；DS_{0j} 为第 j 温区沥青混合料的初始动稳定度，由室内车辙试验测定(次/mm)；i 为预测年限(年)，$i\leqslant$ 15 年。

车辙预测模型各参数值或参数变化规律见表 4.24。

表 4.24　车辙预测模型各参数值或参数变化规律

参数	参数值或参数变化规律
路面温度	2012 年 5 月 1 日～2013 年 4 月 30 日，路面温度处于 30～40℃，共 407 个小时；路面温度处于 40～50℃，共 33 个小时
不同温度下的动稳定度	$y=-142.9x+10579$，　$R^2=0.9793$
不同使用龄期的混合料动稳定度	$DS_{ij}=DS_{0j}+486i$
交通量	当量小时标准轴载轴次为 23.41 次/h
其他参数	C_1 取 1，C_2 取 0.7，C_3 取 1

2) 模型估算结果及精度

该改扩建工程于 2010 年 10 月竣工后开放交通。自 2011 年 4 月起，每 6 个月对试验路段和普通路段进行车辙深度的跟踪检测，截至 2013 年 5 月共进行了 5 次车辙检测。试验路车辙深度预测值与实际值的比较如表 4.25 和图 4.34 所示。

表 4.25　试验路车辙深度预测值与实际值的比较　　(单位：mm)

时间	试验路段 1			试验路段 2			试验路段 3			试验路段 4			试验路段 5		
	预测值	实际值	误差	预测值	实际值	误差	预测值	实际值	误差	预测值	实际值	误差	预测值	实际值	误差
第 1 年年中	2.04	2.63	0.59	2.01	1.75	−0.26	2.32	2.50	0.18	1.80	2.00	0.20	1.65	1.63	−0.02
第 1 年年底	2.79	3.13	0.34	2.71	3.50	0.79	3.01	2.75	−0.26	2.24	3.25	1.01	2.19	3.00	0.81
第 2 年年中	3.57	4.25	0.68	3.43	4.50	1.07	3.72	3.88	0.16	2.69	3.75	1.06	2.75	3.25	0.50
第 2 年年底	4.32	5.75	1.43	4.13	4.75	0.62	4.41	5.00	0.59	3.15	5.25	2.10	3.31	3.75	0.44
第 3 年年中	5.07	7.75	2.68	4.84	5.50	0.66	5.11	5.75	0.64	3.60	5.25	1.65	3.87	5.00	1.13

续表

时间	试验路段 1			试验路段 2			试验路段 3			试验路段 4			试验路段 5		
	预测值	实际值	误差	预测值	实际值	误差	预测值	实际值	误差	预测值	实际值	误差	预测值	实际值	误差
误差绝对值最大值	—	—	2.68	—	—	1.07	—	—	0.64	—	—	2.10	—	—	1.13

从表 4.25 和图 4.34 可以看出，在不考虑超载等情况下，试验路路面车辙预测值与实际值有较好的一致性。除对比路段外，车辙预测值和实际值的最大误差不超过 3mm。由此可知，本节建立的沥青路面车辙预测模型具有较好的可靠性和准确性，可以比较有效地预测沥青路面车辙深度的发展过程。

车辙病害是沥青路面最为典型和常见的病害类型，沥青路面车辙的预测对于指导路面结构设计和进行有效的养护维修具有重要意义。然而，由于沥青路面车辙的预测过程较为复杂，以往的理论预测结果与实际结果常存在较大的差异。由上述分析可知，本书提出的预测模型可得出较好的预测结果。

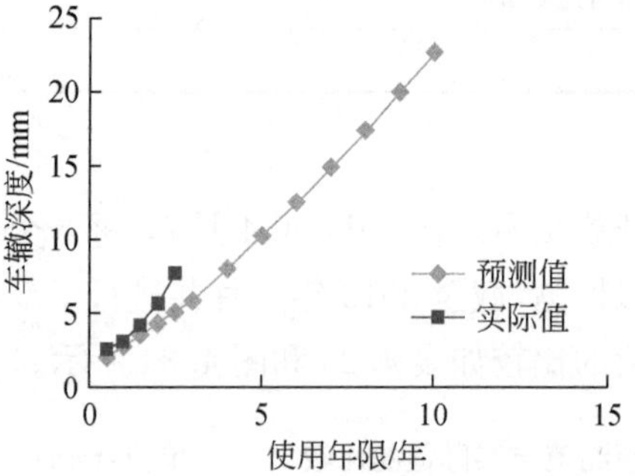

(a) 试验路段1

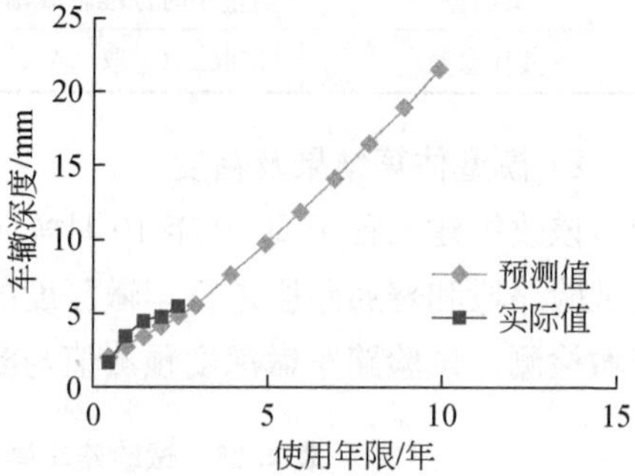

(b) 试验路段2

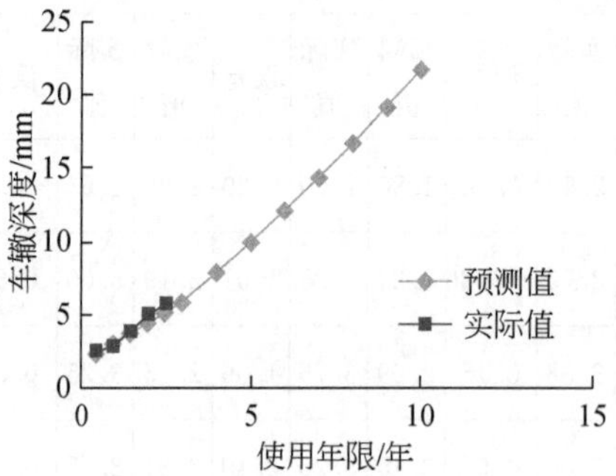

(c) 试验路段3

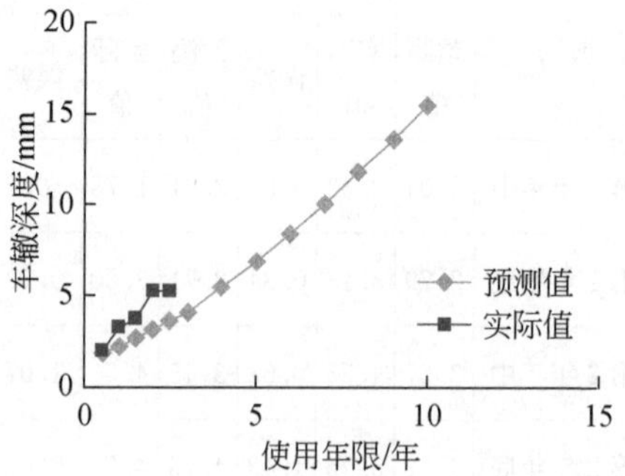

(d) 试验路段4

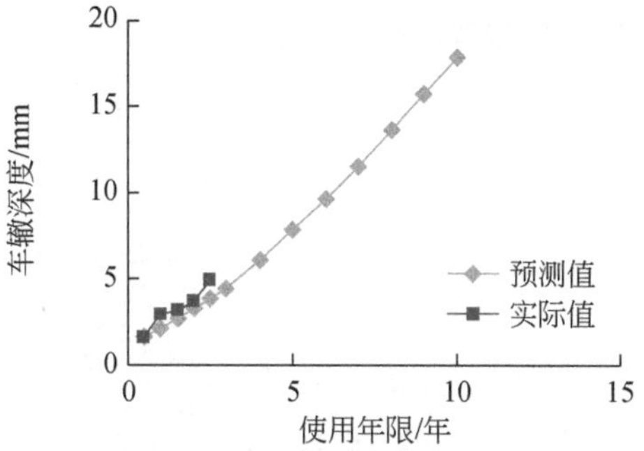

(e) 试验路段5

图 4.34　试验路车辙深度预测值与实际值的变化曲线对比

为此,在该模型基础上开发了公路沥青路面车辙预测程序 V1.0,其界面如图 4.35 和图 4.36 所示。

图 4.35　公路沥青路面车辙预测程序界面

该软件预测过程大致如下。

(1) 在"路面温度"框架中,软件将路面温度划分为 30～40℃、40～50℃、50～60℃三个温区,可直接选择"输入路表温度处于各温区的小时数",或选择"输入气温处于各温度的小时数"。

(2) 在"当量轴次"框架中,通过输入各车型的交通量数据和交通增长率,最后计算得到当地道路的当量小时标准轴载轴次。

(3) "动稳定度"框架主要用于确定与待预测车辙道路路面使用相同的沥青混

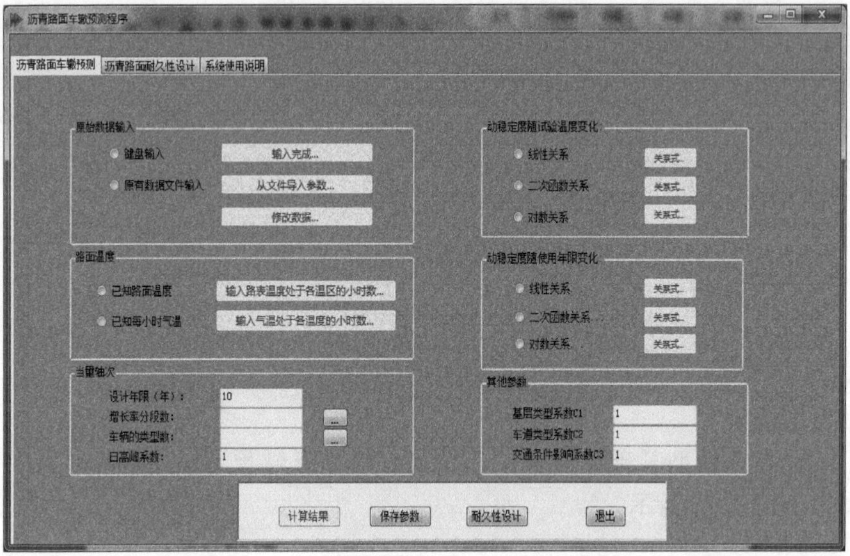

图 4.36　公路沥青路面车辙预测程序输入窗口

合料在室内车辙试验中所测得的动稳定度值随试验温度和使用年限的变化规律。在“动稳定度随试验温度变化”和“动稳定度随使用年限变化”中，有“线性关系”、“二次函数关系”和“对数关系”可供选择。

(4)“其他参数”框架主要用于确定影响路面车辙的其他参数的数值。C_1、C_2、C_3分别为基层类型系数、车道类型系数、交通条件影响系数，用户可根据具体情况进行标定。建议取值为：对于半刚性基层与刚性基层，C_1取 1，对于柔性基层，C_1取 1.5；C_2根据有关规定取值；设计路面当地无特殊交通管制情况时，C_3取值为 0.8～1.2，一般情况下取 1.0；由于特殊的交通管理措施，当交通量小于预计交通量时取低值，当交通量高于预计交通量时取高值。

所有参数输入完成后，先单击“输入完成”按钮，然后单击“计算结果”按钮，保存计算结果，最后输出车辙预测结果。

4.6.4　小结

沥青路面车辙预测是道路工程专业领域的一个难点问题，众多学者利用力学分析法、试验统计法、历史数据拟合法等进行了研究，建立了不同的预测模型。

本书利用沥青混合料流动性车辙的发生机理，提出了基于动稳定度的累积型车辙预测模型。其优点是模型物理意义明确，将室内混合料高温稳定的试验结果用来预测沥青路面的车辙，使室内车辙试验具备实用功能，可用于沥青路面抗车辙耐久性设计。但模型在一些方面仍存在不足，如动稳定度和路面厚度的关系、老化对动稳定度影响的定量描述、不同基层的影响等，这些方面尚缺乏更多的数据支撑，需要今后通过进一步研究来不断完善。

总体来说，本书提出的预测模型精度较高、实用性好，利用该模型编制的预测软件可为有关部门设计和研究提供借鉴。

4.7 本章小结

本章对沥青路面技术性能评价方法和预测方法进行了详细介绍，提出了高速公路沥青路面性能评价指标的细化方法和动态调整方法，有助于认识路面性能指标间的相互关系，反映了不同需求情况下路面性能的评价效果问题。本章提出的考虑不同养护模式的路面性能预测模型，可以满足路面养护规划编制过程和路面养护质量评价过程的不同需求。本章提出的基于动稳定度的车辙预测模型，把动稳定度反映沥青混合料和沥青路面抗车辙性能这一理论进行了具体的应用，开发的预测软件可为相关人员提供借鉴和参考。

第5章 沥青路面结构材料性能评价

在役沥青路面材料的性能是影响养护决策的重要因素之一，主要包括经过多年使用后的路面材料的物理性能和力学性能。本章就该方面的研究和工程实例进行介绍。

5.1 不同使用时间的沥青老化特性

沥青路面投入使用后，经过长时间的使用，在温度、降水、冰冻、日照等因素作用下，沥青混合料将发生劣化，其性能严重下降后将不能再满足必要的服役要求。在路面养护维修决策中，既要考虑在役沥青路面继续服役的可能性，也要考虑旧沥青混合料再生利用的可能性。

本节选取了北京市某两条路龄分别为5年和10年的需要大修改造的旧路，在室内进行了旧沥青混合料性能的试验分析。两条路分别建设于2000年前后，结合料均为普通基质石油沥青。5年龄期旧料的粒径为10～25mm，10年龄期旧料的粒径为0～10mm，分别如图5.1和图5.2所示。

图5.1　5年龄期10～25mm旧料

图5.2　10年龄期0～10mm旧料

通过燃烧法检测5年龄期和10年龄期旧沥青混合料中的沥青含量，均为3.5%，主要是因为5年龄期旧沥青混合料的粒径为10～25mm，而10年龄期旧沥青混合料的粒径为0～10mm。一般来讲，使用年限越长，沥青含量越低，粒径越小，沥青含量越高，两者相抵出现了上述结果。

从不同使用时间沥青混合料中回收沥青的组分分析结果见表 5.1。从表中可以看出，5 年龄期旧沥青的饱和分大于 10 年龄期，芳香分基本相同，而胶质和沥青质的含量则低于 10 年龄期旧沥青。沥青混合料使用时间越长，沥青中的轻质物质成分损失越大，胶质、沥青质等重质物质成分比例提高。

表 5.1　回收的旧沥青组分分析结果

沥青	饱和分/%	芳香分/%	胶质/%	沥青质/%
5 年龄期旧沥青	17.3	26.2	44.3	12.2
10 年龄期旧沥青	13.9	26.8	45.7	13.6

新沥青和使用不同时间旧沥青的三大指标试验结果见表 5.2。从表中可以看出，沥青使用时间越长，针入度越小、软化点越高、延度越小。与新沥青相比，旧沥青的针入度、软化点、延度等指标均有大幅下降。

表 5.2　新沥青和旧沥青三大指标对比

沥青指标测定	新沥青(滨州 AH-90)	5 年龄期旧沥青	10 年龄期旧沥青
25℃针入度/0.1mm	72	39	28
软化点/℃	45.9	54	59.9
15℃延度/cm	>100	17.9	7.9

上述实测结果表明，沥青老化是不可避免的自然变化，通过长时间的使用，沥青结合料发生了物质改变，其技术性能也发生了较大变化。在路面养护和改造中，如何充分利用既有沥青路面和旧沥青混合料，需要进行专题分析。

5.2　不同层位沥青混合料老化性能对比

北京市五环路全长 98.775km，设计行车速度为 100km/h，双向 6 车道加连续停车带，于 2000 年 11 月开工至 2003 年 10 月底完工，工程分四期实施，分别为 2000 年 11 月、2001 年 9 月、2002 年 11 月和 2003 年 10 月。该路路面设计使用寿命为 15 年，截至 2012 年，五环路已经经过了 10 年左右的使用，逐渐进入大修期，局部路面破损严重，车辙病害严重，路面行车质量下降。

不同期修建的五环路路面结构基本相同，上面层为厚 5cm 沥青玛蹄脂碎石混合料(SMA-16)，中面层为厚 6cm 粗粒式沥青混凝土(AC-25)，下面层为厚 7cm 粗粒式沥青混凝土(AC-30)，沥青含量分别为 5.6%、3.9%和 3.8%。沥青玛蹄脂使用的是 SBS-ⅠC 型改性沥青，其他使用的是 AH-90＃基质沥青，基质沥青和改性沥青的基本性能指标见表 5.3 和表 5.4。基层分两层铺筑：上基层为 36cm 石灰粉煤灰稳定碎石，下基层为36cm石灰粉煤灰稳定砂砾。

表5.3 基质沥青基本性能指标

项目	单位	试验结果	技术要求
相对密度	—	1.028	实测
针入度(25℃,5s,100g)	0.1mm	87	80～100
延度(15℃,5cm/min)	cm	>150	≥100
软化点(环球法)	℃	48	≥45
蜡含量(蒸馏法)	%	1.7	≤2.2
动力黏度(60℃)	Pa·s	233	≥160

表5.4 改性沥青基本性能指标

项目	单位	试验结果	技术要求
相对密度	—	1.032	实测
针入度(25℃,5s,100g)	0.1mm	48	40～60
针入度指数PI	—	0.5	≥0
延度(5℃,5cm/min)	cm	33	≥20
软化点(环球法)	℃	83	≥75
旋转黏度(135℃)	Pa·s	2.1	≤3

为做好五环路路面的大修养护规划和养护方案设计，2012年对不同时期完工的路面结构钻芯取样，测定了沥青路面现状、沥青混合料的沥青含量、回收沥青三大指标等。沥青路面现状、沥青混合料的沥青试验结果见表5.5～表5.8。

表5.5 五环路一期旧沥青试验结果

序号	层位	相对密度	油石比	沥青含量/%	针入度/0.1mm		软化点/℃		延度/cm		针入度指数PI	
					实测值	规范值	实测值	规范值	实测值	规范值	实测值	规范值
1	上面层	1.037	4.8	4.6	32	40～60	65.0	≥60	6.0	≥20	—	≥0
2	中面层	1.031	4.0	3.8	69	80～100	49.5	≥45	94.8	≥100	—	−1.5～1.0
3	下面层	1.040	4.0	3.8	49	80～100	54.0	≥45	20.0	≥100	—	−1.5～1.0

表 5.6　五环路二期旧沥青试验结果

序号	层位	相对密度	油石比	沥青含量/%	针入度/0.1mm		软化点/℃		延度/cm		针入度指数 PI	
					实测值	规范值	实测值	规范值	实测值	规范值	实测值	规范值
1	上面层	1.037	4.7	4.5	31	40～60	66.0	≥60	1.4	≥20	—	≥0
2	中面层	1.033	4.3	4.1	48	80～100	52.0	≥45	32.6	≥100	—	−1.5～1.0
3	下面层	1.033	3.9	3.7	44	80～100	53.5	≥45	21.2	≥100	—	−1.5～1.0

表 5.7　五环路三期旧沥青试验结果

序号	层位	相对密度	油石比	沥青含量/%	针入度/0.1mm		软化点/℃		延度/cm		针入度指数 PI	
					实测值	规范值	实测值	规范值	实测值	规范值	实测值	规范值
1	上面层	1.032	4.8	4.6	20	40～60	71.0	≥60	1.0	≥20	—	≥0
2	中面层	1.036	4.2	4.0	50	80～100	53.5	≥45	22.0	≥100	—	−1.5～1.0
3	下面层	1.035	4.1	4.0	46	80～100	54.5	≥45	53.2	≥100	—	−1.5～1.0

表 5.8　五环路四期旧沥青试验结果

序号	层位	相对密度	油石比	沥青含量/%	针入度/0.1mm		软化点/℃		延度/cm		针入度指数 PI	
					实测值	规范值	实测值	规范值	实测值	规范值	实测值	规范值
1	上面层	1.038	5.3	5.0	30	40～60	68.5	≥60	8.1	≥20	—	≥0
2	中面层	1.032	4.3	4.1	50	80～100	51.5	≥45	50.9	≥100	—	−1.5～1.0
3	下面层	1.034	4.2	4.1	58	80～100	51.0	≥45	82.2	≥100	—	−1.5～1.0

从表 5.5～表 5.8 可以看出，无论哪期建设的沥青路面，上面层沥青混合料沥青的含量均降低 0.6%～1.0%，而中、下面层沥青混合料沥青的含量变化为 −0.1%～0.3%，上面层沥青混合料的沥青损失较大，而中、下面层沥青含量的波

动较小，从这个方面来说，上面层沥青混合料老化严重，中、下面层沥青混合料老化较轻。对于上面层沥青混合料，针入度变化范围为 20～32，软化点变化范围为 65.0～71.0，延度变化范围为 1.0～8.1。对于中面层沥青混合料，针入度变化范围为 48～69，软化点变化范围为 49.5～53.5，延度变化范围为 22.0～94.8。对于下面层沥青混合料，针入度变化范围为 44～58，软化点变化范围为 51.0～54.5，延度变化范围为 20.0～82.2。从三大指标也可以看出，上面层沥青老化较严重，中、下面层沥青也出现了老化现象，但老化情况稍轻。另外，中、下面层沥青老化情况基本一致。

上述分析表明，经过 10 年左右的使用，上面层混合料的沥青老化严重，沥青含量有较大的下降，基本不适合再长期服役。而中、下面层沥青老化情况较轻，具有继续服役的基本条件。

5.3　老化沥青混合料力学性能评价

为评价老化后沥青混合料的力学性能，结合五环路大修养护工作，从不同期建设的沥青路面结构中钻芯取样，按第 3 章的试验方法进行力学性能评价。同时，在室内用相同材料、相同配合比制作沥青混合料，进行不同程度的老化，开展相同的力学性能评价。通过上述试验，评价室内外老化和不同层位老化的沥青混合料力学性能的特征差异。

5.3.1　试验材料

为了与北京市五环路路面芯样进行对比，故根据五环路路面材料成型试件。根据调查的相关资料，五环路面层分为三个结构层，即上面层为 SMA-16 改性沥青混合料，中面层为 AC-25 型沥青混合料，下面层为 AC-30 型沥青混合料。集料选用石灰岩和玄武岩，填料选用机制砂和石灰石矿粉，沥青选用 AH-90＃基质沥青和 SBS-ⅠC 型改性沥青。

(1) 集料。本章所采用的粗集料为玄武岩，细集料(0～2.36mm)为石灰岩，石粉为石灰岩矿粉。各种集料的技术性能符合有关规范的要求。

(2) 沥青。本章所采用的沥青为 AH-90＃基质沥青和 SBS-ⅠC 型改性沥青，产地分别为河北秦皇岛和河北廊坊。其技术指标按 JTG E20—2011《公路工程沥青及沥青混合料试验规程》中规定进行试验。

(3) 纤维。使用的纤维为木质素纤维，其技术指标见表 5.9。

表 5.9　纤维技术指标

指标	单位	试验结果	技术要求
纤维长度	mm	<6	<6
灰分含量	%	18.3	18±5
pH	—	7.7	7.5±1.0
吸油率	—	5.7	>纤维质量的 5 倍
含水率	%	2.6	≤5
相对密度	—	1.012	实测

5.3.2　沥青混合料试件制备

1）级配

为了模拟北京市五环路路面材料力学性能，采用 SMA-16、AC-25、AC-30 三种沥青混合料级配，也就是五环路路面三个结构层材料。级配设计见表 5.10～表 5.12。沥青用量按五环路沥青混合料沥青含量考虑，分别为 5.6%(SMA-16)、3.9%(AC-25)和 3.8%(AC-30)。

表 5.10　SMA-16 沥青混合料级配设计　(单位：%)

项目	筛孔尺寸/mm											级配
	0.075	0.15	0.3	0.6	1.18	2.36	4.75	9.5	13.2	16	19	
级配上限	12	14	15	18	22	24	32	65	85	100	100	—
级配下限	8	9	10	12	14	15	20	45	65	90	100	—
级配中值	10	11.5	12.5	15	18	19.5	26	55	75	95	100	—
10～20	0.2	0.3	0.3	0.3	0.3	0.3	0.3	1.2	16.6	39.0	44.7	45
5～10	0.3	0.4	0.5	0.6	0.9	1.3	8.5	35.7	35.9	39.0	36.0	36
0～5	1.3	1.6	2.3	3.4	5.0	7.2	9.0	9.0	9.0	9.0	9.0	9
矿粉	9.3	9.7	9.8	9.9	10.0	10.0	10.0	10.0	10.0	10.0	10.0	10
合成级配	11.1	12.0	12.9	14.2	16.2	18.8	27.8	55.9	71.5	97.0	99.7	100

表 5.11　AC-25 沥青混合料级配设计　(单位：%)

项目	筛孔尺寸/mm												级配
	0.075	0.15	0.3	0.6	1.18	2.36	4.75	9.5	13.2	16	19	26.5	
级配上限	7	13	18	25	32	42	52	63	73	80	90	100	—
级配下限	3	5	8	13	18	25	32	43	53	62	75	95	—
级配中值	5	9	13	19	25	33.5	42	53	63	71	82.5	97.5	—

续表

项目	筛孔尺寸/mm											级配
	0.075	0.15	0.3	0.6	1.18	2.36	4.75	9.5	13.2	16	19	26.5	
10～30	0.1	0.1	0.1	0.1	0.1	0.1	0.1	0.1	0.4	0.9	3.2	22.3	23
10～20	0.1	0.1	0.1	0.1	0.1	0.2	0.2	3.5	16.0	22.3	26.9	28.0	28
5～10	0.4	0.5	0.5	0.7	0.9	1.2	4.5	14.8	15.0	15.0	15.0	15.0	15
0～5	4.9	5.9	8.3	12.5	18.5	26.3	33.0	33.0	33.0	33.0	33.0	33.0	33
矿粉	0.9	1.0	1.0	1.0	1.0	1.0	1.0	1.0	1.0	1.0	1.0	1.0	1
合成级配	6.4	7.6	10.0	14.4	20.6	28.8	38.8	52.4	65.4	72.2	79.1	99.3	100

表 5.12　AC-30 沥青混合料级配设计　（单位：%）

项目	筛孔尺寸/mm													级配
	0.075	0.15	0.3	0.6	1.18	2.36	4.75	9.5	13.2	16	19	26.5	31.5	
级配上限	7	13	18	25	32	42	52	63	72	77	82	92	100	—
级配下限	3	5	8	13	18	25	32	43	52	59	66	79	90	—
级配中值	5	9	13	19	25	33.5	42	53	62	68	74	85.5	95	—
20～40	0.2	0.2	0.2	0.2	0.2	0.2	0.2	0.2	0.4	0.7	1.4	13.1	21.8	26
10～20	0.1	0.1	0.1	0.1	0.1	0.1	0.2	2.9	13.1	18.3	22.1	23.0	23.0	23
5～10	0.5	0.5	0.6	0.8	1.0	1.4	5.1	16.8	17.0	17.0	17.0	17.0	17.0	17
0～5	4.9	5.9	8.3	12.5	18.5	26.3	33.0	33.0	33.0	33.0	33.0	33.0	33.0	33
矿粉	0.9	1.0	1.0	1.0	1.0	1.0	1.0	1.0	1.0	1.0	1.0	1.0	1.0	1
合成级配	6.6	7.7	10.2	14.6	20.8	29.0	39.5	53.9	64.5	70.0	74.5	87.1	95.8	100

2）混合料性能

各项沥青混合料基本性能指标见表 5.13～表 5.15。由试验测试结果可知，三种沥青混合料各项指标均满足相关规范要求。

表 5.13　SMA-16 沥青混合料基本性能指标

指标	单位	试验结果	技术要求
密度	g/cm³	2.451	实测
空隙率	%	3.8	3～4
饱和度	%	79.2	75～85

续表

指标	单位	试验结果	技术要求
矿料间隙率	%	18.7	>17.0
稳定度	kN	6.72	>6.0
流值	mm	4.03	2～5

表 5.14　AC-25 沥青混合料基本性能指标

指标	单位	试验结果	技术要求
密度	g/cm^3	2.511	实测
空隙率	%	3.8	3～6
饱和度	%	78.4	70～85
矿料间隙率	%	17.7	>17.0
稳定度	kN	9.31	>7.5
流值	mm	3.51	2～4

表 5.15　AC-30 沥青混合料基本性能指标

指标	单位	试验结果	技术要求
密度	g/cm^3	2.537	实测
空隙率	%	3.9	3～6
饱和度	%	70.4	70～85
矿料间隙率	%	17.9	>17.0
稳定度	kN	11.86	>7.5
流值	mm	3.42	2～4

3）室内试样制备

采用 Superpave 旋转压实仪进行沥青混合料试件的压实成型。旋转压实仪通过垂直压力在一定的旋转角下压实试件，在混合料制作过程中产生剪应力，能够较好地模拟正确施工方法下实际路面的密度、集料排列和结构特性。试件成型过程中，由于试件体积不变，所以需要调整制作试件所用混合料的质量来控制目标空隙率。成型的原始试件高度为 170mm，直径为 150mm。

采用钻芯机对原始试件进行钻芯取样，芯样直径为 100mm，并通过自动切石机对芯样进行切割。SMA-16 试件和 AC-25 试件的高度均为 38mm，由于 AC-30 沥青混合料中包含粒径较大的集料，为了保证试件内部各集料分布的均匀性，AC-30 试件高度为 50mm，如图 5.3 所示。

图 5.3　试样

4）在役路面试样

五环路原始路面芯样试件直径为 150mm，高度不一。首先选取结构层较明显的原始芯样，通过钻芯机进行钻芯，直径为 100mm，再根据结构层进行切割，尺寸与室内成型试件保持一致，即 SMA-16 试件高度为 38mm、AC-25 试件高度为 38mm、AC-30 试件高度为 50mm。

5）室内老化

参照国内外相关研究结果，本节采用了短期老化、长期老化和超长期老化三种方式。根据以往研究，短期老化模拟的是路面建成通车时沥青的老化情况，长期老化模拟的是实际路面使用 6～9 年后的老化程度。本书中超长期老化可以假设为路面使用 10～15 年后的老化情况。

（1）短期老化。短期老化的具体操作步骤是：将沥青混合料拌和好后，均匀摊铺在瓷盘中，松铺厚度为 21～22kg/m^2，将沥青混合料放入(135±1)℃的烘箱中，在强制通风条件下加热 4h 后，从烘箱中取出沥青混合料。

（2）长期老化。长期老化的具体操作步骤是：将经过短期老化后的沥青混合料成型试件，然后将沥青混合料试件放入(85±1)℃的烘箱中，并在强制通风条件下恒温(120±0.5)h 后，再从烘箱中取出。

（3）超长期老化。超长期老化的具体操作步骤是：将经过短期老化后的沥青混合料成型试件，然后将沥青混合料试件放入(85±1)℃的烘箱中，并在强制通风条件下恒温(240±1)h 后，再从烘箱中取出。

5.3.3　实验结果

1）动态模量主曲线

三种沥青混合料三种老化程度下的动态模量主曲线与五环路三个方位三个面层芯样试件的动态模量主曲线对比如图 5.4～图 5.6 所示。

由图 5.4～图 5.6 可以看出，对于上面层 SMA-16 沥青混合料，北五环动态模量对应室内超长期老化，东五环动态模量对应室内长期老化，南五环动态模量介于室内短期老化和长期老化之间。对于中面层 AC-25 沥青混合料，东五环动态模量介于长期老化和超长期老化之间，北五环动态模量对应室内长期老化，南五环较低。而下面层 AC-30 沥青混合料，对应关系则不明显，三种沥青混合料的动态模量均处于室内较低老化水平。

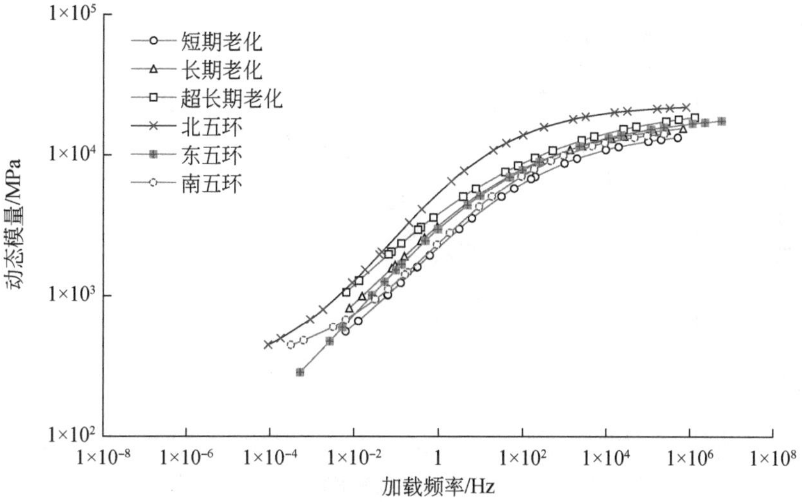

图 5.4　SMA-16 动态模量主曲线对比(参考温度 20℃)

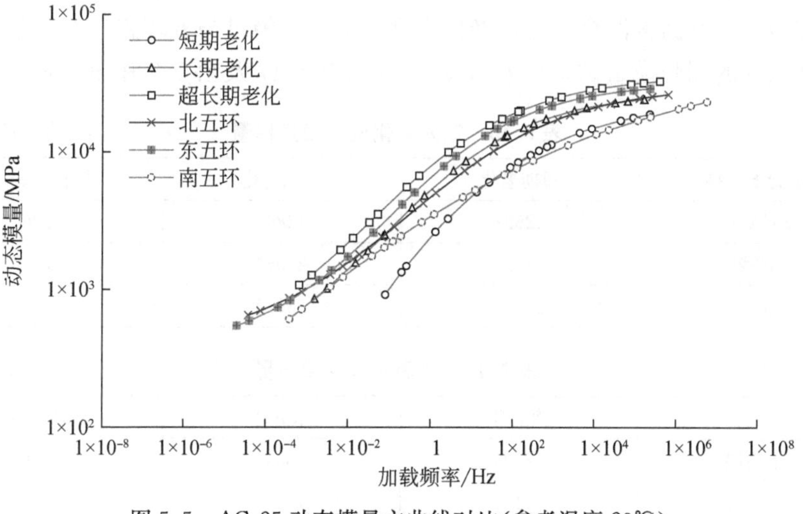

图 5.5　AC-25 动态模量主曲线对比(参考温度 20℃)

由室内外动态模量对比可以看出,虽然五环路由北到南路面使用年限和交通荷载水平都在增加,但中、下面层沥青混合料动态模量变化却不明显,这是因为随着路面结构层的加深,沥青混合料逐渐远离紫外线、氧气和行车荷载等的作用,老化效应逐渐减弱。因此,可以说明对上面层以下的沥青材料而言,实验室老化效应的作用比室外自然老化效应的作用更为明显。

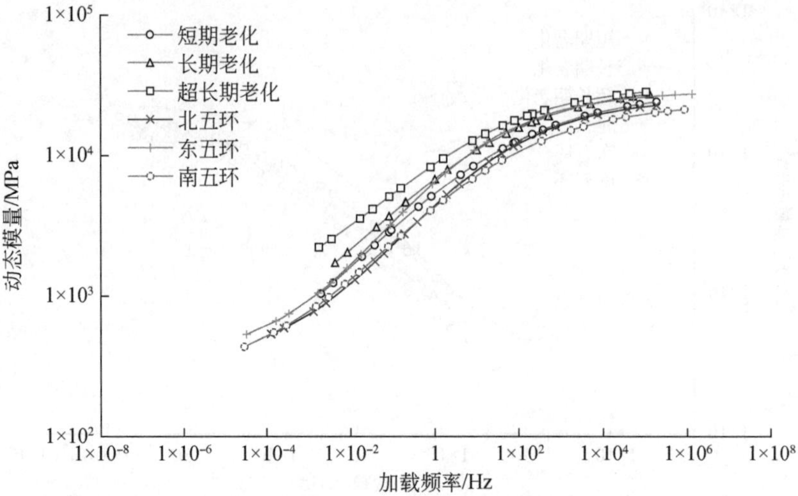

图 5.6　AC-30 动态模量主曲线对比(参考温度 20℃)

2) 回弹模量

实验室三种沥青混合料三种老化程度下的回弹模量与五环路三个方位三个面层芯样试件的回弹模量试验结果如表 5.16 和表 5.17 及图 5.7 和图 5.8 所示。

表 5.16　室内老化试件回弹模量　　(单位:MPa)

沥青混合料	短期老化	长期老化	超长期老化
SMA-16	12692	13868	14774
AC-25	16393	21966	23063
AC-30	20145	23652	25834

表 5.17　路面芯样回弹模量　　(单位:MPa)

层位	南五环	东五环	北五环
上面层	12309	13363	14189
中面层	19154	19432	20695
下面层	19894	23161	21856

从表 5.16 和表 5.17 中的数据以及图 5.7 和图 5.8 中可以看出,实验室成型的沥青混合料试件随老化程度的加深回弹模量有所增加,五环路取芯试件随使用时间的延长回弹模量也有不同程度的增加。对于 SMA-16 即上面层沥青材料,室内外老化沥青混合料回弹模量对应关系较为明显,而 AC-25 和 AC-30 即中、下面层沥青材料的对应规律则不明显,同样可以说明,随着结构层加深,实际路面老化

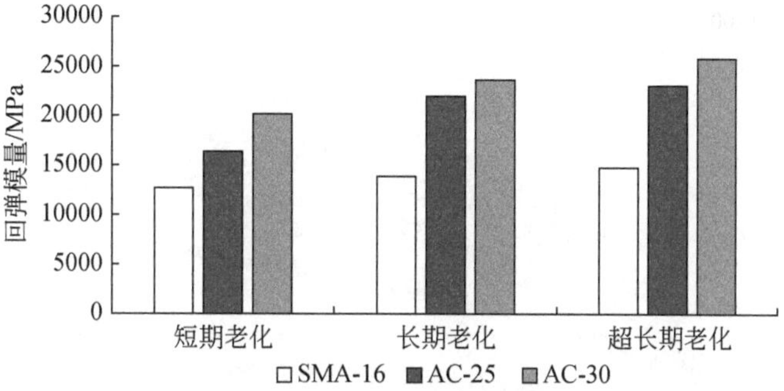

图 5.7　室内老化试件回弹模量柱状图

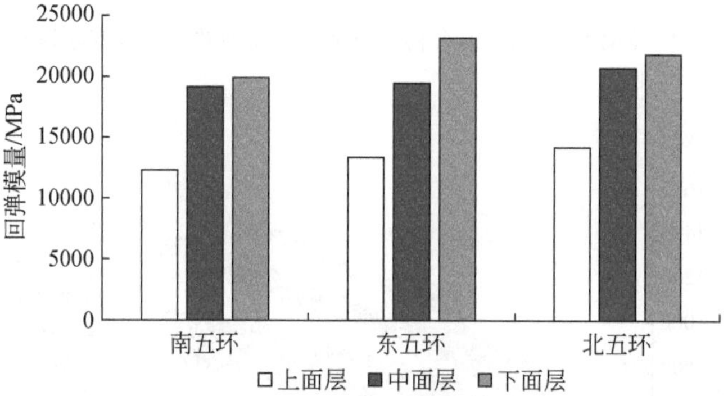

图 5.8　路面芯样回弹模量柱状图

效应的作用逐渐减弱，沥青混合料的力学性能变化逐渐不明显。

3）蠕变性能

在 10℃时，室内不同老化程度的沥青混合料试件与五环路取芯试件的蠕变柔量随加载时间的变化关系，如图 5.9～图 5.11 所示，加载时间为 100s。

由图 5.9～图 5.11 可以看出，二者的对应规律不是很明显，相比动态模量主曲线，蠕变柔量曲线略为离散。但通过室内外试件试验结果对比依然可以发现，对于 SMA-16 沥青混合料，路面芯样的蠕变性能基本高于室内超长期老化水平，对于 AC-25 沥青混合料，路面芯样的蠕变性能大概处于室内长期老化到超长期老化水平之间，而对于 AC-30 沥青混合料，除了北五环的芯样，均处于较低的老化水平。从这一点来看，大致上与动态模量的规律相符，由于实验室短期老化、长期老化和超长期老化的条件是相同的，而实际路面的结构是分层的，上面层黏性下降较快，中、下面层变化缓慢，所以实验室老化效果比实际路面的老化效果更明显。

从蠕变速率来看，对于 SMA-16 沥青混合料，南五环路面芯样的蠕变速率较

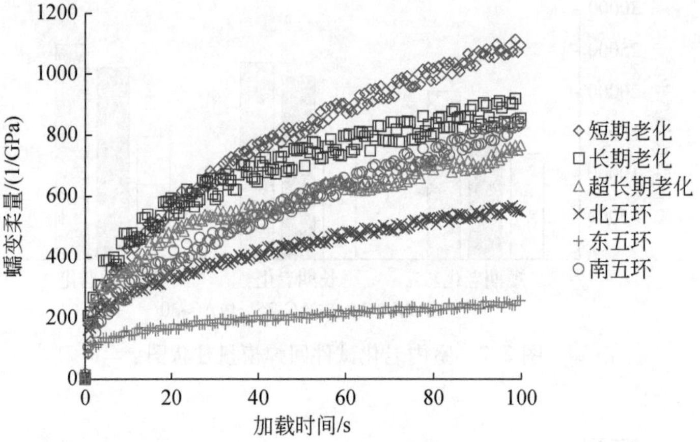

图 5.9　SMA-16 沥青混合料室内试件与路面芯样的蠕变柔量对比

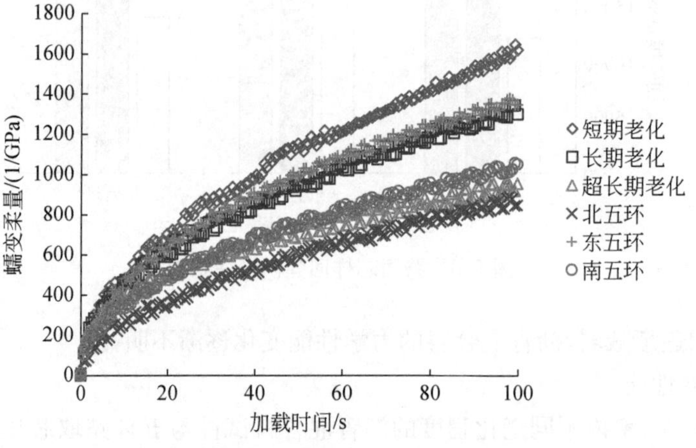

图 5.10　AC-25 沥青混合料室内试件与路面芯样的蠕变柔量对比

大，接近短期老化水平，对于 AC-25 沥青混合料，室内外试件蠕变速率差异不大，对于 AC-30 沥青混合料，北五环路面芯样的蠕变速率最小，接近室内超长期老化水平，而东五环和南五环的路面芯样蠕变速率均大于短期老化水平。

总体来看，北五环路面芯样的蠕变性能略大于南五环路面芯样，而东五环路面芯样的蠕变性能变化规律较明显，上面层处于室内较高老化水平，中面层处于室内中等老化水平，下面层处于室内较低老化水平。

4）抗裂性能

对五环路路面芯样试件进行间接拉伸强度试验，并将试验结果与室内试件的

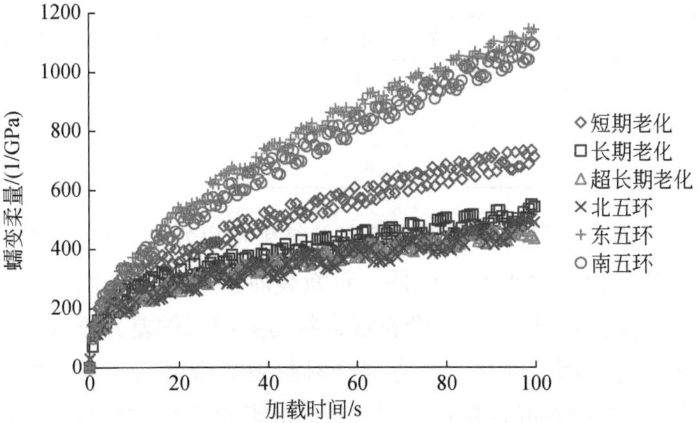

图 5.11　AC-30 沥青混合料室内试件与路面芯样的蠕变柔量对比

试验结果进行对比，结果见表 5.18 和表 5.19。

表 5.18　室内试件间接拉伸强度试验结果

沥青混合料	老化类型	破坏应力/kN	破坏应变	断裂能密度/(10^3J/m^3)
SMA-16	短期老化	12.44	4.577	16.56
	长期老化	13.22	4.315	13.54
	超长期老化	15.04	4.023	10.11
AC-25	短期老化	8.53	5.593	15.78
	长期老化	12.85	4.125	13.24
	超长期老化	15.26	3.492	11.91
AC-30	短期老化	13.86	3.932	19.87
	长期老化	18.01	3.610	16.31
	超长期老化	20.29	3.592	13.04

表 5.19　路面芯样间接拉伸强度试验结果

层位	路线名称	破坏应力/kN	破坏应变	断裂能密度/(10^3J/m^3)
上面层	南五环	14.90	4.259	12.76
	东五环	15.35	3.884	7.77
	北五环	18.00	3.616	10.83
中面层	南五环	12.27	4.246	16.36
	东五环	13.59	4.002	15.18
	北五环	15.70	3.768	13.20

续表

层位	路线名称	破坏应力/kN	破坏应变	断裂能密度/(10^3J/m^3)
下面层	南五环	15.99	4.313	26.65
	东五环	19.18	4.161	25.26
	北五环	23.68	3.801	17.04

通过对比室内外试件间接拉伸强度试验结果可以发现，破坏应变差别不大，路面芯样破坏时的应力略大于室内试件。对断裂能密度对比可以发现，室外上面层沥青混合料小于室内试件，中面层沥青混合料与室内试件差异不大，下面层沥青混合料大于室内试件。因为老化后沥青混合料断裂能密度减小，由试验结果可以看出，路面芯样上面层沥青混合料对应室内较高的老化程度，中面层沥青混合料对应室内中等的老化程度，而下面层沥青混合料对应室内较低的老化程度，这一对应关系也符合前面得到的结论。

5）能量对比

以 0.81MPa 的胎压为标准，选取 80kN 为计算荷载，计算得到面层最大拉应力σ_x为 0.38MPa，以此来计算五环路芯样的最小耗散蠕变应变能($DCSE_{min}$)、热拌沥青混合料耗散蠕变应变能($DCSE_{HMA}$)和能量比(ER)，计算结果对比见表 5.20 和表 5.21。

表 5.20 室内试件能量比计算结果

沥青混合料	老化类型	m	D_1	A	$DCSE_{min}$	$DCSE_{HMA}$	ER
SMA-16	短期老化	0.33832	154.09913	2.559	2.38	16.55	6.95
	长期老化	0.29248	220.88568	2.516	2.25	13.53	6.01
	超长期老化	0.27785	255.50043	2.255	2.49	10.09	4.05
AC-25	短期老化	0.53181	138.04317	3.013	6.98	15.78	2.26
	长期老化	0.48874	139.02783	2.542	6.48	13.23	2.04
	超长期老化	0.46673	142.85808	2.307	6.39	11.90	1.86
AC-30	短期老化	0.37117	96.09169	2.719	1.84	19.86	10.77
	长期老化	0.34809	98.54785	2.428	1.75	16.29	9.32
	超长期老化	0.31292	108.41896	2.175	1.56	13.03	8.33

表 5.21 路面芯样能量比计算结果

层位	路线名称	m	D_1	A	$DCSE_{min}$	$DCSE_{HMA}$	ER
上面层	南五环	0.32000	108.41896	0.323	1.48	12.45	6.85
	东五环	0.29800	143.61682	0.248	0.98	8.75	4.59
	北五环	0.38500	71.93769	0.395	2.27	10.80	5.14

续表

层位	路线名称	m	D_1	A	$DCSE_{min}$	$DCSE_{HMA}$	ER
中面层	南五环	0.46793	120.99465	0.468	4.83	16.36	3.39
	东五环	0.47679	153.69646	0.477	6.80	15.17	2.23
	北五环	0.55503	65.90308	0.555	5.02	13.18	2.63
下面层	南五环	0.52594	51.32019	0.526	3.12	26.64	9.08
	东五环	0.41685	83.24638	0.417	2.81	25.25	9.62
	北五环	0.39157	61.58771	0.392	1.68	17.02	9.11

通过对室内外试件能量比的计算结果进行对比可以发现，对于上面层沥青混合料，南五环能量比最高，接近实验室短期老化水平，东五环和北五环介于实验室长期老化和超长期老化水平之间；对于中面层沥青混合料，五环路芯样能量比均高于室内试件，处于较低的老化水平；对于下面层沥青混合料，五环路芯样能量比略高于室内试件，也处于较低的老化水平。从室内外能量比差异可以看出，老化效应造成的开裂主要集中在沥青路面的表层，随结构层深入，老化效应的影响逐渐减弱，这进一步验证了前面得到的结论。

通过调查相关资料，得到五环路不同路段 PCI 的均值，东五环、南五环、北五环分别为 87.5、93.1、90.8。从 PCI 的均值来看，东五环破损最严重，北五环其次，南五环状况较好，而这一大小顺序刚好对应五环路上面层芯样能量比值与之前的蠕变柔量曲线，表明室内试验，尤其是沥青混合料的有损试验与实测结果一致。但室内不同老化程度的沥青混合料试件能量比与路面芯样对应关系略有差异，由前面的结论可知，能量比随老化程度的加深而减小，北五环使用时间长于东五环，但能量比却大于东五环，这是因为虽然北五环建成时间较早，但东五环重载交通量较大，导致路面破损较严重。因此，只对路面上面层芯样进行有损试验并计算能量比来评价实际路面使用状况更合适，工作量也较小。

5.3.4　小结

本节以北京市五环路沥青路面为研究对象，通过采集实际路面的沥青混合料试样，并在室内制作相同材料、相同类型的沥青混合料试样，开展室内外老化、不同层位老化的沥青混合料力学性能试验，以期评价在役沥青路面的沥青混合料老化特性。

研究结果表明，室内老化与实际路面沥青混合料老化不能很好地对应，反映了室内模拟实际路面使用情况的难度。同时，不同层位沥青混合料的老化程度不同，上面层沥青混合料老化特征明显，中、下面层老化程度较轻。不同力学参数反映的情况不尽相同,但总体来讲,上面层接近于室内长期老化或超长期老化情况,中、下面层更接近于室内长期老化或短期老化与长期老化的中间地带。

上述结果表明,经过多年的使用,上面层沥青混合料的老化程度高,继续服役的可能性小,而中、下面层沥青混合料的老化程度低,具备继续服役的可能性,在沥青路面养护决策时应予以充分考虑和应用。

5.4 半刚性基层芯样力学性能评价

我国在役的沥青路面大部分为半刚性基层沥青路面,半刚性基层材料的抗疲劳寿命对于沥青路面的在役功能和使用寿命具有重要影响。目前,半刚性基层沥青路面在大修养护中,大多采用原路面处理后直接加铺、原路面铣刨后回铺再加铺、清除半刚性基层结构重新进行路面结构施工等方法。了解不同方法对半刚性基层沥青路面结构有何影响,是正确选择路面大修养护方法的关键。

5.4.1 路面结构参数对半刚性基层材料抗疲劳性能的影响

以半刚性基层材料的疲劳开裂作为验算指标,选取我国典型的半刚性基层沥青路面结构,用 BISAR 软件对半刚性材料层底部最大拉应力进行计算,依据半刚性基层的最大拉应力计算疲劳寿命,以此分析沥青路面结构各参数对半刚性基层材料疲劳寿命的影响。

力学分析采用的半刚性基层沥青路面的标准结构和各结构参数的变化范围见表 5.22。

表 5.22 力学分析采用的半刚性基层沥青路面的标准结构和各结构参数的变化范围

结构层	厚度/cm	动态模量/MPa	荷载水平/MPa
沥青层	12～24	7000～11000	0.7～1.1
无机结合料基层	20～40	13000～17000	
水泥稳定碎石底基层	15～35	10000～14000	
土基	—	30～70	

计算中所考虑的影响因素有路面各结构层的动态模量、厚度以及作用荷载的大小。计算时,先将某一个影响因素的值设为变量,其他因素恒定不变,以各因素的变化率和半刚性底基层疲劳寿命变化率的关系曲线的斜率大小来衡量其影响的敏感性。为简化计算,根据式(5.1)计算半刚性底基层的疲劳寿命,即

$$\lg N_{\mathrm{f}}=12.409-12.570\frac{\sigma_{\mathrm{r}}}{f_{\mathrm{r}}} \tag{5.1}$$

式中，σ_r为用 BISAR 软件计算得到的半刚性基层材料的层底最大拉应力；f_r 为半刚性基层材料的极限弯拉强度，取 1.65MPa。

1）各结构层模量变化对半刚性底基层疲劳寿命的影响

分别变化土基、沥青层、基层和底基层的模量，计算半刚性材料层底部的最大拉应力，然后计算半刚性底基层的疲劳寿命，计算结果如表 5.23～表 5.26 及图 5.12～图 5.15 所示。

表 5.23　土基模量对半刚性底基层疲劳寿命的影响

土基模量/MPa	30	40	50	60	70
最大拉应力/MPa	0.2000	0.1921	0.1859	0.1808	0.1765
疲劳寿命/次	7.680×10^{10}	8.822×10^{10}	9.835×10^{10}	1.076×10^{11}	1.160×10^{11}
模量变化率/%	−25	0	25	50	75
疲劳寿命变化率/%	−13	0	11	22	31

表 5.24　沥青层模量对半刚性底基层疲劳寿命的影响

沥青层模量/MPa	7000	8000	9000	10000	11000
最大拉应力/MPa	0.1962	0.1921	0.1885	0.1852	0.1822
疲劳寿命/次	8.209×10^{10}	8.822×10^{10}	9.397×10^{10}	9.957×10^{10}	1.049×10^{11}
模量变化率/%	−12.5	0	12.5	25	37.5
疲劳寿命变化率/%	−7	0	7	13	19

表 5.25　基层模量对半刚性底基层疲劳寿命的影响

基层模量/MPa	13000	14000	15000	16000	17000
最大拉应力/MPa	0.1966	0.1943	0.1921	0.1900	0.1881
疲劳寿命/次	8.152×10^{10}	8.488×10^{10}	8.822×10^{10}	9.153×10^{10}	9.463×10^{10}
模量变化率/%	−13	−7	0	7	21
疲劳寿命变化率/%	−8	−4	0	4	7

表 5.26　底基层模量对半刚性底基层疲劳寿命的影响

底基层模量/MPa	10000	11000	12000	13000	14000
最大拉应力/MPa	0.1760	0.1843	0.1921	0.1994	0.2062
疲劳寿命/次	1.17×10^{11}	1.01×10^{11}	8.82×10^{10}	7.76×10^{10}	6.89×10^{10}
模量变化率/%	−17	−8	0	8	17
疲劳寿命变化率/%	33	15	0	−12	−22

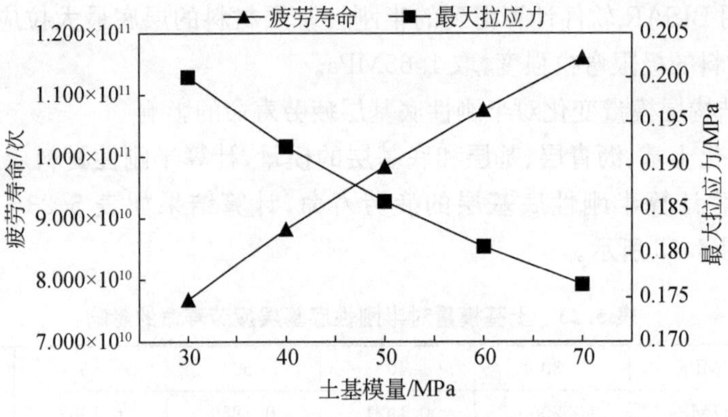

图 5.12 半刚性材料层底部最大拉应力与疲劳寿命和土基模量的关系

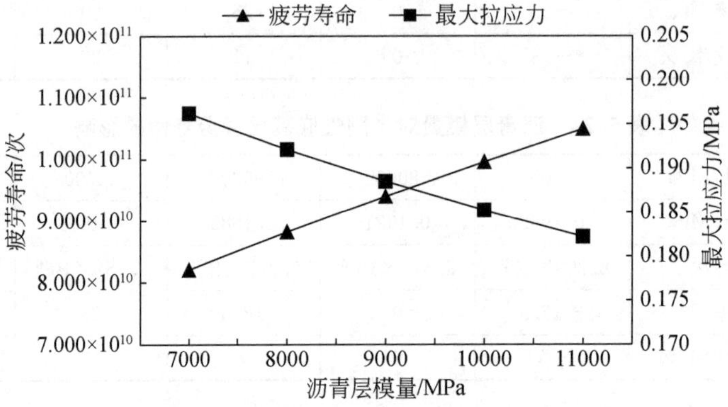

图 5.13 半刚性材料层底部最大拉应力与疲劳寿命和沥青层模量的关系

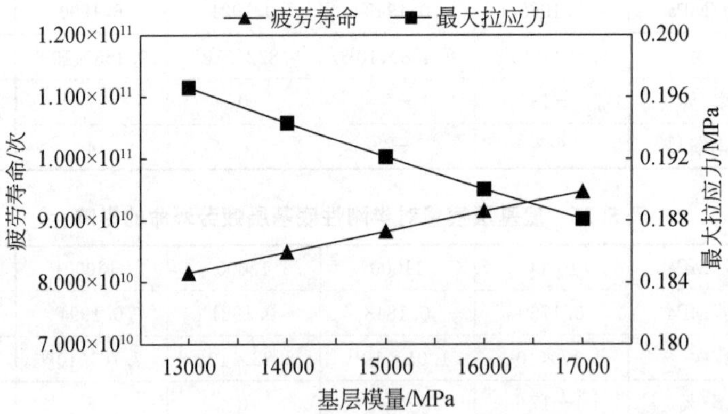

图 5.14 半刚性材料层底部最大拉应力与疲劳寿命和基层模量的关系

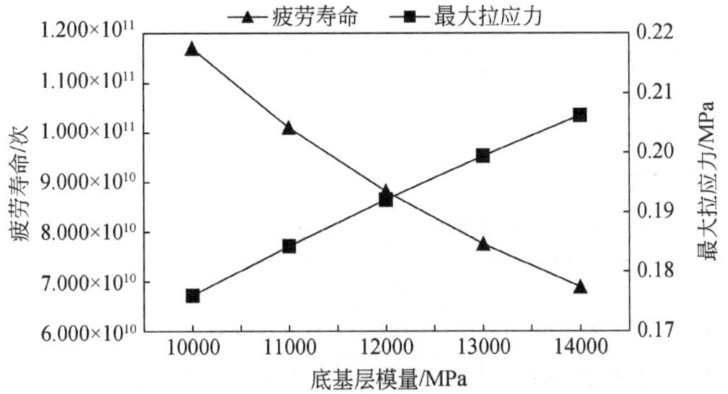

图 5.15　半刚性材料层底部最大拉应力与疲劳寿命和底基层模量的关系

从以上结果可以看出，随着土基模量、沥青层模量和半刚性基层模量的增大，半刚性材料层底部的最大拉应力逐渐减小，其疲劳寿命增大。土基模量从 40MPa 增加到 70MPa，半刚性底基层的疲劳寿命大约增加了 30%；沥青层模量从 8000MPa 增加到 11000MPa，增加了 37.5%，而半刚性底基层的疲劳寿命增加了 19%；半刚性基层模量从 13000MPa 增大到 17000MPa，半刚性底基层疲劳寿命从 8.152×10^{10} 次增大到 9.643×10^{10} 次。

由表 5.28 和图 5.15 可知，底基层模量从 10000MPa 增大到 14000MPa，半刚性材料层底部的最大拉应力从 0.1760MPa 增大到 0.2062MPa；疲劳寿命从 1.17×10^{11} 降低为 6.89×10^{10} 次，降低了 40%多。

2）结构层厚度对半刚性底基层疲劳寿命的影响

将各结构层的厚度以一定的间隔变化，计算半刚性材料层底部的最大拉应力，然后计算半刚性底基层的疲劳寿命，计算结果如表 5.27～表 5.29 及图 5.16～图 5.18 所示。

表 5.27　沥青层厚度对半刚性底基层疲劳寿命的影响

沥青层厚度/cm	12	15	18	21	24
最大拉应力/MPa	0.2080	0.1921	0.1779	0.1653	0.1538
疲劳寿命/次	6.674×10^{10}	8.822×10^{10}	1.132×10^{11}	1.412×10^{11}	1.727×10^{11}
厚度变化率/%	−20	0	20	40	60
疲劳寿命变化率/%	−24	0	28	60	96

表 5.28　基层厚度对半刚性底基层疲劳寿命的影响

基层厚度/cm	20	25	30	35	40
最大拉应力/MPa	0.2664	0.2249	0.1921	0.1659	0.1446
疲劳寿命/次	2.396×10^{10}	4.962×10^{10}	8.822×10^{10}	1.397×10^{11}	2.030×10^{11}

续表

基层厚度/cm	20	25	30	35	40
厚度变化率/%	−33.33	−16.67	0	16.67	33.33
疲劳寿命变化率/%	−73	−44	0	58	130

表 5.29　底基层厚度对半刚性底基层疲劳寿命的影响

底基层厚度/cm	15	20	25	30	35
最大拉应力/MPa	0.2221	0.1921	0.1657	0.1418	0.1300
疲劳寿命/次	5.212×10^{10}	8.822×10^{10}	1.402×10^{11}	2.132×10^{11}	2.622×10^{11}
厚度变化率/%	−25	0	25	50	75
疲劳寿命变化率/%	−41	0	59	142	197

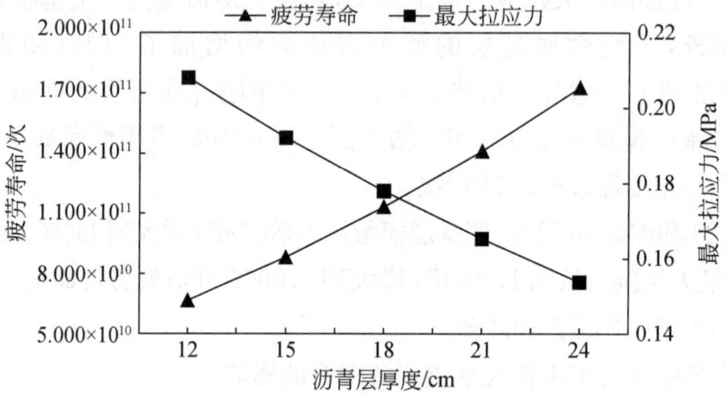

图 5.16　半刚性材料层底部最大拉应力与疲劳寿命和沥青层厚度的关系

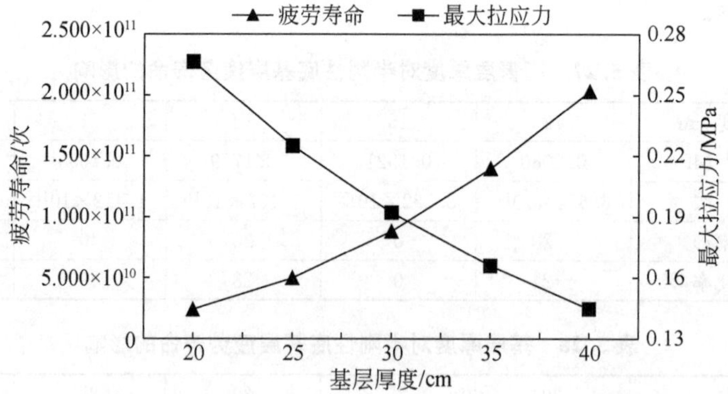

图 5.17　半刚性材料层底部最大拉应力与疲劳寿命和基层厚度的关系

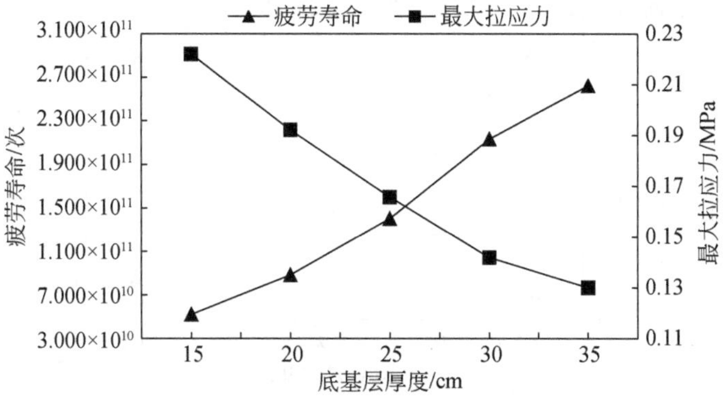

图 5.18　半刚性材料层底部最大拉应力与疲劳寿命和底基层厚度的关系

从以上结果可以看出，随着沥青层、基层和底基层厚度的增加，半刚性材料层底部的最大拉应力明显减小，半刚性底基层疲劳寿命显著增加。

3）荷载水平对疲劳寿命的影响

将作用荷载从 0.7MPa 增加到 1.1MPa，分别计算半刚性材料层底部的最大拉应力，再计算半刚性底基层的疲劳寿命，计算结果如表 5.30 和图 5.19 所示。

表 5.30　作用荷载对半刚性底基层疲劳寿命的影响

作用荷载/MPa	0.7	0.8	0.9	1.0	1.1
最大拉应力/MPa	0.1921	0.2190	0.2464	0.2738	0.3012
疲劳寿命/次	8.822×10^{10}	5.503×10^{10}	3.403×10^{10}	2.104×10^{10}	1.301×10^{10}
荷载变化率/%	0	14.29	28.57	42.86	57.14
疲劳寿命变化率/%	0	−38	−61	−76	−85

从表 5.30 和图 5.19 可以看出，在作用荷载从 0.7MPa 增加到 1.1MPa 的过程中，半刚性材料层底部的最大拉应力出现明显增加，其疲劳寿命显著降低。由表 5.30 中的数据可知，当作用荷载增加到 1.1MPa，疲劳寿命大约降低了 85%，可以看出超载对半刚性沥青路面的疲劳寿命有非常大的影响。

为综合比较，将上述所有结果汇总在图 5.20 中，各参数的变化率与半刚性底基层疲劳寿命变化率的关系曲线斜率大小可以反映各参数的影响敏感性。从图 5.20 可以看出，各参数的敏感性大小为基层厚度＞底基层厚度＞底基层模量、沥青层厚度、作用荷载＞沥青层模量、土基模量、基层模量。即基层厚度和底基层厚度对半刚性底基层疲劳寿命影响最大，其次为底基层模量、沥青层厚度和作用荷载，而沥青层模量、土基模量、基层模量的影响并没有预期的大。

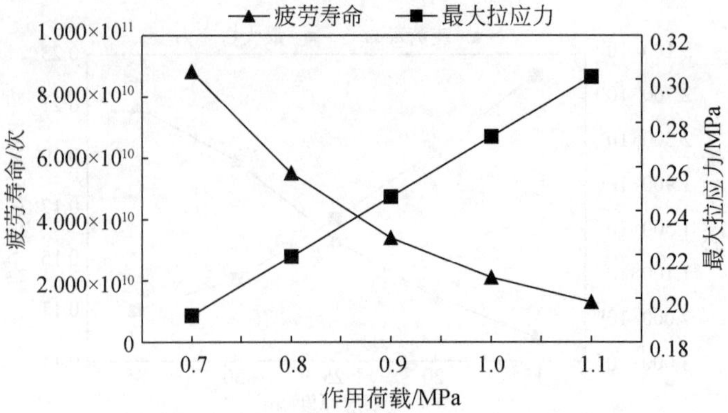

图 5.19　半刚性材料层底部最大拉应力与疲劳寿命和作用荷载的关系

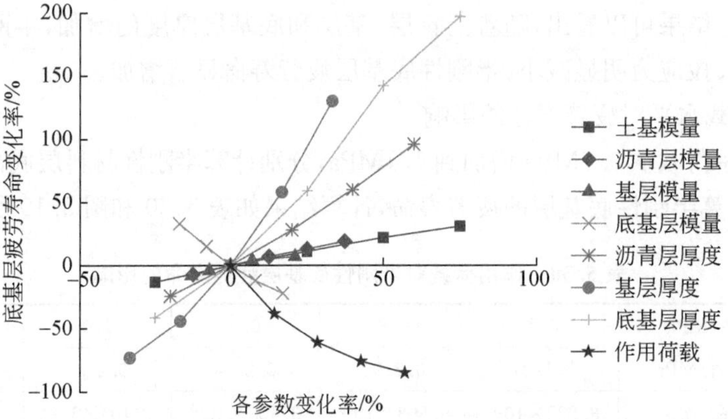

图 5.20　各参数变化对半刚性底基层疲劳寿命的影响

半刚性基层沥青路面经过多年使用后，路面结构各层材料性能均出现一定的衰变，其具体表现形式可能多种多样，但强度和模量下降是主要表现形式之一。在此情况下，是否一定需要将既有路面面层、基层结构清除重建是一个值得商榷的问题。上述分析结果表明，通过加铺路面结构层，增加结构层总厚度可以在一定程度上抵消模量下降引起的负面效果，使路面结构的寿命得到一定的延长，从而使路面结构的大修改造数量得到一定程度的降低。

上述结论只是基于对典型道路路面结构力学计算结果得到的，其正确性还需要试验或实际工程的进一步验证。

5.4.2　芯样强度和模量

从半刚性基层强度形成机理来看，半刚性材料的化学反应要经历相当长的一段时间。即使是早期强度较高的水泥稳定类材料，在水泥终凝后，混合料的硬结过程也常延续到 1 年或 2 年以上。因此，在大致相同的环境温度下，半刚性材料的强度都随龄期而不断增长，但不同材料的增长幅度不同。实际路面结构中半刚性材料的强度随龄期的增长速率与温度和层位有关，所经受的温度越高，强度增长速率越大，因此同种材料在不同地区强度的增长幅度也不相同，即使同一地区的同种材料因结构类型不同，其增长幅度也不同。

表 5.31 为北京市常用半刚性基层力学特征指标与龄期的关系。其中，二灰稳定砂砾级配为 5∶15∶80；水泥稳定碎石级配为 5∶95。从表中可以看出，水泥稳定碎石在前期强度增长很快，28 天时的抗压强度就达到了 180 天的 70％以上；90 天抗压强度/180 天抗压强度比值已经接近 90％，其强度指标继续拓展的空间比较小，因此规范以 90 天作为水泥稳定类基层的设计龄期。而二灰稳定砂砾 28 天抗压强度约为 180 天的 50％；90 天抗压强度/180 天抗压强度比值达到 85％，其力学性能随着龄期的增长后期仍有较大的空间。

表 5.31　北京市常用半刚性基层力学特征指标与龄期的关系

基层材料类型	抗压强度/MPa			抗压强度比/％		抗压回弹模量/MPa
	28 天龄期	90 天龄期	180 天龄期	28 天/180 天	90 天/180 天	
二灰稳定砂砾	2.37	3.72	4.37	54	85	1241
水泥稳定碎石	7.30	9.10	9.90	74	92	2399

基层作为公路路面的主要承重层，必须满足一定的强度和刚度要求，才能承受反复的行车荷载而不产生过量的变形。相对于水泥稳定类基层，二灰稳定砂砾基层的力学性能不仅取决于其级配的结构特性、结合料反应生成物的力学性能，还取决于混合料中原材料的力学性能。在混合料形成初期，结合料没有充分反应，仍处于较为松散的结构状态，所以其抗压强度和抗拉强度都较低。随着石灰粉煤灰反应的进行，结合料中形成空间网状结构，使其后期的强度、刚度都有较高的增长。因此，二灰稳定砂砾基层的抗压强度和抗压回弹模量大小也是评价半刚性基层可利用价值的重要指标。

为详细考察和对比半刚性基层的力学性能，在北京市房易路、五环路、顺密路等典型路段钻芯取样，对圆柱体基层芯样进行断面修补后浸泡 48h，开展芯样的抗压强度和抗压回弹模量力学试验(图 5.21，具体试验方法参见第 3 章)，以分析二灰稳定砂砾基层的长期力学性能及发展变化的规律。

1）二灰稳定砂砾基层芯样抗压强度的试验结果

房易路、五环路、顺密路基层芯样抗压强度试验结果见表 5.32。

(a) 芯样试验破坏　(b) 不同芯样的破坏状态　(c) 计算机试验数据

图 5.21　半刚性基层芯样抗压强度试验

表 5.32　典型路段芯样抗压强度试验结果

<table>
<tr><td>路线名称</td><td colspan="12">抗压强度/MPa</td></tr>
<tr><td rowspan="2">房易路</td><td colspan="4">芯样 1</td><td colspan="4">芯样 2</td><td colspan="4">芯样 3</td></tr>
<tr><td colspan="4">6.85</td><td colspan="4">7.19</td><td colspan="4">6.11</td></tr>
<tr><td rowspan="4">五环路</td><td colspan="3">东五环外环</td><td colspan="3">南五环外环</td><td colspan="3">西五环外环</td><td colspan="3">北五环外环</td></tr>
<tr><td colspan="3">10.45</td><td colspan="3">9.68</td><td colspan="3">10.34</td><td colspan="3">10.32</td></tr>
<tr><td colspan="3">东五环内环</td><td colspan="3">南五环内环</td><td colspan="3">西五环内环</td><td colspan="3">北五环内环</td></tr>
<tr><td colspan="3">10.16</td><td colspan="3">9.49</td><td colspan="3">10.99</td><td colspan="3">11.63</td></tr>
<tr><td rowspan="2">顺密路</td><td colspan="2">芯样 1</td><td colspan="2">芯样 2</td><td colspan="2">芯样 3</td><td colspan="2">芯样 4</td><td colspan="2">芯样 5</td><td colspan="2">芯样 6</td></tr>
<tr><td colspan="2">13.4</td><td colspan="2">12.6</td><td colspan="2">16.9</td><td colspan="2">14.5</td><td colspan="2">13.6</td><td colspan="2">12.9</td></tr>
</table>

由表 5.32 可以看出，房易路的半刚性基层在使用 5 年后，平均抗压强度达 6.72MPa；五环路的半刚性基层在使用 10 年后，平均抗压强度达 10.38MPa；顺密路的半刚性基层在使用 22 年后，平均抗压强度达 13.98MPa。房易路 3 个芯样抗压强度变异系数为 6.71%，五环路 8 个芯样抗压强度变异系数为 6.10%，顺密路 6 个芯样抗压强度变异系数为 10.26%。三条典型路段芯样抗压强度变异系数均小于 15%，相比建设期的无机结合料稳定材料的抗压强度变异性水平，说明随着二灰稳定砂砾基层抗压强度的增长，基层的均匀性和稳定性均有所改善。

2）二灰稳定砂砾基层芯样抗压回弹模量的试验结果

房易路、五环路芯样抗压回弹模量试验结果见表 5.33。

由表 5.33 可以看出，房易路平均抗压回弹模量达 3625MPa，最小抗压弹性模量为 2922MPa；五环路平均抗压回弹模量达 4132MPa，最小抗压弹性模量为 2629MPa。房易路抗压回弹模量变异系数为 16.0%，五环路抗压回弹模量变异系数为 21.7%。抗压回弹模量的变异性水平明显大于抗压强度，说明抗压回弹模量对无机结合料剂量、混合料级配、施工变异性更加敏感，半刚性基层施工质量仍是维持基层长期性能优良的首要因素。

表 5.33　房易路、五环路芯样抗压回弹模量试验结果

路线名称	芯样抗压回弹模量/MPa					
房易路	芯样 1	芯样 2	芯样 3	芯样 4	芯样 5	
	3351	2922	3396	4242	4215	
五环路	芯样 1	芯样 2	芯样 3	芯样 4	芯样 5	芯样 6
	3687	4457	4437	5902	4083	3638
	芯样 7	芯样 8	芯样 9	芯样 10	芯样 11	芯样 12
	5350	5456	3206	4153	2874	4136
	芯样 13	芯样 14	芯样 15	芯样 16	芯样 17	芯样 18
	2908	3905	4117	2629	6120	3155
	芯样 19	芯样 20	芯样 21	芯样 22	芯样 23	芯样 24
	3836	3665	4023	5315	4457	3413
	芯样 25	芯样 26	芯样 27	—	—	—
	4064	3834	4746	—	—	—

二灰稳定砂砾基层使用期表现的强度、刚度增长规律，有利于路面结构的耐久和长期稳定，如果半刚性基层没有因为疲劳开裂或水损坏造成模量的显著降低，充分利用既有公路沥青路面的强度和刚度进行加铺层设计，使半刚性基层处于更加有利的受力层位，将有利于实现半刚性基层长寿命路面。

图 5.22 对比了五环路芯样抗压回弹模量试验值与相应点位 FWD 结构模量反算值。从图中可以看出，抗压回弹模量试验值与 FWD 结构模量反算值之间的

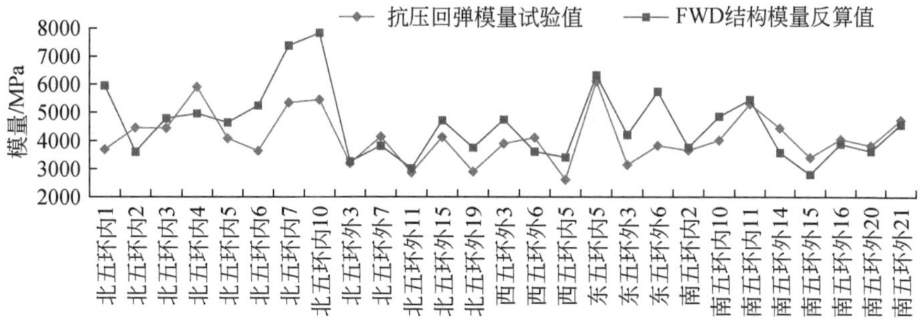

图 5.22　五环路芯样抗压回弹模量试验值和 FWD 结构模量反算值的比较

总体趋势一致，芯样平均抗压回弹模量的平均值为 4132MPa，反算平均结构模量为 4583MPa，说明 FWD 结构模量反算值可以反映完好路面的刚度和承载能力，而反算模量值的波动则反映了路面结构损伤程度。

5.5 本章小结

在役沥青路面结构中材料性能的好坏是影响路面养护决策的重要因素，必须通过各种不同的方法对道路材料进行全面的评价，以达到充分利用既有路面结构和材料、减少大修养护的目的。

本章主要以北京市五环路大修等实际养护工程为例，介绍了路面沥青混合料和半刚性基层材料的力学性能评价工作。研究表明，对于沥青层，经过多年的使用，面层沥青混合料中的沥青无论是化学成分还是物理性能均产生了老化，但上面层的老化更加严重，中、下面层的老化相对较轻。从力学性能而言，无论是动态弹性模量还是劈裂强度，力学性能试验结果均表明，上面层混合料老化严重，中、下面层混合料的力学性能没有明显的下降，具有继续服役的可能。对于半刚性基层，由于半刚性基层材料强度和模量在一定时间内随时间增加呈增长趋势，所检测的半刚性基层材料的强度和模量均较建成时有所增加，满足道路设计规范的要求。

综上所述，如果没有重载交通、水损坏、水损毁等恶劣因素导致路面面层和基层出现严重的裂缝、沉陷、车辙、松散、碎裂等病害，且路面结构没有出现否定性的破坏，通常情况下，达到使用寿命的中下沥青面层和半刚性基层具备继续服役的可能性，在路面养护决策时应充分予以考虑和利用。

第 6 章　考虑多目标的沥青路面养护决策

随着我国公路里程的持续增加，公路养护维修工作日益频繁，养护维修决策是做好养护维修工作的基础，科学、合理地制定养护维修方案具有重要的技术和经济效益。目前，我国的公路养护决策多基于路面检测指标、经费预算、急需程度等，并且在经费满足条件的情况下安排实施。在养护决策分析中，主要考虑技术可行性、工程财务成本、用户成本，而对不同养护方案的交通影响及由交通影响产生的交通影响成本和交通影响环境成本则不多考虑，尚没有定量化的研究方法。

本章以道路路面养护决策方法为核心，对考虑交通影响及由交通影响产生的交通影响成本和交通影响环境成本进行分析，建立定量化的研究方法和模型，形成多目标的养护决策方法，并结合工程实例进行介绍。这里的多目标养护决策是指在原有养护决策分析方法的基础上，将养护方案对交通和环境的影响定量化纳入考虑范围，使养护决策可以关注更多的目标需求。

6.1　概　　述

考虑多目标的养护决策流程如图 6.1 所示。具体决策过程如下。

(1) 对路面使用状况的历史及现状进行全面调查，包括路面破损状况、车辙、结构强度、抗滑性能、平整度等，同时还可以收集其他相关资料，如交通量、气候条件等。

(2) 对所收集的数据进行统计分析，根据预防性养护的特点及约束条件，区分出需要采取预防性养护措施和矫正性养护措施的路段范围。

(3) 对养护路段进行区段划分，将相似或相近性能的路段进行聚类，分别制定可能的养护组合方案。

(4) 根据路面性能历史数据，确定不进行养护条件下的路面性能衰变预测模型。根据不同的养护措施，确定不同养护措施下的路面性能预测模型。

(5) 确定寿命分析期，计算寿命周期内的养护维修效益。

(6) 计算寿命周期内的各项成本，除养护维修成本外，还包括交通影响成本和环境影响成本。

(7) 进行寿命效益分析和费用成本分析，根据效益费用比确定最佳养护方案。

关于沥青路面养护维修的效益分析、建设成本分析、用户成本分析，目前已有较多的研究，这里不再进行介绍。本章主要介绍沥青路面养护维修的交通和环境影响成本的定量分析和应用实例。

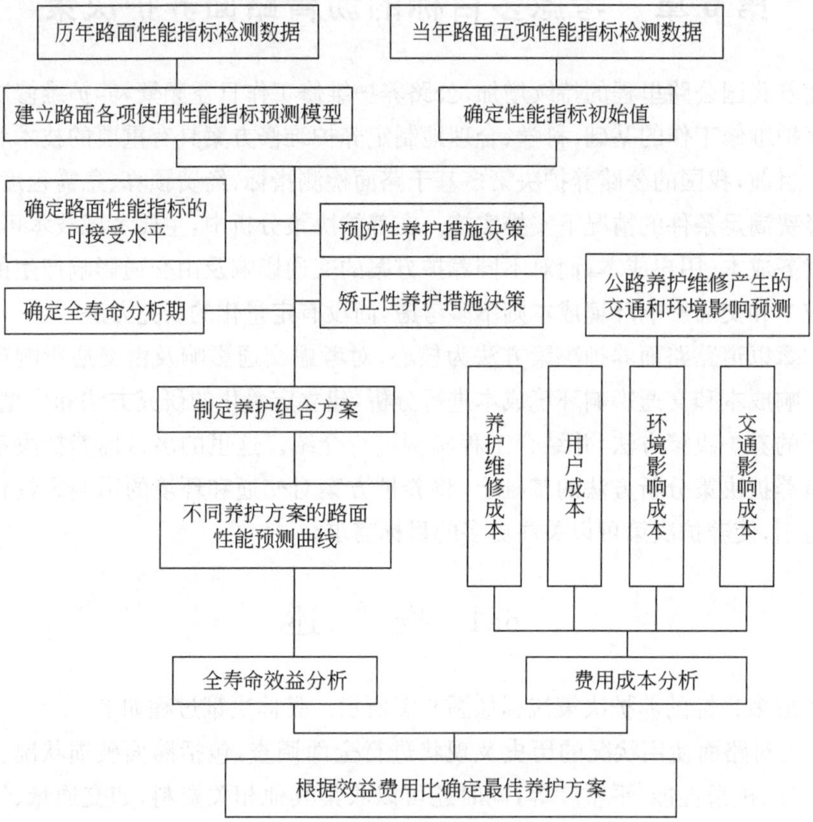

图 6.1　考虑多目标的养护决策流程

6.2　交通和环境影响分析

在道路上设置养护作业区，往往需要封闭部分车道，容易造成交通拥堵和交通延误，使交通事故率上升，汽车燃料消耗量增加，从而造成额外的社会成本，这些额外的社会成本有时会比养护作业本身的工程成本还高。

6.2.1　交通延误影响

公路养护施工作业引起的交通延误影响是产生交通事故影响及环境污染影响的根源之一，合理分析建立养护作业区与交通延误的关系模型，可以为交通事故模型和环境污染模型的建立，以及交通影响成本分析提供技术支持。

目前，定量评价不同养护作业方式对交通的影响有多种方法，可以采用交通仿真方法得到不同交通管理模式下的交通延误；也可以采用理论分析法，通过分析计算得到不同交通管理模式下的交通延误。

通过参考相关资料、规范，下面对交通延误的理论计算方法进行简要介绍。在交通延误分析中，常进行以下假设：

(1) 道路养护作业都是一个接一个进行的，不存在同时布置几个养护作业区。

(2) 车流在正常路段和养护作业区路段行驶时的速度都是恒定的。

(3) 车辆平均到达率在养护期间视为是稳定不变的。

(4) 将养护作业区的通行能力近似作为拥挤情况下作业区的排队驶离率。

(5) 不考虑由车辆到达的随机性产生的排队延误。

(6) 车流量不超过正常路段的通行能力。

其中，养护作业区的交通延误可分成以下四个部分：

(1) 进入养护作业区后车辆降低到作业区要求的速度所造成的减速延误。

(2) 车辆以比较低的速度通过作业区时的运行延误。

(3) 车辆通过作业区后恢复到正常速度时的加速延误。

(4) 养护作业区范围内的排队延误。

养护作业区单个车辆在作业区的减速、加速和运行延误按表 6.1 来计算，计算参数说明见表 6.2。

表 6.1　养护作业区单个车辆减速、加速和运行延误计算公式

延误类型	减速延误	运行延误	加速延误
计算参数	v_1, v_2, a_1	v_1, v_2, l, l_0	v_1, v_2, a_2
计算公式	$d_1=(v_1-v_2)^2/(2a_1v_1)$	$d_2=(1/v_2-1/v_1)(l+l_0)$	$d_3=(v_1-v_2)^2/(2a_2v_1)$

表 6.2　计算参数说明

参数	说明	参数	说明
v_1/(m/s)	正常路段速度	T/h	养护时间
v_2/(m/s)	作业区平均速度	l/m	工作区长度
a_1/(m/s^2)	平均减速度	q_1/(veh/h)	不设作业区时的道路通行能力
a_2/(m/s^2)	平均加速度	q_w/(veh/h)	设作业区时的道路通行能力
q/(veh/h)	车辆平均到达量	l_0/m	过渡区和缓冲区长度

当到达流量小于作业区通行能力时，作业区的延误主要由减速延误、运行延误和加速延误构成，其延误计算公式可以表示为

$$D_1=(d_1+d_2+d_3)qT \tag{6.1}$$

当到达流量大于作业区通行能力时，作业区范围内的交通流为拥挤交通流，在到达流量一定的情况下，只有作业区撤离以后，排队情况才会消失。因此，车辆延误将不仅包括车流的加速延误、减速延误和运行延误，还包括车流的排队延误，计算公式表示如下：

$$D_2=(d_1+d_2+d_3)q_{\mathrm{w}}T+D_{\mathrm{d}} \tag{6.2}$$

$$D_{\mathrm{d}}=0.5\,\frac{q-q_{\mathrm{w}}}{q-q_1}(q_{\mathrm{w}}-q_1)T^2 \tag{6.3}$$

通过式(6.1)～式(6.3)建立了在不同交通情况下交通延误与养护时间之间的关系模型。

目前，交通仿真技术日益完善，可以分析不同情况下的交通运行状况。因此，还可以采用交通仿真方法得到不同养护作业方案对交通运行的定量影响。

6.2.2　环境影响

公路养护作业区对环境污染的影响主要是养护作业导致交通状况发生改变，出现拥堵、停车、加减速等行车状态，造成燃油消耗量和尾气排放量的增加。下面主要对养护作业可能产生的尾气排放进行分析。

在公路养护施工的寿命周期内有大量环境污染废气排放，这些气体是造成全球变暖、酸化和富营养化的主要污染因子，如 CO_2、SO_2、NO_x 等。公路养护施工的寿命周期内，废气污染包括其生产能源和消耗能源时产生的总废气排放量，能源消耗中能源氧化率的不同导致废气排放量也不同，目前我国还没有制定此类计算因子，而能耗所带来的大气环境影响物不是区域性的，而是全球性的。这里采用联合国政府间气候变化专门委员会提出的环境排放因子客观评价废气排放量，见表 6.3。能源生产排放因子采用中国能源生产排放清单，见表 6.4。

表 6.3　各种能源的环境排放因子

能源	氧化率	石油转化因子/toe	NO_x/(kg/toe)	SO_2/(kg/toe)	CO_2/(kg/toe)
煤	0.98	0.00054	7.63	27.66	1100
煤油	0.98	0.00087	5.63	20.42	812
柴油	0.99	0.00092	5.81	21.05	837
重油	0.99	0.00097	6.07	22	875
电	0.998	0.00009	6.26	22.68	902

注：toe 为吨油当量，按 1t 标准油的热质计算各种能源量的换算指标。

表 6.4　中国能源生产排放清单

能源污染物	燃料油/kg	原煤/kg	天然气/m^3	电力/(kW·h)
CO_2	0.21	6.19×10^{-3}	7.48×10^{-2}	0.762
CO	1.31×10^{-4}	5.17×10^{-6}	7.23×10^{-6}	1.15×10^{-3}
CH_4	2.11×10^{-4}	9.32×10^{-3}	7.32×10^{-6}	2.3×10^{-3}
NO_x	8.23×10^{-4}	4.29×10^{-5}	1.87×10^{-4}	4.54×10^{-3}
SO_2	1.13×10^{-4}	7.45×10^{-6}	1.91×10^{-4}	4.34×10^{-3}

尾气污染成本的计算相对困难，目前尚未形成成熟的理论和计算方法。因此，只能建立相关数据模型，计算出尾气排放量，通过比较尾气排放量来评价不同养护方案对环境污染的影响。

根据相关资料的介绍，尾气排放量与车辆行驶速度的关系，可以采用以下各模型进行分析计算。

CO_2选取的模型为原始分段模型(Q_{CO_2}单位为 g/s，V 单位为 m/s)：

$$Q_{CO_2}=\begin{cases}1.603, & V=0\\ 0.863+0.144V, & 0<V\leqslant10\\ -0.067+0.152V, & 10<V\leqslant20\\ 0.39+0.238V, & V>20\end{cases}\tag{6.4}$$

NO 选取的模型为处理分段模型(Q_{NO}单位为 mg/s，V 单位为 m/s)：

$$Q_{NO}=\begin{cases}0.759, & V=0\\ e^{\left(2.472-\frac{2.349}{V}\right)}, & 0<V\leqslant10\\ V^{0.754}, & 10<V\leqslant23\\ 0.39+0.238V, & V>23\end{cases}\tag{6.5}$$

HC 选取的模型为原始分段模型(Q_{HC}单位为 mg/s，V 单位为 m/s)：

$$Q_{HC}=\begin{cases}0.172, & V=0\\ e^{\left(-0.648-\frac{1.201}{V}\right)}, & 0<V\leqslant10\\ 0.107-0.004V^2, & 10<V\leqslant23\\ 0.03V-0.0002V^2, & V>23\end{cases}\tag{6.6}$$

CO 选取的模型为原始三次曲线模型(Q_{CO}单位为 g/s，V 单位为 m/s)：

$$Q_{CO}=\begin{cases}0.007, & V=0\\ 0.009V-0.0004V^2+0.000005V^3, & V>0\end{cases}\tag{6.7}$$

根据以上数据模型，建立估算尾气总排放量模型：

$$Q=\sum Q_i\tag{6.8}$$

式中,Q 为气体的总排放量(g/s);Q_i为燃油燃烧时第 i 种气体的排放量(g/s)。

6.2.3 燃油影响

在养护作业区,交通延误增加、通行能力下降,不仅使环境污染增加,还会造成车辆燃油消耗量的额外增加。这里根据各种废气的排放量与各种能源的环境排放因子之间的关系(表 6.3),利用式(6.9)将环境污染量转化成燃油消耗量:

$$F=\sum \frac{Q_i}{\phi_i} \tag{6.9}$$

式中,F 为燃油消耗量;Q_i为第 i 种气体的排放量(g/s);ϕ_i为第 i 种气体的排放转化因子。

6.3 交通影响成本

交通影响成本是公路养护维修带来的额外用户费用,这里重点考虑的交通影响成本包括交通延误费用、燃油附加费用和环境污染费用。

1) 交通延误费用

公路养护施工造成的延误包括对乘客和货物的双重损失,所以在计算交通延误费用时,需分别计算乘客延误费用和货物车辆延误费用。

乘客延误费用为

$$\mathrm{PWTC}=\sum_{i=1}^{k} T_i \cdot c_i \cdot \mathrm{ATS}_i \cdot \mathrm{PN}_i \cdot \mathrm{PWUC}_i \tag{6.10}$$

式中,PWTC 为某一施工路段乘客延误费用(元);T_i为施工工期(h);c_i为 i 型车辆每小时的交通量(veh/h);ATS_i为某一路段 i 型车辆的单车平均延误时间(s);PN_i为 i 型车辆的乘客数(人);PWUC_i为 i 型车辆人均工作时间价值[元/(人·s)];k 为车辆类型。

货物车辆延误费用为

$$\mathrm{CagoHC}=\sum_{i=1}^{k} T_i \cdot c_i \cdot \mathrm{ATS}_i \cdot \mathrm{ALD}_i \cdot \mathrm{CDUC}_i \tag{6.11}$$

式中,CagoHC 为某一路段货物车辆延误费用(元);T_i为施工工期(h);ALD_i为 i 型车辆的平均载重(t);CDUC_i 为 i 型车辆的货物延迟时间价值[元/(t·h)]。

因此,由养护作业造成交通延误产生的费用模型为

$$\mathrm{CY}=\mathrm{PWTC}+\mathrm{CagoHC} \tag{6.12}$$

式中,CY 为养护作业产生的总延误费用(元)。

2）燃油附加费用

养护维修作业对交通产生影响，使车辆产生延误并使燃油消耗量增加，因而产生的燃油附加费用可用式(6.13)计算：

$$\mathrm{CW} = \sum F\varphi \tag{6.13}$$

式中，CW 为燃油附加费用(元)；F 为某种燃油的消耗量(L)，根据尾气污染排放量计算得到；φ 为该种燃油的时价(元/L)。

3）环境污染费用

环境污染费用的计算是寿命路面养护决策中最为困难的问题之一，目前尚无成熟的理论和计算方法。这里仅将由交通延误产生的环境污染，以排放量大小的形式进行考虑，计算方法参见 6.2 节。

6.4　公路养护作业工程案例

6.4.1　工程概况

养护作业工程为北京市东六环潞阳桥路段，桩号为 K39＋780～K40＋740，施工长度为 960m，该路段为双向四车道，行车道宽度为 3.75m，应急车道宽度为 3m，中央隔离宽度为 3m。

该路段自 2004 年通车运营至今，道路交通量大、重载车辆多、车辆组成较为复杂、大小车型混行率高，且夏季高温时超重车行驶很容易造成车辙。经调查，六环路内环 K39＋780～K40＋740 路段均出现不同程度的车辙、裂缝及拥包等路面病害(图 6.2)，局部路段路面沉陷较为严重，最深车辙为 7cm(图 6.3)。

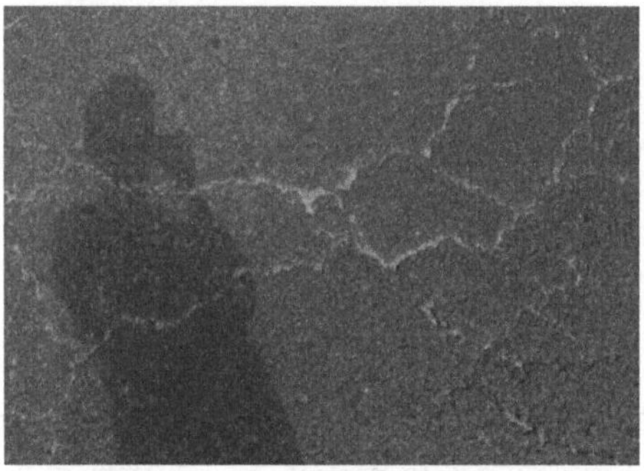

图 6.2　试验路段的裂缝病害

图 6.3　试验路段的车辙病害

该路段的交通量较大，年平均日交通量为 17121pcu/d，交通量约为 26618veh/d。

该路段调查的日交通量分布图如图 6.4 所示，其中主路内环的高峰小时交通量为 1577veh/h，主路外环的高峰小时交通量为 1191veh/h，统计数据见表 6.5。可见，该路段高峰时段的交通量大，且大车比例高，所以养护施工期间，施工占道会使道路通行能力降低，极易造成交通拥堵。

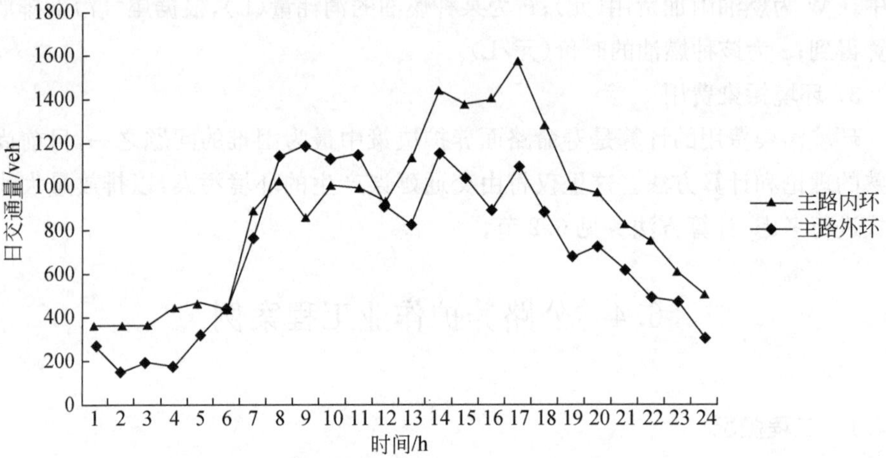

图 6.4 北京市东六环潞阳桥路段日交通量分布图

表 6.5 北京市东六环潞阳桥路段高峰小时交通量

车道位置	主路内环	主路外环
高峰小时交通量/(veh/h)	1577	1191
高峰标准交通量/(pcu/h)	2733	1606
客车交通量/(veh/h)	825	975
大货车交通量/(veh/h)	749	215
大客车交通量/(veh/h)	3	1
大车比例/%	47.50	18.05

6.4.2 大修方案和交通导改方案

1) 大修方案

养护维修路段为北京市东六环主路内环，施工宽度为 7.5m，施工面积为 7200m²，该路段的病害类型主要是车辙、裂缝及拥包，车辙深度为 5cm。原路段沥青路面的结构类型见表 6.6。

表 6.6　原路段沥青路面的结构类型

上面层材料	厚度/cm	中面层材料	厚度/cm	下面层材料	厚度/cm
SMA-13	4	AC-20	5	AC-25	7

根据路面技术状况，采取如下养护维修措施和施工流程。

(1) 根据导改方案进行交通导改。

(2) 路面铣刨 12cm 并清扫干净。

(3) 喷洒高黏改性沥青黏层 0.6L/m^2。

(4) 摊铺碾压厚 7cm AC-25 改性沥青混凝土。

(5) 喷洒高黏改性沥青乳液 0.4L/m^2。

(6) 摊铺碾压厚 5cm SMA-16 沥青混凝土。

2) 交通导改方案

在养护工程方案设计阶段，制定了两套交通管理方案。

(1) 第一交通导改方案。第一交通导改方案为占路式单幅封闭、单幅通车模式的导改方案。施工占用东六环主路内环的整幅路段，车辆借对向车道行驶，主路外环由原来的单向双车道变为双向单车道，全长 2760m，其中警告区 300m，上游过渡区 500m，缓冲区 200m，施工区 960m，下游缓冲区 500m，终止区 200m，并在交通渠化位置设置“前方施工 1km”警告标志、限速标志、玻璃钢硬隔离、警示爆闪灯、旋转风扇灯、“车辆慢行”标牌、LED 箭头灯等交通警告标志。

(2) 第二交通导改方案。第二交通导改方案采用的是占路式单幅部分车道封闭模式的导改方案，即主路外环不变，先是主路内环第一条车道施工，待第一条车道施工完成，再进行第二条车道施工。交通组织和交通管理等措施与第一交通导改方案相同。

6.4.3　交通仿真分析

利用 VISSIM 仿真系统，通过建立仿真模型、标定仿真参数等工作，进行交通仿真得到交通延误情况，具体仿真过程这里不再赘述。

尽管两个方案的仿真参数相同，但是各方案的施工变道不同，所以会产生不同的评价结果，这里以平均延误和停车次数为输出指标。分别设定主路内环、主路外环两个时间检测区，考虑到路段的初始化时间，仿真时间设为 4200s，评价指标选取后 3600s 的数据。由于两方案的施工工期不同，为了便于两方案的比较，对于没有施工占道的路段也进行了仿真评价。各导改方案基于 VISSIM 仿真的评价结果见表 6.7。

表 6.7 各导改方案的仿真结果

导改方案	主路内环		主路外环	
	平均延误/s	停车次数/次	平均延误/s	停车次数/次
第一交通导改方案	204.90	18.20	4.80	0
第二交通导改方案(占第一车道)	89.10	4.90	3.10	0
第二交通导改方案(占第二车道)	167.50	12.00	2.60	0

各导改方案的仿真动画如图 6.5～图 6.7 所示。从方案动画中可以看出,车辆拥堵主要集中在上游过渡的交织区,该区域由两条车道变为一条车道,通行能力下降,车辆容易产生延误,而且从动画能够明显看出第一交通导改方案的车辆在交织区更为集中,相对第二交通导改方案产生的延误更多。

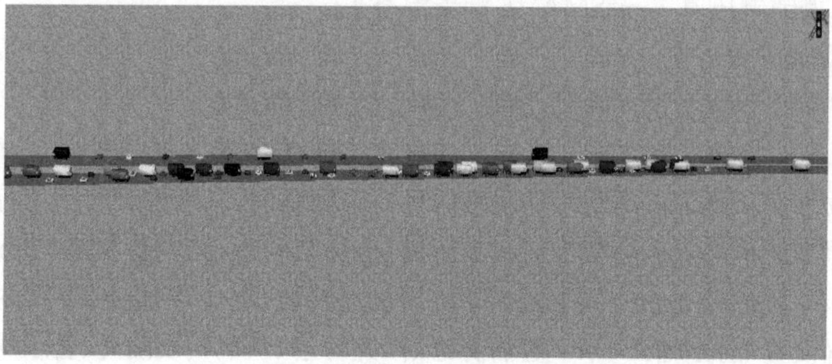

图 6.5 第一交通导改方案的仿真动画图

图 6.6 第二交通导改方案的仿真动画图(占第一车道)

根据实际调查,对于施工面积为 7200m^2、铣刨两层摊铺两层沥青混凝土路面的养护工程,若两条车道同时施工,施工工期约一天,按每天工作 8h 计算,则第一交通导改方案的总延误时间和总的停车次数要将表 6.7 的单位时间仿真结果乘以 8h。第二交通导改方案中,需要每条车道分别施工,所以施工工期是第一交通导改

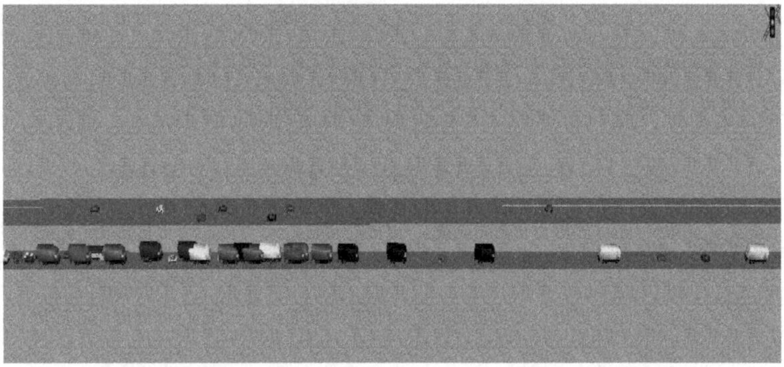

图 6.7　第二交通导改方案的仿真动画图(占第二车道)

方案的 2 倍,即 16h,同样,总的评价结果为单位时间的仿真结果乘以工期 16h。因此,两方案纯施工工期内的总延误时间见表 6.8。

表 6.8　两方案施工工期内的总延误时间

导改方案	主路内环		主路外环	
	平均延误/s	停车次数/次	平均延误/s	停车次数/次
第一交通导改方案	1639.20	145.60	38.40	0
第二交通导改方案	2052.80	135.20	45.60	0

6.4.4　交通延误成本分析

1. 第一交通导改方案的交通延误成本

第一交通导改方案公路养护施工造成的延误包括对乘客与货物的双重损失,在计算交通延误成本时,需分别计算乘客延误费用和货物车辆延误费用。

计算乘客延误费用时,乘客延误的总费用等于乘客每小时工作时间的延误成本乘以施工区延误的总时间、总人数及施工工期。其中,乘客每小时工作时间的延误成本用北京地区的月平均工资折合成每小时的人均工资计算。根据调查数据,北京地区小汽车司机的月平均工资为 3809 元(2012 年),大货车司机的月平均工资为 3319 元(2012 年),延误的总时间则根据 VISSIM 仿真评价的车辆总延误时间计算;在施工区延误的总人数是将车辆数乘以调查所得的北京地区平均承载率 1.2;施工工期根据所调研的数据为 8h。乘客延误总费用采用式(6.10)计算。

计算货物车辆延误费用时,只有大货车会有运输延误,根据相关文献,可以以每小时的运输费用作为货物的延迟费用。北京地区大货车的时间价值为 31.25

元/(t·h),而大货车的平均载重为5t。货物车辆延误费用采用式(6.11)计算。

养护作业造成交通延误产生的成本可用式(6.12)计算。

第一交通导改方案的交通延误成本计算结果见表6.9。

表6.9 第一交通导改方案的交通延误成本计算结果

类型	车辆类型	施工工期/h	车辆数/veh	延误的总人数/人	月平均工资/(元/人)	每小时人均工资/(元/人)	平均延误时间/s	总延误时间/h	延误成本/元
乘客延误费用	小汽车	8	825	990.0	3809	22.7	204.9	450.8	10220.4
	大货车	8	752	902.4	3319	19.8	204.9	410.9	8117.6
	小计								18338.0
货物车辆延误费用	车辆类型	施工工期/h	车辆数/veh	平均载重/t	大货车的平均货物时间费用/[元/(t·h)]		平均延误时间/s	总延误时间/h	延误成本/元
	大货车	8	752	5	31.25		204.9	342.41	53501.67
交通延误成本合计									71839.67

2. 第二交通导改方案的交通延误成本

第二交通导改方案的交通延误成本计算与第一交通导致方案相同,计算结果见表6.10。

表6.10 第二交通导改方案的交通延误成本计算结果

类型	车辆类型	施工工期/h	车辆数/veh	延误的总人数/人	月平均工资/(元/人)	每小时人均工资/(元/人)	平均延误时间/s	总延误时间/h	延误成本/元
乘客延误费用	小汽车	16	825	990.0	3809	22.7	256.6	1129.0	25598.3
	大货车	16	752	902.4	3319	19.8	256.6	1029.1	20331.6
	小计								45929.9
货物车辆延误费用	车辆类型	施工工期/h	车辆数/veh	平均载重/t	大货车的平均货物时间费用/[元/(t·h)]		平均延误时间/s	总延误时间/h	延误成本/元
	大货车	16	752	5	31.25		256.6	857.61	134002.22
交通延误成本合计									179932.12

6.4.5 尾气排放分析

1. 第一交通导改方案尾气排放量

养护施工区尾气排放量的增加主要是由汽车延误的增大造成的,根据

VISSIM 仿真评价中已经得出的平均延误时间，假设在延误时间段内汽车的速度为 0，则根据 6.2.2 节的计算模型，得出第一交通导改方案的尾气污染量计算方法如下。

根据 CO_2 选取的原始分段模型，得出最终的计算模型：

$$Q_1 = 1.603 q_i D T_i \tag{6.14}$$

根据 NO 选取的原始分段模型，得出最终的计算模型：

$$Q_2 = \frac{0.759 q_i D T_i}{1000} \tag{6.15}$$

根据 HC 选取的原始分段模型，得出最终的计算模型：

$$Q_3 = \frac{0.172 q_i D T_i}{1000} \tag{6.16}$$

根据 CO 选取的原始分段模型，得出最终的计算模型：

$$Q_4 = 0.007 q_i D T_i \tag{6.17}$$

因此，总的尾气排放量为

$$Q = \sum (Q_1 + Q_2 + Q_3 + Q_4) \tag{6.18}$$

式中，Q_i 为第 i 种尾气排放量(g)；q_i 为车辆数(veh/h)；T_i 为施工工期(h)；D 为平均延误时间(s)；模型前的系数是单位停车时间内的尾气排放量(g/s)。

第一交通导改方案的尾气排放量见表 6.11。

表 6.11　第一交通导改方案的尾气排放量

尾气种类	单位时间排放量 /(g/s)	施工工期 /h	车辆数 /(veh/h)	平均延误时间 /s	总延误时间 /s	尾气排放量 /g
CO_2	1.602	8	1577	204.9	2585018.4	4141199.48
NO	0.000759	8	1577	204.9	2585018.4	1962.028970
HC	0.000172	8	1577	204.9	2585018.4	444.623165
CO	0.0070	8	1577	204.9	2585018.4	18095.1288
合计	—	—	—	—	—	4161701.26

2. 第二交通导改方案尾气排放

根据相同的计算方法，计算得到第二交通导改方案的尾气排放量，见表 6.12。

表 6.12　第二交通导改方案的尾气排放量

尾气种类	单位时间排放量/(g/s)	施工工期/h	车辆数/(veh/h)	平均延误时间/s	总延误时间/s	尾气排放量/g
CO_2	1.602	16	1577	256.6	6474531.2	10372199.000
NO	0.000759	16	1577	256.6	6474531.2	4914.169180
HC	0.000172	16	1577	256.6	6474531.2	1113.619370
CO	0.0070	16	1577	156.6	6474531.2	45321.7184
合计	—	—	—	—	—	10423548.50

6.4.6　燃油成本分析

(1) 第一交通导改方案的燃油成本。在车辆通过养护施工区时，延误增加必然会造成燃油成本的增大，而燃油消耗量是与尾气排放量相关的，则可根据燃油消耗量和尾气排放量之间的关系模型，按式(6.9)计算附加的燃油消耗量。养护作业区使车辆增加的车辆燃油成本按式(6.13)计算。

根据以上计算公式，得出第一交通导改方案的燃油成本见表 6.13。

表 6.13　第一交通导改方案的燃油成本

尾气排放量/g	转化因子/(1/kg)	燃油消耗量/kg	燃油单价/(元/L)	燃油成本/元
4141199.48	0.21	19719.99751	7.92	211916.39

(2) 第二交通导改方案的燃油成本。第二交通导改方案的燃油成本的计算方法与第一交通导改方案相同，得出第二交通导改方案的燃油成本见表 6.14。

表 6.14　第二交通导改方案的燃油成本

尾气排放量/g	转化因子/(1/kg)	燃油消耗量/kg	燃油单价/(元/L)	燃油成本/元
10372199.00	0.21	49391.42373	7.92	530773.51

6.4.7　养护工程综合成本

前面分析了养护作业产生的交通影响成本以及废气排放，与施工成本共同构成本次养护维修工作的综合成本。根据该大修工程的养护维修措施以及采取的施工技术，参考相应的《公路工程预算定额》计算施工成本。

交通导改费用不仅包括渠化起点依次设置的“前方施工 1km”警告标志、玻璃钢硬隔离、旋转风扇灯、“车辆慢行”标牌、LED 箭头灯、警示爆闪灯、限速标志等交通设施和交通标志的费用，还包括人工费、隔离设施费用等。根据目前公路大修导改费用标准，交通导改费用一般按工程成本的 30%计算，对于复杂的交通导改则按照工程成本的 35%计算。该养护维修工程为高速公路，而且交通繁忙，因此交通导改费用按工程施工成本的 35%计算。

交通延误成本和燃油消耗成本采用 6.4.4 节和 6.4.6 节的计算结果。

环境污染的成本问题，目前还没有成熟的计算方法，这里暂不进行环境污染的成本计算，作为考核指标之一，只计算尾气排放量，见 6.4.5 节计算结果。

将交通影响成本纳入方案比选，则综合成本为

$$CT=CL+CY+CS+CP \tag{6.19}$$

式中，CT 为综合成本(元)；CP 为工程成本(元)；CL 为交通导改成本(元)；CY 为交通延误成本(元)；CS 为燃油成本(元)；CW 为尾气排放量(kg)。

考虑交通影响的养护作业工程综合成本见表 6.15。

表 6.15　考虑交通影响的养护作业工程综合成本

导改方案	CL/元	CY/元	CS/元	CP/元	CT/元	CW/kg
第一交通导改方案	656737.99	71839.61	211916.39	1876391	2816884.99	4161.70
第二交通导改方案	707255.15	179932.1	530773.51	2020729	3438689.76	10423.55

6.5　城市道路养护工程案例

1. 工程概况

某城市道路养护工程施工起点 K0＋000，施工终点 K1＋715，施工段区分点 K1＋370，全长 1715m，分为东西两段，西段西起六里桥，向东经过太平桥大街至马连道路口，全长 1370m；东段自马连道路口至三义庵桥，全长 345m。这里关注的是工程主要部分(西段)的养护作业方案，该路段信息见表 6.16。

表 6.16　某城市道路养护工程施工路段信息

道路等级	车道数	主路宽度/m	车道宽度/m	主辅路隔离带宽度/m	施工路段总长度/m
城市主干路	6	25	3.75	2×1.25	1370

2. 养护方案

1) 施工时段

该路位于城市核心区,交通流量大,机动车、非机动车、行人等并存,且一天中不同时段内的交通量差别较大,因此在不同时段进行道路施工对交通产生的影响也不同。为保证交通的顺畅运行,一般要求在晚上施工。为比较施工时段对交通的影响,本节将施工时段分为两类,即白天施工和晚上施工,见表 6.17。

表 6.17　施工时段

施工时段	时段区间
白天施工	7：00～19：00
晚上施工	22：00～次日 6：00

2) 施工方案

这里的施工方案是指养护工程的施工组织方式。根据可行性,该工程的施工方案共分为三类,具体如图 6.8(a)～(c)所示。

图 6.8(a)为全长半幅施工。该施工方式是实际工程通常采用的施工组织方式,即对全长 1370m 的半幅路面进行全封闭,一次性完成导改和养护施工。对向半幅路面的三条车道中,两条车道保持原交通方式,一条车道改为反方向交通方式,以保证该路段双向交通运行,车流方向如图中箭头所示。

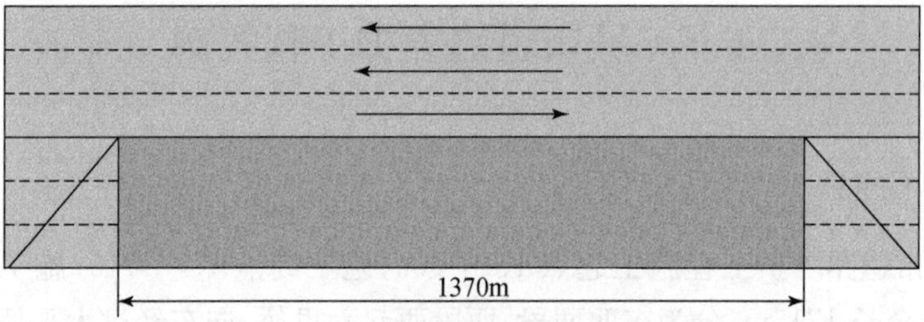

(a) 全长半幅施工

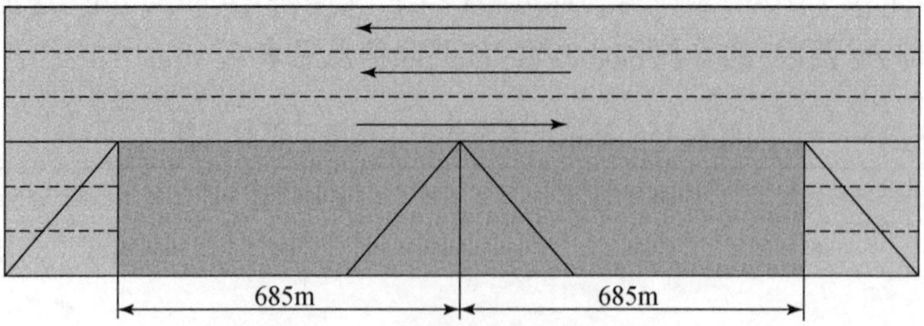

(b) 分段半幅施工

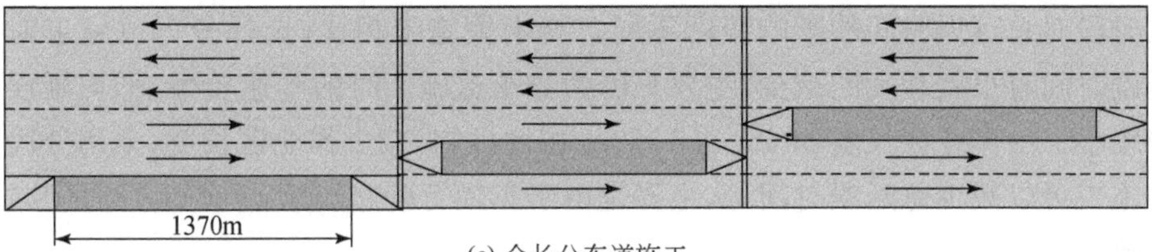

(c) 全长分车道施工

图 6.8　施工组织方式示意图

图 6.8(b)为分段半幅施工。由于施工区段较长，可能对该路段交通产生严重影响，因此考虑将该养护路段划分为两部分分别施工，以减小施工区长度。施工方式同图 6.8(a)。

图 6.8(c)为全长分车道施工。为进一步减小养护施工可能对该路段交通产生的影响，考虑采取全长、分车道的施工组织方式，即对全长 1370m 的路面，分别对每条车道进行交通导改和养护施工。施工时其他两个车道保持交通运行状态，以保证施工路段双向交通运行，车流方向如图中箭头所示。

3) 交通延误

对不同施工方式下的养护施工作业区段进行 VISSIM 仿真，得到不同情况下的平均延误时间及仿真车辆数，进而求得总延误时间。不同施工方式下的总延误时间对比如图 6.9 所示。

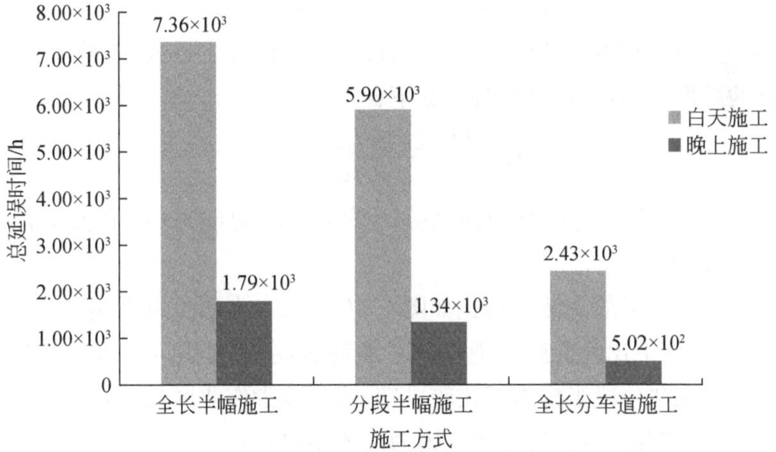

图 6.9　不同施工方式下的总延误时间对比

由图 6.9 所示的不同施工方式下的总延误时间可以看出，在所有施工方式下，白天施工都比晚上施工的总延误时间要多，并且在不同施工方式下，改变施工时段对总延误时间的影响程度不同。与半幅施工相比,选择分车道施工对总延误时间有很大程度的减少,主要是因为分车道施工时的车速较大,平均延误时间较小。由作业区长度 685m 与 1370m 相比可知,减少作业区长度,采用分段半幅施工可以减少总延误时间,这主要是由于车辆行驶路段短,平均运行时间减少所致。

通过对比施工方式可以看出,无论选择白天施工还是晚上施工,全长分车道施工即作业区长度为 1370m 的分车道施工的总延误时间最少,是理论上最优的施工方案。

4) 燃油消耗

车辆在不同工况下的燃油消耗不同。道路的养护施工造成车辆行驶状况的改变必然会影响该路段通过车辆的总燃油量。有关文献给出了城市道路工况下小型客车的平均速度-油耗模型,如式(6.20)和式(6.21)所示。调查表明,该路段上运行车辆类型中的小型客车占 90%以上,其他所有车型比例小于 10%,其条件符合该模型的适用条件。

平峰时期:

$$FC=5.143-0.077v+0.001v^2 \tag{6.20}$$

高峰时期:

$$FC=5.917-0.127v+0.002v \tag{6.21}$$

式中,FC 为单位车辆油耗(L/h);v 为平均速度(km/h)。

利用上述模型和本节的仿真结果,可以计算不同施工方式下,施工作业区路段通行车辆的总燃油消耗量,计算公式如下:

$$Q=\frac{FC\times t_1\times t_2\times 24S_{veh}}{t_3\times 3600} \tag{6.22}$$

式中,Q 为总油耗(L);t_1 为运行时间(s);t_2 为完工时间(d);t_3 为仿真时间(h);S_{veh} 为仿真车辆数(veh)。

不同施工方式下的总油耗对比如图 6.10 所示。由图可以看出,在三种不同施工方式下,白天施工比晚上施工消耗的总油耗多,主要是因为白天的交通量较大。由全长半幅施工和分段半幅施工比较可知,适当减少作业区长度,可以降低施工路段内运行车辆的燃油消耗,这主要是因为封闭路段较短,车辆通过施工路段运行时间减少,车辆油耗随之减少。与半幅施工相比,选择分车道施工增加了车辆燃油消耗,虽然分车道施工车速有很大程度的提高,但该施工方式会使交通量增加,施工工期延长,从而导致总油耗增加。

通过对比不同施工方式的燃油消耗情况可知,无论白天施工还是晚上施工,分

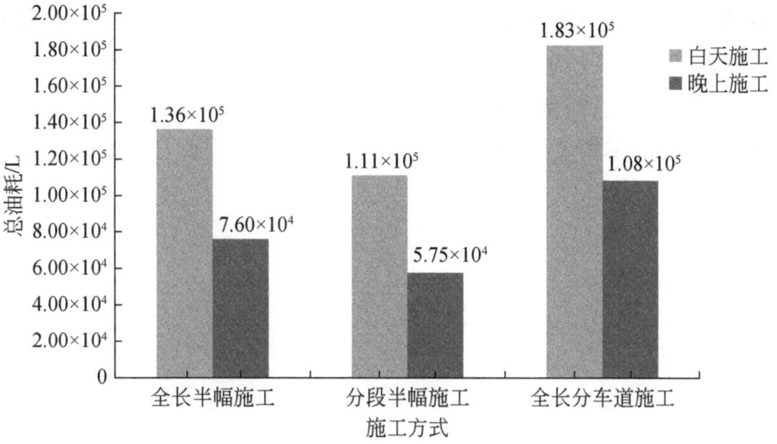

图 6.10　不同施工方式下的总油耗对比

段半幅施工的总油耗最少，即作业长度为 685m 的半幅施工为理论最优方案。

5）综合比较

在本工程中，从交通延误角度讲，全长分车道施工为最优方案，对城市交通的影响最小，交通影响成本也最少。从燃油消耗角度讲，分段半幅施工为最优方案，施工期间通行车辆的燃油消耗最小，污染排放也最低。因此，无论采用哪种施工方案，都需要结合城市总体要求，综合考虑各方面的影响最终确定。

本节介绍的方法定量地评价了城市道路养护作业的交通影响和燃油消耗量影响，可以为更加科学、合理地做出养护决策提供理论支持。

6.6　本章小结

沥青路面养护工程是一个复杂的系统工程，需要考虑的方面比较多。过去养护决策主要考虑技术可行性、造价、用户成本等，在网级、项目级的养护决策上，通过优化得到最优的养护方案。

随着城市规模的扩大、交通规模的发展以及对环境的日益重视，道路路面养护不仅仅是一个技术和费用的问题，养护方案对交通的影响，有时可能是一个决定性的指标，而环境影响也是决定养护方案绿色、环保水平的主要内容。在这方面，目前的养护维修决策，特别是养护工程方案的确定，也定性地考虑了交通影响和环境影响，但还没有上升到定量考核程度。

本章为路面养护决策中定量考虑交通影响和环境影响提供了研究方法、模型和流程，工程应用表明，本章所提出的方法可行。根据本章提出的多目标养护决策方法，决策者可以从不同的目标对养护方案进行比较、考核，最终确定满足需要的最优养护方案。

本章提出的方法主要基于研究获得，一些模型和计算流程尚需通过应用进一步标准化和精准化，在相关参数的设定方面，尚需通过实际工程予以标定。

第 7 章　在役沥青路面结构状况评价与大修设计

7.1　在役沥青路面概述

在役沥青路面是指新建或大修后处于正常使用中的沥青路面。沥青路面在使用过程中会出现不同类型的病害，将采取小修保养、中修等养护措施，此时沥青路面仍处于正常服役过程中，因此被认为是在役沥青路面。当沥青路面出现重大病害或结构性损坏时，其不能再提供符合要求的服役性能，需要进行大修改造，则沥青路面完成一个服役周期，大修后进入下一个服役周期。

我国目前有 470 多万 km 的路面，其中高等级公路路面大部分是沥青路面，对在役沥青路面技术状况进行评价，可以为沥青路面服役过程中的维修养护提供指导，并为沥青路面的大修改造提供依据。

7.2　在役沥青路面结构状况评价

从国内外研究现状来看，反映沥青路面损伤的指标众多，如果对所有指标不加区分地进行调查和评价，势必影响路面结构损伤评价的效果。本章按照以下原则选取在役半刚性基层沥青路面结构状况评价指标。

(1) 与沥青路面结构状况关联性强，即所选定的评价指标能够真正反映半刚性基层沥青路面结构的工作状态。

(2) 能在道路表面表现出来且能被现有的技术手段观测到的指标，能直接表示路面使用性能的好坏程度。

由第 4 章典型路段沥青路面病害调研可知，半刚性基层沥青路面的结构损害，首先表现在沥青路面的开裂破坏上，裂缝是沥青路面突出的缺点。不同的裂缝间距和裂缝宽度，对荷载作用下路面结构工作状况的影响有显著的差异。结合国内已有的检测方法和技术，路面状况指数 PCI 可反映路表损伤状况，该指标可通过人工检测或多功能检测车获得。其次，路表弯沉对路面结构的疲劳破坏比较敏感，检测实施比较简便，与设计规范和质量检评标准衔接较好，能够用于表征路面结构的整体强度(承载力)。最后,路面中、下面层和基层隐形病害的诊断是当前研究的热点,路面结构完整性可采用落锤弯沉、探地雷达和钻芯取样验证相结合的综合判定方法进行探测和分析。因此可以从以下几个方面提出沥青路面结构状况的评价指标。

7.2.1 裂缝发展程度

半刚性基层沥青路面开裂会产生两方面的损害:一方面是基层裂缝增加并逐渐反射到面层引起路面的破损;另一方面是基层内部模量的损失,使得基层逐渐丧失承载能力并最终造成基层板体性的丧失。

在役沥青路面裂缝的影响范围,可以通过裂缝间距、裂缝宽度和裂缝两侧的不同力学响应加以分类研究,还可以利用落锤式弯沉仪在裂缝位置及与垂直裂缝不同水平距离处进行测试,考察裂缝损伤的影响范围(图 7.1)。

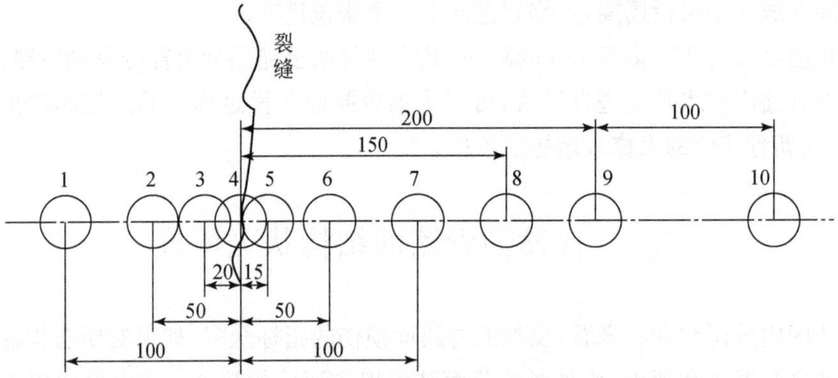

图 7.1 裂缝损伤影响范围检测示意图(单位:cm)

本章对道路横断面相同、路面结构一致的同一测试路段出现的轻微横向裂缝(裂缝宽度<0.5mm)、中等横向裂缝(裂缝宽度<1mm)和严重横向裂缝(裂缝宽度>1mm,伴有支缝和沉陷)三种情况进行弯沉加密检测,得到三种不同裂缝损伤程度对应的路面弯沉响应,如图 7.2 所示。

由图 7.2 可知,完好路面与轻微横向裂缝位置的弯沉响应区别不大,裂缝中心点弯沉值较大,但其两侧附近没有出现或仅有轻微弯沉差;中等横向裂缝的弯沉响应明显变大,其两侧出现一定的弯沉差,中等横向裂缝对弯沉的影响范围为距离裂缝中心±100cm。严重横向裂缝的弯沉响应最大,裂缝附近出现明显弯沉差,其对弯沉的影响范围为距离裂缝中心±200cm。

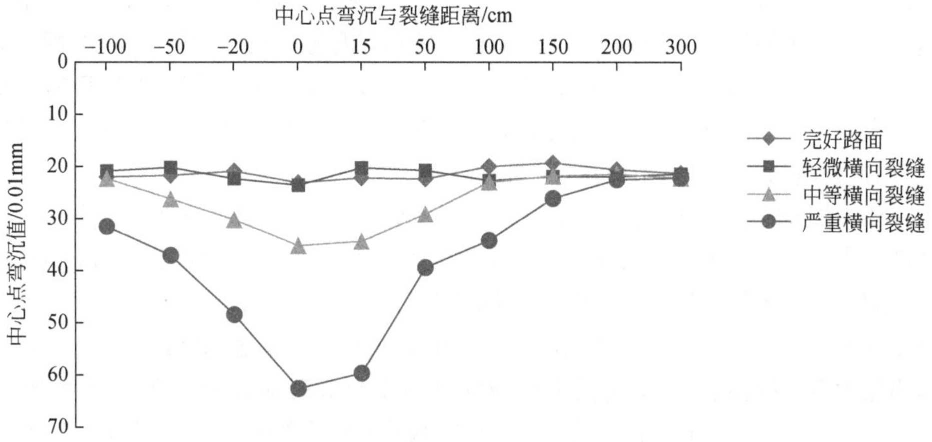

图 7.2 不同裂缝损伤程度对路面弯沉响应

7.2.2 车辙深度

世界各国普遍重视车辙深度对行车舒适性和安全性的影响。1979 年,美国联邦公路管理局(Federal Highway Administration,FHWA)根据车辙深度将车辙引起水漂的程度分成四个等级,见表 7.1。

表 7.1 美国联邦公路管理局的车辙等级

车辙等级		车辙深度/mm
引起水漂的程度	轻微	5～6
	小	6～13
	中	13～25
	大	25 以上

研究者认为应该以雨天产生水漂,即汽车在水面上高速飞行失去控制为指标来制定车辙深度的标准。研究表明,当路面上积滞的水深达 5mm 以上,行车速度又等于或大于式(7.1)所定的数值时,便有可能出现水漂现象,即轮胎与路面之间被一层水膜隔开。

$$v=192.5\sqrt{P} \tag{7.1}$$

式中,v 为有水膜时可能出现水漂的临界车速(km/h);P 为轮胎内压(MPa)。

标准轮胎内压 $P_0=0.7$MPa,则相应的 $v=161$km/h;若 $v=120$km/h,则 $P=0.39$MPa。通常高速公路车速为 80～120km/h,且车辙内很少全部积水,因此

5mm 的估计偏保守，可以认为 5mm 左右的车辙深度不会出现水漂而危及行车安全。当路面车辙深度大于 13mm 时，就有可能积滞足够深的水而引起水漂，国外的试验表明，当路表积水 $H=10\text{mm}$，车速 $v=100\text{km/h}$ 时，摩擦系数接近于 0，可认为已发生水漂。因此，从理论上分析，为避免正常行驶车辆产生极危险的水漂现象，高速公路的车辙深度不应超过 10mm。

Barksdael 指出路面横坡坡度为 2%、车辙深度为 13mm 时，车速为 80km/h 时会产生水漂。也有研究人员认为标准横坡坡度为 2.5%、车辙深度为 13mm 时，将会引起水漂或者使抗滑性能下降，所以应该从行车安全及路面构造两方面来确定车辙深度的容许标准。Liest 提出以用 1.8m 直尺测量的车辙深度达到 19～20mm 作为路面破坏的标准，而该情况下车辙深度为 10mm 时对路面构造不产生影响。Veriraetne 则认为为了保证行车安全，车辙坡度（车辙深度与车辙宽度一半的比值）不得超过 2%。

1986 年，美国 AASHTO 从维修养护管理的角度提出车辙评价指标，按照车辙深度的不同，将其分为三个等级：车辙深度 6～13mm 为轻级（L）；车辙深度 13～25mm 为中级（M）；车辙深度大于 25mm 为重级（H）。该分级标准实际上对小于 6mm 的车辙不作考虑。日本阪神高速公路公团则将车辙深度分为 A、B、C、OK 四个等级，A 级最差，车辙深度大于 20mm；B 级的车辙深度为 10～20mm；C 级的车辙深度为 3～10mm；车辙深度小于 3mm 为 OK 级，可见其认为 3mm 以下车辙对路面性能无影响。

许多国家都根据本国的气候和交通等具体情况，提出了各自的容许车辙深度作为路面维修养护的极限标准。一些国家或机构的容许车辙深度标准见表 7.2。由于各国车辙深度的测量方法不同，所以评价等级、养护维修的目标值也不相同。SHRP 在研究永久变形预测时提出的极限条件是车辙深度为 12.5mm（1/2in）。

表 7.2　一些国家或机构的容许车辙深度标准　　（单位：mm）

国家或机构	道路等级	车辙深度
美国地沥青学会	—	13
英国	—	20
壳牌石油公司	高速公路	10
	一般道路	30
比利时	干线公路	12
	次级道路	18

一般情况下，沥青路面的车辙可分为结构型车辙、失稳型车辙、磨损型车辙、压密型车辙四种类型。由于我国的公路基层大都采用半刚性基层，车辙基本上都属于沥青混合料的失稳型车辙，结构型车辙较少，只有当半刚性基层质量较差时才会有较为严重的结构型车辙产生。研究表明，我国大约90%的车辙产生在面层，故国外常用的使用路基顶面容许竖向压应变来控制路面车辙的做法对我国并不适用。JTG D50—2017《公路沥青路面设计规范》对无机结合料稳定类基层和底基层的沥青路面规定了沥青混合料层容许永久变形量等同于路面容许车辙深度。沥青路面的车辙深度应符合表7.3的要求。

表7.3 我国各等级公路路面容许车辙深度 (单位：mm)

项目	高速公路、一级公路	二级公路、三级公路
容许车辙深度	≤15	≤20

7.2.3 路表弯沉

半刚性基层沥青路面随着路龄的增加，在交通荷载和温度、湿度交替作用下，路表弯沉值呈现出如图7.3所示的变化规律。

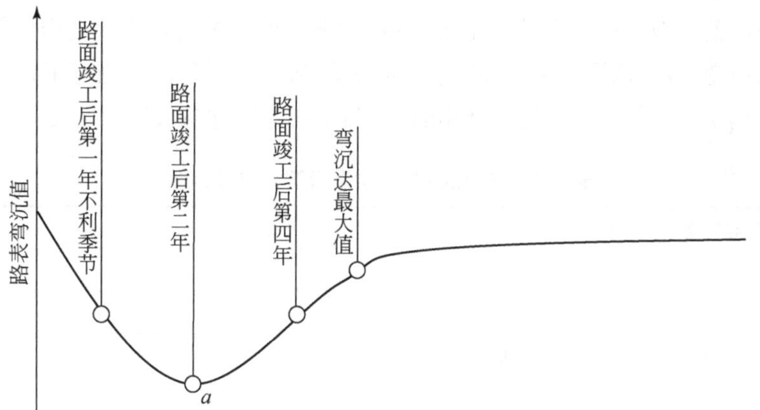

图7.3 路表弯沉变化曲线

路表弯沉值的变化可以分为以下三个阶段：

第一阶段为路面竣工后的前1～2年，由于交通荷载的压密作用以及半刚性基层材料的强度增长特性，路表弯沉值将逐渐减小，大约在路面竣工后的第二年达到

最小值即 a 点，在该点基层材料强度特性（模量和强度）已达到最大值。

第二阶段为路面竣工后的第二年至第四年，该阶段路表弯沉值以不断增大为主要特征，这是因为，一方面，半刚性基层的强度增长已经十分缓慢，并逐渐趋于相对稳定状态；另一方面，由于交通荷载的重复作用以及水温状况的变化，同时混合料本身因拌和不均匀而导致强度非均匀性等因素的影响，结构内部的微观缺陷将因局部应力集中而扩展，并逐渐形成小范围的局部破损，从而导致结构的整体刚度下降，使路表弯沉值急剧增大。

第三阶段为弯沉值达到最大值并逐渐趋于稳定，此时路面已经产生结构性和功能性的破坏，路面将进行大中修。

因此，实测路表弯沉值能够直接用于表征路面结构的整体强度（承载力）。

7.2.4 FWD 动态弯沉盆参数

半刚性基层沥青路面的裂缝扩展常会造成路面有效厚度和模量下降，国内外研究认为，FWD 动态弯沉盆参数指标可以作为衡量裂缝和其他隐性病害对路面结构疲劳性能影响的表征指标。

动态弯沉盆参数是与各类动态弯沉检测设备现场测试技术相关的力学分析指标，当前研究和应用较多的是结合 FWD 检测设备的特点发展起来的动态弯沉盆参数指标。弯沉盆参数分析法是通过建立 FWD 动态弯沉盆参数与路面结构性能评价指标（应力、应变、各结构层模量）之间的定量关系，从而达到利用实测弯沉盆参数评价路面各结构层性能状况的目的。常用的 FWD 动态弯沉盆参数指标见表 7.4。

表 7.4 常用的 FWD 动态弯沉盆参数指标

弯沉盆参数	公式
直接弯沉 D_i	D_i
弯沉差 DD_i	$DD_i = D_1 - D_i$
弯沉比 DR_i	$DR_i = D_i / D_1$
曲率 CI_i	$CI_i = D_i - D_{i+1}$
形状因子 F_i	$F_i = (D_{i-1} - D_{i+1}) / D_i$
斜率 S_i	$S_i = (D_i - D_{i+2}) / (D_{i+2} - D_i)$
面积 $AREA_i$	$AREA_1 = 6(D_1 + 2D_3 + 2D_5 + D_6)/D_1$；$AREA_2 = 6(D_3 + 2D_4 + D_5)/D_1$ $AREA_3 = 6(D_5 + 2D_6 + D_7)/D_1$；$AREA_4 = (D_1 + D_3)/(2D_1)$ $AREA_5 = (D_6 + D_7)/D_1$；$AREA_6 = (5D_1 - 2D_3 - 2D_5 - D_6)/(2D_1)$

注：i 为 FWD 设备位移传感器的编号，其中 D_1 为中心点弯沉值，按离弯沉盆中心点距离的增加顺序，依次为 $D_2, D_3, \cdots, D_9$。

由于半刚性基层沥青路面的路表弯沉盆并不是单纯的凹曲线，其在 20cm 位置处的垂直变形存在一个拐点。同时，半刚性基层沥青路面的反射裂缝较多，与国外的损坏形式也不同，半刚性基层沥青路面的结构损伤评价能否采用国外常用的弯沉盆曲线系数还需要进一步分析。

本书利用 BISAR 程序和弹性层状体系理论，计算不同路面结构组合下，在 FWD 作用下的弯沉盆参数，探讨路面结构层参数对弯沉盆参数的影响，以确定哪些弯沉盆参数可以反映路面结构内部的工作状况。

FWD 荷载取值设定为 50kN，当量圆半径取 $r=15$cm。9 个弯沉测点距离中心的位置依次为 0、20cm、30cm、60cm、90cm、120cm、150cm、180cm 和 210cm。公路建成通车以后，厚度一般不会发生明显改变，所以公路承载力等综合指标的改变主要反映模量的改变。而 FWD 所测得的弯沉盆曲线是在动力荷载的情况下测得的，所以针对路面各结构层需要设定其动态模量的取值范围。半刚性基层沥青路面的各结构层参数见表 7.5。

表 7.5　半刚性基层沥青路面的各结构层参数

结构层	动态模量/MPa	厚度/cm	泊松比
沥青面层	3000(1000,5000,7000,10000)	18	0.25
半刚性基层	8000(3000,5000,12000,17000)	40	0.35
底基层	2000	20	0.30
土基	200	—	0.40

改变面层模量计算得到的各测点弯沉值见表 7.6，改变面层模量时各测点弯沉的变化曲线如图 7.4 所示，弯沉盆参数指标与面层模量的相关性分析见表 7.7。

表 7.6　改变面层模量时各测点弯沉值计算结果　(单位:0.01mm)

序号	面层模量/MPa	D_1	D_2	D_3	D_4	D_5	D_6	D_7	D_8	D_9
1	3000	11.48	7.967	7.206	6.38	5.696	5.057	4.475	4.038	3.617
2	1000	18.910	9.307	7.719	6.773	5.994	5.264	4.608	4.177	3.653
3	5000	9.725	7.457	6.878	6.115	5.49	4.907	4.373	4.013	3.568
4	7000	8.859	7.136	6.644	5.922	5.338	4.794	4.293	3.964	3.535
5	10000	8.111	6.811	6.391	5.713	5.17	4.665	4.200	3.922	3.488

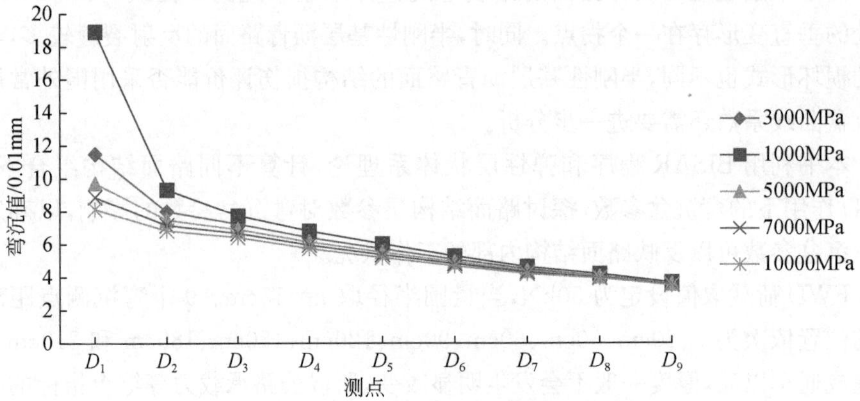

图 7.4　改变面层模量时各测点弯沉值的变化曲线

表 7.7　弯沉盆参数指标与面层模量的相关性分析

直接弯沉	D_1	D_2	D_3	D_4	D_5	D_6	D_7	D_8	D_9
相关系数 R_1	0.590	0.285	0.222	0.174	0.131	0.096	0.083	0.068	0.058
弯沉比	—	DR_2	DR_3	DR_4	DR_5	DR_6	DR_7	DR_8	DR_9
相关系数 R_2	—	0.680	0.636	0.586	0.543	0.500	0.462	0.428	0.401
弯沉差	—	DD_2	DD_3	DD_4	DD_5	DD_6	DD_7	DD_8	DD_9
相关系数 R_3	—	0.956	0.912	0.869	0.824	0.793	0.770	0.727	0.727
曲率	CI_1	CI_2	CI_3	CI_4	CI_5	CI_6	CI_7	CI_8	—
相关系数 R_4	0.956	0.677	0.375	0.362	0.330	0.255	0.167	0.120	—
形状因子	—	F_2	F_3	F_4	F_5	F_6	F_7	F_8	—
相关系数 R_5	—	0.635	0.371	0.251	0.240	0.205	0.160	0.035	—
斜率	S_1	S_2	S_3	S_4	S_5	S_6	S_7	—	—
相关系数 R_6	0.930	0.520	0.360	0.337	0.286	0.205	0.134	—	—
面积	$AREA_1$	$AREA_2$	$AREA_3$	$AREA_4$	$AREA_5$	$AREA_6$	—	—	—
相关系数 R_7	0.587	0.601	0.507	0.643	0.486	0.864	—	—	—

改变基层模量计算得到的各测点弯沉值见表 7.8，改变基层模量时各测点弯沉值的变化曲线如图 7.5 所示，弯沉盆参数指标与基层模量的相关性分析见表 7.9。

表 7.8　改变基层模量时各测点弯沉值计算结果　(单位:0.01mm)

序号	基层模量/MPa	D_1	D_2	D_3	D_4	D_5	D_6	D_7	D_8	D_9
1	8000	11.480	7.967	7.206	6.380	5.696	5.057	4.475	4.038	3.617
2	3000	13.560	9.511	8.379	6.965	6.039	5.252	4.574	4.124	3.626
3	5000	12.370	8.646	7.738	6.674	5.880	5.168	4.536	4.108	3.628
4	10000	11.100	7.663	6.957	6.224	5.591	4.989	4.434	4.418	3.615
5	12000	10.800	7.419	6.751	6.088	5.497	4.926	4.395	4.020	3.602

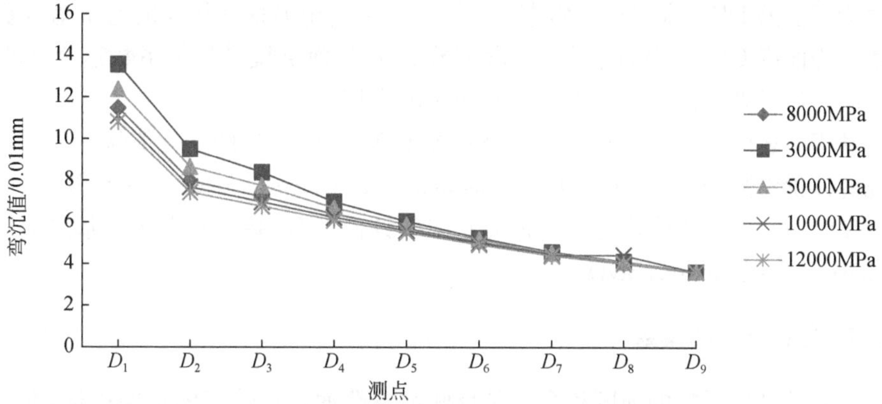

图 7.5　改变基层模量时各测点弯沉值的变化曲线

表 7.9　弯沉盆参数指标与基层模量的相关性分析

直接弯沉	D_1	D_2	D_3	D_4	D_5	D_6	D_7	D_8	D_9
相关系数 R_1	0.463	0.37	0.312	0.219	0.152	0.110	0.086	0.074	0.067
弯沉比	—	DR_2	DR_3	DR_4	DR_5	DR_6	DR_7	DR_8	DR_9
相关系数 R_2	—	0.128	0.193	0.312	0.352	0.356	0.345	0.311	0.308
弯沉差	—	DD_2	DD_3	DD_4	DD_5	DD_6	DD_7	DD_8	DD_9
相关系数 R_3	—	0.458	0.517	0.601	0.615	0.611	0.602	0.587	0.574
曲率	CI_1	CI_2	CI_3	CI_4	CI_5	CI_6	CI_7	CI_8	—
相关系数 R_4	0.458	0.711	0.640	0.489	0.398	0.284	0.158	0.109	—
形状因子	—	F_2	F_3	F_4	F_5	F_6	F_7	F_8	—
相关系数 R_5	—	0.182	0.458	0.454	0.352	0.274	0.197	0.183	

续表

直接弯沉	D_1	D_2	D_3	D_4	D_5	D_6	D_7	D_8	D_9
斜率	S_1	S_2	S_3	S_4	S_5	S_6	S_7	—	—
相关系数 R_6	0.517	0.709	0.594	0.467	0.361	0.236	0.142	—	—
面积	$AREA_1$	$AREA_2$	$AREA_3$	$AREA_4$	$AREA_5$	$AREA_6$	—	—	—
相关系数 R_7	0.294	0.296	0.353	0.197	0.351	0.595	—	—	—

综合表 7.7 和表 7.9 不难发现，与面层模量相关程度较大的弯沉盆参数指标依次为弯沉差 DD_2、曲率 CI_2、斜率 S_1；与基层模量相关程度较大的弯沉盆参数指标依次为曲率 CI_2、斜率 S_2。其中，弯沉差 DD_2 与面层模量相关系数达 0.956，曲率 CI_2 与基层模量相关系数达 0.711，属于高度相关。

基于上述研究，本书采用 FWD 弯沉差 $DD_2=D_1-D_2$ 的变化值作为面层损坏状况的评价参数，并将其定义为面层损坏指数(surface damage index，SDI)；曲率 $CI_2=D_2-D_3$ 的变化值作为基层损坏状况的评价参数，并将其定义为基层损坏指数(base damage index，BDI)。

7.2.5 芯样强度和模量

半刚性基层材料的强度和模量是反映沥青路面结构性能的重要指标，在役沥青路面技术状况评价时应通过现场钻芯取样和室内试验等手段对其进行科学评价。

关于半刚性基层材料的力学评价内容，第 5 章已有介绍，在此不再赘述。

综合上述分析，选取路面表面裂缝发展程度、车辙深度、路表弯沉、面层损坏指数、面层模量、基层损坏指数、基层芯样强度、基层芯样状况等作为半刚性基层沥青路面结构状况评价指标。

7.2.6 路面结构状态评价标准

当半刚性基层处于低应变和低应力水平的反复作用时，集料同无机结合料和细料基质之间的黏结会丧失而出现肉眼不能察觉的微裂隙，这些微裂隙在荷载的进一步反复作用下逐渐扩展，并最终导致无机结合料处治层的疲劳破坏。无机结合料处治层作为基层，在使用过程中其性状通常经历疲劳开裂前阶段、有效疲劳寿命阶段(疲劳开裂阶段)和碎裂阶段共三个阶段。

半刚性基层沥青路面结构的整个服务寿命过程经历了一个复杂的状态演变过程，从整体、板体、块体到最后的松散，从而失去使用价值，必须进行重新建设。反映到路面结构整体情况，则路面结构会表现为从完好到一般、从一般到局部破坏、从局部破坏到完全损坏的演变过程。因此，路面结构状态具有多样性，很难用一个尺度进行衡量。综合现有半刚性基层沥青路面实际使用现状和维修养护的历史数据，本书将半刚性基层沥青路面结构的状态划分为四类：

(1)A 类：结构无损伤或轻微损伤状态。A 类路面结构状态良好，仅需定期进行预防性养护就能维持良好的路用性能。

(2)B 类：疲劳开裂前状态。B 类路面结构状态较好，道路承载能力良好，通过面层病害处理和铣刨加铺，路面性能可长期保持稳定。

(3)C 类：疲劳开裂状态。C 类路面结构出现疲劳开裂，道路承载能力下降，通过面层铣刨＋基层补强的结构性维修，路面性能才能维持稳定。

(4)D 类：碎裂状态。D 类路面结构裂缝明显，半刚性基层无板体性，只能通过结构重建来恢复路面承载能力。

根据上述分类方法，依托北京市高速公路和普通公路大修工程，围绕路表病害、裂缝程度、路表弯沉、基层强度、面层损坏指数、基层损坏指数等结构状况评价指标，选取典型路段进行实地检测和数据分析。典型路段的路表实测数据见表 7.10，典型路段的结构损坏检测数据见表 7.11。

表 7.10　典型路段的路表实测数据

检测路段	路表病害	裂缝程度	车辙深度/mm	总体评价
北五环内环	PCI＝90.50，路表状况良好，无明显车辙和裂缝	无纵向裂缝，以横向裂缝为主，裂缝平均间距为 40m，最小间距为 5m	7.6	优
南五环内环	该路段为两桥之间的高填方路基，无明显病害	横向裂缝有 3 条，最小间距为 20m	7.4	优
西五环内环	PCI＝89.90，路表状况良好，病害以车辙为主	横向裂缝间距大于 30m，车辙位置存在长度 1～2m 的纵向裂缝，钻取芯样显示裂缝发展深度局限为表面层	14.6	优
顺密路顺桩方向	PCI＝89.34，路表状况良好，无明显车辙和裂缝	无纵向裂缝，横向裂缝宽度小于 0.5mm，平均间距为 42m，最小间距为 14m	5.0	优
南五环外环	PCI＝90.00，病害以车辙为主	该路段为上坡路段，原路病害主要是车辙，检测时病害已处理	16.6	良
北五环外环	PCI＝87.20，病害以裂缝为主	横向裂缝间距为 5～10m，横向裂缝较宽；纵向裂缝占检测路段 30％以上	6.6	良

续表

检测路段	路表病害	裂缝程度	车辙深度/mm	总体评价
东五环外环	PCI＝84.46，路段病害以横向裂缝为主	裂缝共 16 条，最小间距为 10m，有轻微车辙	7.8	良
京津塘(出京)路段 1	PCI＝79.24，病害以纵向裂缝为主	病害以纵向裂缝为主，右轮迹带纵向裂缝长度为 10～50m，每 10～30m 一道横向裂缝	9.2	良
西五环外环	PCI＝79，路面病害以裂缝为主	横向裂缝和纵向裂缝交替发展，裂缝宽度较大	7.3	良
京津塘(出京)路段 2	PCI＝94.85，路表状况良好，病害以裂缝为主	该路段状况较好，横向裂缝 5～30m，伴有不同程度的纵向裂缝	9.7	良
东五环内环	PCI＝77.28，车辙和裂缝均明显	纵向裂缝连续，一条纵向裂缝长约 120m，另一条纵向裂缝长约 10m；横向裂缝 20 条，最小间距为 2m	11.1	中
京津塘(出京)路段 3	PCI＝85.97，路面病害以网状裂缝为主	病害以网状裂缝为主，全路段网状裂缝面积达 30%～40%	7.4	差
建材城西路南半幅	PCI＝67.20，路面病害以碎裂病害为主	外侧行车道严重碎裂，且连续分布，网裂面积达 70%以上	17.1	差

表 7.11　典型路段的结构损坏检测数据

检测路段	路表弯沉值/0.01mm	面层模量/MPa	基层芯样强度/MPa	芯样完整性	面层损坏指数	基层损坏指数	雷达探伤状况	总体评价
南五环内环	7.56 (7.97)	3232	9.49	完整、无宽裂缝	19.45 18.83	23.63 27.60	结构状况良好	优
西五环内环	5.57 (6.03)	3550	10.99	完整、无裂缝	19.09 17.53	18.68 19.11	结构状况良好	优
西五环外环	8.12 (9.00)	4833	10.34	横向裂缝位置部分开裂	21.34 24.89	24.90 24.53	结构状况良好	优
北五环内环	9.95 (8.34)	4590	11.63	完整、无宽裂缝	26.08 31.10	21.83 32.79	轮迹带局部不密实	良
南五环外环	9.62 (7.84)	3441	9.68	部分芯样局部开裂	17.25 20.97	20.40 29.14	轮迹带局部位置不密实	良
顺密路	22.76	1707	13.98	完整、下面层较松散	35.10	19.20	层间结合不良，局部路段基层偏薄	良

续表

检测路段	路表弯沉值/0.01mm	面层模量/MPa	基层芯样强度/MPa	芯样完整性	面层损坏指数	基层损坏指数	雷达探伤状况	总体评价
东五环外环	16.40 (15.19)	2341	10.45	裂缝位置部分开裂	33.18	20.93	部分位置层间结合不良	良
					35.13	29.13		
京津塘路段 1	18.06	2232	—	横向裂缝位置全深度开裂	50.90	24.90	结构状况良好	良
					48.00	24.30		
北五环外环	18.83 (12.75)	3929	10.36	横向裂缝位置全深度开裂	23.56	18.53	局部断面层间结合不良	中
					41.60	33.31		
东五环内环	15.14 (11.91)	3544	10.16	裂缝位置全深度开裂	27.95	23.80	轮迹带脱空普遍	中
					32.79	41.27		
京津塘路段 2	20.79	2219	—	裂缝位置全深度开裂	38.60	26.30	基层和底基层脱空、不密实较为普遍	中
					52.70	40.80		
房易路(出京)	21.97	—	6.72	完整、无裂缝	33.48	43.32	轮迹带局部位置基层不密实	中
京津塘路段 3	29.04	1020	—	裂缝芯样大多碎裂	74.06	61.50	结构状况良好	差
					101.10	84.10		
房易路(进京)	33.38	—	—	—	59.35	59.63	面层破碎，基层破碎	差
建材城西路	36.51 (77.35)	1038	—	6 个芯样，4 个碎裂，1 个局部开裂	32.36	80.25	层间结合不良，基层脱空严重	差
					93.70	231.97		

综合现场病害调查、钻芯取样和无损检测结果发现，弯沉值与面层损坏指数、基层损坏指数具有较高的线性相关关系(图 7.6 和图 7.7)。弯沉值小于 10(0.01mm)时，面层损坏指数小于 30μm，面层状况良好，裂缝轻微，裂缝位置传荷能力降低不明显，基层完整性良好，面层和基层的强度和刚度高。弯沉值小于 15(0.01mm)时，基层损坏指数小于 30μm，面层状况较好，裂缝间距较大，裂缝宽度普遍小于 1mm，裂缝位置传荷能力有所降低，基层完整性良好，基层的强度和刚度高。弯沉值小于 18(0.01mm)时，面层损坏指数小于 50μm，面层开裂明显，裂缝分布较广，裂缝位置传荷能力降低；弯沉值小于 25(0.01mm)时，基层损坏指数大于 30μm，但小于 80μm，基层完整性不良，面层和基层的强度和刚度下降。弯沉值大于 25mm(0.01mm)时，面层损坏指数大于 50μm，基层损坏指数大于 80μm，路面开裂普遍，路面承载能力下降，面层和基层的强度和刚度显著下降。

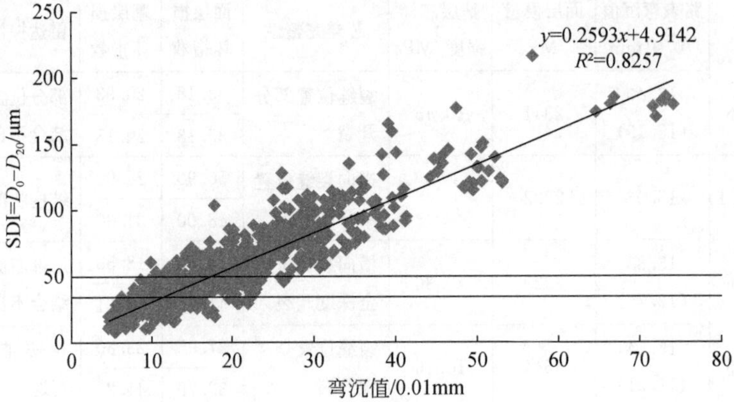

图 7.6　弯沉值与面层损坏指数的相关关系

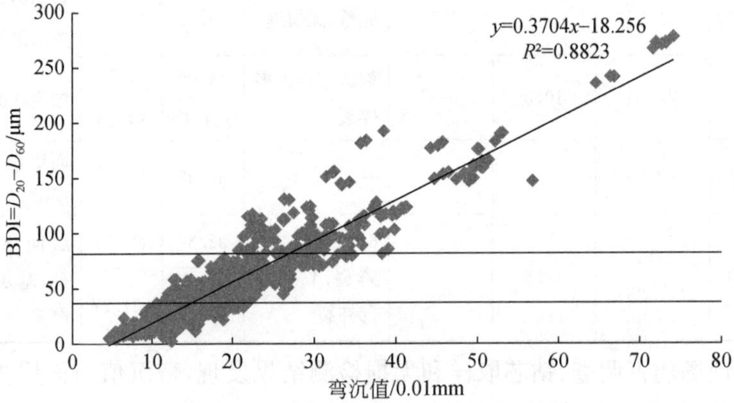

图 7.7　弯沉值与基层损坏指数的相关关系

基于上述分析，根据沥青面层破损状况、探地雷达探伤、FWD 弯沉检测、钻芯取样验证，结合半刚性基层沥青路面典型病害和典型路段结构检测结论，将结构完好和病害仅限于表层归为 A 类路面，结构良好和病害仅发展到沥青面层归为 B 类路面，基层结构疲劳碎裂前归为 C 类路面，基层结构疲劳开裂归为 D 类路面。

依据此标准对典型路段检测数据进行分类汇总，拟定半刚性基层沥青路面结构状况分类评价标准，见表 7.12。

表 7.12　半刚性基层沥青路面结构状况分类评价标准

评价指标	A类	B类	C类	D类
路表病害	表面裂缝不明显或只存在大间距小缝宽的横向裂纹，面层损坏指数小于 30μm	路表横向裂缝仅限于行车道，轮迹带的纵向裂缝轻微，30μm≤面层损坏指数≤50μm	轨迹带的横向和纵向裂缝均明显，出现频率中等或较高，30μm ≤面层损坏指数≤50μm	轨迹带的横向和纵向裂缝均明显，且出现频率高，面层损坏指数大于 50μm
裂缝程度	横向裂缝总体上达到 1 类裂缝	横向裂缝总体达到 2 类裂缝	横向裂缝达到 2、3 类裂缝，纵向裂缝总体达到 1 类裂缝	横向裂缝和纵向裂缝总体达到 3 类裂缝
车辙深度	≤10mm	≤10mm	10mm＜车辙深度≤15mm	＞15mm
面层平均刚度模量	≥3000MPa	≥3000MPa	2000MPa≤面层平均刚度模量＜3000MPa	＜2000MPa
基层强度	≥5MPa	≥5MPa	＜5MPa	＜5MPa
芯样状况	基层均匀合理，无宽裂缝	基层偶尔有一些裂缝，但材料总体合理	有宽的纵向裂缝，但裂缝附近的材料合理	一些芯样有全深度的宽裂缝
基层损坏状况	温缩、干缩裂纹结构损伤很少，整个横向裂缝荷载传递良好，基层损坏指数小于 30μm	横向裂缝间形成的块体较大，无纵向裂缝或纵向开裂轻微，裂缝间荷载传递良好，基层损坏指数小于 30μm	横向裂缝较明显，裂缝间块体较大，出现纵向裂缝，30μm＜基层损坏指数＜80μm	基层块体较小，最大间距小于 4m，横向和纵向裂缝多，荷载传递不良，基层损坏指数大于 80
弯沉状况	所有弯沉测量值均低于设计值	均值达到设计要求，测量峰值一定距离出现	均值达到设计要求，测量值上下波动	测量值高于设计值

注：裂缝程度分类如下。Ⅰ类裂缝：间距较宽的裂缝（＞10m），一般裂缝宽度≤0.5mm，无磨损，裂缝附近没有出现或仅有轻微弯沉差；Ⅱ类裂缝：一定间距的裂缝（5～10m），一般裂缝宽度≤1.0mm，具有一定程度磨损，裂缝附近出现一定弯沉差；Ⅲ类裂缝：间距不等的裂缝，一般缝宽大于 1.0mm，具有一定程度磨损，裂缝附近出现明显弯沉差。

7.3　在役沥青路面加铺层设计方法

7.3.1　在役沥青路面养护维修设计流程

基于多指标的沥青路面结构状态分类评价标准，依据沥青路面维修养护设计原则以及近年来维修养护的工程经验，形成了半刚性基层沥青路面维修养护设计流程，如图 7.8 所示。

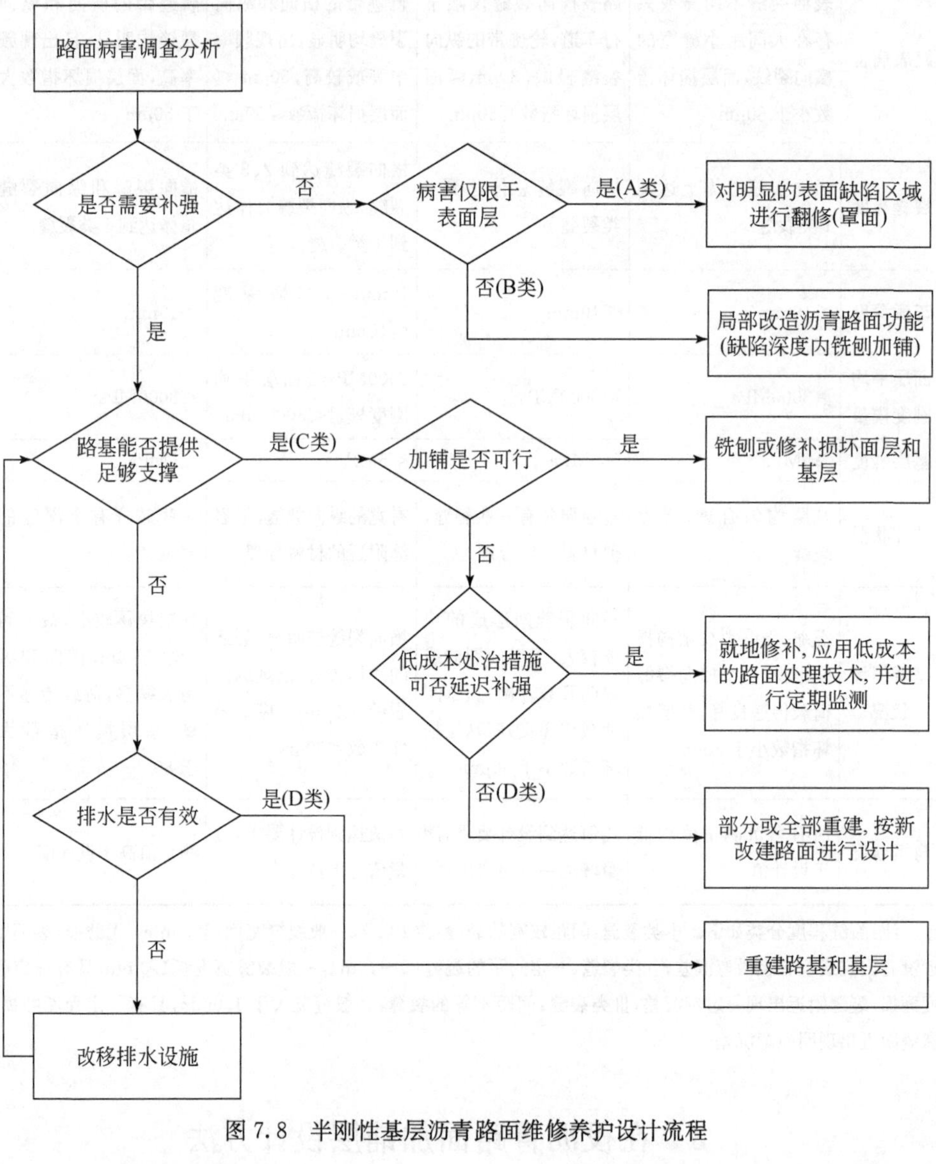

图 7.8　半刚性基层沥青路面维修养护设计流程

(1) 依据第 4 章提出的检测方法，对在役沥青路面结构进行全面的“体检”，包括路面结构的承载力和病害、路面结构层材料的力学性能和病害等，对在役沥青路面技术状况进行准确分类。

(2) 在路面结构承载力足够、在役沥青路面只存在表面病害的情况下，可以将在役路面评价为 A 类。这种情况下，可以在对在役路面表面进行局部病害处理后，直接加铺新的路面结构层。

(3) 在路面结构承载力足够，但在役沥青路面病害不仅限于表面病害，中下沥青路面层也出现了裂缝、车辙、松散等情况下，可以将在役路面评价为 B 类。这种情况下，应该对在役沥青路面的沥青面层进行局部的深度处理，或对沥青面层进行全面的铣刨清除，然后使用适宜的沥青混合料进行回铺后，再加铺新的路面结构层。

(4) 路面结构经过长年的使用后，半刚性基层材料性能发生衰变，材料的强度和刚度均可能出现一定的下降趋势，导致路面结构承载力整体下降。此时，路面结构可以评价为 C 类。在此情况下，应根据上述方法，对在役沥青路面结构和材料的剩余价值进行评价，探讨直接加铺改造的技术和经济效果。在技术和经济效果满足要求的情况下，可以对在役沥青路面结构中存在的较大病害路段进行铣刨和低成本措施的处理，之后加铺新的路面结构层。如果上述方法的技术经济效果较差，则在役沥青路面可以归类于 D 类，应该对在役沥青路面结构进行全面的结构性处置，进行全面的改造。

(5) 如果路面承载力下降，则有可能是在内因或外因作用下，路基发生了不稳定或沉陷。如果路基状况良好、排水设施完善，则在役路面可以归类于 D 类。在这种情况下，应对在役沥青路面进行直至路基的结构性修复，恢复道路路面结构的使用功能。

(6) 如果道路存在浸水、水流冲刷等外在环境因素的影响，则应随时进行修复，保证路面结构整体安全。

7.3.2　在役沥青路面加铺层厚度设计

与新建道路结构设计不同，在役沥青路面的大修设计更加复杂，涉及在役沥青路面结构损伤的评价、材料的选择、维修时机的选择等多方面问题，目前尚无系统的理论研究结果。我国当前的在役沥青路面维修养护设计还主要是基于经验的设计方法，在对路面性能、重要性、资金需求等进行综合平衡的基础上，确定维修养护方案。本节通过分析北京市三十年来半刚性基层沥青路面建设和养护的历史数据，提出了基于经验法的半刚性基层沥青路面加铺改造的加铺层厚度计算方法。

1. 路面结构与使用寿命的实证分析

北京市高速公路典型路线的沥青面层厚度和基层厚度如图 7.9 所示。

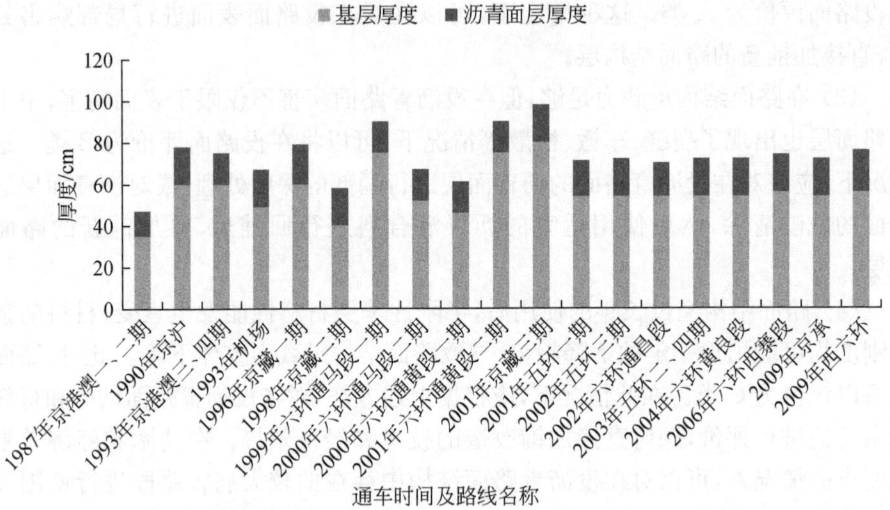

图 7.9　北京市高速公路典型路线的沥青面层厚度和基层厚度

从图 7.9 中可以看出,北京市半刚性基层路面结构的厚度变化总体状况是基层厚度变化大,沥青面层厚度变化较小。2002 年以前,基层厚度在 35～75cm 变化,采用石灰土底基层＋石灰粉煤灰稳定砂砾＋沥青面层三层结构的基层厚度为 45～60cm;三层石灰粉煤灰稳定砂砾结构的基层厚度为 54cm 或 60cm;级配碎石底基层＋石灰粉煤灰稳定砂砾基层＋沥青面层三层结构的基层厚度为 75cm 或 80cm。沥青面层均采用上中下三层结构,厚度为 15～19cm。2002 年以后,基层结构稳定为三层半刚性基层结构,上基层采用水泥稳定碎石材料,厚度为 54cm 或 56cm;三层沥青混合料面层结构厚度大多为 18cm,西六环沥青面层厚度最高达 20cm。

调查表明,截至目前,北京市高速公路半刚性基层基本上未经过结构性大修,只进行了面层加铺、罩面等大中修养护。这里对北京市高速公路典型路段的初次路面维修时间进行统计,以初次维修年作为沥青面层持续使用时间,也可以作为沥青路面的使用寿命,绘制北京市高速公路初次维修时间统计图,结果如图 7.10 所示。

从图 7.10 及其他调研结果可以发现,除六环通马段的局部路段进行过结构性大修以外,其他高速公路均未经过结构性大修,半刚性基层总体结构性能可靠。高速公路沥青面层的持续使用时间平均保持在 10 年以上。六环黄良段因严重车辙,建成 6 年后即铣刨中、上面层再加铺新沥青混合料;京港澳高速一、二期因建成时

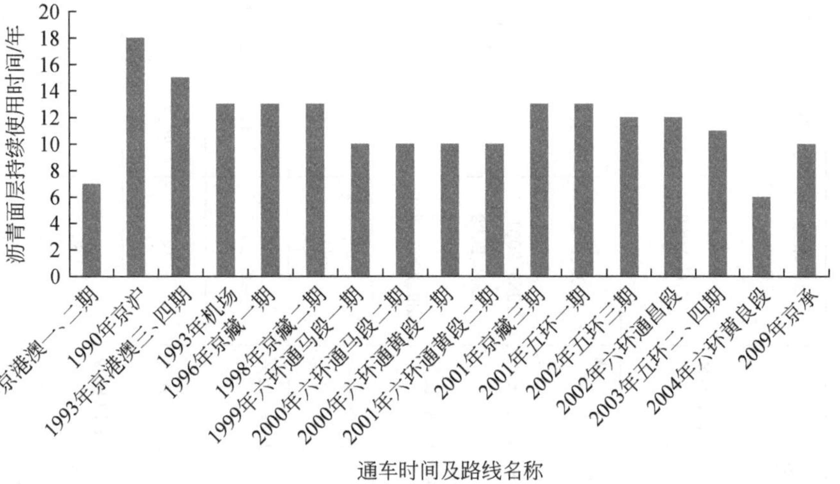

图 7.10　北京市高速公路典型路线沥青面层持续使用时间统计图

间早和建设标准低等原因，建成 7 年后路面进行了罩面补强。其他主要高速公路的沥青面层大修时间均在 10 年以上，京沪高速沥青面层持续使用时间甚至达到 18 年。因此，北京市高速公路半刚性基层沥青路面通常采用路面的加铺改造，使道路结构的使用寿命持续延长，达到了耐久性路面的基本条件。

表 7.13 和表 7.14 分别列举了不同建设时期北京市典型普通公路和高速公路建设和养护历史及累计当量轴次。

2. 加铺层厚度设计方法

从半刚性基层路面建设和养护资料中选取路面结构、材料、初次大中修时间比较准确，已承受的单车道累计当量轴次达到 1000 万次以上的路段，可认为是耐久性路面，其相关技术数据统计结果见表 7.15。

从表 7.15 可以看出，北京市典型耐久性路面结构厚度为 47～90cm，其中，沥青面层厚度范围为 12～21cm，基层厚度为 35～75cm。总体而言，国道和市道的路面结构厚度小于高速公路，但两者已承受的单车道累计当量轴次并没有显著差别。利用北京市具有耐久性特征的半刚性基层沥青路面建设和养护数据，建立路面结构与已承受的单车道累计当量轴次的相关关系，如图 7.11 和图 7.12 所示。

表 7.13　北京市典型普通公路建设和养护历史及累计当量轴次

路线名称	道路等级	建成年份	面层结构	基层结构	面层维修年份	设计弯沉值/0.01mm	累计当量轴次/次
110 国道延庆段	二级公路	1982	4cm AC-13 细粒式沥青混凝土＋4cm AC-16 中粒式沥青混凝土＋6cm 沥青碎石	20cm 二灰稳定砂砾＋30cm 天然砂砾	2002、2009	37.60	18136325
111 国道京加路怀柔段	一级公路	1985	3cm AC-13 细粒式沥青混凝土＋4cm AC-20 沥青混凝土＋4cm 沥青石屑	18cm 石灰稳定砂砾＋15cm 旧路粒料掺灰	2003、2010	43.40	790000
101 国道京沈路怀柔段	一级公路	1980	5cm AC-16 中粒式沥青混凝土＋7cm AC-25 粗粒式沥青混凝土	15cm 二灰稳定砂砾＋20cm 天然砂砾	1989、2001、2004、2009	35.30	14926000
110 国道辅线昌平段	三级公路	1989	4cm AC-13 细粒式沥青混凝土＋5cm AC-16 中粒式沥青混凝土	15cm 石灰稳定砂砾＋15cm 10% 石灰土	1989、2003、2005	45.06	5136374
通顺路通州段	二级公路	1996	5cm AC-16 沥青混凝土＋8cm ATB-25 粗粒式沥青稳定碎石	20cm 水泥冷再生二灰砂砾＋15～30cm 石灰土	2005	47.00	9800000
顺平路顺义段	一级公路	1999	4cm AC-16 中粒式沥青混凝土＋8cm AC-25 粗粒式沥青混凝土	32cm 二灰稳定砂砾＋15cm 12% 石灰土	2005、2010	31.37	17666000
阎东副线	二级公路	1996	5cm SMA-16 沥青玛蹄脂碎石混合料面层＋10cm ATB-30 沥青稳定碎石	28cm 砂砾掺灰＋15cm 天然砂砾	2008	27.50	32189350
琉辛路	三级公路	—	3cm AC-13 沥青混凝土＋5cm AC-20 沥青混凝土	18cm 二灰碎石＋15cm 旧路掺灰底基层	2009	44.30	885170
南雁路	二级、三级公路	—	4cm AC-13 细粒式沥青混凝土＋4cm AC-16 中粒式沥青碎石	18cm 石灰稳定砂砾＋15cm 天然砂砾	2005、2009	42.00	961302

续表

路线名称	道路等级	建成年份	面层结构	基层结构	面层维修年份	设计弯沉值/0.01mm	累计当量轴次/次
顺沙路昌平段	二级公路	1999	5cm SMA-16 沥青玛蹄脂碎石混合料面层＋16cm ATB-30 沥青稳定碎石	30cm 二灰稳定砂砾＋15cm 石灰土	2008	20.80	32384650
京开辅路黄村段	二级公路	2001	5cm SMA-16 沥青玛蹄脂碎石混合料面层＋7cm ATB-25 沥青稳定碎石	36cm 二灰稳定砂砾＋20cm4% 水泥掺灰处理	2009	32.40	2166540
109 国道门头沟段	一级公路	2004	5cm AC-16 沥青混凝土上面层＋7cm ATB-25 沥青稳定碎石底面层	40cm 二灰稳定碎石基层＋15cm 旧路粒料掺灰处理（石灰含量 12%）	2009	28.10	4467436

表 7.14　北京市典型高速公路建设和养护历史及累计当量轴次

路线名称	通车年份	面层	基层	底基层	面层维修年份	设计弯沉值/0.01mm	累计当量轴次/次
京港澳一期	1987	2cm 沥青混凝土 4cm 粗级配中粒式沥青混凝土 6cm 沥青碎石	35cm 石灰粉煤灰稳定砂砾	—	1994	30.00	15892750
京港澳二期						26.00	15892750
京港澳三期	1991	3.5cm 中粒式沥青混凝土 4.5cm 粗粒式沥青混凝土 7cm 沥青碎石	20cm 水泥稳定砂砾 20cm 石灰粉煤灰稳定砂砾	20cm 路拌石灰稳定砂砾	2005	20.20	20395936
京港澳四期	1993				2010	20.20	20074500
京沪	1990	5cm 中粒式沥青混凝土 6cm 粗粒式沥青混凝土 7cm 沥青碎石	20～32cm 水泥稳定砂砾	28～43cm 石灰土	2005、2014	30.00	48543623

续表

路线名称	通车年份	面层	基层	底基层	面层维修年份	设计弯沉值/0.01mm	累计当量轴次/次
通燕	1990	2cm 沥青石屑 4cm 中粒式沥青混凝土 5cm 沥青碎石	36cm 石灰粉煤灰稳定碎石	32cm 石灰土	2005、2011、2015	—	9251710
机场	1993	4cm 中粒式沥青混凝土(玄武岩碎石) 6cm 粗粒式沥青混凝土(石灰岩碎石) 8cm 沥青碎石(石灰岩碎石)	18cm 水泥稳定砂砾 16cm 石灰粉煤灰稳定砂砾	15cm 石灰土	2006	22.80	4861500
八达岭一期	1996	4cm 密级配中粒式沥青混凝土 7cm 粗粒式沥青混凝土 8cm 厂拌沥青碎石	36cm、40cm 石灰粉煤灰稳定砂砾	20cm 石灰土	2009	18.30	24340188
八达岭二期	1998	4cm 密级配中粒式沥青混凝土 6cm 粗粒式沥青混凝土 8cm 厂拌沥青碎石	40cm 石灰粉煤灰稳定砂砾	—	2011	19.30	33865962
八达岭三期(进京)	2001	4cm 沥青玛蹄脂碎石混合料 6cm 粗粒式沥青混凝土 8cm 粗粒式沥青混凝土	40cm 石灰粉煤灰稳定砂砾	40cm 天然砂砾	2014	18.00	38743113
八达岭三期(出京)	2001	4cm 沥青玛蹄脂碎石混合料 5cm 粗粒式沥青混凝土 7cm 粗粒式沥青混凝土	36cm 石灰粉煤灰稳定砂砾	36cm 天然砂砾	2014	18.70	31698911

续表

路线名称	通车年份	面层	基层	底基层	面层维修年份	设计弯沉值/0.01mm	累计当量轴次/次
五环一、二期	2003	5cm 沥青混凝土 6cm 密级配粗粒式沥青混凝土 7cm 粗粒式沥青混凝土	36cm 石灰粉煤灰稳定砂砾	18cm 石灰粉煤灰稳定砂砾	2014	20.11	22100513
五环三期	2002	5cm 沥青玛蹄脂碎石混合料 6cm 密级配中粒式沥青混凝土 7cm 粗粒式沥青混凝土	54cm 石灰粉煤灰稳定砂砾	—	2014	20.11	7794975
五环四期	2003	5cm 沥青玛蹄脂碎石混合料 6cm 密级配中粒式沥青混凝土 7cm 粗粒式沥青混凝土	54cm 石灰粉煤灰稳定砂砾	—	2015	20.11	6832175
六环通马段一、二期	1999	4cm 沥青玛蹄脂碎石混合料 5cm 密级配粗粒式沥青混凝土 6cm 粗粒式沥青混凝土	40cm 石灰粉煤灰稳定砂砾	35cm 天然级配砂砾	—	21.10	22195790
六环通黄段一期	2000	4cm 改性沥青玛蹄脂碎石混合料 5cm 密级配粗粒式沥青混凝土 6cm 粗粒式沥青混凝土	36cm 石灰粉煤灰稳定砂砾	10cm 石灰粉煤灰稳定砂砾	2010	23.10	30989224
六环通黄段二期	2001	4cm 改性沥青玛蹄脂碎石混合料 5cm 密级配粗粒式沥青混凝土 6cm 粗粒式沥青混凝土	40cm 石灰粉煤灰稳定砂砾	35cm 天然砂砾	2010	21.10	30989224
六环通昌段一期	2002	4cm 改性沥青玛蹄脂碎石混合料 5cm 密级配粗粒式沥青混凝土 7cm 粗粒式沥青混凝土	38cm 石灰粉煤灰稳定砂砾	16cm 石灰粉煤灰稳定砂砾	2010	21.90	34644500

续表

路线名称	通车年份	面层	基层	底基层	面层维修年份	设计弯沉值/0.01mm	累计当量轴次/次
六环通昌段二期	2002	4cm 改性沥青玛蹄脂碎石混合料 5cm 密级配粗粒式沥青混凝土 7cm 粗粒式沥青混凝土	38cm 石灰粉煤灰稳定砂砾	16cm 石灰粉煤灰稳定砂砾	2010	21.90	36105449
六环黄良段	2004	5cm 改性沥青玛蹄脂碎石混合料 6cm 密级配中粒式沥青混凝土 7cm 密级配粗粒式沥青混凝土	18cm 水泥稳定碎石 18cm 石灰粉煤灰稳定碎石	18cm 石灰粉煤灰稳定碎石	2010	20.90	9837695
六环西寨段	2006	5cm 改性沥青玛蹄脂碎石混合料 6cm 密级配中粒式沥青混凝土 7cm 密级配粗粒式沥青混凝土	18cm 水泥稳定碎石 18cm 石灰粉煤灰稳定砂砾	20cm 石灰粉煤灰稳定砂砾	—	20.40	9643288
西六环	2009	5cm 改性沥青玛蹄脂碎石混合料 6cm 密级配中粒式沥青混凝土 9cm 密级配粗粒式沥青碎石	18cm 水泥稳定碎石 18cm 石灰粉煤灰稳定砂砾	20cm 石灰粉煤灰稳定砂砾	—	18.10	—
京承一期	2002	5cm 沥青玛蹄脂碎石混合料 6cm 中粒式沥青混凝土 7cm 粗粒式沥青混凝土	18cm 水泥稳定碎石 18cm 石灰粉煤灰稳定碎石	18cm 石灰粉煤灰稳定碎石	2014	—	6582427
京承二期	2006				2014	—	3574368
京承三期	2009				—	—	—

表 7.15 北京市典型耐久性路面结构厚度与单车道累计当量轴次统计结果

路线名称	路面结构厚度/cm	基层厚度/cm	沥青面层厚度/cm	单车道累计当量轴次/次
110 国道延庆段	64	50	14	18136325
101 国道京沈路怀柔段	47	35	12	14926000
顺平路顺义段	59	47	12	17666000
阎东副线	58	43	15	32189350
顺沙路昌平段	66	45	21	32384650
京港澳一、二期	47	35	12	15892750
京港澳三、四期	75	60	15	20395936
京沪高速北京段	81	60	21	48540000
八达岭一期	79	60	19	24340188
八达岭二、三期	58	40	18	33865962
八达岭三期(出京)	90	72	18	31698911
五环一、二期	72	54	18	22100513
六环通马段一、二期	90	75	15	22195790
六环通黄段	90	75	15	30989224
六环通昌段	70	54	16	36105449

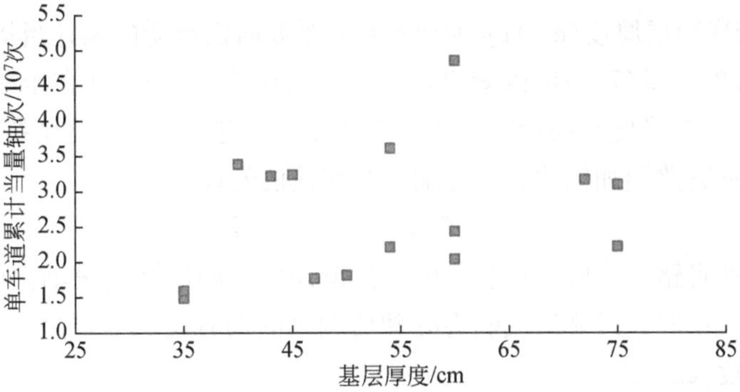

图 7.11 北京市典型耐久性路段基层厚度与单车道累计当量轴次的关系

对比图 7.11 和图 7.12 可以看出，在基层厚度、沥青面层厚度两个结构参数中，沥青面层厚度与路面使用寿命的相关性最好。通过不同的拟合方程对沥青面层厚度和沥青承受的累计当量轴次进行回归，得到不同的相关关系式，具体如下。

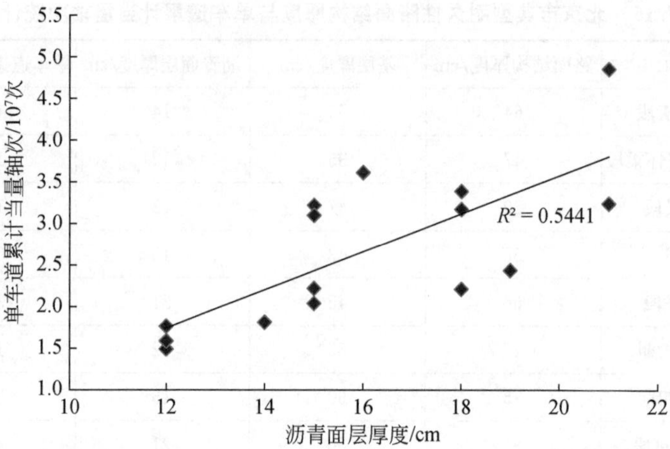

图 7.12　北京市典型耐久性路段沥青面层厚度与单车道累计当量轴次的关系

(1) 线性回归所得的相关关系式。

$$y=2286482x-9974347,\quad R^2=0.54 \tag{7.2}$$

(2) 指数回归所得的相关关系式。

$$y=6200105e^{0.09x},\quad R^2=0.58 \tag{7.3}$$

(3) 多项式回归所得的相关关系式。

$$y=-52688x^2+4009250x-23606833,\quad R^2=0.55 \tag{7.4}$$

(4) 幂指数回归所得的相关关系式。

$$y=501132x^{1.421},\quad R^2=0.61 \tag{7.5}$$

式中，x 为沥青面层厚度(cm)；y 为初次路面维修时已承受的累计当量轴次。

由式(7.2)～式(7.5)可以看出，式(7.5)的相关性最好，即在半刚性基层沥青路面中，沥青面层厚度对沥青路面的使用寿命影响更大。基于这个统计结论，提出半刚性基层沥青路面加铺改造的加铺层厚度预估公式：

$$h=501132N_e^{1.421}-H \tag{7.6}$$

式中，N_e 为沥青路面建成后直至大修养护设计寿命的累计当量轴次(次)；H 为在役沥青路面大修时经过铣刨或病害处理后剩余的沥青层有效厚度(cm)；h 为预估的加铺层厚度(cm)。

式(7.6)是通过汇总和分析近三十年来北京市半刚性沥青路面建设和养护的历史数据得到的，实际道路的单车道累计当量轴次的范围为 1000 万～4800 万次，在上述范围内，本设计方法具有较好的可靠性。对于其他省市和地区的半刚性基层沥青路面，以及单车道累计当量轴次超过 4800 万次的在役沥青路面的加铺改造，尚需进行进一步的研究和论证。

7.4　在役沥青路面大修设计案例

7.4.1　工程概况

北京顺义区一条二级公路，南起顺义区顺平路，北止密云区城关镇，全长 33.31km，道路技术等级为二级。该道路于 1992 年改建成现状二级公路，2006 年在既有旧路基础上铣刨加铺两层沥青混合料，2014 年路面大修起止桩号为 K13＋000～K18＋700，其中，K13＋000～K14＋000 路段左幅作为利用在役沥青路面提升结构寿命的试验路段。试验路段的断面形式如图 7.13 所示。

图 7.13　试验路段的断面形式

7.4.2　在役沥青路面检测评价

大修设计前对试验路段进行了结构状况调查，主要包括路表状况、弯沉、基层强度、结构刚度、结构完整性等。在试验路段内，由无损检测和半破损检测共同确定路面的结构性能，以路况检测车、探地雷达、落锤式弯沉仪、自动弯沉车等无损检测为主，取芯检测验证手段为辅。试验路段的检测参数及频率见表 7.16。

表 7.16　试验路段的检测参数及频率

结构层	检测参数	测点位置	检测频率
面层	路表状况	行车道内	路况检测车逐车道连续检测裂缝、车辙、平整度
	强度和模量	车道中部	每个车道 50m 钻取 1 个芯样

续表

结构层	检测参数	测点位置	检测频率
基层	完整性	轮迹带及轮迹带中部	探地雷达每个车道 3 条测线连续检测
	强度及模量	车道中部	每个车道 50m 钻取 1 个芯样
整体结构	结构模量	轮迹带及轮迹带中部	落锤式弯沉仪每个车道 20m 测 2 个点
	结构总弯沉	行车道内	自动弯沉车逐车道连续检测
	结构层厚度	行车道内	探地雷达全行车道连续检测

检测工作流程如下：

(1) 利用路况检测车对顺桩号 K13＋000～K14＋000 行车道的路面裂缝、坑槽等路表病害和平整度进行连续检测。

(2) 利用自动弯沉车连续采集旧路沥青路面弯沉盆数据。

(3) 利用探地雷达对试验路段进行连续检测。

(4) 以试验路段车道靠路中央轮迹带和轮迹带中部的 2 个位置作为测线，利用落锤式弯沉仪检测旧路结构刚度。

(5) 利用钻芯机在试验路段行车道中部钻取沥青面层和半刚性基层的路面结构完整芯样，标记后送实验室进行相应的材料试验。

在役沥青路面结构状况检测方法如图 7.14 所示。

综合在役沥青路面结构状况评价指标，试验路段路表 PCI 优良，全路段裂缝最小间距为 13.76m，裂缝宽度较小，总体达Ⅰ类裂缝标准；路面平整度评价等级为优，基本无车辙；全路段存在 13 处路面不密实状况，其中脱空不密实病害位置 5 处，松散不密实病害位置 7 处，基层厚度偏薄位置 1 处；个别实测弯沉值超过设计弯沉值，试验路段前 500m 弯沉代表值达 37.85(0.01mm)，试验路段后 500m 弯沉代表值为 20(0.01mm)。落锤式弯沉仪的平均刚度模量达 9.58GPa，最大基层损

(a) 路况检测　　(b) 自动弯沉检测

(c) 探地雷达检测

(d) 落锤式弯沉仪检测

(e) 取芯作业

图 7.14　在役沥青路面结构状况检测方法

坏指数为 26m，试验路段前 500m 部分位置面层损坏指数大于 30μm，试验路段后 500m 面层损坏指数均小于 30μm；现场钻取的二灰稳定砂砾基层芯样完好，未发现裂缝，基层芯样抗压强度均大于 10MPa。

按照 7.2 节的路面状况分类评价标准，试验路段前 500m 在役沥青路面状况评定为 B 类，可通过保留原有路面基层，铣刨老化沥青混合料加铺新的沥青路面结构层，实现路面耐久性的提升。试验路段后 500m 路面状况评定为 A 类，可全部保留原沥青面层，通过拉毛后加铺适当厚度的沥青面层，即可实现路面耐久性的提高。

7.4.3　加铺层厚度设计

试验路段单向日平均当量轴次为 4318 次，设计年限取 30 年，考虑沿线经济发展及历年的交通量增长规律，设计年限交通量的平均年增长率取 5%，该试验路段设计年限内累计当量轴次约 1.05 亿次，路面设计弯沉值为 16.42(0.01mm)。基于 7.3.2 节推荐的加铺层厚度预估公式(7.6)，并取 1.28 为可靠度系数，计算得到沥青面层总厚度为 27cm。

试验路段采用的高模量抗车辙沥青混合料有硬质沥青混合料、添加剂改性抗车辙沥青混合料和橡胶沥青混合料等，采用的抗疲劳沥青混合料为改性沥青细粒式混合料，表面磨耗层采用 ARAC 橡胶沥青混合料。基于沥青路面受力特征，确定试验路段的路面结构组合见表 7.17。

表 7.17　大修试验路段加铺层结构组合

桩号	K13＋000～K13＋500	K13＋500～K14＋000
路面结构组合	4cm ARAC-13 橡胶沥青混凝土 9cm AC-25 高模量沥青混凝土(外掺剂) 10cm ARAC-25 橡胶沥青混凝土 4cm FL-13 富沥青抗疲劳层 旧路基层(铣刨旧路面层到设计标高)	4cm ARAC-13 橡胶沥青混凝土 10cm AC-25 高模量沥青混凝土(30＃硬质沥青) 旧路面层(保留原路面直接加铺)

7.4.4　新铺路面路用性能检测

试验路段大修完工通车后，对新铺筑的沥青混凝土路面弯沉值进行了检测，并结合钻芯取样测定了不同沥青面层混合料的间接拉伸模量。为了分析试验路段路用性能的演变规律，通过现场埋设的竖向传感器长期监测沥青路面结构层的累积竖向变形；每年测试该路段弯沉值，对比和跟踪路面结构承载力的变化。

1) 芯样间接拉伸模量

现场钻取了 10 个沥青混合料芯样，五种路面材料芯样的平均间接拉伸模量如图 7.15 所示。

由图 7.15 可知，不同混合料的平均间接拉伸模量差异很大，AC-2530＃硬质沥青抗剪切变形的能力最强，其次是 AC-25 高模量沥青混合料(外掺型)，FL-13 型沥青混合料和 ARAC-25 高模量沥青混合料的刚度大致相同，而 ARAC-13 的刚度最小。这说明试验路段的结构材料组合既满足了中、下面层抗车辙的要求，又兼顾了上面层具有较好高、低温性能以及下面层具有较好承载力和防水性能的综合需求。

2) 路面弯沉

从试验路段弯沉值的检测数据来看(图 7.16)，K13～K14 路段左轮弯沉平均值为 4.2(0.01mm)，计算弯沉代表值为 9.9(0.01mm)；右轮弯沉平均值为 4.0

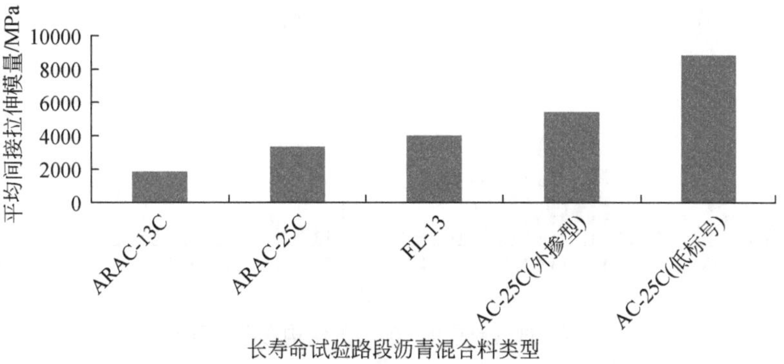

图 7.15　五种路面材料芯样的平均间接拉伸模量

(0.01mm)，计算弯沉代表值为 8.3(0.01mm)，均满足设计要求 16.4(0.01mm)。从图 7.17 可以看出，弯沉检测值较大的路段主要集中在 K13＋137～K13＋174 路段和 K13＋942～K13＋989 路段。这两段弯沉值较大位置，前者是由原路段路面基层偏薄引起的，后者则与摊铺过程中缺少 AC-25(低标号)混合料，而改用 WAC-25 混合料有关。由此可见，高模量沥青混凝土对于提高路面结构弯沉具有积极贡献。

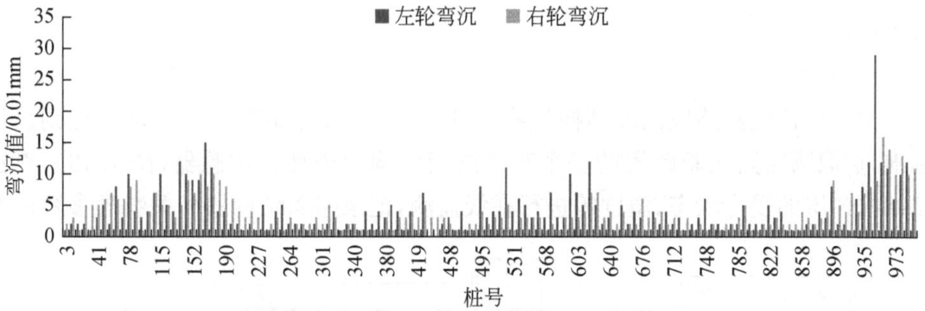

图 7.16　试验路段结构弯沉值分布图

图 7.17 为试验路段前 500m 的结构弯沉值分布图。经改造加铺后，该路段最大弯沉值由加铺前的 75(0.01mm)降低为加铺后的 15(0.01mm)。说明加厚面层厚度，并采用优质的沥青混合料可以明显提高路面结构承载力。

图 7.18 为 2014～2017 年试验路段和普通路段的弯沉代表值对比图。相对于普通路段，试验路段的弯沉代表值变化速率更小，只是由通车时的 9.1(0.01mm)增加到 2017 年的 12.3(0.01mm)。同时，试验路段的弯沉增加值也在逐年降低，2017 年弯沉代表值仅比 2016 年增大了 0.2(0.01mm)，说明试验路段结构性能已

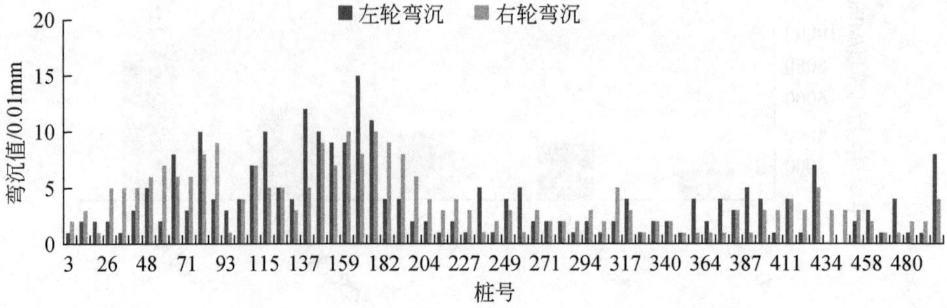

图 7.17 试验路段前 500m 的结构弯沉值分布图

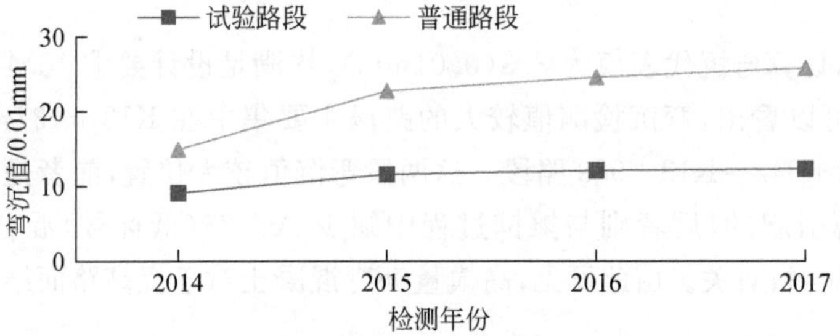

图 7.18 试验路段和普通路段的弯沉代表值对比图

趋于稳定。

3）永久变形

为了评估试验路段路面结构的稳定性，从而评价道路结构是否真正达到设计标准，选取顺密路试验路段的一个车道路面结构用于埋设传感器（图 7.19），对道路结构各层的受力状态、温度等进行在线监测，记录路面结构的相关物理参数的变

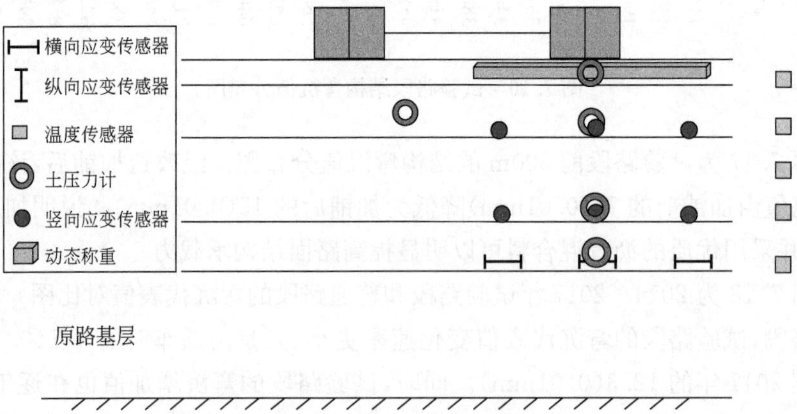

图 7.19 传感器埋设布置图

化，为对路面结构参数的变化进行定性或定量评价提供监测数据。

参考目前我国道路通行的大型货车车型，大多数车型的前轮中心距为 2.05m，后轮中心距为 1.88m。鉴于该类车型具有代表性，以车辆右侧轮胎组的外侧轮胎通行位置为埋设中心点，分别在中心点和中心点左侧 0.4m 处埋设传感器(图 7.20)。

图 7.20　传感器埋设现场

试验路段前 500m 的沥青路面厚度达到 27cm，明显大于传统的半刚性基层路面的面层厚度。因此厚沥青面层的永久变形成为试验路段结构监测的重点之一，故在试验路段的 AC-25 层和 ARAC-25 层中分别埋设了 6 支竖向应变传感器。

图 7.21 为竖向应变传感器监测到的最大竖向应变变化规律。从图中可以看出，沥青路面结构的永久变形在路面铺筑后存在明显的快速增长阶段，该阶段受外界温度影响较小，主要反映了交通荷载的压密作用过程。经过 8 个月的快速增长后，永久变形趋于稳定，永久变形总量缓慢增长，但在部分阶段存在较大的波动，特

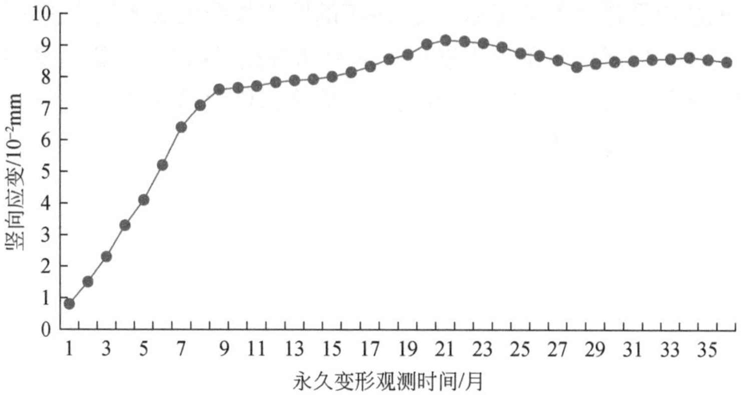

图 7.21　最大竖向应变的变化规律

别是夏季和秋季的变形增长较快，冬季会出现少量的变形恢复，这也反映了沥青混合料的黏弹性特征。同时，从车辙检测情况来看，试验路段没有发现明显车辙，说明优质的材料与合理的结构组合，能够极大地减小加铺的厚沥青面层出现永久变形的风险。

7.5 本章小结

沥青路面结构技术状况的评价涉及多个方面，既有外观方面的直观评价，也有平整度、车辙、抗滑等使用性能的评价，还有内部损坏、材料性能衰变、结构承载力等力学性能的评价，单独使用其中的一种方法不足以对路面结构做出全面和准确的评价。

本章提出了路面结构技术状况的精细化检测方法，通过外观的检查、路面性能的检测、路面结构内部状况的多方法探测等手段，对沥青路面结构进行全面检测，从不同的侧面了解路面结构技术状况，建立不同检测项目之间的相关关系，对路面结构做出综合评价。在全面检测的基础上，本章提出了沥青路面结构技术状况的四类分类方法，不同分类方法具有不同的技术特征，养护维修也依据分类进行分门别类的设计和养护规划编制，为道路养护维修的设计和管理单位提供了理论依据和实用方法。本章在三十多年沥青路面建设、使用、养护历史数据的基础上，提出了沥青路面大修养护决策流程和方法及沥青路面加铺厚度设计方法。该方法反映了我国沥青路面建设和使用的实际情况，与路面养护维修实际情况的符合度更高。本章提出的沥青路面大修改造设计流程、加铺厚度设计方法等已经在北京市半刚性基层沥青路面的大修养护工作中得到应用，从应用案例可以看出，该设计流程和方法较好地适应了道路养护实际情况，多年的监测数据证实加铺改造效果良好。

今后需要更广泛地收集和积累相关资料和数据，探讨沥青路面材料和结构的服役性能演变规律，使设计流程和方法更加准确和科学，为我国沥青路面的建设和养护管理工作提供理论指导。

第 8 章　基于寿命周期理论的养护规划编制

8.1　寿命周期理论

寿命周期费用分析是以经济分析原理为基础来评价可选投资方案的长期经济效益的一种技术[48-54]，它考虑了比选投资方案的初始修建费用以及未来的管理费用、用户费用和分析期内的其他相关费用，其目的是为投资效益确定最佳值，即获得满足所要求性能目标下的长期费用最低的方案。

道路寿命周期费用分析广泛用于建设和维修养护方案的制定过程，可对不同道路结构建设方案和路面养护维修方案进行综合分析对比，提出最优方案。

8.2　寿命周期费用分析

8.2.1　寿命周期费用分析的概念

寿命周期费用分析方法是指将路面在整个分析期内的主要投入和收益全部转换成费用表示，并把不同时期发生的费用以现值来表示，以便对各方案做出合理的经济比较的分析方法。路面在整个分析期的养护过程中会有多个养护计划选择。评价每一个养护计划是否合理都必须以寿命周期费用分析为基础进行经济比较。

8.2.2　寿命周期费用组成

以寿命周期费用分析为基础的费用组成主要包括管理部门费用、用户费用和路面残值[55]。

1）管理部门费用

(1) 设计费用。设计新建或改建路面所需的费用，包括现场调查、材料试验、交通分析、路面结构设计等。

(2) 初期修建费用。按设计文件和规格修建路面所需的费用。

(3) 日常养护费用。为使路面使用性能保持在预定水平上而进行的日常预防性养护和修补工作所需的费用,通常称为小修保养费。

(4) 改建费用。为恢复路面使用性能到某一可接受水平而定期进行的修复或改建工作所需的费用,通常称为大中修费用。

2) 用户费用

用户费用是指用户在使用道路时支出的费用,包括车辆运营费用、延误费用、行驶时间费用和事故费用等。

(1) 车辆运营费用。车辆在道路上行驶过程中各项资源消耗多支出的费用,如燃油、轮胎、保修材料和工时、大修、车辆折旧等。

(2) 延误费用。由于路面改建或养护活动,车辆减速或绕道行驶而增加的车辆营运费用和行驶时间费用。

(3) 行驶时间费用。车辆在路程上的行驶时间乘以单位时间的价值。

(4) 事故费用。因出现交通事故而支出的费用,通常以事故率乘以每个事故的平均费用计算。

3) 路面残值

到寿命周期末,路面的使用性能没有下降到最低可接受水平,即路面还有使用寿命,可以在寿命周期后继续承受车辆作用,这部分剩余寿命所具有的价值就是路面残值(图 8.1)。不同的设计方案可能具有不同的剩余寿命,在经济分析时应考虑这部分价值。

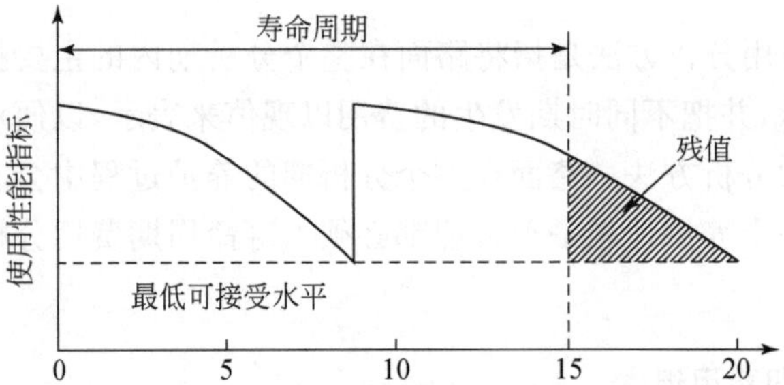

图 8.1　路面残值示意图

费用分析的目的是通过方案比较选出最佳方案,分析时主要考虑每个比较方案在费用和效益方面的差异。因此,在费用组成模型中不需要考虑完全相同或差别不大的费用项目。对于路面养护决策,所关注的是由路面使用性能的差异所带来的费用和效益上的差别。因此,费用分析时应着重考虑受路面使用性能影响的费用组成。这些费用包括日常养护费用、改建费用、路面残值和用户费用。

8.2.3 分析期

采用寿命周期费用分析方法比较不同方案的经济效果时，需要在一段时期内进行。而且这段时期必须足够长，只有这样才能反映出不同对策的差异。对不同对策进行方案比选的一段时期，称为分析期。分析期从既有路面使用性能期末开始计算。如果所有对策的使用性能期相同，那么可以简单地把使用性能期定义为分析期。另外，分析期也可以比性能期长。在这种情况下，需要给不同的对策安排后续的维修措施。当各比选对策性能期不同时，通常有两种确定分析期的方法，即最小公倍数法和研究期法。分析期也可以采用其他的时间周期，例如，美国联邦公路管理局寿命周期费用分析，对于所有的公路项目，要求的分析期最少35年。在选择合理对策时，最重要的是保证分析期足够长，以反映不同对策的差异。

8.3 经济分析比较法

路面养护决策中应用的经济分析比较法是以寿命周期费用分析为基础，即将分析期内能够对所采取的不同养护和改建方案进行比较的因素都转换为费用，并以现值的形式表示，然后在此基础上应用经济分析比较法进行比较。常用的经济分析比较法包括净现值法、年费用法、收益率法和效益-费用比法等。

1. 净现值法

净现值法的原理是将分析期内不同时间支出的费用，按某一预定的贴现率先转换为现在的费用（现值），这样通过转换成单一的现值，便可在等值的基础上对各养护方案进行比较。然后，以不采取任何养护方案时的养护费用和用户费用为基本方案，与其他采取不同养护方案时的养护费用和用户费用进行比较（求两者的差值），选出净现值最大的方案作为经济方案。

净现值法可用式(8.1)表述：

$$\mathrm{NPV}_{x_1,n}=\mathrm{PWC}_{x_0,n}-\mathrm{PWC}_{x_1,n} \tag{8.1}$$

式中，$\mathrm{NPV}_{x_1,n}$为采取方案x_1时在分析期n年内的效益净现值；$\mathrm{PWC}_{x_0,n}$为不采取任何改建措施时在分析期n年内的效益现值；$\mathrm{PWC}_{x_1,n}$为采取方案x_1时在分析期n年内的效益现值。

这里效益主要是指路况改善给道路使用者带来的用户费用的节省。因此，方案的效益是通过与其他方案进行比较后确定的。

净现值法把效益和费用联系在一起，并用单一的现值费用来表示，将不同养护方案的比较关系统一到费用的指标上，便于不同方案之间的比较。

2. 效益-费用比法

效益-费用比法是以某一方案的效益现值同费用现值的比值作为不同方案之间进行比较的标准，来对不同方案进行比选的方法。即

$$\frac{C}{B}=\frac{\mathrm{PWC}_{x_1,n}}{\mathrm{PWB}_{x_1,n}} \tag{8.2}$$

式中，$\mathrm{PWB}_{x_1,n}$为采取方案x_1时在分析期n年内的总现值；$\mathrm{PWC}_{x_1,n}$为采取方案x_1时在分析期n年内的总效益现值。

效益-费用比反映了单位费用的效益，比净现值法能更好地反映投资的效率，有较强的对比性。

8.4 路面养护管理的效益

通过8.3节对经济分析比较法的介绍可知，无论是净现值法还是效益-费用比法，其本质是在寿命周期费用分析的基础上将方案之间可比较的因素转换为费用，在费用这个统一的标准下进行方案比较。路面管理实质上是一个投入与收益的问题，即研究如何对某一路网或路网中的某一路段进行投入才能获得最大收益的问题。所以，在对某一个项目进行不同的养护方案比较时，应着重考虑各养护方案所需要的投入和所获得的效益之间的不同。显然，这里的“投入”是指在整个分析期内对路网或路网中的某一路段所投入的养护和改建费用。而“效益”应当从两个方面来考虑，即直接效益和间接效益。众所周知，某路段实施养护和改建措施后，直接效益应当是路面使用性能的提高。例如，对路面进行重新罩面后，路表面的状况发生了变化，车辙和拥包减少。路面的行驶质量得到了改善，RQI值得到提高；路表面的破损减少，坑槽、裂缝等病害减少，PCI值相应增加。间接效益是指路面使用性能的改变，将会给道路使用者带来的好处，例如，由于RQI值的提高，用户在车辆运营费用上的消耗得到了节省；路面平整度的改善，使行车更加舒适和安全，同时也会在一定限度内提高车速，减少行车时间；新型道路铺装材料的应用，使修路带来的噪声减少；汽车尾气排放减少而使空气质量提高，从而减少对环境的影响等，这些都可以认为是所产生的间接效益。

从寿命周期费用分析的角度，对于某一个项目需将其分析期内所有的可进行方案比较的因素（主要指养护方案的费用和效益）都计算成费用来进行比较。其中，管理部门在分析期内的养护和改建的投入可以用费用来表示，但管理部门的投

入使路面使用性能提高所带来的效益，是很难用费用准确衡量的。目前，在将效益转换为费用的计算中，仅考虑了便于计算的车辆营运费用，其中包括燃油消耗费用、轮胎磨损费用、保修材料和工时、大修、车辆折旧的费用。而对于由于路面使用性能提高而给道路使用者带来的交通事故的减少，行驶时间的缩短，以及更广泛的效益，如因养护改建后路面性能的改变所带来的噪声的减少，汽车尾气排放减少而使空气质量提高从而减少对环境的影响等，这些是很难用费用来直接衡量的。因此，路面管理系统在对这方面的效益的计算上，目前还不得不将其忽略掉。这在很大程度上将会影响方案比较的结果。本书讨论了道路养护方案对交通和环境影响的定量计算方法，今后可考虑将交通和环境影响成本纳入效益分析中。

8.5　效果的定义及其计算方法

既然有些效益是很难用费用直接来计算的，那么可以考虑用其他的指标或效果来对其进行衡量。由于路面采取养护和改建措施后所得到的收益主要是因为路面的使用性能得到改善，进而使道路使用者得到收益。因此，可以把路面使用性能的变化当做衡量效益的一个间接指标。反映路面使用性能变化的不同指标的衰变曲线不仅能够反映新建路面使用性能随时间变化的情况，而且能够反映当路面在采用养护措施以后路面使用性能随时间的变化趋势。故可以根据曲线的变化来衡量采取不同养护措施时路面使用性能变化的情况，进而可以得到不同养护措施给用户带来的不同效益。

美国亚利桑那州路面管理系统把路面使用性能曲线下所包含的面积加上残值作为用户效益的代用指标。加拿大阿尔伯塔省的路面管理系统以使用性能曲线与使用性能最低标准线之间所包含的面积来计算效益（图 8.2）。按此种方法计算的效益称为效果 E，其计算表达式为

$$E=\left[\sum_{Y_R}^{Y_2}(\mathrm{PQI_R}-\mathrm{PQI_{min}})-\sum_{Y_1}^{Y_R}(\mathrm{PQI_{min}}-\mathrm{PQI_N})\right]\cdot \mathrm{AADT}\cdot L \tag{8.3}$$

式中，$\mathrm{PQI_N}$ 为改建前的使用性能曲线（以 PQI 表征）；$\mathrm{PQI_R}$ 为改建后的 PQI 曲线；$\mathrm{PQI_{min}}$ 为 PQI 的最低容许水平；Y_R 为改建年份；Y_1 为改建前 $\mathrm{PQI_N}\leqslant\mathrm{PQI_{min}}$ 的年份；Y_2 为改建后 $\mathrm{PQI_R}\geqslant\mathrm{PQI_{min}}$ 的年份；AADT 为年平均日交通量；L 为路段的长度。

将道路使用者所获得的效益以效果的形式表示要比用费用的形式表示更合理、更客观。因为从效果的计算过程来看，它能更好地将路面使用性能的变化与使用者的效益联系起来。

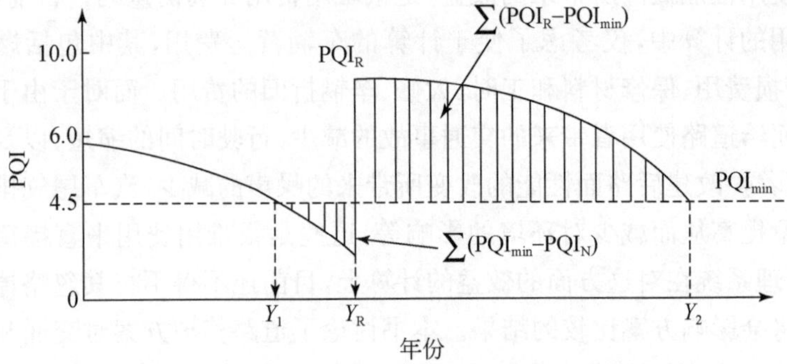

图 8.2 效果的计算示意图

8.6 基于寿命分析的养护规划编制案例

8.6.1 概况

针对北京市五环路即将达到使用年限需进行大修养护问题，2012 年进行了五环路大修养护方案和养护规划编制工作[56]。

第 7 章通过路面性能检测评价、探地雷达病害检测、沥青面层芯样物理和力学性能分析、半刚性基层材料力学性能分析、FWD 弯沉检测等工作，对五环路全线进行了精细化分析，据此制定了五环路大修养护方案，见表 8.1。

表 8.1 五环路大修养护类型及决策标准

路面大修养护类型	分类标准			大修养护方法
	分项指标	权重	综合指标	
Ⅰ	PCI＜90(破损率＞0.4%)	0.25	PQI＜82	铣刨回铺上、中面层并加铺 4cm 罩面
	RDI＜72(车辙深度＞14mm)	0.50		
	RQI＜91(IRI＞2m/km)	0.25		
Ⅱ	PCI 为 90～94(破损率为 0.1%～0.4%)	0.25	PQI 为 82～85	铣刨回铺上面层并加铺 4cm 罩面
	RDI 为 72～75(车辙深度为 12.5～14mm)	0.50		
	RQI 为 91～95(IRI 为 1～2m/km)	0.25		
Ⅲ	PCI＞94(破损率＜0.1%)	0.25	PQI 大于 85	原路面灌缝、补坑等修补后，加铺 4cm 罩面
	RDI＞75(车辙深度＜12.5mm)	0.50		
	RQI＞95(IRI＜1m/km)	0.25		

8.6.2　五环路路面性能衰变预测模型

五环路路面大修后，不同大修类型的路面性能衰变预测模型如下。

(1) 第Ⅰ类大修(铣刨回铺上、中面层并加铺 4cm 罩面)的路面性能衰变预测模型。

$$PQI=99.80\{1-\exp[-0.783(14.33/t)]\} \tag{8.4}$$

(2) 第Ⅱ类大修(铣刨回铺上面层并加铺 4cm 罩面)的路面性能衰变预测模型。

$$PQI=99.82\{1-\exp[-0.97(13.73/t)]\} \tag{8.5}$$

(3) 第Ⅲ类大修(原路面灌缝、补坑等修补后，加铺 4cm 罩面)的路面性能衰变预测模型。

$$PQI=99.87\{1-\exp[-0.640(18.06/t)]\} \tag{8.6}$$

三类大修预测模型的衰变曲线如图 8.3～图 8.5 所示。

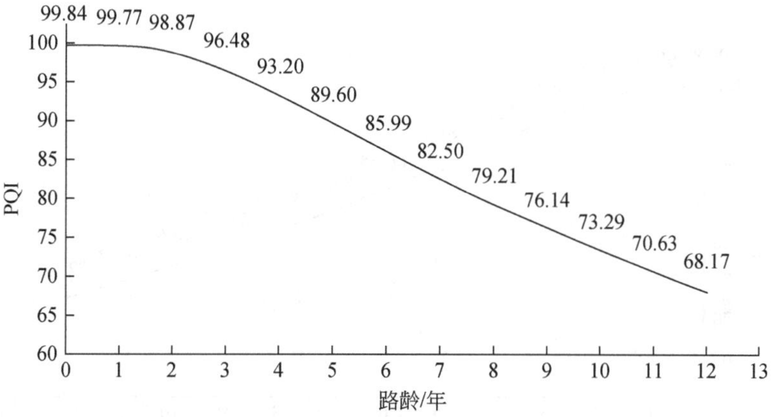

图 8.3　第Ⅰ类大修预测模型的衰变曲线

8.6.3　五环路中长期养护规划及成本效益分析

为进行大修方案效果比较，并对中长期养护规划的合理性进行分析，根据五环路大修后的情况，初步拟订五环路大修后的中长期养护规划，并进行成本效益分析。

1. 五环路中长期养护规划

道路路面中长期养护计划应考虑道路原始路面性能(路面材料、施工工艺

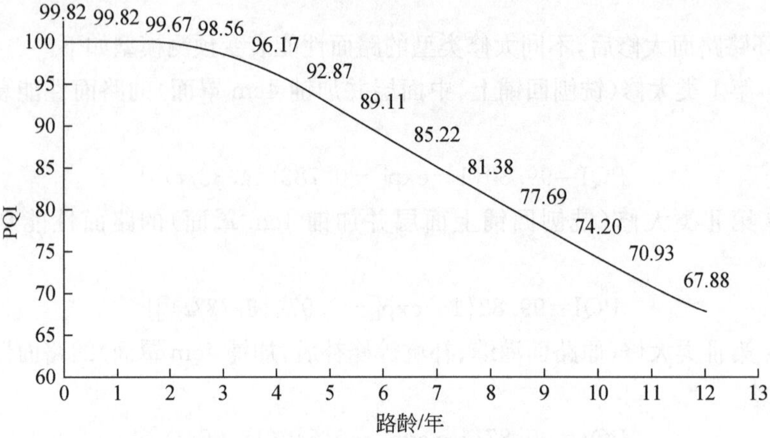

图 8.4　第Ⅱ类大修预测模型的衰变曲线

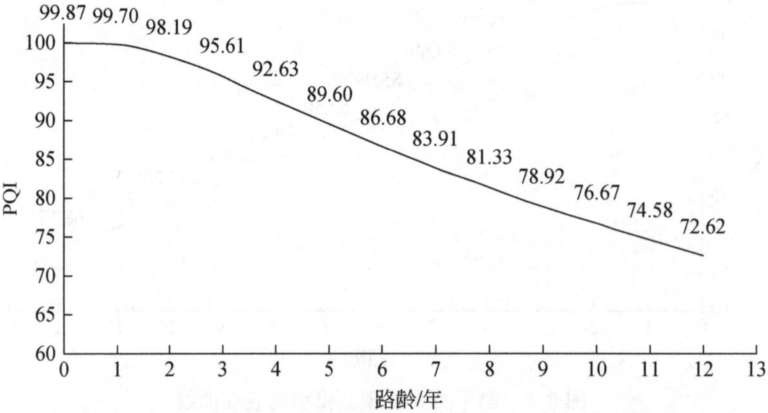

图 8.5　第Ⅲ类大修预测模型的衰变曲线

等)、交通荷载增长情况、气候条件等多种因素,确定路面性能衰变预测曲线,在此基础上选择技术可行、经济性较好的养护组合,使路面性能和经济性达到最优组合。

根据上述五环路路面性能衰变预测曲线、大修类型等因素,拟订五环路大修后 10 年寿命期内的路面中长期养护计划,见表 8.2。

根据路面性能预测模型和中间维修后调整的路面性能衰变预测模型,分别绘制出 10 年寿命期内 PQI 的变化曲线。

表 8.2　五环路大修后 10 年寿命期内的路面中长期养护计划

方案	方案一			方案二		
大修类型	Ⅰ	Ⅱ	Ⅲ	Ⅰ	Ⅱ	Ⅲ
大修后 10 年寿命期内的养护计划	大修后第 4 年采取 2cm 罩面处理，第 8 年采取 4cm 罩面处理	大修后第 5 年采取 2cm 罩面处理，第 8 年采取 4cm 罩面处理	大修后第 4 年采取 2cm 罩面处理，第 8 年采取 4cm 罩面处理	大修后第 6 年采取 6cm 罩面处理	大修后第 6 年采取 6cm 罩面处理	大修后第 6 年采取 6cm 罩面处理

方案一的Ⅰ、Ⅱ、Ⅲ类大修后，寿命期内不同养护方式的路面性能变化曲线如图 8.6～图 8.8 所示。

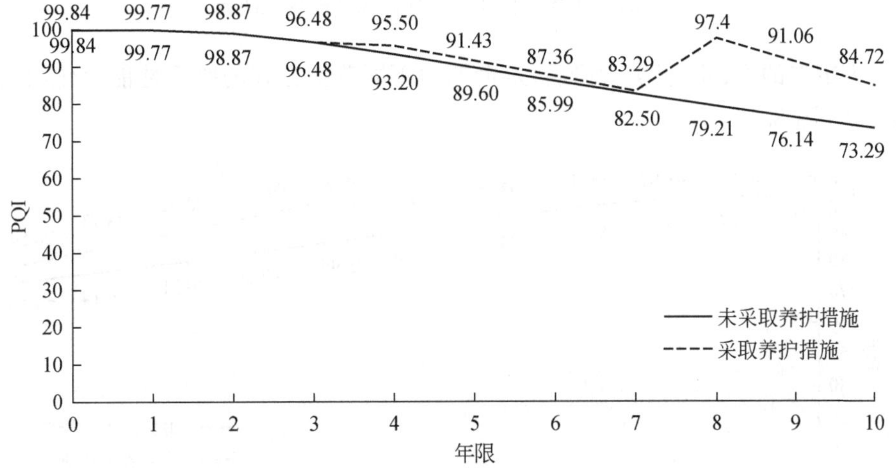

图 8.6　方案一的Ⅰ类大修路面性能变化曲线

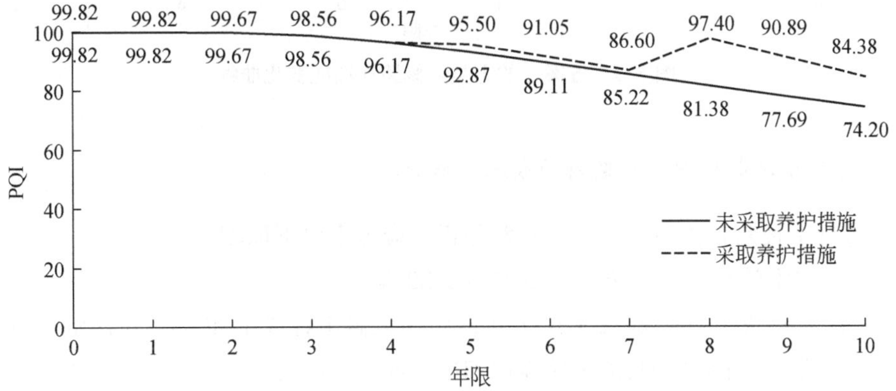

图 8.7　方案一的Ⅱ类大修路面性能变化曲线

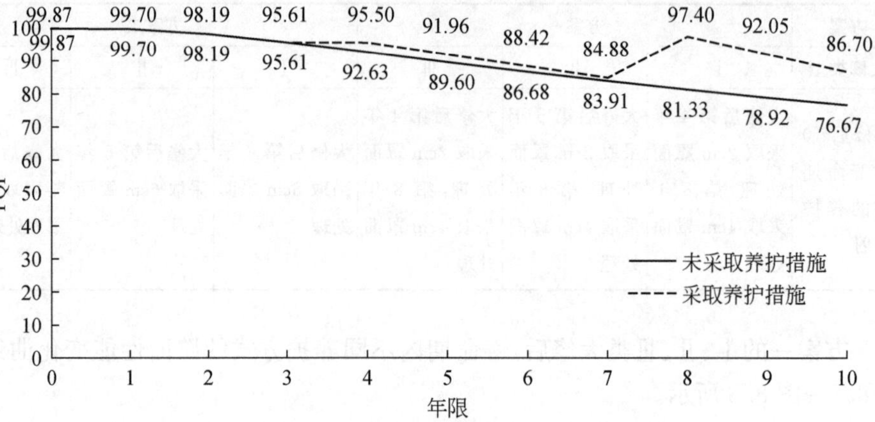

图 8.8 方案一的Ⅲ类大修路面性能变化曲线

方案二的Ⅰ、Ⅱ、Ⅲ类大修后，寿命期内不同养护方式的路面性能变化曲线如图 8.9～图 8.11 所示。

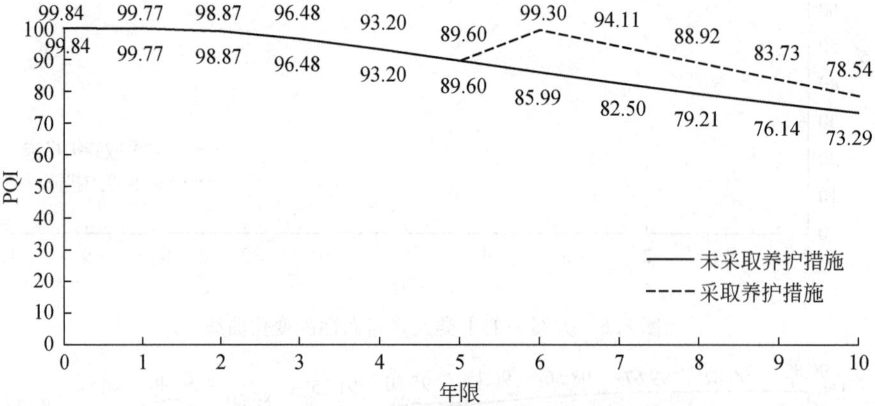

图 8.9 方案二的Ⅰ类大修路面性能变化曲线

2. *五环路中长期养护期内的成本效益分析*

进行中长期养护期内的成本效益分析时应考虑以下原则：

(1) 成本效益分析期统一为 2012～2022 年。

(2) 工程成本包括 2012～2014 年的路面大修工程成本和 2012～2022 年的所有养护工程(含日常养护、预防性养护和中修养护)成本。

(3) 用户成本计算中，考虑燃油成本、轮耗成本和车辆维修成本。

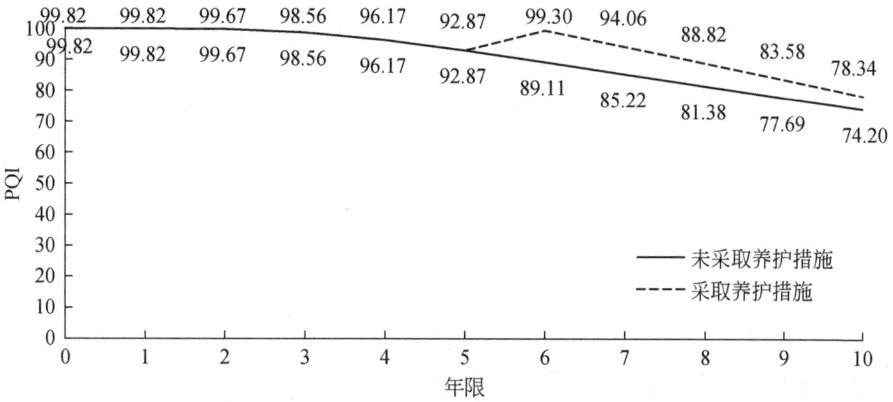

图 8.10　方案二的Ⅱ类大修路面性能变化曲线

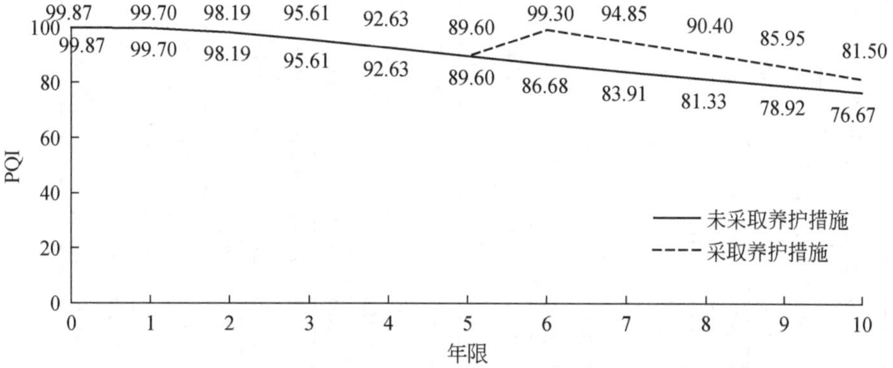

图 8.11　方案二的Ⅲ类大修路面性能变化曲线

(4) 效益包括由于路面性能改善而降低的用户成本和分析期末(2022 年)的路面残值。

(5) 大修当年不计算日常养护成本和用户成本。

(6) 在成本计算中,只考虑维修养护的工程直接成本,不考虑交通导改费用成本。

方案一和方案二分析期内的成本分析结果见表 8.3～表 8.6。

方案一分析期内的成本分析结果见表 8.3 和表 8.4。表 8.3 为分析期内不进行预防性养护和中修养护、只进行日常养护的成本分析,表 8.4 为分析期内进行预防性养护、中修养护和日常养护的成本分析。

方案二分析期内的成本分析结果见表 8.5 和表 8.6。表 8.5 为分析期内不进行预防性养护和中修养护、只进行日常养护的成本分析,表 8.6 为分析期内进行预防性养护、中修养护和日常养护的成本分析。

表 8.3　方案一分析期内不进行预防性养护和中修养护、只进行日常养护的成本分析

寿命期内的养护情况	成本类型	大修年	大修类型	2012 年	2013 年	2014 年	2015 年	2016 年	2017 年	2018 年	2019 年	2020 年	2021 年	2022 年	合计
无中间养护	分析期内大修及养护成本/万元	2012 年	Ⅰ	5915	52	64	97	148	214	293	385	491	611	746	9016
			Ⅱ	4395	101	110	143	215	328	478	663	882	1136	1427	9878
			Ⅲ	4207	119	162	243	352	485	639	816	1018	1246	1503	10790
		2013 年	Ⅰ	296	7834	73	91	139	214	310	427	563	718	894	11559
			Ⅱ	504	5478	134	146	191	290	446	654	911	1214	1566	11534
			Ⅲ	144	1302	39	54	82	119	165	218	279	348	426	3176
		2014 年	Ⅰ	139	171	3677	36	46	71	109	160	221	291	372	5293
			Ⅱ	259	329	2816	73	80	105	162	251	370	516	690	5651
			Ⅲ	891	1080	8040	256	358	548	804	1116	1480	1898	2372	18843
		合计		16750	16466	15115	1139	1611	2374	3406	4690	6215	7978	9996	85740
	分析期内用户成本/万元	2012 年	Ⅰ	0	24291	27055	30170	33672	37596	41986	46892	52373	58493	65326	417854
			Ⅱ	0	47924	53345	59425	66268	73961	82594	92266	103092	115202	128743	822820
			Ⅲ	0	55150	61455	68543	76481	85352	95256	106306	118632	132380	147711	947266
		2013 年	Ⅰ	29454	0	35804	39878	44470	49631	55415	61886	69118	77197	86218	549071
			Ⅱ	54573	0	66491	74013	82449	91943	102616	114594	128013	143033	159835	1017560
			Ⅲ	15593	0	18999	21171	23613	26348	29404	32816	36623	40869	45605	291041
		2014 年	Ⅰ	13825	15441	0	18705	20834	23232	25929	28950	32331	36109	40330	255686
			Ⅱ	28051	31346	0	38039	42343	47168	52600	58706	65559	73236	81828	518876
			Ⅲ	96288	107446	0	130577	145506	162288	181082	202086	225534	251699	280882	1783388
		合计		237784	281598	263149	480521	535636	597519	666882	744502	831275	928218	1036478	6603562
分析期内总成本/万元				254534	298064	278264	481660	537247	599893	670288	749192	837490	936196	1046474	6689302

表 8.4　方案一分析期内进行预防性养护、中修养护和日常养护的成本分析

寿命期内的养护情况	成本类型	大修年	大修类型	2012 年	2013 年	2014 年	2015 年	2016 年	2017 年	2018 年	2019 年	2020 年	2021 年	2022 年	合计
有中间养护	分析期内大修及养护成本/万元	2012 年	Ⅰ	5915	52	64	97	743	187	270	371	2500	278	463	10940
			Ⅱ	4395	101	110	143	215	1553	416	614	4933	556	929	13965
			Ⅲ	4207	119	162	243	1686	407	575	777	5677	581	939	15373
		2013 年	Ⅰ	296	7834	73	91	139	984	271	394	542	3311	404	14339
			Ⅱ	504	5478	134	146	191	290	1936	569	843	6150	761	17002
			Ⅲ	144	1302	39	54	82	522	138	196	265	1757	197	4696
		2014 年	Ⅰ	139	171	3677	36	46	71	462	139	204	280	1554	6779
			Ⅱ	259	329	2816	73	80	105	162	995	321	477	3161	8778
			Ⅲ	891	1080	8040	256	358	548	3223	932	1329	1804	10850	29311
		合计		16750	16466	15115	1139	3540	4667	7453	4987	16614	15194	19258	121183
	分析期内用户成本/万元	2012 年	Ⅰ	0	24291	27055	30170	33606	37534	41931	46855	51491	57617	64509	415059
			Ⅱ	0	47924	53345	59425	66268	73797	82450	92143	101590	113694	127317	817953
			Ⅲ	0	55150	61455	68543	76296	85173	95100	106204	116898	130692	146171	941682
		2013 年	Ⅰ	29454	0	35804	39878	44470	49535	55324	61805	69063	75896	84926	546155
			Ⅱ	54573	0	66491	74013	82449	91943	102389	114394	127843	140949	157743	1012787
			Ⅲ	15593	0	18999	21171	23613	26284	29342	32762	36587	40271	45023	289645
		2014 年	Ⅰ	13825	15441	0	18705	20834	23232	25878	28903	32289	36080	39650	254837
			Ⅱ	28051	31346	0	38039	42343	47168	52600	58576	65444	73138	80636	517341
			Ⅲ	96288	107446	0	130577	145506	162288	180643	201662	225166	251457	276775	1777808
		合计		237784	281598	263149	480521	535385	596954	665657	743304	826371	919794	1022750	6573267
分析期内总成本/万元				254534	298064	278264	481660	538925	601621	673110	748291	842985	934988	1042008	6694450

表 8.5 方案二分析期内不进行预防性养护和中修养护、只进行日常养护的成本分析

寿命期内的养护情况	成本类型	大修年	大修类型	2012 年	2013 年	2014 年	2015 年	2016 年	2017 年	2018 年	2019 年	2020 年	2021 年	2022 年	合计
无中间养护	分析期内大修及养护成本/万元	2012 年	Ⅰ	6174	52	64	97	148	214	293	385	491	611	746	9275
			Ⅱ	7630	101	110	143	215	328	478	663	882	1136	1427	13113
			Ⅲ	3821	119	162	243	352	485	639	816	1018	1246	1503	10404
		2013 年	Ⅰ	296	8177	73	91	139	214	310	427	563	718	894	11902
			Ⅱ	504	9511	134	146	191	290	446	654	911	1214	1566	15567
			Ⅲ	144	1183	39	54	82	119	165	218	279	348	426	3057
		2014 年	Ⅰ	139	171	3838	36	46	71	109	160	221	291	372	5454
			Ⅱ	259	329	4889	73	80	105	162	251	370	516	690	7724
			Ⅲ	891	1080	7303	256	358	548	804	1116	1480	1898	2372	18106
		合计		19858	20723	16612	1139	1611	2374	3406	4690	6215	7978	9996	94602
	分析期内用户成本/万元	2012 年	Ⅰ	0	24291	27055	30170	33672	37596	41986	46892	52373	58493	65326	417854
			Ⅱ	0	47924	53345	59425	66268	73961	82594	92266	103092	115202	128743	822820
			Ⅲ	0	55150	61455	68543	76481	85352	95256	106306	118632	132380	147711	947266
		2013 年	Ⅰ	29454	0	35804	39878	44470	49631	55415	61886	69118	77197	86218	549071
			Ⅱ	54573	0	66491	74013	82449	91943	102616	114594	128013	143033	159835	1017560
			Ⅲ	15593	0	18999	21171	23613	26348	29404	32816	36623	40869	45605	291041
		2014 年	Ⅰ	13825	15441	0	18705	20834	23232	25929	28950	32331	36109	40330	255686
			Ⅱ	28051	31346	0	38039	42343	47168	52600	58706	65559	73236	81828	518876
			Ⅲ	96288	107446	0	130578	145506	162288	181082	202086	225534	251699	280882	1783389
		合计		237784	281598	263149	480522	535636	597519	666882	744502	831275	928218	1036478	6603563
分析期内总成本/万元				257642	302321	279761	481661	537247	599893	670288	749192	837490	936196	1046474	6698165

表 8.6　方案二分析期内进行预防性养护、中修养护和日常养护的成本分析

寿命期内的养护情况	成本类型	大修年	大修类型	2012 年	2013 年	2014 年	2015 年	2016 年	2017 年	2018 年	2019 年	2020 年	2021 年	2022 年	合计
有中间养护	分析期内大修及养护成本/万元	2012 年	Ⅰ	6174	52	64	97	148	214	3060	176	296	441	616	11338
			Ⅱ	7630	101	110	143	215	328	6037	349	588	878	1225	17604
			Ⅲ	3821	119	162	243	352	485	6947	370	605	890	1231	15225
		2013 年	Ⅰ	296	8177	73	91	139	214	310	4052	255	431	645	14683
			Ⅱ	504	9511	134	146	191	290	446	7526	475	807	1207	21237
			Ⅲ	144	1183	39	54	82	119	165	2150	125	206	304	4571
		2014 年	Ⅰ	139	171	3838	36	46	71	109	160	1902	131	223	6826
			Ⅱ	259	329	4889	73	80	105	162	251	3868	267	456	10739
			Ⅲ	891	1080	7303	256	358	548	804	1116	13277	840	1396	27869
		合计		19858	20723	16612	1139	1611	2374	18040	16150	21391	4891	7303	130092
	分析期内用户成本/万元	2012 年	Ⅰ	0	24291	27055	30170	33672	37596	41503	46389	51867	58016	64926	415485
			Ⅱ	0	47924	53345	59425	66268	73961	81885	91528	102342	114482	128126	819286
			Ⅲ	0	55150	61455	68543	76481	85352	94223	105249	117595	131426	146932	942406
		2013 年	Ⅰ	29454	0	35804	39878	44470	49631	55415	61175	68376	76451	85515	546169
			Ⅱ	54573	0	66491	74013	82449	91943	102616	113610	126989	141993	158837	1013514
			Ⅲ	15593	0	18999	21171	23613	26348	29404	32460	36258	40511	45276	289633
		2014 年	Ⅰ	13825	15441	0	18705	20834	23232	25929	28950	31959	35721	39940	254536
			Ⅱ	28051	31346	0	38039	42343	47168	52600	58706	64996	72650	81234	517133
			Ⅲ	96288	107446	0	130578	145506	162288	181082	202086	223090	249196	278426	1775986
		合计		237784	281598	263149	480522	535636	597519	664657	740153	823472	920446	1029212	6574148
分析期内总成本/万元				257642	302321	279761	481661	537247	599893	682697	756303	844863	925337	1036515	6704240

分析期内不同方案的效益成本分析结果见表 8.7。

表 8.7 不同中长期规划方案的效益成本分析

方案	2012～2022 年的大修及养护总费用/万元	2012～2022 年总效益(用户成本差)/万元	2022 年末路面残值/万元	效益-费用比
方案一	35443	30295	7402	1.08
方案二	35490	29415	2366	0.89

由表 8.7 可知,方案一的效益-费用比为 1.08,而方案二的效益-费用比仅为 0.89,说明方案一总体上优于方案二。因此,将方案一作为优选方案予以推荐。

方案一采取了旧料再生利用技术,有利于环境保护、资源节约,同时通过路面结构的有效组合,加强了路面的结构耐久性,使其具有良好的路用性能;合理安排了分析期内的路面养护规划,通过合理的预防性养护、中修养护,延长了路面的使用寿命,提高了路面的使用品质,降低了用户成本。因此,方案一具有较好的社会效益和经济效益。

因此,合理安排分析期内路面养护工作,可以提高道路建设的效益-费用比。经过大修后,五环路还应制定合理、科学的中长期养护规划,才能使路面发挥最佳的建设效益。

8.6.4 五环路中长期养护资金需求预测

2012～2022 年,五环路只进行日常养护和安排预防性养护、中修养护、日常养护的养护成本及用户成本分别如图 8.12 和图 8.13 所示。2012～2014 年为

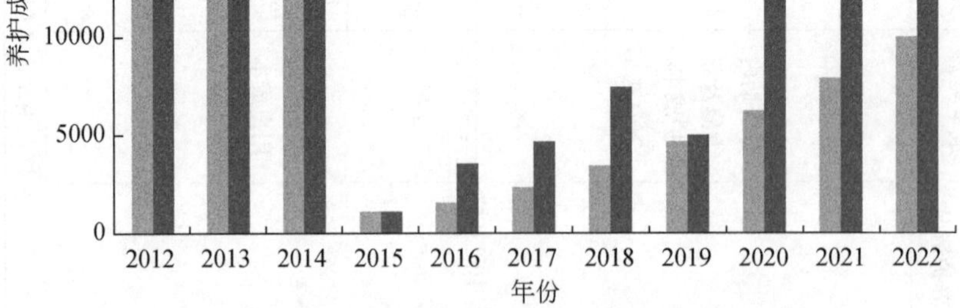

图 8.12 2012～2022 年五环路的养护成本(方案一)

五环路大修期，资金需求较大。2015～2022 年，养护资金持续增长，如进行预防性养护和中修养护，虽然工程成本增加，但用户成本低，总体社会效益和经济效益良好。

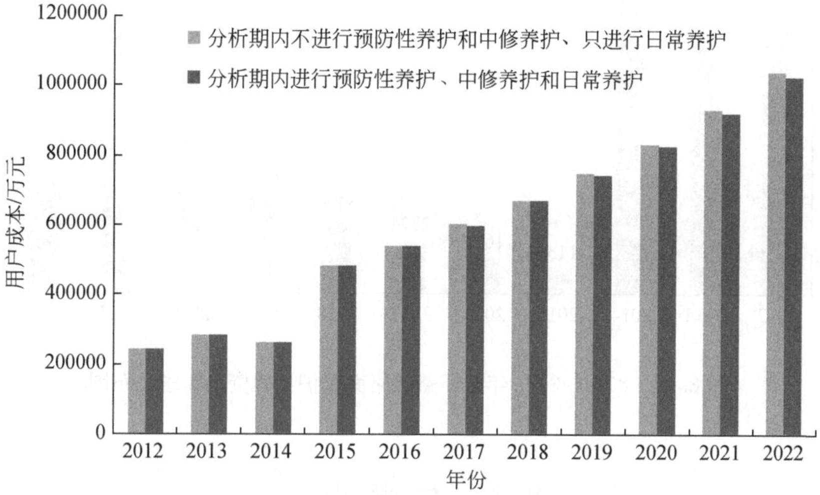

图 8.13　2012～2022 年五环路的用户成本(方案一)

根据本规划提出的五环路大修和中长期养护规划，2012～2022 年的资金需求如表 8.8 和图 8.14 所示。

表 8.8　2012～2022 年五环路的路面养护工程资金需求

年份	2012 年	2013 年	2014 年	2015 年	2016 年	2017 年	2018 年	2019 年	2020 年	2021 年	2022 年	2023 年
养护内容	大修和日常养护	大修和日常养护	大修和日常养护	日常养护	预防性养护和日常养护	预防性养护和日常养护	预防性养护和日常养护	日常养护	中修和日常养护	中修和日常养护	中修和日常养护	进入下一个大修期
资金需求/万元	16750	16466	15115	1139	1611	2374	3406	4690	6215	7978	9996	

2012～2014 年，五环路路面大修工程资金需求为 48331 万元，2015～2022 年的路面养护工程资金需求为 37409 万元。考虑施工交通导改、交通管控等费用，资金需求分别为 62832 万元和 48630 万元。

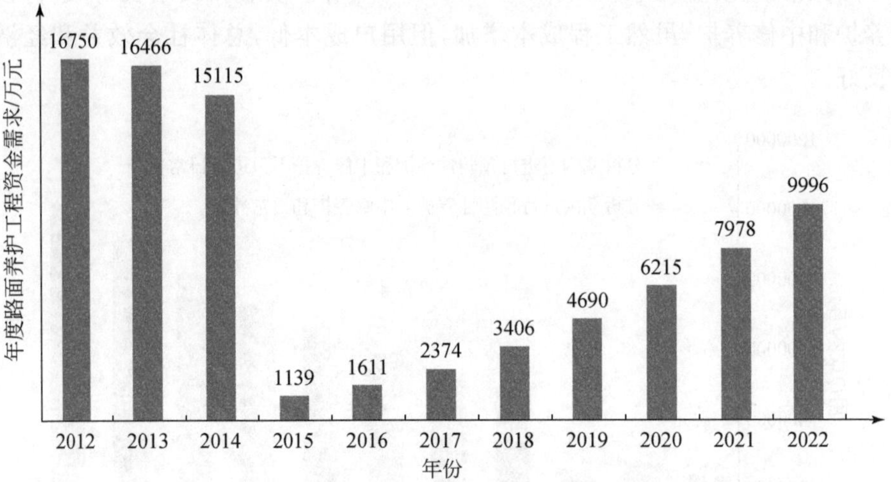

图 8.14　2012～2022 年五环路的路面养护工程资金需求分布图

8.7　本章小结

本章介绍了寿命周期分析理论的概念、原理和基本方法，以实际工程为案例，介绍了效益-费用分析法在路面大修养护和中长期规划中的应用情况。结果表明，寿命周期费用分析方法对于路面养护决策具有重要作用。

本书介绍的养护作业的交通和环境影响的定量计算方法，在具体工程项目上可以得到实施，但在中长期养护规划编制等方面尚不能进行考虑，还需要进一步研究。

第 9 章　沥青路面养护决策规划与优化方法

前面各章介绍了沥青路面养护决策的相关问题，包括沥青路面病害分类、技术状况监测和调查、路面性能评价、路面性能预测等，还对考虑多目标的路面养护决策和基于寿命周期的路面养护决策等问题进行了探讨。在多目标养护决策方面，更多的是提出了一些理念，在实际工程中，对于项目级的养护决策具有应用的可能性，在网级的养护决策方面，尚有待进一步研究。本章在上述内容的基础上，对沥青路面养护决策的优化模型进行介绍，为考虑多目标的路面养护决策提供理论基础。

9.1　网级路面养护决策问题中的数学优化模型

根据对网级层次决策优化内容的描述[55]，可以将网级优化分为三个阶段：第一阶段确定整个路网在分析期内的养护资金需求；第二阶段在已知需求的情况下，根据政策约束和现有资金情况确定整个分析期内需要投入的养护资金；第三阶段在有限资金投入的情况下综合考虑路网内所有的项目、项目内可行方案和方案实施时三者之间的相互均衡协调，制定在投资预算等条件的约束下达到路网最大效益的养护计划。刘伯莹[57]按上面三个阶段的划分，将网级路面养护决策问题分为财政规划和项目规划两个层次。其中财政规划所需要解决的问题就是第一阶段和第二阶段所提到的，而项目规划则需要解决第三阶段的问题。

9.1.1　财政规划问题的数学优化模型

财政规划研究的是路网资金如何分配的问题。具体可以理解为：在规划期内，道路在最低可接受服务水平的约束下，道路管理部门在保证路网使用性能符合最低标准的条件下所需要的最小养护资金[55]。财政规划问题的数学优化模型可以表达为

目标函数：规划期内养护项目所需投入的养护资金最小。

约束条件：路网路面在采取措施后的服务水平符合决策者对路网服务水平制定的最低标准要求。

路面在采取养护措施后的服务水平可以理解为路面采取养护措施后的效益变

化。采取养护措施后路面的效益越高，路面的服务水平越高。目前衡量路面采取养护措施后效益变化的常用方法是将效益变化用路面性能的变化来表达。路面使用性能越高，路面的服务水平越好；路面使用性能越低，路面的服务水平越差。因此，分析路网路面在采取措施后服务水平的变化可以用路面采取养护措施后路面使用性能的变化代替。

决策者对路网服务水平所制定的最低标准要求，通常与现有养护资金投入情况有关。当道路管理部门可支配的养护资金充足时，决策者所制定的规划期内路网服务水平的最低标准就会高一些。资金不充足时，制定的最低标准就会低一些。彭华等[58]根据对路网路面使用性能的不同要求，将路网路面使用性能的最低标准划分为以下三个不同的水平等级：

(1) 高水平路面使用性能最低标准。在规划期的各年里，决策者对路网中所有路段的使用性能制定了最低标准要求。这种情况通常会发生在养护资金充足时。

(2) 中等水平路面使用性能最低标准。决策者对规划期内每一年的路网路面使用性能的平均值制定了最低标准要求。这种情况通常会发生在养护资金比较充足时。

(3) 低水平路面使用性能最低标准。决策者仅针对整个路网在整个规划期内路面使用性能的平均值制定最低标准要求。这种情况通常会发生在养护资金不充足时。

1. 低水平路面使用性能最低标准的数学优化模型

设路网由 n 个路段组成；路网可选用的养护措施有 m 个；C 表示养护工程的费用；B 表示路面进行养护后的使用性能；E 为没有进行路面养护的路段的路面使用性能；A 为决策者为整个规划期制定的路网平均使用性能的最低标准。规划期为 T 年；Y 为规划期 T 年内总的维修费用。

X_{ijt} 为模型的自变量，取值范围为 0 或 1，具体含义为

$$X_{ijt}=\begin{cases}1, & \text{路段 } i \text{ 在规划期第 } t \text{ 年采用第 } j \text{ 个养护措施}\\ 0, & \text{路段 } i \text{ 在规划期第 } t \text{ 年没有采用养护措施}\end{cases} \tag{9.1}$$

优化模型如下。

目标函数：

$$\min Y=\sum_{t=1}^{T}\sum_{i=1}^{n}\sum_{j=1}^{m}C_{ijt}X_{ijt} \tag{9.2}$$

约束条件：

$$\frac{\sum_{t=1}^{T}\sum_{i=1}^{n}\sum_{j=1}^{m}B_{ijt}X_{ijt}+E}{nT}\geqslant A \tag{9.3}$$

$$\sum_{j=1}^{m}X_{ijt}\leqslant 1,\quad i=1,2,\cdots,n;\quad j=1,2,\cdots,m;\quad t=1,2,\cdots,T \tag{9.4}$$

$$B_{ijt}>0,\quad C_{ijt}>0,\quad A>0 \tag{9.5}$$

式中,C_{ijt}为路段 i 在规划期第 t 年采用 j 养护措施的费用;B_{ijt}为路段 i 在规划期第 t 年采用 j 养护措施的路面使用性能。

上述优化模型中目标函数可以解释为:路网在整个规划期内所有 n 个路段中进行养护维修所投入的总养护资金最小。

第一个约束条件可以解释为:规划期内路网中采取养护维修的路段和未采取养护维修的路段的路面使用性能在整个规划期内的平均值,应当满足决策者为整个规划期制定的路网路面平均使用性能最低标准。

第二个约束条件可以解释为:路面中的每一个路段在同一时间只能采用一种养护措施。

由于决策者制定的路网路面使用性能的最低标准采用的是使用性能的平均值。说明在计算路网各个路段在分析期内总的路面使用性能时,某些路段的使用性能可能高于平均值,某些路段的使用性能可能会低于平均值。换句话说,决策者允许路网中某些路段的使用性能低于要求的路网服务水平的最低标准。因此,这是一种低水平的要求。同时,该模型是从一个较长的时间跨度(规划期)对路网的最低使用性能进行约束,忽略了路网内各条道路或路网各年使用性能的具体变化,其分析结果具有很强的宏观控制效果。

2. 中等水平路面使用性能最低标准的数学优化模型

低水平路面使用性能最低标准的数学优化模型考虑的范围是整个路网制定的路面使用性能标准。在养护资金相对充足的情况下,道路管理部门可以将对整个规划期内路网的最低使用性能标准提高到对规划期内每一年的路网平均使用性能要求。模型中决策者对路网使用性能在规划期内的最低标准要求为 A,可以分解 $A=(a_1,a_2,\cdots,a_i,\cdots,a_T)$,其中 a_i为决策者对路网在规划期第 i 年提出的路面使用性能的最低标准要求。

X_{ijt}为模型的自变量,取值范围为 0 或 1,具体含义同式(9.1)。具体优化模型可表达为

目标函数:

$$\min Y_t = \sum_{i=1}^{n}\sum_{j=1}^{m} C_{ijt}X_{ijt}, \quad t=1,2,\cdots,T, \quad T\text{个目标函数} \tag{9.6}$$

约束条件：

$$\frac{\sum_{i=1}^{n}\sum_{j=1}^{m} B_{ijt}X_{ijt} + E_t}{n} \geqslant a_i, \quad t=1,2,\cdots,T, \quad T\text{个约束} \tag{9.7}$$

$$\sum_{j=1}^{m} X_{ijt} \leqslant 1, \quad i=1,2,\cdots,n; \quad j=1,2,\cdots,m; \quad t=1,2,\cdots,T \tag{9.8}$$

$$B_{ijt} > 0, \quad C_{ijt} > 0, \quad A > 0 \tag{9.9}$$

式中，Y_t为规划期第 t 年养护资金的投入；B_{ijt}为路段 i 在规划期第 t 年采用 j 养护措施的路面使用性能；E_t为规划期第 t 年里不需要养护改建的项目。

上述优化模型中的目标函数可以解释为：规划期各年维修项目维修费用最小的规划目标，目标函数的个数为 T 个。

第一个约束条件可以解释为：路网中采取养护维修的路段和未采取养护维修的路段在规划期某年的路面使用性能平均值，应当满足决策者为这一年所制定的路网路面使用性能最低标准 a_i的要求。

第二个约束条件可以解释为：规划期里任意一年中，每一路段只能采取一种维修对策。

中等水平下的资金优化模型优化的是规划期内某一年，在满足当年路网最低使用性能 a_i要求情况下的维修策略和维修费用。中等水平下的资金优化模型，把对整个路网养护资金投入最小问题转化为对规划期某一年的资金投入最小。优化的内容更加具体，更符合实际道路养护工作的内容。而且该优化模型的约束条件中将路网路面使用性能最低标准的要求具体到规划期内的每年，即路网中某些路段的使用性能在规划期的每年内存在可能高于平均标准和低于平均标准的情况。相比于对整个规划期内服务水平的最低标准的要求显然是有所提高。因此，这是一种中等水平的要求。

3. 高水平路面使用性能最低标准的数学优化模型

高水平路网路面性能下的资金优化模型可以理解为在规划期内，为维持路网中各路段的使用性能满足决策者制定的某路面性能最低标准时，路网需要的最小养护资金需求。该模型通过对路网内每个路段的使用性能的约束，达到对路网整体使用性能的控制。由于是直接针对路网中某路段在规划期某一年的使用性能，决策者需要针对每一个路段制定相应使用性能的最低标准，而不再是一个平均值标准。因此，该模型在较高水平上保证了路网的服务状态。同时，以最小的维修费用保证路网中各个路段在维修后其使用性能高于预定标准，在路段的维修对策上具有唯一性。例如，对于某个路段，当采用小修维护满足不了决策者制定的路面使用性能最低标准要求，而采用微表处和薄层罩面养护均能满足使用性能要求时，考虑到维修成本最小，一定会选择微表处作为养护措施。说明在满足路面使用性能最低标准要求的情况下，维修成本最小的养护措施是路段进行维修的唯一对策。模型的自变量可以定义为

$$X_{it}=\begin{cases}1, & \text{路段 } i \text{ 在规划期第 } t \text{ 年的使用性能低于预定标准 } A\\ 0, & \text{路段 } i \text{ 在规划期第 } t \text{ 年的使用性能高于预定标准 } A\end{cases}$$

模型的数学表达式如下。

目标函数：

$$\min Y_t=\sum_{i=1}^{n} C_{it}X_{it}, \quad t=1,2,\cdots,T \tag{9.10}$$

$$C_{it}>0 \tag{9.11}$$

式中，C_{it}为路段 i 在规划期第 t 年的养护维修费用。

模型的目标函数可以解释为：在规划期第 t 年，路网所有路段满足决策者为其制定的路面使用性能最低标准要求的情况下，该年的总维修费用最小。

高、中、低三种资金优化模型的建立，很好地满足了管理者在不同管理目标下对路网养护维修进行不同资金需求分析的需要。从优化模型求解的角度，低水平优化模型考虑的是整个规划期的资金投入，因此它是一个大型的线性规划模型。而高、中水平的目标函数求解的是规划期内每年的最小养护资金需求，相对于低水平的目标函数更容易求解。对于低水平优化模型的求解，可以通过下面两个近似优化方法来简化和分解优化模型。首先，对于总规划资金的最小目标函数，可以近似认为当规划期各年规划资金最少时，总规划资金最少；其次，将约束条件规划期路网最低服务水平 A 进行离散，分解为对规划期各年路网的最低服务水平，即 $A=(a_1,a_2,\cdots,a_i,\cdots,a_T)$，$a_i$为路网规划期每年的最低服务水平，并且要求 $\sum_{i=1}^{T} a_i/T\geqslant A$。通过这两个转化，将一个时间跨度为 T 的总规划，分解为跨度仅有一年的各子规划的拼接，降低了规划求解的难度。需要注意的是，将 A 离散的过程中，满足 $\sum_{i=1}^{T} a_i/T\geqslant A$ 的$(a_1,a_2,\cdots,a_i,\cdots,a_T)$组合有很多种。因此，道路管理部门可以根据日常管理经验，对$(a_1,a_2,\cdots,a_i,\cdots,a_T)$做出限制，例如，直接规定规划期内每年$a_i$的变化范围，从而减少模型的求解难度。

这里需要说明的是，低水平的资金优化模型经过近似优化转化后，其目标函数为规划期内某一年在路面平均使用性能的约束下的养护资金投入最小，与中等水

平优化模型的目标函数一样。但是,对于低水平资金优化模型,其约束条件中,A 离散为$(a_1,a_2,\cdots,a_i,\cdots,a_T)$的同时,还要满足 $\sum_{i=1}^{T}a_i/T\geqslant A$ 的条件,而中等水平模型的约束条件中没有这个条件。因此,这两个模型是有区别的。

上述三种优化模型都以不同道路管理单元在不同规划年里的不同养护维修方式作为决策变量。因此,在模型输出结果中,还可以获得路网规划期内各道路单元的具体维修对策,这为判断养护维修计划是否科学提供了依据。此外,还有一种反映财政规划问题的线性优化模型,其决策变量没有采用不同规划年里的不同养护维修方式,这将在后面提到的马尔可夫决策过程中进行说明。

9.1.2 项目规划问题的数学优化模型

项目规划问题就是通过折中考虑规划期内每个项目、每个项目可能的维修方案以及维修方案实施时间之间的相互关系,实现规划期内预算资金维修效益的最大化[55]。因此,项目规划问题的数学优化模型可以表达为

目标函数:规划期路网中项目维修产生的总的养护效益最大。

约束条件:投入养护和改建项目的资金小于预算资金。

1. 项目规划过程的分解

设路网由 s 个路段组成;路网可选用的养护措施有 m 个;C 表示养护工程的费用;B 表示路面进行养护后获得的效益;M 表示规划期内的总预算资金。规划期为 T 年;Z 为规划期 T 年内总的维修效益。

X_{ijt} 为模型的自变量,取值范围为 0 或 1,具体含义为

$$X_{ijt}=\begin{cases}1, & \text{路段 } i \text{ 在规划期第 } t \text{ 年采用第 } j \text{ 个养护措施}\\ 0, & \text{路段 } i \text{ 在规划期第 } t \text{ 年没有采用养护措施}\end{cases}$$

优化模型如下。

目标函数:

$$\max Z=\sum_{t=1}^{T}\sum_{i=1}^{s}\sum_{j=1}^{m}B_{ijt}X_{ijt} \tag{9.12}$$

约束条件:

$$\sum_{t=1}^{T}\sum_{i=1}^{s}\sum_{j=1}^{m}C_{ijt}X_{ijt}\leqslant M \tag{9.13}$$

$$\sum_{j=1}^{m}X_{ijt}\leqslant 1,\quad i=1,2,\cdots,s;\quad j=1,2,\cdots,m \tag{9.14}$$

式中，C_{ijt} 为 i 路段 j 方案在规划期第 t 年实施的费用；B_{ijt} 为 i 路段 j 方案在规划期第 t 年实施所获得的效益。

上述优化模型中目标函数可以解释为：路网在整个规划期内养护和改建后给路网带来的整体效益最大。

第一个约束条件可以解释为：规划期内路网中采取养护维修的路段和未采取养护维修的路段所投入的养护资金不应超过决策者为整个规划期所制定的养护资金要求。

第二个约束条件可以解释为：路网中的每一个路段在同一时间只能采用一种养护措施。

上述模型是一个大型的整数规划求解问题。如果规划期长，路网内路段多，而且每个路段能够采用的维修方案有多种，那么得到精确的最优结果是比较困难的。目前，解决此类项目规划问题可以采用近似优化的方法来简化和分解优化模型。有研究者根据项目决策的过程将项目规划问题的优化模型进行了分解。其具体做法为：首先将决策者制定的路网规划期内的总预算资金 M 进行分解，将其转化为规划期内各年的资金预算分配形式；然后在规划期各年资金预算的约束下，进行项目的优化分配，得到规划期内各年在最大维修效益情况下的项目分配计划。因此，利用近似优化方法建立项目规划问题的优化模型，可以分解为建立资金分配模型和项目分配模型两个过程。在实际应用中，该过程符合道路管理者在进行路网规划时的“资金分解—项目安排—资金调整—项目调整”的决策过程[59]。

2. 项目规划问题中的资金分配优化模型

解决项目规划问题的第一步是确定路网规划期内的总预算资金的分配，即在规划资金一定的条件下，如何分配各年的预算资金，使得预算资金可以获得最大效益。所建立的资金分配模型的目标函数为

$$\max\sum_{t=1}^{T} f_t(Y_t)=f_1(Y_1)+\cdots+f_t(Y_t)+\cdots+f_T(Y_T) \tag{9.15}$$

假设在某一确定预算资金分配方式下，规划期内最大的养护维修效益等于各年最大维修效益之和，则资金分配模型的目标函数为

$$\sum_{t=1}^{T} f_t(Y_t)= \max f_1(Y_1)+\cdots+\max f_t(Y_t)+\cdots+\max f_T(Y_T)= \max\sum_{t=1}^{T} f_t(Y_t) \tag{9.16}$$

约束条件为

$$\sum_{i=1}^{T} Y_i \leqslant M \tag{9.17}$$

$$V_t \leqslant Y_t \leqslant S_t, \quad t=1,2,\cdots,T \tag{9.18}$$

式中,Y_t为规划期每年的养护资金预算;V_t、S_t分别为规划期第t年的最小预算资金和最大预算资金;$f_t(Y_t)$为规划期第t年在投入养护资金Y_t时所获得的养护效益。

式(9.16)~式(9.18)为项目规划问题的资金分配优化模型。其目标函数可以解释为:确定一个规划期内年度养护资金的预算组合,使得每年路网产生的效益最大化。约束条件可以解释为:规划期内每年的养护资金预算不应超过决策者预先制定的年度养护资金。同时,按总预算资金M分解到每年度的养护资金Y_t组合应当在第t年的最小预算资金和最大预算资金之间。

要对资金分配模型进行求解,关键是如何将规划期内总预算资金M分解为年度养护资金Y_t的组合。通过前面对网级养护决策中财政规划问题的分析可知,财政规划的优化结果为满足路网某规划年度路面平均使用性能(效益)的规划年最小年度养护资金需求。因此,在实际操作中项目规划的资金分配问题可以直接采用财政规划的优化结果。当然,决策者也可以根据实际养护情况,由经验或经验回归公式确定规划期内多年养护资金的预算组合。

3. 项目规划问题中的项目分配优化模型

项目分配优化模型是指规划期内,在各年预算资金分配形式$(Y_1,Y_2,\cdots,Y_T)$已知的条件下,为了使路网能获得最大维修效益,应当如何安排各年的维修项目。

设X_{ijt}为模型的自变量,其取值范围为0或1,具体含义为

$$X_{ijt}=\begin{cases}1, & \text{路段 } i \text{ 在规划期第 } t \text{ 年采用第 } j \text{ 个养护措施} \\ 0, & \text{路段 } i \text{ 在规划期第 } t \text{ 年没有采用养护措施}\end{cases}$$

项目分配优化模型的表达式如下。

目标函数:

$$\sum_{i=1}^{T} \max \sum_{i=1}^{s} \sum_{j=1}^{m} B_{ijt} X_{ijt} \tag{9.19}$$

约束条件:

$$\sum_{i=1}^{s} \sum_{j=1}^{m} C_{ijt} X_{ijt} \leqslant Y_t \tag{9.20}$$

$$\sum_{j=1}^{m} X_{ijt} \leqslant 1, \quad i=1,2,\cdots,s; \quad j=1,2,\cdots,m \tag{9.21}$$

项目分配优化模型将整个规划期内的项目分配问题转化为受规划期年度资金

预算约束的规划期内某一年的项目分配问题，这显著降低了项目规划问题的求解难度。如果将规划期的每一年作为一个阶段，每一阶段在养护资金约束下的决策都是上一阶段决策所形成的路网状况的函数。而且各个阶段通过不同的维修策略所形成的不同路网状况会影响下一阶段。因此，固定资金分配形式下路网规划期维修策略的确定是一个多阶段决策问题，即一个典型的动态规划过程，其可以采用动态规划进行求解。

9.1.3　网级养护决策的马尔可夫决策过程

路网中的路段采用养护和维修后，其性能的发展有可能比预期的好，也有可能比预期的坏。路面性能的变化总是与路面当前的状态有关，并以一定的概率向其他状态转化。如果路面状态的发展具有不确定性，即是一个随机过程，则路面养护决策的过程即是一个马尔可夫的决策过程[55]。

马尔可夫决策过程是研究一类随机序贯问题的理论。随机序贯问题是指在一系列相继的或连续的时刻(决策时刻)点上做出决策。在每个决策时刻点，决策者根据观察到的状态从若干个可用的决策中选择一个。将决策付诸实施后，系统将获得与所处状态和所采取决策有关的一项报酬(或费用等)并影响系统在下一决策时刻点所处的状态。系统在下一决策时刻点所处的状态是随机的。在这一新的决策时刻点上，决策者要观察系统所处的新的状态(即收集新的信息)并采取新的决策，如此一步一步进行下去。在每一决策时刻采取的决策都会影响下一个决策时刻系统的运行(状态、决策)，并以此影响将来。决策的目的是使系统的运行在某种意义下(称为准则)达到最优。

马尔可夫决策过程的主要组成部分为路面状态、养护和改建对策、转移概率、使用性能标准、费用计算和优化解。下面结合马尔可夫决策过程在某一个网级决策中的应用实例进行说明[60]。

1. 路面状态的划分

马尔可夫决策过程首先需要对现有路网的路面状态进行评价和划分。路面状态可以定义为一组用于评价路面使用性能某方面属性的相关指标的组合。路面状态评价指标的选择，一方面要能反映路面使用性能水平，另一方面要能同所采用的养护和改建措施相匹配，以便能按路面状态选择可能的对策。在我国的路面养护技术规范中，采用了 PCI、RQI、SSI 和 SFC 四个指标对路面使用性能进行评价。表 9.1 为某路网 A 的路面状态划分标准。路网 A 采用了三个评价指标(PCI、RQI、SSI)确定路面的状态。每一项指标又按程度或数量划分为若干等级。根据表 9.1

中的分级情况,PCI分为5级,RQI分为3级,SSI分为3级,那么理论上整个路网可以划分为5×3×3=45个状态。路网A的路面状态便定义为一个由三个指标和等级组合成的向量(表9.2)。

表9.1 某路网A的路面状态划分标准

性能指标	等级	划分标准
PCI	1	>85
	2	70～85
	3	55～70
	4	30～55
	5	<30
RQI	1	>8
	2	5～8
	3	<5
SSI	1	>0.9
	2	0.6～0.9
	3	<0.6

表9.2 路面状态与路面性能等级之间的组合关系

性能指标		状态编号				
		PCI=1	PCI=2	PCI=3	PCI=4	PCI=5
RQI=1	SSI=1	1	10	19	28	37
	SSI=2	2	11	20	29	38
	SSI=3	3	12	21	30	39
RQI=2	SSI=1	4	13	22	31	40
	SSI=2	5	14	23	32	41
	SSI=3	6	15	24	33	42
RQI=3	SSI=1	7	16	25	34	43
	SSI=2	8	17	26	35	44
	SSI=3	9	18	27	36	45

2. 养护和改建措施

确定路网中路面的状态后,对于状态不满足要求的路面需要对其采取养护和改建措施使其路面状态得到提升。通常,在实际的养护工作中,养护工程师根据路网中路面破坏情况总结出符合当地路面养护的若干种典型的养护和改建措施。这样可以针对不同的路面状态采用不同的养护和改建措施。表 9.3 为对应于 45 种路面状态而确定的 15 种典型的养护和改建措施。在实际的养护过程中,对于一种路面状态常有多种典型的养护和改建措施可选。如果资金充足,可以选用养护效果好的改建措施,这样路面状态恢复效果好,产生效益大;如果资金不足,则需要选用养护效果相对较好的措施。表 9.4 列出了路网 A 的 45 种路面状态下,不同路面状态采用对应的典型养护和改建措施的情况。

表 9.3　某路网典型的养护和改建措施

编号	养护和改建措施
1	日常养护
2	2.0cm 罩面
3	4.0cm 罩面
4	6.0cm 罩面
5	整平后加 4.0 cm 罩面
6	整平后加 6.0 cm 罩面
7	更新面层(4.0 cm)
8	更新面层(6.0 cm)
9	翻松压实后加 2.0cm 面层
10	翻松压实后加 4.0cm 面层
11	翻松压实后加 6.0cm 面层
12	薄补强层(10.0 cm 基层+5.0cm 面层)
13	厚补强层(25.0 cm 基层+5.0cm 面层)
14	翻松压实+薄补强层
15	翻松压实+厚补强层

表 9.4　路面状态与养护和改建措施的对应关系

状态	可行措施	状态	可行措施	状态	可行措施	状态	可行措施	状态	可行措施
1	1	10	1	19	1,2	28	2,3,7	37	2,3,4,7
2	1,2,3,7	11	1,2,3,4,7	20	1,2,3,4,7	29	3,4,7	38	4,5,7
3	5,6	12	5,6	21	5,6	30	5,6	39	5,6
4	1,2,3	13	2,3,7	22	1,2,3	31	3,4,7	40	3,4,7
5	3,4,5,7	14	2,3,4,7	23	3,4,7	32	4,7	41	4,5
6	5,6	15	5,6	24	5,6	33	5,6	42	5,6
7	2,3,7	16	2,3,4,7	25	3,7	34	4,7	43	4,7
8	4,5	17	3,4,7	26	3,4,7	35	4,5	44	4,5
9	5,6	18	5,6	27	5,6	36	5,6	45	5,6

3. 路面状态转移概率确定

路网中路面状态在使用过程中会发生变化，经过一定时间路面将会从现在的状态转移到其他状态。马尔可夫决策认为路网中的路面在当前状态向其他状态转移都是有可能的，这种可能性以概率的形式表达，就是马尔可夫决策过程的状态转移概率。如果决策者能确定路面在采取养护和改建措施后由状态 i 转移到状态 j 的概率，就有可能依据路面目前的状态和采用的养护和改建措施来预估路面未来的状态。因此，马尔可夫决策过程的关键是如何建立反映路面状态发展的马尔可夫转移概率矩阵。下面仍以路网 A 为例，说明路面状态转移概率的确定过程和计算方法。

1) 单个路面性能指标状态转移概率矩阵的确定

路网 A 中用于评价路面状态的路面性能指标有 3 个，每个指标分成不同的等级。确定路面状态转移概率，首先需要确定用于评价路面状态的路面性能指标的状态转移矩阵。某个路面性能指标的状态转移是指某个评价指标从不同的等级转移到其他等级的概率。以性能指标 RQI 为例，它的状态转移矩阵见表 9.5。

表 9.5　性能指标 RQI 的状态转移矩阵

RQI 的 i 等级	RQI 的 j 等级		
	1	2	3
1	P_{11}	P_{12}	P_{13}
2	P_{21}	P_{22}	P_{23}
3	P_{31}	P_{32}	P_{33}

确定某一个性能指标的状态转移概率，需要知道这个性能指标在不同养护和改建措施下的使用性能预测回归方程以及回归方程的方差等。具体计算转移概率的步骤如下：

(1) 通过对现有路况数据的回归分析，建立此路面性能指标与路龄的回归方程。

(2) 利用性能指标的预测模型(回归方程)，计算第二年性能指标的期望值和方差，得到每个指标在第二年的概率分布。一般认为，这些性能指标的概率分布形式符合正态分布。

(3) 将这些连续的概率分布在各自的子状态上离散，得到各使用性能指标在每个可能状态上的转移概率。

(4) 将不同状态下的转移概率组合成转移概率矩阵。

这里需要注意的是，路面状态的转移与这个状态可能采取的养护和改建措施有关。因此,在建立每个性能指标的状态转移概率矩阵时,应当包括每个性能指标在该路面状态下所涉及的养护和改建措施的状态转移概率矩阵。

2) 计算路面状态转移概率

建立每个性能指标在不同养护和改建措施时的状态转移概率矩阵后,就可以根据这些矩阵计算路面由某一个状态转向其他状态的转移概率。以路网 A 为例,其路面状态转移概率的计算形式为

$$P_{S_i,S_j}=P_{i_1,i_2}^{\mathrm{RQI}}\cdot P_{j_1,j_2}^{\mathrm{PCI}}\cdot P_{k_1,k_2}^{\mathrm{SSI}} \tag{9.22}$$

式中,P_{S_i,S_j} 为路况由状态 S_i 转移到状态 S_j 的概率;$P_{i_1,i_2}^{\mathrm{RQI}}$ 为路面行驶质量由状态 i_1 转移到状态 i_2 的概率;$P_{j_1,j_2}^{\mathrm{PCI}}$ 为路面状况指数由状态 j_1 转移到状态 j_2 的概率;$P_{k_1,k_2}^{\mathrm{SSI}}$ 为路面抗车辙指数由状态 k_1 转移到状态 k_2 的概率。

式(9.22)中,$P_{i_1,i_2}^{\mathrm{RQI}}$、$P_{j_1,j_2}^{\mathrm{PCI}}$、$P_{k_1,k_2}^{\mathrm{SSI}}$ 可以从三个指标的转移概率矩阵中得到。

下面以路网 A 为例,结合表 9.4 中的数据对路面状态转移概率的计算过程进行说明。

假定现在需要计算路面从状态 3 转移到状态 23 的转移概率。由表 9.4 可知,对应路面状态 3 时的养护和改建措施有措施 5 和措施 6 两种。首先得到三个性能指标在采用措施 5 和措施 6 后的状态转移概率矩阵,然后可按下列步骤对路面状态转移概率进行计算。

(1) 分析路面状态 3 转移到路面状态 23 时各个性能指标的变化情况,由表 9.2 可知,当路面状态由状态 3 转移到状态 23 时,PCI 状态由状态 1 转移到状态 3,RQI 状态由状态 1 转移到状态 2,SSI 状态由状态 3 转移到状态 3。

(2) 分别在每个性能指标的不同养护措施的状态转移概率矩阵中找到与相应的状态变化对应的概率,例如,在 PCI 对应于措施 5 和措施 6 的状态转移矩阵中,找到 PCI 状态由状态 1 转移到状态 3 的状态转移概率;在 RQI 对应于措施 5 和措施 6 的状态转移矩阵中,找到 RQI 状态由状态 1 转移到状态 2 的状态转移概率;在 SSI 对应于措施 5 和措施 6 的状态转移矩阵中,找到 SSI 状态由状态 3 转移到状态 3 的状态转移概率等。

(3) 按不同的养护和改建措施,根据式(9.22)分别计算路网路面状态在措施 5 和措施 6 时,由状态 3 向状态 23 的转移概率。

(4) 假定路面在状态 3 时,采用措施 5 的路面比例为 w_3^5,采用措施 6 的路面比例为 w_3^6,则路面状态由状态 3 转移到状态 23,考虑两种养护和改建措施的路面状态转移概率 $P_{3,23}$ 为

$$P_{3,23}=w_3^5P_{3,23}^5+w_3^6P_{3,23}^6$$

式中,$P_{3,23}^5$、$P_{3,23}^6$ 分别为采取措施 5 和措施 6 时状态 3 向状态 23 的转移概率。

路网中路面其他状态之间的转移概率可以按照这个计算过程求得。最后将这些计算的概率组合在一起，形成路面状态转移概率矩阵。

4. 马尔可夫决策过程的优化模型建立

1）长期优化问题与短期优化问题

路面管理的一个重要目标是寻求以尽可能低的费用使路网的使用性能可以长期保持在要求水平上的最佳养护和改建措施。马尔可夫决策过程中，如果路面状态转移概率矩阵保持不变，则经过一定的初期转移时段 T 后，路网的使用性能将达到一个稳定水平。此时，可以认为路网中的路面处于每一种状态的比例保持不变。这时，路网采取的养护和改建措施，以及投入的养护资金预算也将稳定不变。这种情况称为路网的长期优化。

路网从某一个状态到达希望的使用性能状态的过程不是一蹴而就的，而是需要一个时间段 T。在这个时间段内，路面需要投入的预算资金不断增加，路面状态不断变化，由低于路面性能要求逐渐达到满足路面性能要求，并趋于稳定。因此，路面管理的另一个目标是寻求在 T 时间段内的短期最佳改建措施，以期以最低的费用使路网性能从初期水平提高到稳定状况的性能水平，并满足此时间段的性能标准要求，这种情况称为路网的短期优化。

在长期优化和短期优化过程中，路面状态的变化是一个很重要的因素。不同路面状态在路网中所占的比例将对路网资金投入产生重要影响。因此，可以将路面状态在路网中所占的比例定为优化决策模型的决策变量。

2）长期优化模型

设路网中共有 i 种路面状态，可以采用的养护和改建措施共有 k 种。用 a_k 表示采用第 k 种养护和改建措施。

决策变量 w_{ik}。路网中处于状态 i 并采取 k 种养护措施的路段比例。

目标函数。路面状态处于长期稳定时的养护费用最小，即

$$\min\sum_i\sum_k w_{ik}c_{ik}(a_k) \tag{9.23}$$

式中，$c_{ik}(a_k)$ 为路网中处于状态 i 的路面采取第 k 种养护措施 a_k 时的单价。

约束条件如下。

(1) 决策变量非负。

$$w_{ik}\geqslant 0 \tag{9.24}$$

(2) 所有可能状态和所有可能措施的道路比例总和应为 1，即

$$\sum_i\sum_k w_{ik}=1 \tag{9.25}$$

(3) 稳定状况条件。稳定期开始处于 j 状态的道路比例应等于稳定期末处于 j 状态的道路比例，即

$$w_j = \sum_k w_{ij} = \sum_i \sum_k w_{ik} p_{ij}(a_k) \tag{9.26}$$

式中，w_j 为稳定期开始时路网中处于 j 状态路面的比例；$p_{ij}(a_k)$ 为路网中处于 i 状态路面采用 a_k 养护措施后向 j 状态转移的概率。

(4) 当某些措施不适用于某些状态时，$w_{ik}=0$。

(5) 路网服务状态要求约束。路网服务状态要求约束条件可以分为两种表达形式。

一种表达形式是从路网中路面的状态情况分析，可以考虑路网处于最低容许状态 s 以上的比例不能小于规定的比例 ε；或路网处于某一不容许状态 μ 的比例不能超过规定的比例 γ。具体可以表达为

$$\sum_{i=1}^{s} \sum_{j=1}^{k} w_{ij} \geqslant \varepsilon \tag{9.27}$$

式中，k 为路网在 i 状态下可能采取的养护和改建措施数量；s 为路网路面状态处于最低容许状态的状态数；w_{ij} 为路网中处于 i 状态的路面采用 j 养护和改建措施的比例。

也可以表达为

$$\sum_{i=1}^{\mu} \sum_{j=1}^{k} w_{ij} \leqslant \gamma \tag{9.28}$$

式中，k 为路网在 i 状态下可能采取的养护和改建措施数量；μ 为路网路面状态处于不容许状态的状态数；w_{ij} 为路网中处于 i 状态的路面采用 j 养护和改建措施的比例。

另一种表达形式是将上面对路面容许状态的比例要求变为对路网中路面性能的要求。这里路面性能可以是路面综合评价指标，如 PQI，也可以是某个单项评价指标，如 PCI、RQI 等。具体可以表达为

$$\sum_i \sum_k w_{ik} \mathrm{PQI}_i \geqslant \mathrm{PQI}_s \tag{9.29}$$

式中，PQI_i 为路网中处于 i 状态路面的路段平均 PQI 值；PQI_s 为路网水平的最低 PQI 要求。

在长期优化过程中，由于路网中各个路面状态相对稳定，路面状态的转移概率保持不变。因此，模型中没有出现时间变量。求解长期优化模型，需要决策者先确定以下内容：①路网路面的最低容许状态 s、路网处于最低容许状态 s 及其以上路面的最低比例、路网处于某一不容许状态 μ 及以下的最高比例；②路网水平的最低 PQI 要求。

3）短期优化模型

通常路网当前的路面状态总是低于达到长期优化的稳定时期时的水平。因此，路网需要通过一个过渡期来达到长期优化下的稳定状态水平。短期优化的任务是寻求从当前状况到稳定状态这个过程的养护措施，使得过渡期内投入的养护资金最少。过渡期的时间通常由决策者根据经验确定，一般为 3 年。假设过渡期的时间为 T 年。

决策变量。w_{ik}^l 过渡期内第 1 年，处于状态 i 并采取措施 k 的路段比例，$l=1, 2,\cdots,T$。

目标函数。在时段 $l=1,2,\cdots,T$ 内改建措施的总费用最小，即

$$\min \sum_i \sum_k \sum_l w_{ik}^l c_{ik} \tag{9.30}$$

式中，c_{ik} 为对 i 状态的路面采取措施 a_k 的单价。

约束条件如下。

(1) 决策变量大于 0。

$$w_{ik}^l > 0 \tag{9.31}$$

(2) 路网在过渡期 0 年，处于 i 状态的路面比例等于采取措施 k 的路段比例之和，即

$$\sum_k w_{ik}^0 = w_i^0 \tag{9.32}$$

(3) 第 l 个时段开始时处于 j 状态的路面比例等于前一个时段 $(l-1)$ 末路网中所有状态向 j 状态转移的路面的比例之和，即

$$w_j^l = \sum_k w_{jk}^l = \sum_i \sum_k w_{ik}^{l-1} p_{ij}(a_k) \tag{9.33}$$

(4) 过渡期末路网中处于不同状态路面的比例与稳定期开始时路网中处于不同状态路面的比例相等或在一定的允许范围内变化，即

$$\sum_i \sum_k w_{ik}^{\mathrm{T}} p_{ij}(a_k) = \sum_k w_{jk}^* (1-\alpha) \tag{9.34}$$

$$\sum_i \sum_k w_{ik}^{\mathrm{T}} p_{ij}(a_k) = \sum_k w_{jk}^* (1+\alpha) \tag{9.35}$$

式中，w_{ik}^{T} 为过渡期末处于 i 状态路面采取 a_k 养护措施的比例；w_{ik}^* 为稳定期开始时处于 j 状态路面采取 a_k 养护措施的比例；α 可以取 0.01～0.05。

(5) 过渡期路网服务状态要求的约束。过渡期路网服务状态的要求可以分成两种表达形式。

一种表达形式是过渡期每年路网处于最低容许状态 s 以上的比例不能小于规定的比例 ε；或路网处于某一不容许状态 μ 的比例不能超过规定的比例 γ。具体可以表达为

$$\sum_{i=1}^{s}\sum_{j=1}^{k} w_{ij}^{l} \geqslant \varepsilon \tag{9.36}$$

式中，k 为路网在 i 状态下可能采取的养护和改建措施数量；s 为路网路面状态处于最低容许状态的状态数；w_{ij} 为路网中处于 i 状态的路面采用 j 养护和改建措施的比例。

也可以表达为

$$\sum_{i=1}^{\mu}\sum_{j=1}^{k} w_{ij}^{l} \leqslant \gamma \tag{9.37}$$

式中，k 为路网在 i 状态下可能采取的养护和改建措施数量；μ 为路网路面状态处于不容许状态的状态数；w_{ij} 为路网中处于 i 状态的路面采用 j 养护和改建措施的比例。

另一种是采用 PQI 的形式表达，即

$$\sum_{i}\sum_{k} w_{ij}^{l}\,\mathrm{PQI}_i \geqslant \mathrm{PQI}_l \tag{9.38}$$

式中，PQI_i 为路网中处于 i 状态路面的路段 PQI 平均值；PQI_l 为过渡期第 l 年路网水平的最低 PQI 要求。

9.2　基于多目标的路面养护决策优化问题

9.2.1　路面养护决策的多目标性

路面养护决策的实质就是一个投入与收益的问题。如果把对路面使用期内所进行的养护或改建当成一种投入，则路面在养护或改建后的使用性能或服务水平的改变，便是在这种投入下所得到的收益。寿命周期费用分析方法中对路面养护的费用和效益问题进行了论述，指出路面养护决策中的投入是指管理部门在整个分析期内所投入的养护和改建的费用，而效益是指路面使用性能的提高给使用者带来的好处。

最大化效益、最小化成本实质上是一个多目标优化问题。多目标优化问题也称为向量优化问题、多准则优化问题。多目标优化问题可以描述为：求一个决策变量向量，它满足所有约束，并且使得所有目标函数组成的向量最优化。而这些组成向量的目标函数通常彼此之间都是相互矛盾的。因此，这里的优化意味着求取所有目标函数之间的一种均衡关系，使得目标函数向量中的所有目标函数值满足设计者的要求。显然，路面养护决策中所提出的投入与收益这两个目标之间存在一种矛盾关系。例如，投资越大，所获得的收益就会越多。如果对投资不加以限制，收益将会不断增大。但对于决策者，由于资金有限，他们总是希望尽量减少投资。投资的减少，收益必然下降。这就是投资与收益之间的矛盾。因此，从多目标的角度考虑路面养护决策问题时，可以认为是一个追求养护投入费用最小同时获取路面效益最大的多目标优化问题。

9.2.2 多目标优化模型的建立

考虑到将效益直接转换成费用来计算，不能全面反映道路使用者因路面使用性能的改善而获得的好处，所以采用效果的形式代替效益。而这里提到的费用主要是指道路管理部门在整个分析期内对该路段(项目)所进行的养护费用投入。因此，针对某一个路段(项目)的多目标优化模型可以写为

$$\max E=\sum_{t=1}^{T}\sum_{j=1}^{A_i}X_{jt}[(\mathrm{PQI}_{jt}-\mathrm{PQI}_{\min})\cdot L\cdot \mathrm{AADT}_t\cdot D],\quad 效益最大 \tag{9.39}$$

$$\min C=\sum_{t=1}^{T}\sum_{j=1}^{A_i}X_{jt}c_j,\quad 费用最小 \tag{9.40}$$

$$\text{s.t.}\quad \sum_{j=1}^{A_i}X_{jt}\leqslant 1,\quad 每年只允许采取一种养护措施的约束 \tag{9.41}$$

其中

$$X_{ijt}=\begin{cases}1, & 路段\ i\ 在规划期第\ t\ 年采取第\ j\ 个养护措施\\ 0, & 路段\ i\ 在规划期第\ t\ 年没有采用养护措施\end{cases}$$

式中，$\mathrm{PQI}_{\min}$为 PQI 的最低容许水平；PQI_{jt}为采取第 j 种养护措施时在第 t 年的 PQI 值；AADT_t为分析期第 t 年时的年平均日交通量；D 为所研究路段的路面宽度；L 为所研究路段的路面长度；c_j为第 j 种养护措施每平方米的费用。

这是一个决策变量取值为 0 或 1 的多目标优化模型。

9.2.3 多目标优化问题的解

1. 决策空间和准则空间[62]

多目标优化问题的标准形式如下：

$$\max\,[z_1=f_1(x),z_2=f_2(x),\cdots,z_p=f_p(x)] \tag{9.42}$$

$$\text{s.t.}\quad g_i(x)\leqslant 0,\quad i=1,2,\cdots,m$$

式中，$x=(x_1,x_2,\cdots,x_n)^{\mathrm{T}}$ 为一个 n 维向量，称为决策向量；$f_1(x),f_2(x),\cdots,f_p(x)$称为目标函数；$g_i(x)\leqslant 0,i=1,2,\cdots,m$ 称为约束函数，它是 m 个不等式；$z=(z_1,z_2,\cdots,z_p)^{\mathrm{T}}$是一个 p 维向量，代表一个目标函数向量的值。

通常把满足约束条件的决策变量所组成的空间称为决策空间，用 S 表示，即

$$S=\{x\in\mathbf{R}^n/g_i(x)\leqslant 0,i=1,2,\cdots,m,x\geqslant 0\}$$

显然，决策空间中的向量是满足多目标优化模型中所有约束的那些向量，而决策向量的维数就是决策空间的维数。

决策向量所对应的 p 个目标函数的值所构成的向量空间，称为准则空间，由 Z 来表示，即

$$Z=\{z\in\mathbf{R}^q/z_1=f_1(x),z_2=f_2(x),\cdots,z_p=f_p(x),x\in S\}$$

同样，准则空间也是一个向量空间，其向量空间中的每一个向量都是由多目标优化问题中的所有目标函数值组成的，每一个向量的维数就是多目标优化问题中目标函数的个数。

如果目标函数的个数为两个，那么准则空间就是一个二维空间，它可以用一个平面表示，如图 9.1 所示。其中，水平方向代表目标函数 1，竖直方向代表目标函数 2。平面上任意一点 A 的坐标代表同一个决策向量的两个目标函数的值。

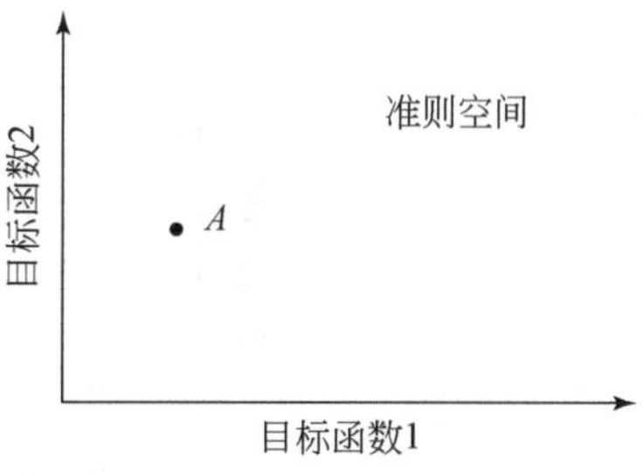

图 9.1　目标函数为两个时的准则平面

2. 多目标优化的非劣解与非支配解

多目标优化问题与单目标优化问题在求解方法上有很大差异。对于单目标优化问题，人们求解的是最优解，这个解比其他所有解都要好。对于多目标优化问题，由于存在多个目标之间无法比较和矛盾的现象，所得到的解不一定在所有目标上都是最优解。一个解可能在某个目标上是最好的，但在其他目标上是较差的。因此，多目标优化时，通常存在一系列无法简单进行相互比较的解。这种解称为非

支配解(nondominated solutions)或 Pareto 最优解(Pareto optimal solutions)。非支配解的特点是在无法改进任何目标函数值的同时不削弱至少一个其他目标函数的值。对于一个给定的准则空间 Z 中的非支配解,它在决策空间 S 中的原象点称为有效的(efficient)或非劣的(noninferior),也称为有效解或非劣解。S 中的一点是有效的充分必要条件是当且仅当它的象在 Z 中是非支配的。

3. 两个目标函数时非支配解在准则空间的表现形式

当目标函数是两个时,其准则空间是一个平面,可称此平面为准则平面。准则平面上的点代表对应于决策向量的函数值。非支配解也是准则平面上的点。如果把所有的非支配解都标在准则平面上,则这些点的趋势如图 9.2 所示。

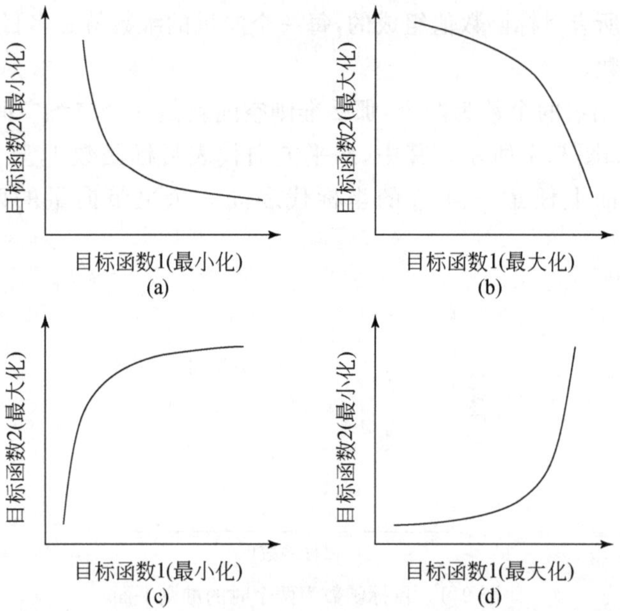

图 9.2 目标函数是两个时的非支配解在准则平面上的表现形式

由图 9.2 可知,当两个目标函数求取最大值或最小值时,所得的非支配解在准则空间的表现形式是不一样的。现在需要讨论的问题是目标函数 1 费用求最小值,目标函数 2 效果求最大值,所以最后所求非支配解在准则空间的表现形式应为图 9.2(c)所示的情况。

9.2.4　多目标优化模型的求解

大多数多目标优化模型的传统求解方法是将多个目标减少为一个，然后用数学规划工具求解。常用的求解方法有效用函数法、权重和法、目标规划法。效用函数是偏好结构的一种数学表示，它将准则空间中的点映射为实数，数越大表明其对应的准则空间中的点的偏好程度越高。权重和法是对每个目标函数采用不同的权重因子，然后对所有的目标函数进行整合。目标规划法中决策者必须确定其理想中的每个目标函数所能达到的目标值，然后将这些值作为附加的约束整合到问题中，对其进行优化就是最小化理想的目标值和目标函数值之间的绝对偏差。目标规划法适用于目标函数是线性的或者是部分线性的情况，对于非线性的情况可能不太适用。

9.3　遗传算法与多目标优化问题

9.3.1　遗传算法的基本思想和处理步骤

遗传算法(genetic algorithms)的基本思想是基于 Darwin 的进化论和 Mendel 的遗传学说。Darwin 的进化论认为，生物在其延续生存过程中都是逐渐适应其生存环境的。物种每个个体的基本特征被后代所继承，但后代又不完全与父代相同，这些新的变化若适应环境，则被保留下来。在某一环境中，也是那些更能适应环境的个体特征可以被保留下来，这就是适者生存的原理。Mendel 的遗传学说认为，遗传是作为一种指令遗传码封装在每个细胞中，并以基因的形式包含在染色体中，每个基因有其特殊的位置并控制着某种特殊的性状，每个基因产生的个体对环境有一定的适应性，基因杂交和基因突变可能产生对环境适应性强的后代，通过优胜劣汰的自然选择，将适应值高的基因结构保存下来，而适应值低的则被淘汰。

遗传算法所包含的主要处理步骤为：首先，对优化问题的解进行编码。此处，称一个解的编码为一个个体，组成编码的元素称为基因。编码的主要目的是用于优化问题解的表现形式并有利于之后遗传算法的计算。其次，适应度函数的构造和应用。适应度函数基本上依据优化问题的目标函数而定。当适应度函数确定后，自然选择规律以适应度值的大小决定的概率分布来确定哪些个体适应生存，哪些个体被淘汰。生存下来的个体组成种群，形成一个可以繁衍下一代的群体，这个过程称为选择(selection,或 reproduction)。接着是染色体的结合。双亲的遗传基因结合是通过编码之间的交叉(crossover)产生下一代。最后是变异(mutation),新个体产生的过程中可能会发生基因变异,变异是某些解的编码发生变化,使解有更大的遍历性。图 9.3 为遗传算法的流程。

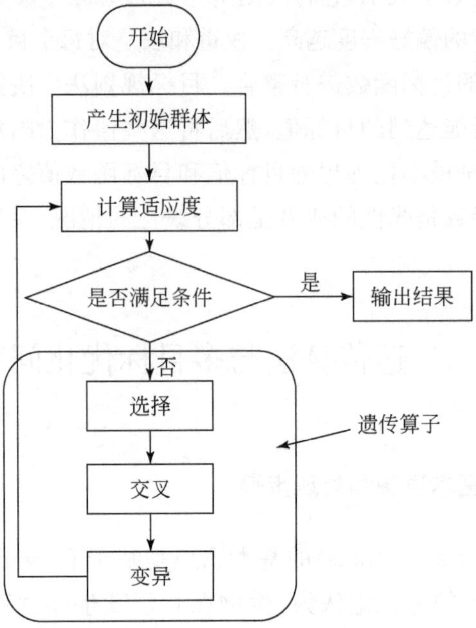

图 9.3　遗传算法的流程

最优化问题的求解过程是从众多的解中选出最优解。生物进化是利用适者生存规律使最具有生存能力的染色体以最大可能生存。这样的共同点使得遗传算法可以用来解决优化问题。

9.3.2　遗传算法中几个重要的基本概念

1. 个体和个体空间

个体就是生物学中经常提到的染色体,可以用一个字符串来表示。个体的字符串表示过程称为编码过程。所有个体组成的集合称为个体空间,记为 S 。字符串中所采用的不同字符对应不同编码。若只采用 0、1 二值进行编码,则为二进制编码形式,如 101101;若采用 0,1,…,9 这 10 个数值进行编码,则为十进制编码,如 112131;在十进制编码中,若将个体与决策向量对应,则个体空间为所要解决的优化问题的可行域。

2. 适应度函数($F(t)$)

遗传算法中将一个个体产生的效益称为该个体的适应度(值),适应度函数是个体空间到正实数空间的映射,适应度函数可表示为

$$F: S \to \mathbf{R}^+$$

式中,F 为适应度函数;$\mathbf{R}^+$ 为正实数空间。

遗传算法在进化搜索中基本不利用外部信息,仅以适应度函数为依据,利用种群中每个个体的适应度进行搜索。因此,适应度函数的选取至关重要,这直接影响遗传算法的收敛速度以及能否找到最优解。一般而言,适应度函数是由所研究问题的目标函数 $f(x)$ 变换而成的。适应度函数常见的处理方式是直接将待求的目标函数视为适应度函数。

3. 遗传算子

最重要的遗传算子有三个:选择算子、交叉算子和变异算子。选择算子,也称为复制算子,是根据个体的优劣程度,决定它在下一代是被淘汰还是被保留。一般来说,适应度高的个体在下一代中有较大的生存机会。常见的确定选择算子的方法有轮盘赌(比例)选择方法、最佳个体保存方法、期望值方法、排序方法和随机联赛选择方法。交叉算子是指两个相互配对的染色体以某种方式相互交换其部分基因,从而形成两个新的个体的运算。交叉算子是遗传算法中产生新个体的主要方法。常见的二进制编码交叉算子有单点交叉、多点交叉、均匀交叉等。十进制编码的交叉算子有简单交叉和算术交叉,本书主要采用十进制编码的简单交叉。变异算子是指将个体染色体编码串中的某些基因改变,用其他的等位基因来替换,从而形成一个新的个体的运算。在二进制编码中,常见的有基本位变异、均匀变异、高斯变异等;在十进制编码中,有均匀变异和非均匀变异。本书主要采用十进制编码中的均匀变异。

4. 遗传算法的控制参数

在遗传算法的实际操作中,需适当确定某些参数的值以提高优选的效果,这些参数主要有种群规模 M,即种群中所含个体的个数。M 的大小影响遗传算法的有效性。M 太小,遗传算法的效果会很差或根本找不到问题的最优解,因为太小的种群不能提供足够的采样点;M 太大,会增加计算工作量,使计算时间增加。根据经验,一般 M 为 30～200 比较合适。交叉概率 p_c 控制着交叉操作的频率。p_c 太大,

会使适应度大的个体的优良结构遭到破坏；p_c太小，会使搜索停滞不前。一般 p_c取 0.25～0.75。变异概率 p_m是决定种群多样性的第二因素。p_m太小，不会产生新的基因块；p_m太大，会使遗传算法成为随机搜索。一般 p_m取 0.001～0.2。进化代数 T 为算法最大进化的代数，即算法终止的条件。

9.3.3　遗传算法的优越性

遗传算法利用的是生物进化和遗传的思想，所以它有许多与传统优化算法不同的特点，主要表现在以下方面。

(1) 遗传算法的操作对象是一组可行解，而非单个可行解，起始搜索点有多个而非单个，因而具有良好的并行性。

(2) 遗传算法只需要利用目标函数的取值信息，而不需要导数等高价信息，因而适用于大规模、高度非线性的不连续多峰函数的优化以及无解析表达式的目标函数的优化，具有很强的通用性。

(3) 遗传算法的择优机制是一种“软”决策，加上良好的并行性，具有良好的全局优化性和稳健性。

(4) 遗传算法操作的可行解集是经过编码的，目标函数可解释为编码化个体(可行解)的适应值，因而具有良好的可操作性。

9.4　基于遗传算法的多目标优化问题的求解

9.4.1　多目标遗传算法求解过程中几个重要的概念

利用遗传算法求解多目标优化问题，可充分利用遗传算法在代与代之间维持由潜在解组成的种群来实现多向性和全局搜索的特征，实现对多个解的搜索[61]，所以，遗传算法很容易求解多目标优化的非支配解。目前，利用遗传算法求解非支配解的方法有 Pareto 排序法和 Pareto 竞争法[61]。本书求解使用的方法是 Pareto 排序法，在介绍该方法之前先了解以下两个概念。

1. 支配与非支配

在多目标优化中，非劣解是针对决策空间而言的，非支配解是针对准则空间而言的。从函数的自变量和因变量的角度来讲，非劣解是指目标函数的自变量，而非支配解是指自变量所对应的目标函数的值，是因变量。所以，就支配和非支配而言，它们应当是针对准则空间的解而言的。准则空间中的解有支配解和非支配解两种，而其目的就是要找到那些非支配解。下面以目标函数是两个，即准则空间是一个平面的情况来解释支配与非支配。

图 9.4 中有 A、B、C 三个点，假设 A 点目标函数 1 的值是 3，目标函数 2 的值是 6；B 点目标函数 1 的值是 4，目标函数 2 的值是 10；C 点目标函数 1 的值是 10，目标函数 2 的值是 4；设两个目标函数都是求最小化，可以看出 A 点(3,6)要比 B 点(4,10)更优，因为 A 点的两个目标函数的值都比 B 点的小。此时，称 A 点支配着 B 点或称支配 B 的点有 A。再来看 B 点和 C 点的关系，B 点目标函数 1 的值是 4，比 C 点目标函数 1 的值 10 小；而 B 点目标函数 2 的值是 10，比 C 点目标函数 2 的值 4 大；很显然，在两个目标函数都求最小化时，B 点和 C 点是无法判断出谁比谁更优的。这时可以认为 B 点和 C 点的关系是一种非支配的关系。同理，A 点和 C 点也是非支配的关系。

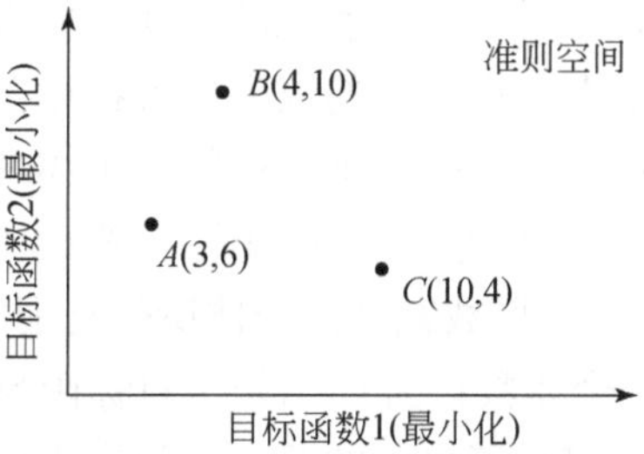

图 9.4　支配与非支配的解释示意图

2. 遗传算法中的非支配解的概念

在严格意义上，遗传算法中使用的术语非支配解与多目标优化问题中的含义有所不同。在多目标优化问题中，一个点被称作非支配解当且仅当它是关于给定问题准则空间 Z 中所有点的非支配点。在某些遗传算法中(并非所有)，每代都需要确定非支配解。每代种群中仅包含原始问题的部分解，因此非支配解仅表示关于所有当前获得的解的非支配点的含义。某一代种群中的非支配解可能被以后产生的新解支配。对于遗传算法给定的某一代种群，从中获得的非支配解可能是问题真正的非支配解，但也可能不是。因此，无法保证遗传算法能够产生给定问题的非支配解，但遗传算法会提供对非支配解的近似值。

9.4.2　多目标遗传算法中个体适应度的计算

利用遗传算法求解多目标优化问题的关键在于如何得到每个个体的适应度。个体的适应度大小是种群在每一代中优胜劣汰的标准。对于单目标优化问题，可以直接利用目标函数或将目标函数做一些变换来表示个体的适应度函数。但对于多目标优化问题，每个个体对应的是多个目标的函数值，显然用多个目标的函数值是无法表示一个适应度的。

Goldberg[62]提出基于 Pareto 排序的适应度分配方法，该方法是利用个体对应在准则空间上的点之间的支配与非支配关系，给种群中每一个个体分配一个序号，序号越小代表该个体受其他个体支配的程度越小，其适应度越高。该过程类似于 Baker 的排序选择(ranking selection)过程，但 Goldberg 提出的方法中种群是根据非支配个体进行排序的，具体的排序过程为：对当前种群中的非支配个体分配给次序 1，并将其从种群中移去；然后对余下种群中的个体重新进行排序，选出非支配个体并对其分配次序 2。该过程持续到种群中所有个体都分配到次序后结束。图 9.5 说明了该过程，图中括号中的数字代表各点在种群中的排序。

Fonseca 等[63,64]在 Goldberg 的基础上对每个个体的适应度分配做了一些改动。他们认为，对于一个个体，由它所支配的个体越多，它的适应度越低。种群中每个个体的适应度值应等于种群数减去该个体所受支配的其他个体的数目。如图 9.6 所示，假设种群所含的个体数目为 6，当两个目标函数都求最小化时，由于 A 点不受种群中其他任何点的支配，所以它的适应度值应为 6－0＝6，而 D 点因受 B 点的支配，它的适应度值是 6－1＝5。同理，其他各点的适应度值也按此方法计算，则 B 点的适应度值为 6，C 点的适应度值为 6，E 点的适应度值为 5，F 点的适应度值为 3。利用此方法确定每个个体的适应度值后，接下来按照遗传算法的操作过程进行寻优搜索，最后可以找出多目标优化的非支配解。

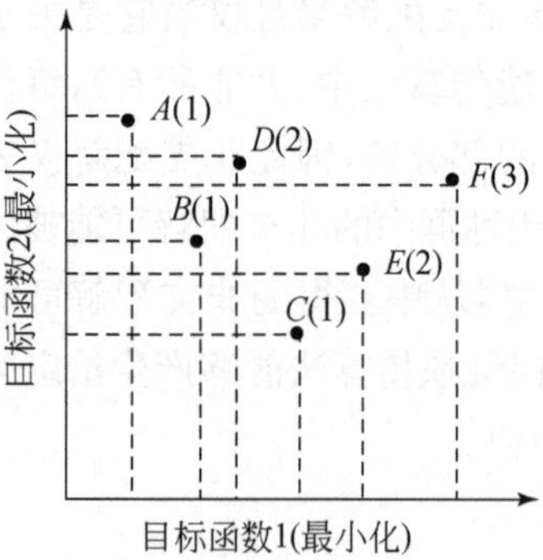

图 9.5　Goldberg 提出的排序方法

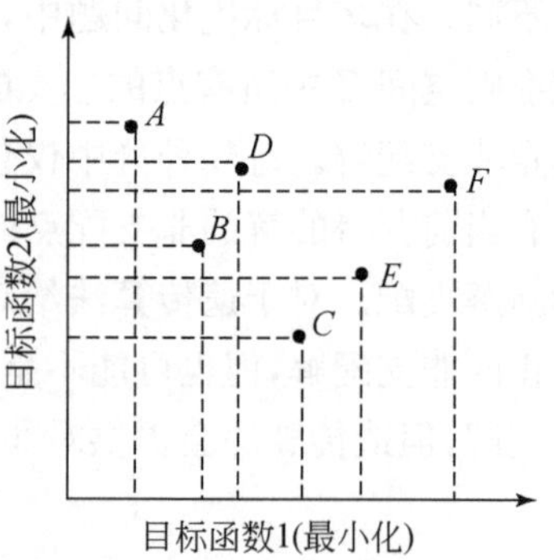

图 9.6　Fonseca 等提出的排序方法

9.4.3 多目标遗传算法求解过程的程序实现

利用遗传算法对多目标优化问题进行求解，关键是能够找到 Pareto 解集，因此可以使用程序设计语言编写遗传算法的求解过程，在收敛的条件下找到 Pareto 解集。下面介绍利用 Visual Basic 程序设计语言求解的过程[65]。

1. 程序中的数据结构

遗传算法的基本结构是个体（individual），有时也称个体为染色体(chromosomes)。每个个体是由位(bit)组成的，位也称为基因(gene)，多个个体可组成种群(population)。现将遗传算法的基本结构同所要研究的实际问题结合起来。决策向量 $p=(a_1,a_2,\cdots,a_T)^{\mathrm{T}}$ 代表整个分析期内不同年份所采取的养护措施。如果规定可采用的养护措施有三种，三种措施分别用 1、2、3 来表示，则对应某一个养护计划可用编码串 21131111 来表示。其中编码串中的 2 和 3 分别表示在分析期的第一年和第四年采取养护措施 2 和 3，其余年份采取养护措施 1。很显然，可以用遗传算法中的个体来表示一个决策向量，每一年所采取的养护措施则代表了个体中的位。整个分析期的年数则代表了个体的长度(lchrom)。表 9.6 列出了遗传算法基本结构与所要研究的养护决策优化问题的对应关系。在确定决策变量的遗传算法的表现形式后，整个程序所要确定的每个个体的数据结构就可以表示为表 9.7 的形式。

表 9.6　遗传算法基本结构与所要研究的养护决策优化问题的对应关系

遗传算法的基本结构	养护决策内容
个体(解)	决策向量 $p=(a_1,a_2,\cdots,a_T)^{\mathrm{T}}$
位(解的编码)	a_i，第 i 年采取的养护措施($i=1,2,\cdots,T,a_i=1,2,3$)
个体的长度	分析期长(取 15 年)
个体的适应度	根据所确定的目标函数，利用 Fonseca 排序方法计算出的值

表 9.7　个体的数据结构

个体在种群中的序号	个体的编码形式	目标函数 1（效益最大化）	目标函数 2（费用最小化）	个体的适应度

在编程时，用一个二维数组 chrom(individual，bit)来表示个体在种群中的位置和个体的编码。用一个二维数组 obj(i，individual)来表示每个个体所对应的目标函数值，这里 i 表示函数的个数。每个个体的适应度值可用一个一维数组 fit(individual)来表示。

2. 初始种群和遗传代

种群是由多个个体组成的。在遗传算法中，初始种群是随机产生的。在确定种群大小后，利用一次循环，随机产生构成个体的每一位的编码，然后利用一次循环产生组成种群的个体。遗传算法是一个反复迭代的过程，初始种群称为遗传算法的第一代，首先计算第一代中每个个体的目标函数值，然后根据目标函数值计算个体的适应度，到此第一遗传代结束。之后进入第二代，第二代种群中的个体是从第一代中得来的。遗传算法利用选择算子，根据每个个体的适应度大小优胜劣汰，选出第二代种群，为了增加种群中个体的多样性，还要利用交叉算子和变异算子来产生新个体。然后计算每个个体的目标函数值并根据目标函数值利用 Fonseca 排序方法计算个体的适应度，计算完每个适应度后，第二遗传代结束。重复第二代的过程，产生第三遗传代、第四遗传代等，直到满足终止条件。

3. 适应度的计算

在整个程序中适应度的计算包括两部分：一是目标函数的计算；二是根据目标函数计算适应度。

1）目标函数的计算

已经确定的路面养护决策中的两个目标函数：效益最大和费用最小，见式(9.39)～式(9.41)。

两个目标函数的自变量 X_{jt} 的取值是 0、1，其中 $X_{jt}=1$ 时表示路段 i 在第 t 年采取养护措施 j；$X_{jt}=0$ 时表示路段 i 在第 t 年不采取养护措施 j。编程时个体编码没有采用 0、1 形式编码，而是采用了与养护措施相关联的十进制编码形式。例如，拟订所要采取的养护措施有三种，即日常养护、罩面 2.5cm、罩面 6cm。编码时，可以规定日常养护所对应的编码为 1，罩面 2.5cm 时的编码为 2，罩面 6cm 时的编码为 3。这样进行编码主要考虑到以下方面：①如果用 0、1 进行编码则会增加个体的编码长度。例如，对于分析期是 15 年的情况，所选取的养护措施为三种，则个体的编码长度会达到 15×3＝45 位。个体的编码长度越长，所耗费的计算时间就越长。②在实际过程中，确定每年采取的养护措施时，规定每年只允许采取一种养护措施，如果在分析期的第三年进行罩面 2.5cm，则这一年就不再采取其他的养护措施。如果采用 0、1 编码，在每年有三种养护措施可选的情况下，对于每一年，它的编码形式应为 100 或 010 或 001，它们分别代表这一年内采取第一种或第二种或第三种养护措施。而在遗传算法中，个体编码是随机产生的，这样就很容易出现如 011、110、111 等编码形式。很显然，这与每年只允许采取一种养护措施的规定是不相符的。如果利用约束将这些不合理的编码去掉，必然会增加问题的复杂性，利用十进制编码的形式就不存在这些问题。例如，第三年的编码是 3，则代表第三年所采取的养护措施是罩面 6cm。因此，在对个体进行编码时，本书采用 1、2、3 的十进制编码形式。但利用十进制编码来表达目标函数没有用 0、1 编码方便，所以在表示目标函数时仍采用 0、1 编码的形式。

2）适应度的计算

在程序的数据结构中曾提到，目标函数是用一个二维数组来储存的，其中 obj(1，individual)表示种群中第一个目标函数的值；obj(2，individual)表示种群中第二个目标函数的值。要求出某个个体的适应度，只需将该个体所对应的两个目标函数值与种群中其他个体对应的目标函数值进行比较，并计算出那些费用函数值比该个体小，同时计算出效益函数值比该个体大的个体个数，然后用种群数减去这个个数就得到该个体的适应度值。

3）选择过程的实现

选择过程是利用选择算子，将上一代中适应度较高的个体选出来，并遗传给下一代，实现优胜劣汰的过程。选择算子选用的是轮盘赌选择方法。图 9.7 中指针是固定不动的，外圈的圆环可以自由转动。圆环上的刻度 S_i 代表各个个体的适应度值。当圆环旋转若干圈后停止，指针指定的位置便是被选中的个体。从统计意义上讲，适应度大的个体，其刻度长，被选中的可能性大；反之，适应度小的个体被选中的可能性小，但有时也会“破格”选中。轮盘赌选择方法的具体操作步骤如下。

(1) 先计算每个个体的相对适应度 f_i。

$$p_i=\frac{f_i}{\sum f_i} \tag{9.43}$$

式中，p_i 为个体 i 被选中的概率；f_i 为个体 i 的适应度；$\sum f_i$ 为种群中个体的累计适应度。

(2) 随机产生一个 $\left[0,\sum f_i\right]$ 区间上的整数。

(3) 从第一个个体开始累计计算适应度，并找出累计适应度大于所产生的随机数的最近个体作为被选入到下一代种群中的个体。例如，从第一个个体开始累计计算适应度，到第五个个体时，累计适应度为 45，第六个个体时累计适应度为 50，而所产生的数为 47。可以看出，第六个个体是距离所产生随机数最近且大于 47 的个体，则第六个个体入选到下一代。

(4) 依次反复进行，直到产生的新个体数等于种群数。

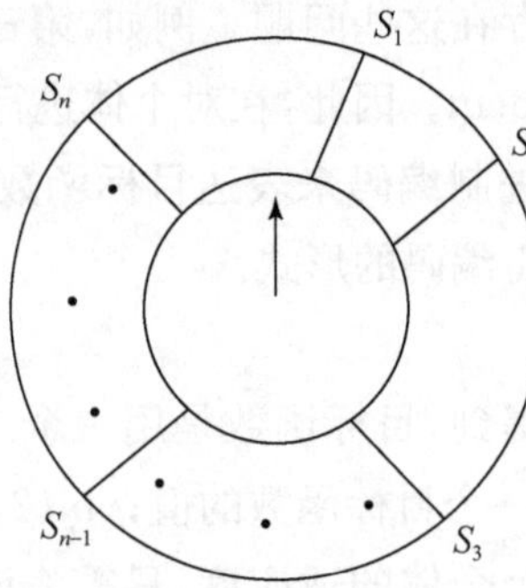

图 9.7　轮盘赌选择方法的原理示意图

4. 交叉过程的实现

在遗传算法中,交叉过程是产生新个体的手段,类似于生物的杂交,通过使不同个体的基因互相交换,从而产生新个体。图 9.8 为交叉过程的基本原理。

图 9.8 中涂黑的编码表示交换的字符,左侧是两个父代个体,右侧是两个子代个体。

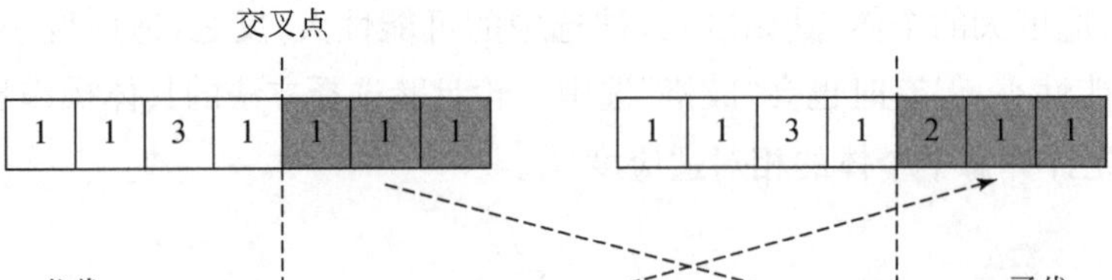

图 9.8　交叉过程的基本原理示意图

交叉过程的步骤如下:

(1) 选择种群中两个个体,判断是否满足交叉概率。

(2) 如果满足交叉概率,则在整个个体的长度内随机产生一个交叉点(cross-site),然后交换两个个体交叉点之后的编码。

(3) 如果不满足交叉概率,则不进行交叉。

5. 变异的过程实现

变异过程是遗传算法产生新个体的另一种方法，它对个体中的某个位进行补运算。如果是 0、1 编码，则原位是 1 时，在发生变异后其值变为 0。反之，如果原位的编码值是 0，则将它的值变为 1。如果是十进制编码，而且编码值取 1、2、3，则如果原位置的编码值是 1，则变异时将在 2 和 3 中随机取一个值替换原来的值即可。

具体操作步骤为：从种群中的第一个个体的第一个位开始，判断是否满足变异概率，如果满足，则从不包含原始值的其他值中随机选取一个值来替换原来的值；如果不满足，则不发生变异。

多目标遗传算法的求解流程如图 9.9 所示。

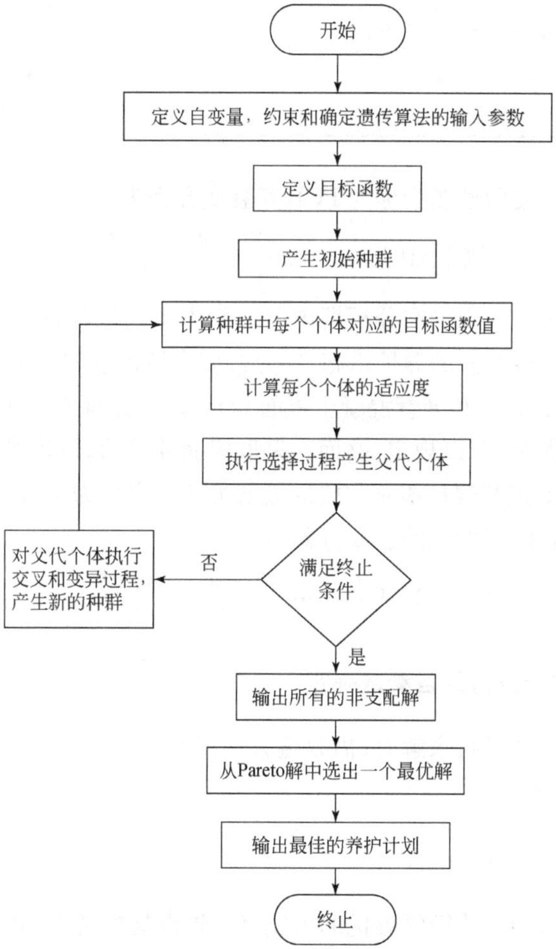

图 9.9　多目标遗传算法的求解流程

9.5 多目标遗传算法养护优化决策问题实例分析

9.5.1 实例输入条件

本实例为某路网中的某一路段，拟定的路段参数见表 9.8。

表 9.8 拟定的路段参数

参数	沥青混凝土路面
面层厚度/cm	8
等效单轴轴载的作用次数/[次/(d·ln)]	2500
初始弯沉值 l_0/0.01mm	20
基层类型	半刚性基层
设计标准轴载	BZZ-100

所采用的路面使用性能指标为 PCI，其衰变方程为

$$PCI=PCI_0\left\{1-\exp\left[-\left(\frac{9.59}{y}\right)^{0.788}\right]\right\} \tag{9.44}$$

分析期采用 15 年，规定在分析期内第一年中不采取任何养护措施，从分析期第二年开始允许采取不同的养护措施；在分析期内拟采取的养护措施有日常养护、沥青混凝土罩面 2.5cm 和沥青混凝土罩面 6cm；由于路面在采取养护措施后使用性能会有大幅度提高，所以规定，路面在采取罩面养护后，PCI 恢复到最高状态，即 PCI 值为 100；路面进行养护措施实施的最低可接受水平为 PCI＝60。

路面在罩面后使用性能的衰变方程为

$$PCI=PCI_0\left\{1-\exp\left[-\left(\frac{6.748}{y}\right)^{0.706}\right]\right\} \tag{9.45}$$

9.5.2 实例中遗传算法的各参数确定

在利用遗传算法进行求解时，需要输入的参数有初始种群的大小、交叉概率、变异概率、终止条件。

1. 初始种群大小的确定

初始种群是遗传算法搜索寻优的出发点。种群规模越大，其搜索的范围越广，但是每代的遗传操作时间越长。为了确定初始种群的大小，本试验分别采用初始

种群大小为 30、50、100 和 150 四个不同的数量(最大遗传代数为 100),并对每一个初始种群运行三次。其结果如图 9.10～图 9.13 所示。

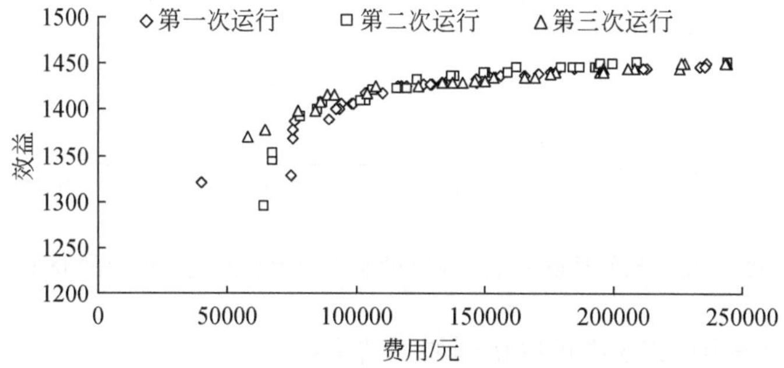

图 9.10　初始种群大小为 30 的非支配解在准则平面上的分布

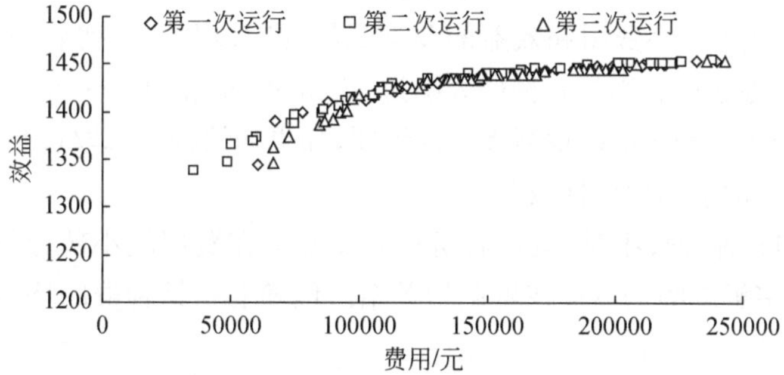

图 9.11　初始种群大小为 50 的非支配解在准则平面上的分布

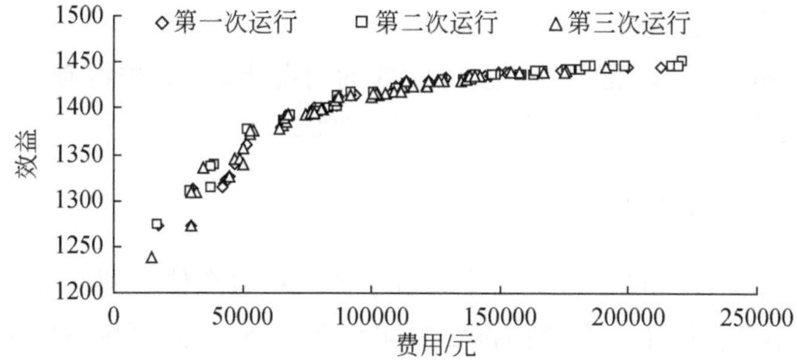

图 9.12　初始种群大小为 100 的非支配解在准则平面上的分布

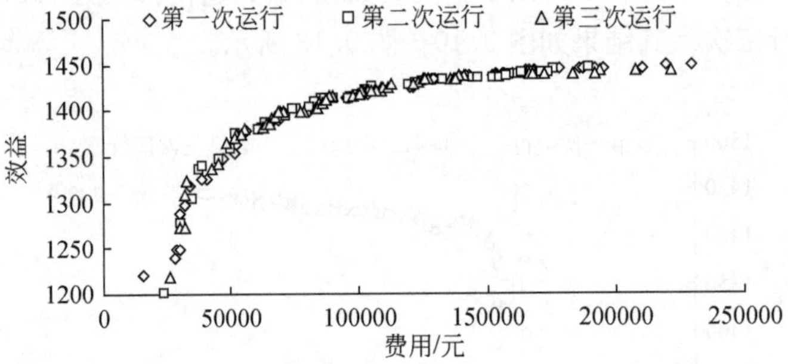

图 9.13　初始种群大小为 150 的非支配解在准则平面上的分布

从图 9.10～图 9.13 中可以得到如下结论：

(1)将每一个不同的初始种群运行三次，把每次所获得的非支配解进行比较后发现，代表较大费用和效益的非支配解的离散性较小。这说明，虽然运行了三次，但三次得到的代表较大费用和效益的非支配解的稳定性较好。

(2) 对于代表较小费用和效益的非支配解，则表现为：当初始种群较小时，它们出现的可能性较小。当初始种群大小为 30 和 50 时，落在 0～50000 的点要比初始种群大小为 100 和 150 时少得多。这说明，如果初始种群选取过小，其搜索的空间较小，所获得的解的遍历性较差。

(3) 当初始种群较小时，运行后所得非支配解在费用较小部分的离散程度较大，其中有很多解之间仍然存在着制约关系。但随着初始种群的增加这种现象已经不明显。

(4) 从各个不同的初始种群大小在运行三次后所得非支配解的分布来看，其中效益的变化范围为 1000～1500，而对于费用的变化，当初始种群较小时，非支配解的范围大部分分布在费用较高的部分。当初始种群数增加时，非支配解的分布趋向于费用较小的范围。

由以上分析可知，在确定最大遗传代数的情况下，初始种群越大，所得的非支配解越稳定，但同时也会增加计算机的运行时间。

2. 交叉概率和变异概率的确定

交叉是产生新个体的手段。一个种群中需要通过个体之间的交叉变换来产生新个体，但并不是种群中所有个体都要参加交换，这样会丢掉每一代中比较优秀的个体，所以交换是按一定的概率进行的。同样，变异也是扩大个体选择范围的一个手段。通常遗传算法实现变异的方法是赋予每一个基因一个相对比较小的概率，再通过随机模拟决定一个基因是否变异。变异概率过小使解有一定的局限性，遍历性差。变异概率过大，进化的随机性增大，也不容易得到稳定的解。实例中根据经验选取交叉概率为 0.6，变异概率为 0.001。

3. 遗传算法的终止条件（最大遗传代数的确定）

遗传算法是一个反复迭代的过程，每次迭代过程都要执行适应度的计算、选择、交叉和变异等操作，直至满足终止条件。在确定最大遗传次数时，往往要参考每一代种群平均适应度的变化。在整个迭代过程中，每一代的平均适应度会随着代数的增加而增加。开始时增加速率很大，但随着代数的增加，平均适应度在增加到某一值后将不再有太大的变化。一般认为，当平均适应度不再有明显变化时所对应的迭代次数为最大遗传次数。实例所采取的最大遗传次数为 100。

将以上所确定的条件输入计算机程序，计算结果如图 9.14 和表 9.9 所示。

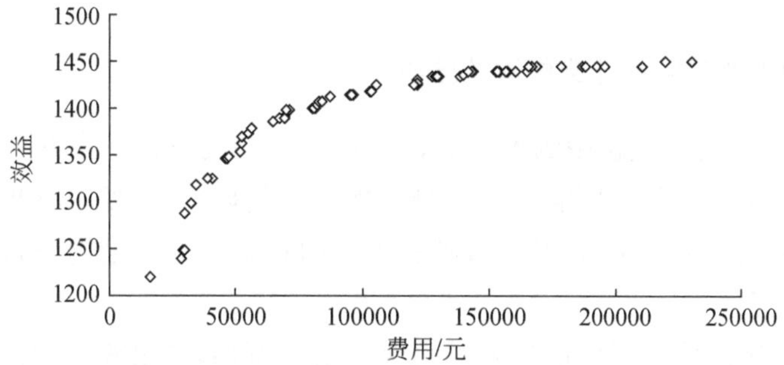

图 9.14　初始种群大小为 150 的非支配解在准则平面上的运行结果

表 9.9　多目标遗传算法程序求得的非劣解和非支配解

分析期内所采取的养护计划															费用/元	效益
第一年	第二年	第三年	第四年	第五年	第六年	第七年	第八年	第九年	第十年	第十一年	第十二年	第十三年	第十四年	第十五年		
1	1	1	1	1	1	1	1	1	1	1	1	2	1	1	13986.38	1161.64
1	1	1	1	1	1	1	1	1	1	1	2	1	1	1	14965.42	1239.08
1	1	1	1	1	1	2	1	1	1	1	1	1	1	1	19616.62	1269.32
1	1	1	1	1	1	1	1	1	1	2	1	2	1	1	29999.38	1287.45
1	1	1	1	1	1	1	1	1	2	1	1	2	1	1	31120.29	1312.59
1	1	1	1	1	1	1	1	2	1	1	1	2	1	1	32319.66	1328.95

续表

分析期内所采取的养护计划															费用/元	效益
第一年	第二年	第三年	第四年	第五年	第六年	第七年	第八年	第九年	第十年	第十一年	第十二年	第十三年	第十四年	第十五年		
1	1	1	1	1	1	1	2	1	1	1	1	2	1	1	33602.99	1336.51
1	1	1	1	1	1	1	2	1	1	1	1	3	1	1	42927.24	1337.81
1	1	1	1	1	1	2	1	1	1	1	2	1	1	2	48171.45	1358.19
1	1	1	1	1	1	2	1	1	1	2	1	2	1	1	50989.16	1371.68
1	1	1	1	1	1	2	1	1	2	1	1	2	1	1	52110.07	1376.08
1	1	1	1	1	2	1	1	2	1	1	1	2	1	1	54778.73	1379.25

注:表中所列的数据仅为费用在 60000 元以下的非劣解集中的解。

9.5.3 实例中非劣解和非支配解的分析

根据表 9.9,对于实例中的每一个非支配解,可以得到以下三方面的信息。

(1) 在给定的效益下所需支付的最小费用。例如,如果要求该项目在整个分析期内的使用性能水平是 1337.81,则管理部门在整个分析期内支付的最小费用为 42927.24 元。

(2) 在给定的费用下所能达到的最大效益。例如,如果管理部门对于该项目在整个分析期内预计支付的养护费用为 29999.38 元,则在这个费用下使用者所获得的效益最大为 1287.45。

(3) 对于每一个非劣解,它都代表着分析期内的一个最优的养护计划。例如,非劣解(1,1,1,1,1,1,1,2,1,1,1,1,3,1,1)表示在投入资金为 42927.24 元,获得效益为 1337.81 时分析期内各年采取的最优养护计划。这个养护计划是在分析期的第八年和第十年分别采取一次 2.5cm 罩面和一次 6cm 罩面,其余各年采取日常养护。

由图 9.14 可知,所得到的非支配解的总趋势是一条上凸的曲线,这满足 9.2.3 节图 9.2(c)中对于在准则空间中目标函数 1(费用)求取最小值、目标函数 2(效益)求取最大值时非支配解的变化趋势。而且随着费用的增大,效益开始时增加很快,但增大到一定程度后,它的值的变化已经不是很大,也就是说,当投入的养护费用增加到一定程度后,所产生的效益已经不是很明显了,这与实际情况是相符的。当然,由于建立目标函数时所选取的决策变量不是连续的,所以获得的非支配解也是一系列分开的点。

利用遗传算法求得的路面养护决策多目标优化模型的非劣解集(养护计划)和非支配解集(费用和效益),所反映的决策信息要比单纯一个最优解所反映的决策信息丰富得多。决策者可以在充分考虑各方面因素的基础上,根据自己的主观意愿对每一个解赋予不同的权重,最后确定所要选择的解。可以说,多目标优化模型的建立以及其非劣解和非支配解的求得,既体现了路面养护管理系统在决策过程中的辅助作用,又突出了决策者在整个决策过程中的主导地位。

参考文献

[1] 中华人民共和国交通运输部. JTG 5210—2007　公路技术状况评定标准[S]. 北京：人民交通出版社，2007.

[2] 张金喜，等. 道路工程专论[M]. 2 版. 北京：科学出版社，2019.

[3] Chootinan P, Chen A, Horrocks M R, et al. A multi-year pavement maintenance program using a stochastic simulation—based genetic algorithm approach[J]. Transportation Research Part A: Policy and Practice, 2006, 40(9): 725-743.

[4] Fwa T F, Chan W T. Priority rating of expressway maintenance needs by neural networks[J]. Journal of Transportation Engineering, 1993, 119(3): 419-432.

[5] Bosurgi G, Trifirò F. A model based on artificial neural networks and genetic algorithms for pavement maintenance management[J]. International Journal of Pavement Engineering, 2005, 6(3): 201-209.

[6] Alsugair A M, Al-Qudrah A A. Artificial neural network approach for pavement maintenance[J]. Journal of Computing in Civil Engineering, 1998, 12(4): 249-255.

[7] Sundin S, Braban-Ledoux C. Artificial intelligence—based decision support technologies in pavement management[J]. Compute -Aided Civil and Infrastructure Engineering, 2001, 16(2): 143-157.

[8] Farhan J, Fwa T F. Pavement maintenance prioritization using analytic hierarchy process[J]. Transportation Research Record: Journal of the Transportation Research Board, 2009, 2093(1): 12-24.

[9] Santos J, Ferreira A. Pavement design optimization considering costs and preventive interventions[J]. Journal of Transportation Engineering, 2011, 138(7): 911-923.

[10] Priya R, Srinivasan K, Veeraragavan A. Sensitivity of design parameters on optimal pavement maintenance decisions at the project level[J]. Transportation Research Record: Journal of the Transportation Research Board, 2008, 2084(1): 47-54.

[11] Chou J S, Le T S. Reliability-based performance simulation for optimized pavement maintenance[J]. Reliability Engineering & System Safety, 2011, 96(10): 1402-1410.

[12] Mandapaka V L, Bassheer I, Sahasi K, et al. Mechanistic-empirical and life-cycle cost analysis for optimizing flexible pavement maintenance and rehabilitation[J]. Journal of Transportation Engineering, 2012, 138(5): 625-633.

[13] Labi S, Sinha K C. Life-cycle evaluation of flexible pavement preventive maintenance[J]. Journal of Transportation Engineering, 2005, 131(10): 744-751.

[14] Collings D C, Jenkins K J. Whole-of-life analyses of different pavements: The real picture[C]// First International Conference on Pavement Preservation, Newport Beach, 2010: 161-175.

[15] Huang Y, Bird R, Bell M. A comparative study of the emissions by road maintenance works and the disrupted traffic using life cycle assessment and micro-simulation[J]. Transportation Research Part D: Transport and Environment, 2009, 14(3): 197-204.

[16] Horvath A. A life-cycle analysis model and decision-support tool for selecting recycled versus virgin materials for highway applications[R]. Berkeley: University of California, 2004.

[17] Carpenter A C, Gardner K H, Fopiano J, et al. Life cycle based risk assessment of recycled materials in roadway construction[J]. Waste Management, 2007, 27(10): 1458-1464.

[18] 中华人民共和国交通运输部. JTG H10—2009 公路养护技术规范[S]. 北京:人民交通出版社,2009.

[19] 姚玉玲,李学红,张毕超. 沥青路面预防性养护时机综合评价指标体系[J]. 交通运输工程学报,2007,7(5):48-53.

[20] 王笑风. 沥青路面最佳预防性养护时机决策模型[J]. 长安大学学报,2011,31(3):7-12.

[21] 王婷婷. 公路沥青路面不同预养护方式的绿色评价研究[D]. 重庆:重庆交通大学,2013.

[22] 杜二鹏,姜袆,董宝彦. 基于全寿命周期分析的半刚性沥青路面养护时机的研究[J]. 河北工业大学学报,2009,38(2):106-109.

[23] 任勇. 基于生命周期费用的沥青路面预防性养护时机研究[D]. 西安:长安大学,2006.

[24] 施伟. 基于费用分析的高等级公路沥青路面养护决策研究[D]. 扬州:扬州大学,2007.

[25] 何帆. 考虑用户成本和维修成本的路面养护维修策略[J]. 中外公路,2013,33(3):70-74.

[26] 李金龙. 重庆高速公路沥青路面使用性能评价预测及养护决策优化研究[D]. 重庆:重庆交通大学,2012.

[27] 张文宇,孔永健. 沥青路面养护决策的多目标优化模型的研究[J]. 科技信息,2006,(11):61,34.

[28] 魏建军,孔永健,关彦斌. 多目标优化在路面养护决策中的应用[J]. 北京交通大学学报,2007,31(1):115-118.

[29] 曾峰,张肖宁. 基于网络层次分析的多属性预防性养护决策[J]. 系统工程理论与实践,2013,33(3):676-681.

[30] 王佳. 高速公路沥青路面使用性能评价与预测决策研究[D]. 长沙:长沙理工大学,2006.

[31] 刘秀菊,郑彦军. 基于灰色理论的沥青混凝土路面使用性能多指标预测方法研究[J]. 公路,2012,(4):233-237.

[32] 杨博. 沥青路面节能减排量化分析方法及评价体系研究[D]. 西安:长安大学,2012.

[33] 陈力维. 沥青路面运营期间能量消耗与气体排放量化分析研究[D]. 西安:长安大学,2012.

[34] 吕锡平. 湖南省高速公路沥青路面养护决策技术研究[D]. 长沙:长沙理工大学,2014.

[35] 郭峰超. 宁夏沥青路面养护对策研究[D]. 西安:长安大学,2014.

[36] Huber G A. Weather database for the superpave(Trademark) mix design system, strategic highway research program, SHRP-A-648A [R]. Washington DC: National Research Council, 1994.

[37] Christison J T, Anderson K O. The response of asphalt pavements to low temperature climatic environments[C]//The 3rd International Conference on the Structural Design of Asphalt Pavements, London, 1972: 41-52.
[38] Qin Y, Hiller J E. Modeling temperature distribution in rigid pavement slabs: Impact of air temperature[J]. Construction and Building Materials, 2011, 25(9): 3753-3761.
[39] Mohseni A, Symons M. Effect of improved LTPP AC pavement temperature models on superpave performance grades[C]//The 77th Annual TRB Conference, Washington DC, 1998.
[40] Diefenderfer B K, Al-Qadi I L, Reubush S D, et al. Development and validation of a model to predict pavement temperature profile[C]//TRB 2003 Annual Meeting, Washington DC, 2003.
[41] Wang D, Roesler J R. One-dimensional rigid pavement temperature prediction using Laplace transformation[J]. Journal of Transportation Engineering, 2012, 138(9): 1171-1177.
[42] 潘红宇. 时间序列分析[M]. 北京：对外经济贸易大学出版社，2006.
[43] 王燕. 应用时间序列分析[M]. 4 版. 北京：中国人民大学出版社，2015.
[44] 刘圣洁. 基于江西南部地区温度条件的沥青路面健康性能预测[D]. 西安：长安大学，2015.
[45] 徐峰，汪洋，杜娟，等. 基于时间序列分析的滑坡位移预测模型研究[J]. 岩石力学与工程学报，2011，30(4)：746-751.
[46] 卢理. 时间序列加法模型的分解预测研究[D]. 成都：西南交通大学，2004.
[47] Chu C Y, Durango-Cohen P L. Estimation of infrastructure performance models using state-space specifications of time series models[J]. Transportation Research Part C: Emerging Technologies, 2007, 15(1): 17-32.
[48] 孙涛，付建村，邓斌. 沥青路面典型结构的寿命周期费用演算分析[J]. 山东交通学院学报，2013，21(3)：56-60，75.
[49] 刘黎萍，孙立军. 沥青路面结构设计中的寿命周期费用分析[J]. 山东交通学院学报，2002，10(2)：53-58.
[50] 曹志远，张起森. 路面性能与寿命周期费用分析[J]. 中外公路，2006，26(6)：29-34.
[51] 吴锡蛟. 基于寿命周期费用分析的路面养护维修决策方法初探[J]. 上海公路，2006，(4)：20-23.
[52] 刘黎萍，华小梅. 沥青路面寿命周期费用组成的定量分析[J]. 中南公路工程，2005，30(4)：192-195.
[53] 侯航舰，周文献. 水泥混凝土路面寿命周期费用分析养护决策研究[J]. 郑州大学学报(工学版)，2007，28(2)：19-22.
[54] 田海宁. 全寿命周期费用成本分析在吐乌大高速公路大修方案选择中的应用[J]. 公路交通科技(应用技术版)，2010，6(12)：132-134.
[55] 姚祖康. 路面管理系统[M]. 北京：人民交通出版社，1993.
[56] 孔祥杰. 沥青路面性能衰变预测及养护维修决策方法研究[D]. 北京：北京工业大学，2015.
[57] 刘伯莹. 网级路面管理系统研究[D]. 上海：同济大学，1998.

[58] 彭华,陈长,孙立军. 网级路面管理系统中项目优化模型的双层优化[J]. 同济大学学报(自然科学版),2010,38(3):380-385.

[59] 彭华,陈长,孙立军. 沥青路面网级路面管理系统中资金优化模型[J]. 同济大学学报(自然科学版),2010,38(8):1177-1181,1193.

[60] 韦宝伴. Markov 决策在网级路面管理系统中的应用[D]. 长沙:湖南大学,2003.

[61] 王小平,曹立明. 遗传算法—理论、应用与软件实现[M]. 西安:西安交通大学出版社,2002.

[62] Goldberg D E. Genetic Algorithms in Serearch,Optimization,and Machine Learning[M]. Boston:Addison-Wesley,1989.

[63] Fonseca C M,Fleming P J. Genetic algorithms for multiobjective optimization:Formulation,discussion and generalization [C]//International Conference on Genetic Algorithms,Washington DC,1993.

[64] Fonseca C M,Fleming P J. An overview of evolutionary algorithms in multiobjective optimization[J]. Evolutionary Computation,1995,3(1):1-16.

[65] 魏建军. 高速公路沥青路面养护决策研究[D]. 北京:北京交通大学,2005.

